Modern Criminal Law （General Part）（Second Edition）
by Shizhou Wang

现代刑法学（总论）（第二版）

内容简介

本书是21世纪法学系列教材·刑事法系列教材之一，有以下三个突出的特点：

（1）强调关注刑法的生命，在许多章节中都简要地展示了古代刑法与现代刑法的联系与发展；

（2）强调关注刑法的国际标准，在内容上采纳的是国际标准的思路，实事求是地按照刑法在现代社会的发展轨迹，对刑法学体系的发展作出了完整而清晰的说明；

（3）强调培育刑法理想，强调刑法理想是一种以在刑法领域中实现公平正义为奋斗目标的法学理想。

本书使用大量中外著名刑法案例，对刑法原理进行条分缕析、概念清晰、体系严谨，语言通俗易懂，并对古今中外刑法发展的趋势与现代刑法的前沿问题进行了透彻分析。本书不仅是法学初学者学习刑法的向导与朋友，而且可以为高级法律工作者研究刑法提供有价值的参考与启示。本书根据2017年以来最新的刑法修正案及相关司法解释做了必要而详实的修订。

作者简介

王世洲教授，祖籍山东蓬莱，出生于福建泉州，毕业于北京大学法律系（1982年获法学学士学位，1985年获法学硕士学位），美国加利福尼亚大学伯克利法学院（1988年获法学硕士学位）。曾任北京大学法学院教授、博士生导师，美国斯坦福大学和中国华侨大学兼职教授，主要研究领域是中国刑法、比较刑法和国际刑法，于2017年退休，现任以色列希伯来大学孔子学院中方院长。在国内的教学科研成果曾获北京大学、教育部、司法部的多项奖励，在国外有英、德等八种文字的出版物，曾获德国洪堡研究奖并受聘担任德国洪堡学术大使和洪堡基金会环保奖学金国际评委，现任洪堡总理奖学金国际评委、北京市政策法规性别平等评估委员会委员、中国国际贸易仲裁委员会仲裁员、北京市西城区人民法院陪审员。

21世纪法学系列教材

刑事法系列

现代刑法学
（总论）

（第二版）

王世洲 著

图书在版编目(CIP)数据

现代刑法学.总论/王世洲著.—2版.—北京:北京大学出版社,2018.5
(21世纪法学系列教材)
ISBN 978-7-301-29471-0

Ⅰ.①现… Ⅱ.①王… Ⅲ.①刑法—法学—中国—高等学校—教材 Ⅳ.①D924.01

中国版本图书馆 CIP 数据核字(2018)第 068144 号

书　　　　名	现代刑法学(总论)(第二版) Xiandai Xingfaxue (Zonglun)
著作责任者	王世洲　著
责 任 编 辑	毕苗苗
标 准 书 号	ISBN 978-7-301-29471-0
出 版 发 行	北京大学出版社
地　　　　址	北京市海淀区成府路 205 号　100871
网　　　　址	http://www.pup.cn
新 浪 微 博	@北京大学出版社　@北大出版社法律图书
电 子 信 箱	law@pup.pku.edu.cn
电　　　　话	邮购部 62752015　发行部 62750672　编辑部 62752027
印 刷 者	北京富生印刷厂
经 销 者	新华书店
	730 毫米×980 毫米　16 开本　22.25 印张　412 千字 2011 年 9 月第 1 版 2018 年 5 月第 2 版　2018 年 5 月第 1 次印刷
定　　　　价	45.00 元

未经许可,不得以任何方式复制或抄袭本书之部分或全部内容。
版权所有,侵权必究
举报电话: 010-62752024　电子信箱: fd@pup.pku.edu.cn
图书如有印装质量问题,请与出版部联系,电话: 010-62756370

第二版序　理想铸就刑法

本书第二版是在获得北京大学首届优秀教材奖之后,由北京大学统一组织出版的结果。

本书获得这样一个光荣的出版第二版的机会,应当感谢各方面的支持和关爱。本书第一版面世之后,立即受到了国内外许多方面的关注。俄罗斯远东联邦大学法学院刑法与犯罪学教研组(室)的罗曼诺娃教授、西班牙塞维利亚巴布罗·德奥拉维戴大学的巴可教授也热情为本书撰写了书评并在学术刊物上公开发表[①]。本书在国内教学活动中,包括在北京大学、澳门大学和其他一些高校教学活动中的使用,也受到了广泛的好评。特别重要的是,我在2014年加入"慕课课程"(MOOC)之后,运用现代最先进的教育技术,在网上开设了我国法学专业的第一门基础课"刑法学总论"[②],并将本书指定为主要教学参考书,在将中国刑法学的知识向全世界传播的同时,在国内外都收获了很多读者。在本书第二版编辑出版之际,又传来了以本书为主要教学参考书的"刑法学总论"慕课课程,荣获教育部认定的"国家精品在线开放课程"的好消息。我很高兴,本书在推进我国刑法学理论进步和法学教育进步方面的努力得到了北京大学和国家的褒奖。

本书第二版对于本书的理论体系,在结构上没有做任何变动。本书提出的"犯罪构成—犯罪成立"的犯罪构造体系是我长期认真研究思考的结果,在教学和实践中也经受住了考验。本书第二版主要根据我国最新的法律和司法解释的制定和实施情况,进行了必要的补充和修改,同时,对个别概念和理论进行了更加准确完整的修订,对文字进行了必要的润饰。

本书在出版之后,不仅收获了赞扬,也听到了一些建议和质疑。

最有意思的建议是增加第二版的篇幅。在目前众多中国刑法学教科书中,本书是最简明的一本。对纷繁复杂的刑法学理论进行简要阐释,既是北京大学出版社编辑的要求,也是我自觉努力的结果。本书首先是为本科生服务的,率先在北京大学使用;本书的基本任务是清晰完整地说明我国刑法学的基本概念、基

---

① 〔俄〕罗曼诺娃著:《关于王世洲著〈现代刑法学(总论)〉(北京:北京大学出版社,2012)的书评》,见俄罗斯《法律与政治》2012年第5期,第999—1003页;〔西〕巴可著:《王世洲著〈现代刑法学(总论)〉(北京大学出版社,北京,2011年,325页)对刑法新理论的说明》,见西班牙《刑事杂志》第30期,2012年7月,第295页。

② 网址为:http://www.chinesemooc.org/mooc/。

本理论和基本方法,本书的基本目的是"培育我们的刑法理想"(第一版序言标题)。这些都使得本书应当以简要说明为基本风格。在今天教育资源发达、教育技术进步的时代,在本书学习中遇到的任何问题,通过阅读参考书,通过免费参与慕课课程,通过与其他教科书进行比较等方法,都可以轻松地得到解决。因此,本书第二版没有采纳这个建议,仍然基本维持了第一版的篇幅。

在质疑中,最有学术价值的问题是针对本书的书名。本书为什么要称为《现代刑法学》?这里的"现代"是什么意思?我很高兴,在第二版出版时有机会对此作出解释。

第一,现代刑法学是坚定遵循罪刑法定的。这是现代刑法学最基本的根据。"现代"的含义,虽然反映着时代的要求,但从根本上说并不是以时间为标准的,而是以是否坚持、反映、导向、形成罪刑法定的结果为标准的。根据这个标准,即使是古代的优秀法学成果,也能够在本书的核心部分得到说明,而那些不利于坚持罪刑法定的理论主张,即使是今天提出来的,也不能成为现代刑法学支持的内容。本书努力培育的"刑法理想",只有以罪刑法定为根基,才能在刑法理论的进步乃至社会进步中发挥先进的引领作用。

第二,现代刑法学是追求高水平的理论体系的。体系是"若干有关事物互相联系互相制约而构成的一个整体"①。刑法学的体系性是科学理论的重要特征,也是罪刑法定的要求。高水平的体系化理论,反映了与犯罪作斗争的深刻认识和系统经验,能够支持垂范久远的刑法规定,遏制着刑法适用中的任意和专断,从根本上保障着国家的长治久安。因此,现代大国都十分重视建构和传播严密乃至精致的刑法理论体系。现代刑法学的理论体系通过不断锻造更加清晰的理论概念、更加严密的逻辑论证、更加合理的要素功能,继承和发扬各种优秀的刑法理论体系,在理论进化的过程中努力争取最高学术水平的地位。在罪刑法定原则确立之后,我国现代刑法学的理论发展已经不再局限于"言之成理"的基础性要求,而是在积极准备应对我国刑事司法实践在"以审判为中心的诉讼制度改革"②之后形成的新的司法运行难题,努力确立博采各家理论体系之长,有能力一扫"欺惑愚众"③之说,且立志于提高我国刑法学理论说服力的整体性系统。

第三,现代刑法学是刑事司法实践经验的系统总结。理论只有反映实践的成果,为实践服务,才能保持自己旺盛的生命力。现代刑法学理论绝对不是纯粹逻辑推导的结果,而是对刑事司法实践经验进行去粗取精、去伪存真之后形成的

---

① 《辞海》,上海辞书出版社 1979 年版,第 228 页。
② 见 2014 年 10 月 23 日中国共产党第十八届中央委员会第四次全体会议通过的《中共中央关于全面推进依法治国若干重大问题的决定》。
③ 《荀子·非十二子》中说:"然而其持之有故,其言之成理,足以欺惑愚众。"

一个外成整体、内部一致的体系。现代刑法学不仅关注一时一事的实践经验,而且根据学术的要求,以使用刑罚为手段同犯罪作斗争为对象和标准,系统地总结中国和外国成体系的刑事司法实践经验。中国的理论,是中国实践经验的总结;外国的理论,是外国实践经验的总结。现代刑法学之所以重视外国的经验,不仅有运用"他山之石"的自觉,而且有预防犯罪的需要。曾几何时,那些只在外国刑法学著作中才能见到的犯罪现象,现在也已经出现在我国的案例集之中了。当然,中国的现代刑法学特别重视现代中国的刑事司法实践经验。本书以案例分析、翻转课堂等方式学习我国最高司法机关对特定问题的态度,受到了读者的特别赞扬。而现代刑法学对最新刑事司法经验的总结,也使本书不断丰富和更加完善。

第四,现代刑法学强调理论的跨国交流性。刑法学理论的跨国交流性,是指刑法经验在世界上可以跨越国界、文化的可交流性。刑法具有地方性的特点,这也是罪刑法定在一个特殊角度上的体现。但是,只有民族的才是世界的。犯罪在世界各地经常有共同的表现,不要说杀人、抢劫、盗窃这些古老的犯罪,就是信用卡诈骗、食品和环境犯罪,甚至醉酒驾车这些新型犯罪,在犯罪行为上也有惊人的相似之处。因此,在遵循法治和倡导人权的世界各国之间,优秀的刑法理论应当是能够对话的:对相同的犯罪行为可以比较不同的处理方法,对不同的犯罪行为可以理解各自产生的缘由,对共同面对的犯罪和刑罚问题可以说明各自规定的正当性和合理性。现代刑法学不再满足于自说自话的自洽性,而是有能力进行跨国界跨文化的交流,以此展示和加强自身的说服力,为刑法学的时代发展做出积极的贡献。

第五,现代刑法学是需要讲究谋略的。谋略是指做事情的方法、计划与手段。智谋、计谋甚至诡计,是对谋略或正面或反面,或赞扬或贬斥的各种说法。谋略可以分为两种:一种是正谋略,另一种是奇谋略。正谋略是示人的、公开的,但不一定是好的或者正确的;奇谋略是不示人的、秘密的,但不一定是不好的或者错误的。法治建设必须讲究大谋略,遵循的原则只能是以正谋略为基础,奇谋略为补充,即以公开的规定和做法为主,以不公开的规定和做法为辅。为了保证国家只作出好的、正确的决定,不作出不好的、错误的决定,维护罪刑法定的安全性,正谋略就需要最强大的学术支持。在法治建设中,奇谋略只能起补充和辅助作用,用奇谋略代替、动摇正谋略,必然导致法治的失败。刑法学是经世致用之学,现代刑法学以正谋略为原则,但也关注奇谋略,这是法律斗争的现实需要。在各种法律制度中,司法实践都会面临一些不公开的规定或者做法;在各种理论说明中,也存在着一些不说或者说不出来的情况。维持或者揭露这些现象,实现奇正转换,是赢得法治发展和法学发展的重要途径和方法。

现代刑法学是培育与追寻理想的刑法学。回首现代刑法理论的发展历史，可以清晰地看到，刑法理论是随着社会进步而不断发展的。这种发展是世界性的，当然包括中国刑法学的发展。我们在新的时代中需要什么样的刑法，首先取决于我们拥有什么理想。新时代的思想观念、技术条件、社会结构、人际关系，乃至语言、道德、秩序感，都在塑造着一代又一代人对美好生活的新理解。新的理想推动着刑法产生出新概念、新理论和新体系，新的理想影响着刑法作出新规定、新解释和新适用。在对刑法学理论的学习中，循着理论发展的历史轨迹去理解理论产生的时代，理解当时的社会追求，就能比较深刻地掌握各种理论观点，形成对现代刑法的新追求。现代刑法学是高尚理想铸就的，新的理想也不断推动着现代刑法学的新发展。在现代刑法学的学习过程中培育我们的刑法理想，使法学知识的采撷化为主动自觉的正心修身行动①，也准备着创造国家和社会更加美好的明天。

　　本书第二版修订完成，我特别感谢我的同事和同学们，他们对本书的鼓励、质疑、建议以及批评，促使我不断地思考本书的改进。我特别感谢北京大学法学院的领导，北京大学法学院党委书记潘剑锋教授和院长张守文教授，以及我的同事，北京大学法学院的梁根林教授和赵国玲教授，本书是在他们的直接支持和推荐下荣获北大优秀教材奖的。我特别感谢宁夏回族自治区人民检察院员额检察官张万顺博士，他对第二版字斟句酌的修改，为本书增添了许多光彩。

　　我当然应当感谢北京大学特别是教务部给了我这份荣誉以及为本书这次再版机会。我当然应当感谢北京大学推荐了以本书为主要教学参考书的《刑法学总论》慕课课程参评并最终获得了"国家精品在线课程"的光荣称号。在母校荣获中国建设世界一流大学和一流学科（"双一流"）高校名单榜首之际，我谨以此书祝贺母校荣光。

　　是为序。

王世洲
2017年国庆节
于北京椿树园寓所

---

① 《礼记·大学》中说："心正而后身修，身修而后家齐，家齐而后国治，国治而后天下平。"

第一版序　培育我们的刑法理想

这本教科书是我为北京大学法学院的本科生写的,用做"刑法学(总论)"这门课的主要教学参考书。在传统上,北大本科生的教学是不使用指定教材的,北大的同学们应当使用优良的北大图书馆资源,博览群书,培育自己的人生理想。但是,作为一名老师,撰写一本教科书,将其作为一门课程的主要参考书,不仅有便利同学们上课的好处,而且也有总结自己的教学与科研经验的好处。自 1985 年留校任教以来,我一直上刑法学(总论)这门课程,已经给本科生、硕士生等各种课程的同学系统地讲过约一百遍,另外,还用英文给来自世界各地的各种学生与学者系统地讲了约二十遍。我想,现在也的确到了撰写一部教科书、完整地说明自己对刑法理论的理解的时候了。我希望,本书不仅能够使正在学习法律的学生们获得一本系统的刑法学教科书,而且能够得以就教于海内外刑法学界的前辈与先进。

我将这本教科书称之为《现代刑法学》,是想特别强调本书的三个特点:

第一,本书强调关注刑法的生命。刑法的生命不仅在于其存在的规律性,而且在于其发展的规律性。刑法学作为说明、总结、整理、发展刑法的学问,本身不仅记载着刑法的生命,而且也在推动着刑法向前发展。本书在许多章节中都简要地展示了古代刑法与现代刑法的联系与发展。刑法学在古今中外的发展,都清楚地证明了刑法的生命力。学习刑法与研究刑法,如果能够注意刑法的生命问题,那就会比较自觉地关注刑法发展与社会发展之间的关系。这不仅能够使刑法的学习与研究获得最广阔的学术基础与社会基础,而且能够促进刑法的学习与社会实践的结合。本书认为,虽然对刑法的学习应当走在刑法的应用之前,但是,刑法理论与刑法实践的相互结合,为刑法学的正确性,也就是刑法的生命力,提供了最好的检验场所。现代刑法学是对长期刑法实践所表现出来的规律性的系统总结与整理,记载着刑法生命中最持久与最强大的部分。

第二,本书强调关注刑法的国际标准。刑法学的国际标准,是指现代刑法学在说明刑法问题时所普遍使用的概念与逻辑,其中,特别重要的是强调概念的合理性以及理论体系的前后一致性。本书在内容上采纳的是国际标准的思路,例如,鲜明地强调对刑罚正当性的证明,鲜明地强调排除犯罪的根据在犯罪构造中的地位与作用。但是,本书并没有简单地采纳目前在国际上流行的某种概念、理论或者模式,例如,本书就没有简单地采纳四要件犯罪构造理论、三阶段犯罪构造理论或者两层次犯罪构造理论中的一种模式，而是实事求是地按照刑法在现代社会的发展轨迹，对刑法学体系的发展作出了完整而清晰的说明。本书采纳国际标准的思路，对我国现有刑法理论与实践的状况进行了新的总结。我在北京大学法学院长期讲课的实践证明，本书的安排，不仅经受住了北京大学法学院本科生、硕士生、博士生经年累月极其细致的质疑，而且经受住了北京大学法学院中国法项目以及其他国际项目中来自世界五大洲学生与学者极其挑剔的挑战。依照国际标准说明刑法学原理，不仅使我国的刑法学理论比较容易与世界各种刑法学理论进行交流，而且也使我国的刑法学理论能够比较迅速地走上世界刑法学的前沿。本书在概念、原理与逻辑上的清晰性，还得到了作为"刑法之友"的北京大学"通选课"中非法学专业学生的理解与认可。

第三，本书强调培育刑法理想。总的说来，刑法理想是一种以在刑法领域中实现公平正义为奋斗目标的法学理想。具体说来，现代刑法学在刑法理想中，不仅关心应当通过刑法达到什么目的的问题，而且更关心一个国家需要什么样的刑法的问题。学习刑法的过程，就是培育刑法理想的过程。现代刑法为法律工作者发挥聪明才智提供了广阔的舞台，以满足社会与人民在各种各样具体情况下对公平正义的要求。现代刑法学提出的各种各样的理论、观点，也为各种利益的选择提供了广阔的可能性。作为现代法律工作者，我们不仅在今天学习法律与运用法律，而且在明天要发展与创造法律。刑法学的生命，刑法学的国际标准，也都或直接或间接地说明了正确的刑法理想对于刑法发展具有重要的引导意义。作为一名法律工作者，尤其是刚刚步入法学领域的同学，应当从一开始就思考这个问题，在学习刑法的过程中，有意识地培育自己的刑法理想，筑牢自己思想上这块重要的法学基石，为自己从事高级法律工作奠定坚实的刑法学基础。

现代刑法学是对100多年来世界刑法学工作者努力成果的简要总结，也是对新中国几代刑法学工作者努力成果的简要总结。本书的写作，不仅得益于甘雨沛教授、杨春洗教授、周密教授等已故的北京大学法学院刑法学教授的研究成果，而且也受益于现在依然健在但已退休的杨敦先教授、储槐植教授、张文教授、刘守芬教授等老师的多方教诲，更是在改革开放以来我国蓬勃繁荣的刑法学研究成果与依法治国的刑事法律实践的滋润下才能完成。

本书的最后完成，我感谢所有帮助过我的国内外朋友们。

我特别感谢中国法学会刑法学研究会名誉会长、国际刑法学协会副主席暨中国分会主席、中国人民大学法学院教授高铭暄老师，在他的有力支持下，我获得了刑法学在当今国际上的最高奖项——洪堡研究奖。高铭暄教授是中国刑法学界的旗帜，毕生致力于中国刑法的现代化事业，是我们追求刑法理想的典范。

我特别感谢为本书的写作长期提供直接帮助的德国奥格斯堡大学原副校长

赫尔曼教授(Prof. Dr. Joachim Herrmann)。他对我的研究与写作工作提供了非常重要的指导与帮助,极其耐心地解答我的疑问,为本书提供了重要的刑法基础理论的支持。西班牙塞维利亚巴布罗·德奥拉维戴大学的巴可教授(Prof. Dr. Francisco Muñoz Conde)对我的研究与写作工作提供了重要的学术支持。加拿大多伦多大学法学院的杜博教授(Prof. Markus Dubber)也提供了重要的理论支持。另外,福特基金会北京办事处法律与权利项目负责人柏恩敬先生(Mr. Ira Belkin)与李萍女士,为本书的资料与写作提供了重要的支持。

我感谢北京大学与北京大学法学院将我的写作列入教育部的"特色专业建设项目"。我特别感谢北京大学法学院2010级的本科生,他们是第一批使用本书的同学,他们对本书的意见使我避免了许多不必要的错误,他们对本书的认可给了我很大的鼓励。我特别感谢北京大学出版社的李铎编辑,没有他的宽容、理解与支持,本书是不可能从容写就的。我还要感谢北京大学出版社的李燕芬编辑,她积极安排本书进入了北京大学出版社最为重要和最为庞大的系列教材——"21世纪法学系列教材·刑事法系列"之中。

是为序。

王世洲
2011年7月1日
完稿于瑞士洛桑莱芒湖(日内瓦湖)畔

目　　录

第一章　刑法学概述 …………………………………………………（1）
　　第一节　刑法与刑法学 ……………………………………………（1）
　　第二节　刑法的渊源 ………………………………………………（6）
　　第三节　刑法的任务与界限 ………………………………………（10）

第二章　刑罚的正当性 ………………………………………………（19）
　　第一节　刑罚正当性概述 …………………………………………（19）
　　第二节　刑罚目的的理论 …………………………………………（21）

第三章　罪刑法定原则 ………………………………………………（30）
　　第一节　刑法基本原则概述 ………………………………………（30）
　　第二节　罪刑法定原则的概念与种类 ……………………………（33）
　　第三节　罪刑法定原则的理论基础与基本作用 …………………（36）

第四章　刑法解释 ……………………………………………………（46）
　　第一节　刑法解释的概念 …………………………………………（46）
　　第二节　刑法解释的界限与方法 …………………………………（50）

第五章　我国刑法的适用范围 ………………………………………（57）
　　第一节　刑法适用范围概述 ………………………………………（57）
　　第二节　刑法的空间适用范围 ……………………………………（57）
　　第三节　刑法的时间适用范围 ……………………………………（63）
　　第四节　排除刑法适用的法定情形 ………………………………（67）

第六章　犯罪概念 ……………………………………………………（74）
　　第一节　犯罪的立法概念与司法概念 ……………………………（74）
　　第二节　犯罪概念与行为概念 ……………………………………（78）
　　第三节　犯罪构造理论概述 ………………………………………（84）

第七章　犯罪构成概述 ………………………………………………（90）
　　第一节　犯罪构成的一般概念 ……………………………………（90）
　　第二节　犯罪构成理论的发展 ……………………………………（91）
　　第三节　我国刑法学的犯罪构成概念 ……………………………（100）

第八章　犯罪构成的客观要件 (103)
第一节　犯罪客体概述 (103)
第二节　犯罪客观方面概述 (106)
第三节　不作为的概念 (115)
第四节　因果关系与客观归责 (122)

第九章　犯罪构成的主观方面 (133)
第一节　犯罪主观方面概述 (133)
第二节　犯罪故意 (136)
第三节　犯罪过失 (142)
第四节　认识上的错误 (154)

第十章　犯罪主体 (163)
第一节　犯罪主体概述 (163)
第二节　刑事责任年龄与刑事责任能力 (166)
第三节　单位犯罪 (171)

第十一章　排除犯罪成立的根据 (180)
第一节　违法性与不法的一般理论 (180)
第二节　正当防卫 (187)
第三节　正当化紧急避险 (207)
第四节　罪责的一般理论 (217)

第十二章　犯罪的未完成形态 (225)
第一节　犯罪未完成形态概述 (225)
第二节　犯罪预备 (228)
第三节　犯罪未遂 (230)
第四节　犯罪中止 (239)

第十三章　共同犯罪 (251)
第一节　共同犯罪概述 (251)
第二节　共同犯罪的概念与意义 (255)
第三节　共同犯罪人的种类与意义 (261)
第四节　我国刑法中共同犯罪人的种类 (268)

第十四章　刑罚的概念与体系 (276)
第一节　刑罚的概念 (276)
第二节　刑罚的体系 (278)

第三节　主刑 …………………………………………… (282)
　　第四节　附加刑 ………………………………………… (292)
第十五章　量刑的概念与制度 ……………………………… (298)
　　第一节　量刑的概念与原则 …………………………… (298)
　　第二节　量刑的情节与种类 …………………………… (301)
　　第三节　累犯、自首与立功 …………………………… (312)
第十六章　数罪并罚 ………………………………………… (323)
　　第一节　行为竞合理论概述 …………………………… (323)
　　第二节　我国的数罪并罚概述 ………………………… (327)
　　第三节　我国的数罪并罚方法 ………………………… (328)
第十七章　缓刑、减刑与假释 ……………………………… (332)
　　第一节　缓刑 …………………………………………… (332)
　　第二节　减刑与假释 …………………………………… (337)

第一章　刑法学概述

第一节　刑法与刑法学

刑法是刑法学的研究对象。

一、刑法与刑法学的概念

刑法是规定犯罪与刑罚的法律。一方面，犯罪是刑罚的适用对象。刑法对犯罪的规定，就是规定犯罪的构成条件。犯罪的构成条件，在我国刑法①中不仅有具体的规定，例如，故意杀人罪（第232条）②、放火罪（第114条以下）、抢劫罪（第263条）、强奸罪（第236条）等，而且还有一般性的规定，例如，故意犯罪（第14条）、过失犯罪（第15条）、正当防卫（第20条）、共同犯罪（第25条以下）等。另一方面，刑罚是用以惩罚与预防犯罪的。刑法对刑罚的规定，就是规定刑罚的种类和适用刑罚的制度。我国刑法目前规定的刑罚种类有管制、拘役、有期徒刑、无期徒刑和死刑等主刑，还有罚金、剥夺政治权利和没收财产等附加刑。另外，在适用刑罚方面，刑法规定了累犯（第65条以下）、自首（第67条）等在量刑时应当考虑的重要情节，还规定了量刑的一般原则（第61条以下）以及缓刑（第72条）、假释（第81条以下）和减刑等具体适用刑罚的方法。只有根据刑法条文的规定，才能认定一个行为是否符合犯罪的规定，才能合法地确定和适用刑罚。

刑法学中研究的刑法条文，首先包括我国刑法对刑罚和犯罪规定的内容，其次还包括我国最高人民法院和最高人民检察院颁布的与刑罚和犯罪有关的各种规定。我国的刑法条文和有关刑罚与犯罪的规定，总是围绕着罪与非罪、此罪彼罪、罪重罪轻的问题，对犯罪的成立条件和刑罚进行描述和说明。罪与非罪是指犯罪的成立与不成立的条件；此罪彼罪是指不同犯罪之间的区别；罪重罪轻是指影响犯罪严重程度的各种情节。研究、掌握刑法条文和刑法规定中关于犯罪和刑罚的基本概念、基本条件和基本理论，是刑法学的基本内容。

---

① 在本书中，如果没有特别指明，"我国刑法"就是指我国1997年刑法。
② 在本书中，没有指明法律名称的条文，都是指我国1997年刑法中的条文。

刑法学以刑法条文作为研究对象，以探讨制定、解读、运用刑法条文的基本概念和基本理论为重点，是刑法科学发展的产物。早期刑法学的研究对象很广，包括犯罪的原因、预防、审判、证据等，称为"广义刑法学"。后来，刑法学在发展过程中逐步专业化，成为仅仅研究规定刑罚与犯罪的条文的科学，称为"狭义刑法学"。在狭义刑法学的方向上，根据研究方法和基本主张的不同又发展出各种刑法理论，例如，刑法信条学和刑法解释学。刑法信条学主要研究刑法中构成刑罚与犯罪的基本概念，即那些在刑法理论中不可动摇的部分。现代刑法学属于刑法信条学的范畴。

现代刑法学从犯罪的成立条件和法律后果方面研究受到刑罚威胁的行为，是从"实体"方面说明刑罚与犯罪的，又被称为"实体刑法学"。实体刑法学在研究对象上的特点，与其他一些相关学科划清了界限。其中，与实体刑法学有相关关系的最重要的法学学科是刑事诉讼法学、刑事执行法学、犯罪学、刑事政策学。刑事诉讼法学以《刑事诉讼法》为主要法律基础，对犯罪的侦查、起诉和审判的程序问题进行研究；刑事执行法学以《监狱法》为主要法律基础，对罪犯的监管、教育和监狱制度进行研究[①]；犯罪学主要研究作为社会现象的犯罪产生的原因及其预防；刑事政策学从犯罪态势出发，研究运用刑罚和有关措施同犯罪作斗争的方针、措施与原则。研究对象的差异，形成了刑事法学的不同学科。

实体刑法学仅仅是刑事法律科学中的一部分，因此，仅仅使用实体刑法的知识，还不足以科学地理解和处理好刑事立法和刑事司法中的问题。在使用刑罚与犯罪作斗争的过程中，不仅需要研究和考虑实体刑法本身的问题，而且需要研究如何使国家正确地使用刑罚权、正确地选择惩罚方式、科学完整地认识犯罪原因、妥善引导犯罪行为人重新回到遵守法制的道路，以及科学安排刑事诉讼程序等方面的问题。现代刑法学虽然具有独立的科学属性，但是，与其他刑事法学学科之间仍然保持着紧密的联系，共同形成了"全体刑法学"的各个组成部分。因此，在研究现代刑法学时，应当密切注意其他刑事法学学科的发展，否则，不仅无法掌握现代刑法学，也无法科学地发展现代刑法学。

二、刑法学的重要意义

刑法学是法学的重要学科。法学对于法律的重要意义，我国清末的大法学家沈家本曾经有过精辟的说明："当学之盛衰，与政之治忽，实息息相通。然当学

[①] 参见杨殿升主编：《监狱法学》，北京大学出版社1997年版。

之盛也,不能必政之皆盛;而当学之衰也,可决其政之必衰","法学不盛,何来善法?"①意思是说,法学的兴盛与一国一朝统治的稳固有着密切的关系:法学兴盛虽然不一定必然形成稳固的统治,但是,法学衰亡一定会导致统治的崩溃,因为没有兴盛的法学,国家就不会有好的法律,没有好的法律,国强政旺就不可能了。因此,学习法律必须以研究法学为基础,学习刑法必须以研究刑法学为基础。

学习刑法,首先必须掌握好和应用好现有的刑法条文。我国刑法的条文,是"根据宪法,结合我国同犯罪作斗争的具体经验及实际情况"(第1条)制定出来的。掌握现有的刑法条文,就是学习、继承、研究我国同犯罪作斗争的经验。学习刑法,还必须研究刑法学中包含的内在规律。刑法理论是对刑法规定之间以及与社会需求之间的规律进行的总结。社会要发展,发展需要新的安全保障,社会发展与新的安全需要会对原有的犯罪构成条件和刑罚手段提出改进的要求,因此,仅仅教条性地掌握法律条文是不够的。只有认识刑法中的规律,掌握好刑法理论,才能运用好、改进好刑法规定,满足社会安全的新需要,保障社会的发展。有体系的刑法理论,是现代刑法学的特征,也是现代刑法的基础。

刑法学作为有体系的系统性的刑法基础知识,具有重要的意义。

第一,刑法学具有引领意义。刑法学的引领意义突出地表现在刑法学的基本思维方式上。这个基本思维方式可以概括为"为了刑法,根据刑法"。"为了刑法"是说,刑法学中的研究最终都是为了在刑法中形成条文、修改条文、解释条文或者废除条文;"根据刑法"是说,在实践中认定犯罪和适用刑罚,都必须严格以刑法的规定为依据。在刑法学的学习、研究和实践中,不是为了刑法的思考不是专业性的思考,不是根据刑法的实践就会是违法的实践。"为了刑法,根据刑法"是宪法规定的"依法治国"对刑法学的基本要求。

第二,刑法学具有基础意义。刑法学以刑法作为研究对象,不是仅仅研究其中的一个条文,而是要把全部刑法条文、全部刑法知识加以系统化,从而形成有体系的知识。掌握有体系的刑法知识,有利于掌握刑法的基本概念与基本理论,从而帮助我们形成更理想的刑法观念。这对于刑法的学习、掌握、运用和进步,都是有利的。

第三,刑法学具有创制意义。刑法学的创制意义,不仅表现在推动新条文的制定和现有条文的具体适用上,而且还特别表现在刑法学理论的创新上。刑法

---

① 参见李贵连著:《沈家本传》,法律出版社2000年版,第362页。

条文和司法判决,都是自觉不自觉地运用某种"想法"也就是某种刑法理论的结果。刑法学在研究、梳理刑法条文和刑法理论的过程中,也在不断地完善支持这些"想法"的概念、理论,乃至思维方式。在世界刑法学发展史中,刑法学派的争论对现代刑法的发展起了重要的推动作用,对现代刑法信条学的形成有重要意义。在我国刑法发展史中,犯罪构成理论的研究和罪刑法定原则的确立,都曾经极大地改变了我国刑事司法制度的面貌。刑法学理论的进步,最终会导致刑事立法与刑事司法的进步。

第四,刑法学具有稳定法制的意义。刑法条文在刑法学的支持下,适用于千变万化的具体案情,一方面满足了解决具体问题的需要,另一方面也避免了强调特殊情况而各行其是的弊病。刑法学作为一种体系化的知识,运用自身理性和逻辑的力量,在继承和创新的历史发展中,发挥着维护法制统一的稳定作用。其中,刑法信条学发挥的作用特别重要。刑法信条学以经过刑法理论和实践反复检验而形成的刑法基本概念、基本理论和基本体系为基础,对刑法工作者的刑法理想和刑法实践发挥着基础性的支撑作用,从而成为专业性稳定法制的基本思想基础。

"工欲善其事,必先利其器",刑法学研究的犯罪与刑罚的问题千头万绪,"其理之细密,如茧丝牛毛"[①],因此,刑法学需要采用多种方法,才能整理和掌握复杂的刑法知识。在刑法学中采取的传统研究方法是:沿革刑法学,即从历史发展角度研究刑法,也称刑法史学;比较刑法学,主要是指对国内外刑法进行比较的方法;理论刑法学,即不是从具体犯罪的角度进行研究,而是从原理、原则的层面对刑法进行研究;注释刑法学,即以现行刑法条文为对象,解释、分析其构成或者含义。由于犯罪和刑罚问题的复杂性,刑法学不可能仅仅使用一种方法来解决所有问题。单纯使用一种方法产生的结论,有可能在某些方面存在问题。例如,"体系性方法"是现代刑法学中的重要方法,具有简化法律、改善可操作性、减少案件审查难度、保证平等适用法律、有利法律和法学发展等许多显著优点,但是,也容易产生依赖抽象概念、忽视具体案情、阻断寻找更好解决方案等问题。因此,根据具体问题来进行分析判断的"问题性方法"是必要的。

---

① 参见李贵连著:《沈家本传》,法律出版社2000年版,第367页。

> ▶▶▶ **案例**①
>
> 2006年,被告人许霆,持自己不具备透支功能、余额为176.97元的银行卡在广州市商业银行自动柜员机(ATM)取款时,发现银行自动柜员机出现异常,在自己输入取款1000元指令时,能够出钞1000元但仅扣款1元,即分三个时间段,在该自动柜员机指令取款170次,共计取款174000元,后携款逃匿。当时我国刑法第264条规定:盗窃金融机构,数额特别巨大的,处无期徒刑或者死刑,并处没收财产②;审判时适用的《最高人民法院关于审理盗窃案件具体应用法律若干问题的解释》第3条规定:个人盗窃公私财物价值人民币3万元至10万元以上的,为"数额特别巨大"③。据此对许霆所犯盗窃罪判处无期徒刑,是否太重?如果从轻处理,如何维护依法办事的制度?

应当明确,刑法学方法只有难易之分,没有绝对的优劣问题。刑法学方法的选择,取决于问题的性质,刑法学方法应用是否得当,需要通过有关结论的说服力加以检验。为了加强刑法学研究成果的说服力,现代刑法学特别注重多学科的研究方法,在刑法学研究中采用了哲学、社会学、人类学、经济学、甚至试图采用神学④的方法。然而,最好的刑法学方法只能是综合的方法,即为了专业的目的(就是刑法),在针对专业的问题(就是刑法问题)寻找专业的结论(就是刑法的结论)中,综合使用各种具体方法。

无论刑法学采用什么方法,都应当坚持辩证唯物主义与历史唯物主义的观点。首先,刑法学应当坚持理论与实践紧密结合的立场。司法实践需要理论的指导,因此,刑法学理论应当在总结司法实践经验和教训的基础上,走在刑事司法活动前面。但是,刑法学理论不可能是纯粹逻辑推导的结果,而只能是理性的、符合逻辑的对社会实践加以总结的产物,并且,只能通过司法实践和社会实践得到检验。其次,刑法学应当坚持历史发展的辩证立场。例如,在改朝换代的社会革命中,经常不可能根据事先规定的刑法来对犯罪判处刑罚;但是,在革命

---

① 中华人民共和国最高人民法院刑事审判庭第一、二、三、四、五庭主办:《中国刑事审判指导案例(危害国家安全罪、危害公共安全罪、侵犯财产罪、危害国防利益罪)》,法律出版社2009年版,第886页。
② 2011年《中华人民共和国刑法修正案(八)》删除了该档法定刑规定,原有的"数额特别巨大或者有其他特别严重情节,处十年以上有期徒刑或者无期徒刑,并处罚金或者没收财产"成为最高档法定刑规定。
③ 2013年《最高人民法院、最高人民检察院关于办理盗窃刑事案件适用法律若干问题的解释》作出新的规定,盗窃公私财物30万元至50万元以上的,应当认定为《刑法》第264条规定的"数额特别巨大"。
④ 参见刘远著:《刑事法哲学初论》,中国检察出版社2004年版,第3页以下。

成功之后,如果不能贯彻"罪刑法定原则",革命政权就难保长治久安的统治效果。刑法学应当保持自身的体系一致性,避免由于自相矛盾而颠覆,应当坚持与时俱进,才能在适应不断增长的社会安全需要过程中,得到不断丰富与发展。

第二节　刑法的渊源

刑法的渊源,是指直接规定犯罪与刑罚的各种刑法规范的具体表现形式。在不同国家中,对刑法渊源的认识经常是不一样的。在我国,刑法的渊源在宪法、法律,以及司法解释中有着各自的独特表现。

一、宪法

宪法是基本法,是刑法的立法根据。我国刑法规定,刑法就是"根据宪法"(第1条)制定的。我国刑法的任务、我国刑法所保护的对象,都不得违背宪法;不过,我国宪法虽然是我国刑法的根据,但是并没有对具体的犯罪与刑罚作出任何规定,因此,不能作为直接定罪量刑的根据。

二、法律

在我国,法律由全国人民代表大会及其常务委员会依据立法程序制定。根据我国《立法法》第8条的规定,关于"犯罪和刑罚"的事项,只能制定法律。在我国,刑法的渊源表现为刑法典、单行刑事法规、刑法修正案和刑事立法解释等几种形式。在这些法律形式中,都存在着对具体犯罪的罪状与法定刑的完整规定。

刑法典,是指国家对犯罪与刑罚专门颁布的基本法律。新中国经过长期的立法准备,在1979年7月1日第五届全国人民代表大会第二次会议上通过了《中华人民共和国刑法》(简称1979年刑法)。现行刑法是1997年3月14日第八届全国人民代表大会第五次会议修订的《中华人民共和国刑法》(简称1997年刑法)。我国刑法是一部概念前后一致、体例逻辑系统、内容完整全面的重要法典,虽然在名称上没有称"典",但是,这部法律由总则与分则组成,"总则适用于其他有刑罚规定的法律"(第101条),除非法律另有规定,发挥的就是刑法典系统、协调、一致的作用。刑法典经常也被称为"核心刑法",以强调其所规定的内容具有强大的社会震撼力,以区别于其他法律或者司法解释中的规定。

单行刑事法规,是指对一种或者若干种犯罪或者刑罚进行修改或者补充的法律。在1979年刑法颁布之前,单行刑事法规是我国重要的刑事立法方式,最主要的例子是《惩治反革命条例》(1951年颁布)、《惩治贪污条例》(1952年颁布)和《妨害国家货币治罪暂行条例》(1951年颁布)。在1979年刑法颁布之后和

1997年刑法修改之前,我国以"暂行条例""补充规定"和"决定"的形式颁布了23部单行刑事法规。这些法律,在1997年刑法修改之后,分别列入刑法的两个附件之中。在"附件一"中列明的15部法律被废止了,因为它们的内容已经纳入刑法典或者不适用了;在"附件二"中列明的8部法律,其中有关刑事责任的部分已经纳入刑法典之中,今后应当适用刑法典的规定,有关行政处罚和行政措施的规定则继续有效。在1997年刑法颁布之后,我国仅仅在1998年颁布了一部《全国人民代表大会常务委员会关于惩治骗购外汇、逃汇和非法买卖外汇犯罪的决定》。此后,单行刑事法规的立法形式就为刑法修正案和刑法立法解释所代替。

刑法修正案,是我国刑法在1997年刑法颁布之后较多采用的一种刑事立法方式。严格地说,刑法修正案是单行刑事法规的一种形式,根据的都是我国宪法第67条:全国人大常委会在全国人民代表大会闭会期间,有权在不与法律的基本原则相抵触的情况下,对全国人民代表大会制定的法律进行部分补充和修改。我国从1999年到2017年底,已经颁布了十部刑法修正案。

刑事立法解释,是我国在2000年《立法法》颁布之后较多采用的一种新的刑事立法方式。我国《宪法》第67条规定,全国人大常委会有权"解释法律"。在这个基础上,我国《立法法》第45条第2款进一步明确规定:"法律有以下情况之一的,由全国人民代表大会常务委员会解释:(一)法律的规定需要进一步明确具体含义的;(二)法律制定后出现新的情况,需要明确适用法律依据的。"此外,《立法法》第50条规定:"全国人民代表大会常务委员会的法律解释同法律具有同等效力。"从2000年至2017年底,我国已经颁布了14部刑事立法解释。

在我国,刑法典、单行刑事法规、刑法修正案和刑事立法解释已经形成一个整体,为刑罚及其适用对象提供了一个完整而专门的规定。这个整体之所以完整,是因为它对应当受刑罚惩罚的危害我国社会秩序的行为有着系统的规定;这个整体之所以专门,是因为在我国的其他法律中,都没有关于犯罪与刑罚的规定。我国目前采纳的这种刑事立法模式,明确规定了刑法的任务,比较有效地解决了刑法的稳定与发展的双重需要。

我国目前在刑法之外的其他各种法律中,都没有对犯罪与刑罚作出具体规定。从现代刑事立法技术上说,在非刑事法规中是可以规定刑法条文的。在非刑事法规中规定关于犯罪与刑罚的条文,就形成所谓的"附属刑法"。我国目前还不存在附属刑法。在我国大量的民事法律、经济法律、行政法律中,虽然表达了严重违法行为应当构成犯罪的意思,但并没有直接规定可以对其适用的刑罚种类及幅度,而是经常笼统地规定"构成犯罪的,依照刑法追究刑事责任"。这种情况是由我国特定的社会历史情况与法治发展状况决定的。在我国现行的法律制度中,对非刑事法规提供刑法保护的方法主要有三种:

第一，把非刑事法规中需要禁止的行为，直接复制在刑法条文中。例如，在我国《刑法》第219条中禁止的"侵犯商业秘密罪"的行为，几乎就是原封不动地从《反不正当竞争法》第9条的规定复制过来的。

第二，在刑法中明确规定引用非刑事法规，以明确刑罚适用的对象。例如，我国《刑法》第180条"内幕交易、泄露内幕信息罪"就明确规定"内幕信息、知情人员的范围，依照法律、行政法规的规定确定"。也就是说，内幕信息和知情人员的范围，应当根据1993年国务院颁布的《禁止证券欺诈行为暂行办法》、1998年全国人大常委会颁布的《证券法》和2007年国务院颁布的《期货交易管理条例》及其修订规定的内容予以确定。

第三，在非刑事法规中列明刑罚适用的对象，指出应当适用的刑法条文。例如，《铁路法》第61条规定："故意损毁、移动铁路行车信号装置或者在铁路线路上放置足以使列车倾覆的障碍物，尚未造成严重后果的，依照《刑法》第108条①的规定追究刑事责任；造成严重后果的，依照《刑法》第110条②的规定追究刑事责任。"

由于非刑事法规对于刑法的适用经常具有重要意义，因此，现代刑法学也可以把其中规定的与刑法有关的内容，置于所谓的"广义刑法"的范围之中，以区别于专指刑法典的"狭义刑法"。

目前，在我国的法律制度中，可以将剥夺人身自由和限制人身自由作为处罚方法的，除了刑法之外，还有《治安管理处罚法》以及与之相关联的其他法律。目前，我国刑法学界虽然十分关注其中规定的恰当性，但是，并不一般地把这部分内容作为自己的研究对象，也不将其称作所谓的"行政刑法"。我国社会主义法治建设正处于不断前进的过程中，这种行政处罚在加强惩罚适用条件的明确性、加强程序性保障和律师辩护的机会之后，是否有一部分内容将进入刑法规定的范畴，还有待我国司法体制改革的深入推进。

另外，我国不承认涉及犯罪和刑罚的国际条约、公约、协定以及其他国际性法律具有在我国直接适用的效力。

三、司法解释

司法解释是我国独特的一种法律制度。根据我国法律的规定，司法解释是我国最高人民法院和最高人民检察院对具体应用法律中的问题所作的具有司法效力的解释。根据1981年《全国人大常委会关于加强法律解释工作的决议》第

---

① 这里指的是1979年刑法，也就是1997年刑法的第117条"破坏交通设施罪"。
② 这里指的是1979年刑法，也就是1997年刑法的第119条"破坏交通设施罪"。

2条的规定,最高人民法院和最高人民检察院对属于法院审判工作或者检察院检察工作中"具体应用法律、法令的问题",有权进行解释。最高人民法院和最高人民检察院的解释如果有原则性的分歧,报请全国人民代表大会常务委员会解释或决定。①

一般认为,司法解释不属于我国刑法渊源的范畴。从效力上说,司法解释是由国家制定的具有法律拘束力的规范性法律文件,可以在刑事司法审判中作为裁判依据。但是,司法解释不能独立创制设立有关犯罪与刑罚的规定。在国际上,采纳判例法的英美法系国家,虽然把判例法置于法律渊源中,但在刑法领域中早已放弃了使用判例创制新的犯罪与刑罚的做法。我国的刑事司法解释,虽然不属于我国刑法的渊源,但仍然具有司法强制力,是理解与执行我国刑法规定的重要手段,因此是刑法学研究的重要对象。

根据2007年《最高人民法院关于司法解释工作的规定》,最高人民法院发布的司法解释采用"解释""规定""批复"和"决定"四种形式。"解释"适用于对在审判工作中如何具体应用某一法律或者对某一类案件、某一类问题如何应用法律制定的司法解释;"规定"适用于根据立法精神对审判工作中需要制定的规范、意见等司法解释;"批复"适用于对高级人民法院、解放军军事法院就审判工作中具体应用法律问题的请示制定的司法解释;修改或者废止司法解释,采用"决定"的形式。最高人民法院发布的司法解释,具有法律效力,人民法院作为裁判依据的,应当在司法文书中援引。

根据2015年《最高人民检察院司法解释工作规定》,最高人民检察院发布的司法解释文件采用解释""规则""规定""批复""决定"等形式,最高人民检察院的司法解释也具有法律效力,人民检察院在起诉书、抗诉书、检察建议书等法律文书中,需要引用法律和司法解释的,应当先援引法律,后援引司法解释。

我国的刑事司法解释,具有以下特征:

第一,刑事司法解释具有辅助性。这也是司法解释的一般特征。司法解释作为具有法律效力的刑法性规范,不得具有否定法律作为其上位法的效力与地位。即使在实行判例法的英美法系国家中,在一般的法学理论中,也强调"判例法必须服从制定法"。② 但是,我国最高司法机关对刑事司法解释提出了比其他司法解释更严格的限制性要求,这就是"司法解释应当以法律为依据,不得违背

---

① 在此之前,1979年颁布的《人民法院组织法》第33条也规定:"最高人民法院对于在审判过程中如何具体应用法律、法令的问题,进行解释。"

② Gary Slapper & David Kelly, *The English Legal System*, 6th Edition, Cavendish Publishing Limited, 2003, p. 68.

和超越法律规定"①,而其他司法解释,是有可能根据"法律和有关立法精神,结合审判工作实际需要制定"②。

第二,刑事司法解释具有具体性。这是在司法解释的宪法性根据——《关于加强法律解释工作的决议》中,对司法解释的一般要求。宪法要求司法解释只能是对具体适用法律时出现的问题进行解释,这项要求是保证司法权不会侵夺立法权的重要制度性措施。世界各国在这个要点上,都要求法院对问题的说明,必须与案件事实相联系,即使在上诉程序中对法律问题所作出的说明,也必须针对哪怕是最抽象的事实。我国刑事司法解释不能对刑法条文进行抽象的解释,只能针对具体应用刑法中提出来的问题进行解释。

第三,刑事司法解释具有稳定性。由于刑事司法解释的内容是与"具体应用法律、法令的问题"相联系的,而不是仅仅在形式上与被应用的法律条文相联系,因此,刑事司法解释在其所应用的法律被废除或者被修改之后,并不会当然地立即失去自身存在的根据。只要需要解决的问题仍然存在,原有的司法解释就仍然有效。在建设社会主义法律体系的过程中,我国清理了各种法规、规章和司法解释。原来的司法解释,可以由于被新的法律所代替而不再适用。例如,1955年7月30日最高人民法院发出的《关于在刑事判决中不宜援引宪法作论罪科刑的依据的复函》,在2012年8月才被最高人民法院宣布不再适用。但是,只要原有的司法解释没有被新的法律、新的司法解释完全替代,或者与新的法律不相抵触,那么,原有的司法解释就仍然有效。

在我国目前的司法解释体系中,案例虽然不是正式的司法解释形式,但是,案例在说明"具体应用法律、法令的问题"中所具有的及时、准确、符合宪法、有利法治的价值,在我国各个历史发展时期,都得到了最高人民法院的重视与运用。目前,我国司法机关正在根据司法改革的整体安排,积极构建各种案例指导制度。最高人民法院发布的指导性案例,各级人民法院审判类似案例时应当参照。案例指导制度的建立,必然对于法律的解释和对法律的理解产生重大影响。

第三节　刑法的任务与界限

一、刑法的任务

刑法的任务,是指刑法在国家法律制度中承担的工作和责任。在我国古代,

---

① 参见2015年修订的《最高人民检察院司法解释工作规定》第3条。
② 参见2007年《最高人民法院关于司法解释工作的规定》第3条。

法律(主要是刑法)承担的任务是"禁暴惩奸,宏风阐化,安民立政"。① 今天,"惩罚犯罪,保护人民",是我国《刑法》第1条规定的刑法制定的目的。刑法的任务需要解决的是,刑法根据宪法的分配应当承担什么样的工作和责任。

在现代法治中,宪法是母法,一个国家的法律都应当以宪法为根据,不应当违背宪法的规定与要求。刑法也不例外。我国《宪法》第28条规定:"国家维护社会秩序,镇压叛国和其他危害国家安全的犯罪活动,制裁危害社会治安、破坏社会主义经济和其他犯罪的活动,惩办和改造犯罪分子。"据此,我国《刑法》第2条进一步明确规定:"中华人民共和国刑法的任务,是用刑罚同一切犯罪行为作斗争,以保卫国家安全,保卫人民民主专政的政权和社会主义制度,保护国有财产和劳动群众集体所有的财产,保护公民私人所有的财产,保护公民的人身权利、民主权利和其他权利,维护社会秩序、经济秩序,保障社会主义建设事业的顺利进行。"

在现代法治中,为了维护法律体系内部的协调与统一,各个法律部门都应当根据自身的特点,承担宪法分配的任务。我国刑法根据宪法所承担的任务,具有两个鲜明的特点:

第一,刑法使用的手段是"刑罚"。"用刑罚同一切犯罪行为作斗争",从手段方面说明了刑法任务根本不同于其他法律任务的特点。刑罚作为同犯罪作斗争的手段,最鲜明的特点就是其所具有的严厉性。刑罚不仅可以剥夺人的自由(如徒刑和拘役)和财产(如罚金和没收财产),而且还可以剥夺人的生命(如死刑)。刑罚这种法律手段所具有的严厉性,是其他任何法律手段所不具有的。因此,从手段上来认识刑法的任务,已经成为现代刑法学的普遍做法。

第二,刑法保卫的对象是我国最基本、最重要的法益。法益就是法律所保护的利益。我国刑法所保护的法益是我国宪法规定的国家制度、公私财产、公民权利和社会秩序。但是,刑法并不保护全部法益。我国刑法保护的仅仅是那些在内容上体现我国社会全体成员的根本利益,反映我国最重要的社会基本伦理价值的部分。刑法法益的特殊性,也说明了刑法任务不同于其他法律任务的特点。

我国《刑法》第2条列明的刑法保卫对象,具有以下特点:

首先,刑法保卫国家安全和国家的政治制度,即人民民主专政的政权和社会主义制度。我国社会主义的国家与政权是人民革命斗争的胜利成果,是全国人民的根本利益所在,也是社会主义现代化建设的政治基础。

其次,刑法保卫社会主义社会的经济基础,即社会主义公共财产和公民私人所有的财产。社会主义公共财产包括国有财产和集体财产,是国家的物质基础

---

① (清)董诰等编:《全唐文》(第一册),"高祖·颁定科律诏"(卷三),中华书局1983年版,第36页。

所在,也是国家繁荣,人民幸福的物质保证;公民私人所有的财产是人民日常生产和生活必需的物质条件。

再次,刑法保卫公民的人身权利、民主权利和其他权利。公民的基本权利是公民参加国家管理和进行生产生活的基本前提。

最后,刑法保卫社会秩序、经济秩序。良好的社会秩序、经济秩序是顺利进行社会主义建设事业顺利进行的基本保障。

刑法法益与社会秩序的维护、社会治安的保障、经济秩序和人民共同生活的秩序的安全紧密相关,与国家、社会的繁荣发展、全体人民自由平等地相互交往、和谐共存、共同进步紧密相关。刑法法益一旦受到侵害,对我国人民的利益和社会的利益就会造成最严重的后果,因此,国家需要使用最严厉的手段,也就是刑罚,对刑法法益进行充分的保卫。

为了清楚地界定刑法的任务,现代刑法学一直试图通过界定刑法的法益,来限制刑法的适用。在刑法法益的内容与界限上,曾经存在着"法益保护说"[①]和"义务违反说"两种基本的理论争论。法益保护说最早是在 19 世纪自由主义思想影响下提出来的,认为社会秩序是由法律以及各种国家所认可的规范加以保护的,只要个人没有违反法律给法益造成损害,就不应当受到刑法的干涉,国家不应当根据个人的主观心理状况来认定犯罪。义务违反说是在 20 世纪社会保护思潮影响下提出来的,认为个人在现代社会中负有维护社会秩序的义务,国家有权要求个人尊重法律。简要地说,法益保护说倾向于从结果方面说明刑法的任务,主张刑法应当在法益已经遭受侵害时才进行干涉,也就是比较主张从结果方面否定侵害行为的价值,在刑法学中被称为"结果无价值"。义务违反说倾向于从行为方面说明刑法的任务,主张刑法在发生违反义务时就可以进行干涉,也就是比较主张直接从行为方面就可以否定侵害行为的价值,在刑法学中被称为"行为无价值"。

在刑法任务设定中,根据法益保护说和义务违反说的不同主张,可能对刑事案件的结果产生重大的影响。

[①] 在"法益"概念提出的早期,刑法学理论存在着把"法"的概念与"规范"的概念混用的情况。例如,"法益是指在立法者眼中对法制度有价值的一切,为了使之不受干扰,立法者必须通过规范加以保护。"参见 Karl Binding, Handbuch des Strafrechts, Band I, Duncker & Humblot, 1885, S. 169。在这个意义上发展起来的"规范违反说"的理论,经常分别或者单独地包括在"法益保护说"或者"义务违反说"的主张之中。

> ▶▶▶ **案例**
>
> 被告人王某在开车上班途中,撞死了路人某甲,应当负什么法律责任?

根据法益保护说的观点,王某很可能因为本案中法益的损害,即某甲生命的丧失而被认定要承担刑事责任;根据义务违反说的观点,如果王某在撞死某甲时没有违反遵守交通规则的义务,应当因为没有违反义务而不承担刑事责任。

> ▶▶▶ **案例**
>
> 被告人李某看到张某背着一个贵重的名牌包在逛商场,以为包里有钱或者贵重财物,就利用机会靠过去,把手伸进包里企图盗窃,却发现里面是空的。李某需要负刑事责任吗?

根据法益保护说的观点,李某不应当受到刑事惩罚,因为本案中法益的损害即张某的钱财,既没有受到损害也没有受到威胁。根据义务违反说的观点,李某应当由于犯罪未遂受到惩罚,因为他已经违反了自己不得侵犯他人财产的义务。

现代社会和刑法科学的发展都证明,法益保护说与义务违反说都有自身的局限性。法益保护说在保护物质性法益时是清楚的,但是,在面对思想性法益或者超个人法益,例如,国家安全、环境、经济秩序、市场秩序、国家公务的廉洁性等,法益概念的扩张就会消弱"法益损害"本来应当为刑法任务所提供的保护。义务违反说在行为人对被侵害对象负有义务时也是清楚的,但是,在社会与个人不断提出更高保护要求的时代里,这种义务就面临着无限膨胀的危险。这两种观点虽然后来也发展出了法益侵害说与规范违反说等变种性理论,但是,都没有根本解决问题。不过,通过这两种理论的争论,目前现代刑法学提出了"法定义务违反说"的折衷方案,即在法益受到侵害的情况下,只有同时违反法定义务的,才能受到刑罚的惩罚;在仅仅违反义务的情况下,只有在法律明确规定时,才能受到刑罚的惩罚。"法定义务违反说"是本书比较赞赏的理论。

我国刑法对于刑法任务的规定,目前主要反映的是以法益保护为主、义务违反为辅的立场,比较妥当地体现了我国当前社会主义初级阶段对社会秩序保护的需要。随着我国社会在各个领域各个方面的发展和进步,尤其是为了适应打击环境犯罪、金融犯罪、食品犯罪等方面的新型犯罪,正在采纳更多的义务违反说的立场。

二、刑法任务的界限

在现代社会中,恰当地设定刑法任务的界限,对国家安全、社会稳定和人民自由有着极其重要的意义。对刑法的任务设定过窄,法益无法得到充分保护,国家、社会和人民利益就无法得到恰当保护。刑法的任务设定过宽,尤其是在没有提供精确有效的刑法规定的情况下,法治发展中国家很容易面临以下不利状态:

其一,国家的刑罚权难以得到恰当的限制。刑法任务过宽和刑法规定不精确会导致国家享受无限制的刑罚权,使现代法治难以建立与实施。

其二,"惩罚犯罪,保护人民"的刑法目的难以完整实现。只有惩罚犯罪,才能保护和平的公共秩序;同时,必须保护人民,才能使公民全面充分地享受自己的宪法权利。过于宽泛和不精确的刑法任务,难以引导国家积极采纳更加有利于人权保护的标准,难以限制刑罚本身的压制属性。

其三,国家法律制度的功能难以得到完整有效的发挥。刑法与民法、经济法、行政法、劳动法和其他法一起,共同形成了我国的整体法律制度。只有各个部门法充分发挥作用,在各自的领域中相互配合,才能和谐地创立和维护和平的社会秩序。如果刑法任务没有妥当的界限,在刑法的"入侵"下,其他部门法的工作以及刑法本身作用的发挥,都会受到损失。

其四,即使在刑法规定很精确的情况下,刑法任务过宽也会产生社会负担过重的问题。"刑法保护是最高等级的法律保护"[①],最高等级的法律保护自然会产生最高的社会代价,这种代价不仅包括国家在刑事侦查、起诉、审判活动中投入的大量司法成本,也包括因追究刑事责任而产生的自由、财产甚至生命的丧失等社会成本。这些昂贵的代价和成本只有在保护最重要的社会利益时付出,才是值得的。

因此,恰当可靠地明确刑法任务的界限,是现代刑法学的重要内容。

根据我国《宪法》的具体要求和《刑法》的相关规定,现代刑法学一般同意,下列方面不属于我国刑法的任务范畴:

第一,刑法不惩罚纯粹的思想观念。我国刑法不惩罚思想犯。一个人,无论他的想法多么卑鄙恶毒,只要他没有把自己的想法以刑法禁止的方式表示出来,例如,记在自己心里或者保存在日记等通常不为人知的地方的,就不应当受刑事处罚,因为纯粹的思想观念不可能造成危害社会的后果。

---

① 参见王世洲著:《刑法保护是最高等级的法律保护》,载〔德〕克劳斯·罗克辛著:《德国刑法学总论》(第二卷),王世洲等译,法律出版社2013年版,主译者序。

第二,刑法不惩罚单纯的违反道德行为。单纯的违反道德的行为,例如,有配偶的普通人之间的通奸行为、普通人见死不救的行为,不受刑罚处罚。但是,在这个领域中,刑法有可能根据维护社会秩序的要求,保护一些特殊的利益。例如,与现役军人配偶同居(第259条),盗窃、侮辱尸体(第302条)等行为,是我国《刑法》明文规定的犯罪。

第三,刑法不惩罚由《治安管理处罚法》或者其他法律、法规处理的行为。例如,普通的卖淫、嫖娼行为,在体育活动中吸食兴奋剂行为等,都不是我国刑法处罚的对象。但是,明知自己患有梅毒、淋病等严重性病而卖淫、嫖娼的(第360条),应当受刑法处罚。

第四,民事行为和违纪行为。例如,合同违约或者民事侵权行为,是民事行为,不能用刑法处理;违反特定组织、部门纪律的行为,也不属于我国刑法任务的范畴。

随着我国国家机关职能进一步专业化、人权观念的进一步发展,我国刑法任务的界限将得到进一步的明确。虽然在宪法和国家法律制度中保护的内容不全都是刑法保护的对象,但是,不在刑法中明确保护的内容一定不属于刑法的任务范畴!刑法只允许保护明确规定由自己保护的法益。

在现代刑法学中,刑法的"辅助原则"(日本学者称之为"谦抑原则")[①]对设定刑法任务的界限具有重要意义。这个原则认为:刑法是法益保护的最后手段,只有在其他比较轻缓的手段不能充分保证效果的情况下,才允许使用刑法。"辅助原则"具有以下特点:

其一,刑法对法益只能提供"辅助性保护"。刑法使用"刑罚"作为强制方法,在各种法律后果中具有最严厉的性质。因此,只能在其他社会措施和法律手段,如纪律处分、民事起诉、行政处罚等不起作用时,才能允许使用刑罚。

其二,刑法是法益保护的"最后手段"。刑法在整个法律制度中,处于"万法之盾"的地位。如果使用刑法手段代替其他较为轻缓的法律手段来对法益提供保护,那么,刑法之外的其他法律制度就无法正常发挥功能,国家法律制度作为一个整体就难以正常运行了。

其三,刑法保护具有"零碎"的性质。刑法与民法不同,不是私法,而是公法。在刑法中,国家与被告人和犯罪嫌疑人的关系不是平等的,而是建立在个人服从国家强制力的基础之上。在刑法保护的法益中,不是任何侵犯法益的行为都需要使用刑罚进行制裁。例如,在保护财产方面,我国刑法仅仅对像盗窃(第264

---

① 关于刑法辅助原则和谦抑原则的完整说明,参见王世洲:《刑法的辅助原则与谦抑原则的概念》,载《河北法学》2008年第10期。

条)、诈骗(第266条)、敲诈勒索(第274条)这样特定的侵犯财产的行为才适用，但是，对于合同违约和民事侵权行为，就不能使用刑法。

对刑法的辅助原则(谦抑原则)，应当根据我国《刑法》第1条规定的"惩罚犯罪，保护人民"的总要求进行完整的理解。不能认为刑法规定得越少越好，即使中国古代的"慎刑"思想也不认为刑罚的适用越少越好。在现代刑法中，"刑法是最后手段"的理论，关心的主要不是刑法条文的数量，而是刑法规定的需要性和准确性。刑法的需要性是根据社会中最弱者的要求确定的，而不能根据最强者的要求来确定；刑法的准确性不仅限制着不法分子的自由，而且还创设了守法人民的自由。认为刑罚越少越好的思想是片面的与错误的，这种思想容易产生轻视刑法的倾向，在实践中也会给国家和个人利益带来保护不足的不利后果。我国古代就已经认识到"鞭扑不可一日弛于家，刑罚不可一日废于国"[①]的道理，犯罪如果不能得到应有的惩罚，社会秩序或者法益就无法得到妥善的保护。

在社会历史发展的过程中，国家、社会和人民对需要使用刑法加以保护的利益，在认识上有一个不断发展的过程，即使在对生命、健康、自由和财产等传统刑法法益的认识上，也有许多新的发展。

▶▶▶ **案例**

张某是肝癌症晚期的病人，颇受病痛折磨。主治医生叶某称：现代医学尚无治疗晚期肝癌的良策，病痛只能依靠止痛药。张某不愿意再忍受病痛和拖累家人，遂让在身边服侍的小女儿请求医生叶某为其注射过量镇静剂，以便自己"在安宁中离开世界"。叶某认为，这是张某的意愿，是张某家人的请求，也对张某解除病痛有利，就对张某施行了"安乐死"。医生叶某的行为是杀人行为吗？应当受到刑法的严厉制裁吗？

在现代社会中，社会已经开始在商业秘密、个人隐私、家庭暴力、环境保护、诚实信用、食品安全、生产规范、竞争规则、社会福利、出口禁运等范围广泛的领域中，开始强烈地呼唤刑法的保护。犯罪化和非犯罪化是现代刑法同时并存的两项任务。刑法保护作为社会可以获得的最高等级的法律保护，刑法保护的恰当准确程度，是现代社会发达程度的重要标志。

在现代刑法学中，刑法辅助原则(谦抑原则)不是一项强制性的原则，其对刑法任务的限制主要通过两个方面表现出来：一方面，刑法辅助原则作为一种刑事

---

① (汉)班固著、颜师古注：《汉书》，中华书局2000年版，第26页。

政策性准则,可以成为重要的评价刑事立法必要性的基础性工具;另一方面,刑法辅助原则也必然会在刑事立法中得到贯彻,无论如何,刑事立法只能根据社会的要求来规定刑法的任务。

从根本上说,宪法是限制刑法任务的有效方法。世界各国采取的比较典型的方法主要有:一是限制刑罚的种类与限制犯罪的种类。例如,《德国基本法》第102条规定了"废除死刑",《美国宪法》第3条第3款规定了"叛国罪"。宪法的规定就使立法机关丧失了对该种刑罚与该种犯罪的立法权。二是限制刑罚的判处方式。例如,《德国基本法》第104条第2款规定:"剥夺人身自由及其期间的决定,只能由法官作出",从而使得法官之外的其他公职人员都无权行使剥夺人身自由的权利。另外,在现代人权与法治观念的影响下,国际人权公约对缔约国的要求也会对国家刑法的任务产生影响。例如,在我国承认的《世界人权宣言》和已经签署的《公民权利和政治权利国际公约》中,都规定了"人人生而自由,在尊严和权利上一律平等","任何人的任何行为或不行为,在其发生时依国家法或国际法均不构成刑事罪者,不得被判为犯有刑事罪"。这些内容以及其他规定,都会对刑法的任务产生原则性的限制。

刑法任务的设定和限制问题,是现代刑法学中的基础理论问题。在这个领域中发展出一些理论,其中,影响较大的是关于刑法功能的理论。各种理论试图从法益保护、人权(或者自由)保障等方面[①],通过论证刑法应当发挥的有利作用,来说明刑法任务的界限。本书认为,刑法的功能可以概括为以下三个方面:

第一,刑法是授权法。刑法是通过"惩罚犯罪"来"保护人民"的。但是,哪些法益需要刑法保护,哪些行为需要适用刑法禁止,什么样的刑罚是可以使用的,都只能在刑法中明确规定之后再适用。没有刑法的明确规定,不得动用刑法。

第二,刑法是保护法。刑法应当只惩罚有罪的人,不得对无罪的人适用刑罚,不得对罪轻的人适用不适当的重刑。刑法不仅是社会的保护法,而且也是受到刑事追究人的大宪章。[②]

第三,刑法是塑造法。刑法具有鲜明的"令行禁止"的作用,以新社会要求的社会伦理和安全为根据,通过使用刑罚来压制违反社会伦理要求的行为,以维护社会秩序和保护社会安全,从而产生对人的行为加以塑造的效果。在社会变革时期,刑法的这种功能被广泛地应用到行政管理和经济管理方面,成为塑造新社会和新经济的有力工具。正确地运用刑法的塑造功能,对社会的影响极大。

---

① 例如,〔日〕西田典之著:《日本刑法总论》,刘明祥、王昭武译,中国人民大学出版社2007年版,第22页以下。〔日〕曾根威彦著:《刑法学基础》,黎宏译,法律出版社2005年版,第5页以下。

② 对"刑法是犯罪人的大宪章"这种说法恰当性的评论,参见〔德〕克劳斯·罗克辛著:《德国刑法学总论》(第一卷),王世洲译,法律出版社2005年版,第78页。

不过,在完整学习刑法理论之后,就可以更清楚地认识到,关于刑法功能的理论,实际上融合了刑法任务、罪刑法定原则、刑法的正当性等多方面的内容,是一种综合的理论。因此,对刑法任务的界限和限制问题,应当结合相关理论才能更清晰地理解。

第二章 刑罚的正当性

第一节 刑罚正当性概述

刑罚的正当性是现代刑法学的一个重要范畴。刑法任务的确定,仅仅明确了国家可以使用刑法来禁止一些特定行为,但是,刑罚应当如何发挥作用才能使刑法的任务成为正义的,仍然还需要加以证明。

> ▶▶▶ **案例**
>
> 某甲看到某乙戴的一项棉帽子很好看,就将某乙打倒后抢走这顶帽子。某甲因此被判处五年有期徒刑。这样的处罚是否太重?

刑罚的正当性,是一种以社会公认的规范与价值为基础作出的评价,宣告着刑罚的规定与使用的方式为这个社会所接受和所遵循。由于这种评价为社会所接受并且成为一种评判的标准,因此,刑罚的正当性就与刑法的最终公正性和正义性紧密地联系在一起。在现代刑法学中,刑罚的正当性不仅在理论上说明了刑罚的公平和正义基础,而且在实践中直接影响着对犯罪的恰当惩罚。刑罚正当性问题的重要性,与刑罚的特殊属性密不可分。与民法、经济法、行政法等方面的法律措施相比,刑罚是最严厉的,不仅可以限制或者剥夺人身自由和财产,而且可以剥夺人的生命。因此,国家在使用刑罚给人造成限制与痛苦时,需要特别考虑刑罚的正当性问题。

古往今来的各种刑法理论或者政治理论,主要通过四种途径来证明刑罚的正当性:

第一,通过证明国家及其代表具有使用刑法来进行统治或者管理社会的权力或者资格,来证明使用刑罚的正当性。这种做法,最早是古代封建帝王们使用的。他们通过"君权神授"的理论,或者利用"纲常名教"的学说,把自己说成是上天的代表在治理国家,"天子受命于天,天下受命于天子"(《春秋繁露·为人者天》),因此就具有使用任何刑罚的权力。

第二,通过证明刑法任务或者刑法功能具有合理性,来证明使用刑罚的正当性。这种理论主要是在不愿意接受旧理论和旧观念但又来不及完成建设新的完整理论体系的情况下使用的，经常为新生的革命政权和试图建立新社会观念的刑法理论所使用。"以革命的名义""斗争形势需要"以及"为了保护人权"，因此就成为使用刑罚的正当性根据。

第三，通过宣告刑罚所禁止的行为具有不为社会所容忍的属性，来证明使用刑罚的正当性。这方面的理论，依托千百年来形成的道德观念与法律实践，概括了社会和人们心理中对杀人、放火、抢劫、强奸等一切应当称之为"犯罪"的行为所具有的谴责态度，通过强调这些行为具有危害社会的属性，来确立使用刑罚来制裁这些行为的正当性。

第四，通过证明使用刑罚所要达到的目的是正当的，来证明刑罚的正当性。这种理论，不是从政治任务上来谈论目的，而是从刑罚对社会和个人产生的影响效果方面来确立刑罚的正当性根据。

不同的刑罚正当性的证明方式，是在不同的历史发展时期产生的，因此有着各自的历史合理性和历史局限性。今天，在尊重人权和加强法治的时代里，仅仅依靠统治权力和资格，采用诉诸刑法任务或者刑法功能的证明方式，都容易产生有权就有理、权大于法、以目的的正当性来证明手段的正当性等不利于法治的现象，因此，现代刑法学已经基本上不采纳这一类方式来证明刑罚的正当性了。

通过强调犯罪具有不为社会容忍的性质，也就是犯罪的社会危害性，不仅在适用刑法时会与罪刑法定原则产生冲突，而且在说明现代的"法定犯罪"，也就是那些像经济犯罪、环境犯罪、金融犯罪、交通犯罪由于违反管理性法规而不是在本质上具有应受道德谴责属性的犯罪时，也会出现划清界限的困难。另外，通过强调犯罪具有不为社会容忍的性质来支持刑罚的正当性这种思路，也容易出现刑罚报应性太强的问题。

▶▶▶ **案例**

　　醉酒驾驶机动车，把车在大街上开得像耍大龙，只要没有撞到人就一定不是犯罪吗？没有撞到人为什么应当是犯罪？

▶▶▶ **案例**

　　杀人就一定要偿命吗？为什么需要偿命？为什么可以不偿命？

在现代刑法学中，通过刑罚目的来证明刑罚正当性的做法，比较有利于清晰准确地说明刑罚的规定与适用对社会和个人的影响,能够冷静客观地反映社会公正与正义的要求,因而,已经成为证明刑罚正当性的主要方法,代表着世界刑法理论发展的重要趋势。

第二节 刑罚目的的理论

在现代刑法理论中,关于刑罚目的的理论存在着许多观点,归纳起来主要有绝对理论、相对理论和综合理论。①

一、绝对理论

绝对理论也称报应理论,正义理论或者赎罪理论。在这个理论中"绝对"的意思是,刑罚不是在追求任何社会效果中考虑自身意义的,刑罚的意义是由刑罚本身独立而完整地说明的。绝对理论主张,刑罚应当仅仅发挥压制的效果。因此,刑罚的目的就仅仅是通过国家采用使罪犯遭受痛苦的方法来对犯罪作出反应,从而恢复受到破坏的法律秩序。严格地说,绝对理论并不是为刑罚提供什么目的,而是为刑罚提供了一个合理性的根据。

首先提出绝对理论的是著名的德国哲学家康德和黑格尔。

康德的绝对理论把报应和正义的思想作为法律的基础,认为刑罚对犯罪的报应是正义的,正义也要求刑罚对犯罪进行报应。在康德的时代,欧洲正在走出黑暗的中世纪,社会中仍然存在着很强的"以眼还眼、以牙还牙"的同态复仇观念,私人报仇、家族私斗还普遍被认为是正当的。面对这样的社会现实,康德的主张在报应方面得到了复仇思想的支持,在正义思想方面满足了正在形成的欧洲现代国家中以国家刑罚取代私刑的历史潮流。但是,他主张的"等量报应"观点,在实践中很难行得通。

黑格尔的绝对理论,主张把刑罚理解为"对法的重建"。在黑格尔看来,罪犯在犯罪行为中表现的"特殊意志",否定了法律制度表现的"普遍意志",因此,只有通过刑罚来否定犯罪所代表的"特殊意志",通过这种"否定之否定",才能使"普遍意志"和"特殊意志"重新获得统一,也就是重新建立起法律秩序。黑格尔的说法,对犯罪和刑罚都进行了抽象,使犯罪与刑罚成为在价值上可以衡量的对象,从而使得可以使用等价报应论来取代等量报应论,对绝对理论的发展作出了重要贡献。

---

① 关于本节的内容,参见王世洲:《现代刑罚目的理论与中国的选择》,载《法学研究》2003年第3期。

绝对理论主张的报应，与古老和原始的报仇和同态复仇有着根本区别。报仇作为一种强烈的情感倾向，一般是个人对个人进行的，受害人出自很容易理解的理由，存在着容易由于过度反应而使暴力升级的问题。从历史上说，同态复仇是从本能的反应（报仇）向有组织的惩罚（报应）发展过程中的一种形式。从法律上说，"以眼还眼，以牙还牙"的同态复仇中包含的最重要价值，就是其中所具有的内在限制性原则，这样，同态复仇就抑制了在报仇中可能表现的暴力升级。报应与报仇和同态复仇的不同主要在于：一方面，报应是与个人和社会生存绝对需要的安全利益相联系的，如果做了坏事不受惩罚，那么社会就不安全了；另一方面，报应与发生在两个人之间的报仇不同，体现的是一种三方关系，并且，国家作为刑罚的适用者，处于高居于侵害方和受害方之上的第三方的位置上。因此，报应根据的是交换性的而不是分配性的形式，取得了最古老的正义形式。

绝对理论在刑罚理论上的贡献主要有两点：

第一，刑罚不再是为了满足对个人报复的需求，而是为实现正义服务的。刑罚是一种恶（国家使用故意给犯罪人造成痛苦的方法）对另一种恶（犯罪人给被害人造成的痛苦）的报复，因此，在使用刑罚的时候，只能以正义的方式进行。

第二，刑罚应当是有限度的。限度原则虽然体现了报应，但是，正义的观念要求刑罚与罪责的程度相适应。在任何情况下，都不允许采用对很小的过错适用严厉处罚的方法来以儆效尤，绝对的思想本来就反对使用刑罚追求其他目的。

▶▶▶ **案例**

某甲故意打断某乙的胳膊，他是否可以通过伤害自己胳膊的方式来了结自己的责任？

绝对理论受到的批评主要有两点：

第一，不考虑社会目的的刑罚不符合刑法的任务。现代刑法理论普遍同意，刑法的任务在于支持对法益的保护。如果刑罚不将为刑法的任务服务作为自身的目的，那么，就会丧失自己在社会中出现和存在的合理性根据。

第二，单纯使人遭受痛苦的刑罚是没有社会意义的。报应式的刑罚难以促使人们认识犯罪行为的社会和心理原因，也不关心消除犯罪人在心理上产生的损害效果，使刑罚难以成为与犯罪作斗争的合适手段。

绝对理论的发展，是所谓的"赎罪"理论。这种理论主张，刑罚可以使行为人在心灵上产生反省，使自己改过自新从而得到赎罪，也就是重新获得符合法律要求的人格和社会性的纯洁。但是,批评的意见认为,赎罪是以自愿为条件的,在强制性的刑罚下难以表现出赎罪的自主性。

单纯坚持绝对理论,必然使刑罚具有"合乎道德的恐怖"的特征。

二、相对理论

相对理论也称预防理论,意思是为了将来不发生犯罪而对犯罪进行惩罚。在这个理论中的"相对"的意思,是指刑罚应当与防止犯罪的目的相联系。

预防理论的观点可以一直追溯到遥远的古代。中国古代就有"以刑去刑""以杀去杀"①的思想,古希腊哲学家柏拉图就主张:"聪明人不会因为触犯了戒律而进行惩罚,而是要由此使戒律不再被违背……"②在孟德斯鸠、伏尔泰、贝卡利亚、边沁等这些欧洲启蒙运动时期的伟大思想先驱的言论和著作中,都提到了将预防作为刑罚目的的意义。

在现代刑法学中,预防理论被区分为一般预防理论与特殊预防理论。

一般预防理论主张,刑罚的目的不是对犯罪进行报复,而是对一般公众的影响。现代刑法学把这种影响区分为两个方面,这就是消极的一般预防与积极的一般预防。消极的一般预防,也称否定性一般预防,是指使用刑罚产生的威慑效果来遏制其他潜在的行为人实施类似的犯罪行为。积极的一般预防,也称肯定性一般预防,是指通过刑罚来维护和加强一般公众对法律制度的忠诚,使公民的法律意识得到抚慰。

特殊预防理论主张,刑罚的目的是预防行为人再次危害社会。现代刑法学把这方面的影响也区分为两个方面,这就是消极的特殊预防与积极的特殊预防。消极的特殊预防,是指通过刑罚来阻遏具体行为人重新犯罪,保护社会免受其侵害。积极的特殊预防,是指通过刑罚对具体行为人进行矫正,从而使之重新社会化,达到阻止其重新犯罪的目的。

▶▶▶ **案例**

张某由于聚众赌博被捕,他承认自己赌博上瘾了。对张某是否可以关押到其赌瘾戒除之后才释放呢?

---

① 《商君书·画策》,转引自周密著:《中国刑法史纲》,北京大学出版社1998年版,第331页。
② 参见〔德〕克劳斯·罗克辛著:《德国刑法学总论》(第一卷),王世洲译,法律出版社2005年版,第39页。

> ▶▶▶ **案例**
>
> 王某是某建筑公司主管,一贯奉公守法,品行端正。一天夜间,大雨滂沱,工地发生事故,一名工人重伤,王某开车送人到医院治疗,但是由于车速过快,加上雨天路滑,不慎撞死一名行人。王某后悔莫及。对王某还需要判刑"矫正"吗?

特殊预防理论中对罪犯进行矫正,使之重新社会化的思想,具有十分重大的理论与实践意义,已经成为现代刑法学预防理论的核心内容。此外,一般预防理论也有一些重要的优点。一是,一般预防的理论可以毫不牵强地说明,即使行为人没有再犯的危险,也不允许完全放弃刑罚,应当同时充分考虑不对这个犯罪行为人适用刑罚是否容易激起其他人加以模仿的兴趣。二是,为了鼓励公民远离犯罪行为,法律在对行为进行规定时就必须做到尽可能准确的明确性。

单纯采纳预防理论会产生的最严重的问题是,一般预防和特殊预防的思想中都没有为刑罚提供限制原则。这样,根据预防理论,就允许将一个罪犯关押到其重新社会化时为止。这不仅会支持没有确定刑期的刑罚(不定期刑),而且可能导致对轻微的违法行为适用长期监禁刑,从而产生无节制地适用刑罚的问题。

与预防理论有联系但有很大区别的一种理论是经济功利理论。在刑罚目的理论的范围内,这是一种比较新但还很不成熟的理论。这种理论的基本主张是,经济成本是刑法性责任和威慑的基础;刑罚、以及判处刑罚的特殊程序,都与很高的成本联系在一起,因此,刑罚就能够从经济方面提高犯罪行为的成本,从而达到有效遏制犯罪行为的目的。

> ▶▶▶ **案例**
>
> 关某垂涎李某的新轿车。从经济方面进行权衡,刑罚对关某作出偷与不偷的决定会有意义吗?

> ▶▶▶ **案例**
>
> 钱某在赵某侮辱自己老婆时杀死赵某。从经济方面考虑作出的惩罚,能否对钱某作出杀与不杀的决定发生影响?哪一种刑罚能发挥影响?哪一种刑罚不能?

目前的经济功利理论主要从犯罪成本与司法(执法)成本两个方面考虑刑罚问题。从犯罪成本方面考虑,刑罚对于盗窃、诈骗等财产性犯罪也许具有遏制效果,然而,对于杀人、伤害、侮辱、甚至强奸等人身性犯罪就很难看到这种效果。从司法(执法)成本方面考虑,这种理论主张"应该鼓励适用罚金而不是徒刑"。①虽然刑罚的制定与适用应当考虑经济的因素,但是,现代刑法学也证明,纯粹的经济性考虑迄今仍然"对刑法的影响非常小"②。

三、综合理论

综合理论是对于处在绝对理论和相对理论之间,试图采纳两种理论的优点和排斥两种理论的缺点,从而实现最佳理论组合的各种理论的总称。

刑罚目的的任何一种理论,都有着明显的优点与明显的缺陷,因此,在现代刑法学的发展中,各种理论不断提出,从正义、公平、安全、预防、矫正、报复、弥补,甚至道德、理性、尊严、自由、平衡、满足、痛苦、耻辱、债务、责难(谴责)、恐惧等等方面作出论证,形成了种类繁多的综合理论。刑罚目的的多种追求,反映了社会不同利益的要求。因此,从刑法理论发展的历史看,"综合理论是长期政治和学术斗争的产物"。③

> ▶▶▶ **案例**
>
> 检察官在追究钱某故意杀害罪的起诉书中,指出钱某在之前的5年内,曾经由于盗窃受过有期徒刑的刑罚。过去已经受过处罚的盗窃罪应当对现在的故意杀害罪的惩罚发生影响吗?

> ▶▶▶ **案例**
>
> 辩护律师在为邓某交通肇事罪辩护时,指出邓某已经向被害人家属支付了巨额赔偿金。赔钱应当影响刑罚的轻重吗?

---

① 〔美〕理查德·A.波斯纳著:《法律的经济分析》(上),蒋兆康译,林毅夫校,中国大百科全书出版社1997年版,第297页。
② 〔美〕乔治·P.弗莱彻著:《美国刑法理论的形成》,蔡爱惠译,王世洲校,载《中外法学》2009年第2期。
③ 〔德〕汉斯·海因里希·耶赛克、托马斯·魏根特著:《德国刑法教科书(总论)》,徐久生译,中国法制出版社2001年版,第96页。

在现代刑法学的发展中,综合理论的建设基本上是围绕着几个基本方面进行的:

在内容方面,围绕着报应与预防两个因素,讨论是否排除报应,或者在报应与预防两个方面应当如何进行取舍,以及应当以报应为基础还是以预防为基础来安排综合理论。在这个方面的研究中,最激进的方法就是将报应理论中的精华——限度原则和罪责原则抽取出来与预防理论结合,同时抛弃报应理论。

在制度方面,根据刑法的制度性适用涉及法律制定、司法程序和刑罚执行三个阶段,讨论是否可以在各个阶段采纳特定的理论或者观点,以便为刑罚的适用划分不同的阶段性目标。

在问题方面,不仅涉及比较一般性的问题,例如,"国家刑罚的一般合理性基础是什么?"而且涉及比较具体的问题,例如,"谁应当受刑罚惩罚?应当给予多严厉的刑罚处罚?"在有关问题的讨论中,有关的理论经常会超出刑罚目的的范围,进入宪法性根据、刑法的任务和功能,乃至刑法条文等领域。总的说来,绝对理论存在着抹杀刑罚与刑法条文之间联系的倾向,相对理论也有忽视符合目的性与正义之间联系的问题。因此,关于报应理论仅仅指向过去,而预防理论仅仅指向将来的说法,在实践中不能得到完整的检验,因为根据报应判处的刑罚都有一种预防的效果,根据预防判处的刑罚又由于只能在犯罪发生之后进行,正好就与报应理论相一致了。

在法律实践中,面对纷繁复杂的社会需要和案件事实,无论是根据报应理论还是任何一种预防理论,都不能单独地和正确地确定刑罚的内容和界限。因此,综合理论在实践中就具有很重要的意义。一方面,不能简单地将罪责弥补、特殊预防和一般预防作为刑罚目的放在一起,从而产生在不同刑罚目的之间无原则的混合和摇摆,另一方面,应当认识到,实践中的综合理论虽然不单独代表某一种理论观点,但是,任何综合性的实践却是必须以各种刑罚目的理论为基础的。

四、我国刑法理论对刑罚目的的选择

现代刑法学已经证明,刑罚目的理论一定要走综合理论的道路,并且,刑罚目的理论的各种理论要素在一定的结构中也有可能互相弥补和互相支持。我国刑法理论对刑罚目的的选择,采取的是分刑种分阶段以预防为基础的综合理论。

首先,我国的刑罚目的理论是以预防为基础的,因为刑罚是由国家根据保护社会的任务在刑法中确定并在实践中应用的。

其次,我国的刑罚目的理论并不完全排斥报应理论。这不仅表现在我国刑法是坚持限度原则的:"刑罚的轻重,应当与犯罪分子所犯罪行和承担的刑事责任相适应"(第5条),而且还表现在我国刑法还不能立即废除死刑。我国刑法保留死刑但是严格限制死刑的做法,体现了正义性报应原则。

再次,我国的刑罚目的是根据刑罚的制度性运用来安排的。完整地说,刑罚的制度性适用应当通过三个阶段来进行:法律制定、司法适用、刑罚执行。刑罚的目的应当体现在刑罚制度性适用的各个阶段,但是,一个刑罚目的在刑罚制度性适用的各个阶段很难得到同样的表现和贯彻。因此,在刑罚的制定、适用和执行的三个制度性阶段中,应当安排不同的目的。

分刑种分阶段以预防为基础的综合理论,其实是两个综合理论的结合。一是在刑种方面,在死刑中基本体现正义性报应理论和在其他刑种中基本体现预防理论;二是在刑罚的制度性适用阶段方面,在法律制定中主要体现一般预防的思想,在司法适用中主要体现特殊预防和报应的观点,在刑罚执行中特别体现了特殊预防。

在刑种中,死刑基本体现正义性报应理论。我国《刑法》第48条第1款规定,"死刑只适用于罪行极其严重的犯罪分子。对于应当判处死刑的犯罪分子,如果不是必须立即执行的,可以判处死刑同时宣告缓期二年执行。"可见,我国的死刑制度中有两种执行方式:一种是死刑立即执行的方式,另一种是死刑缓期两年执行的方式。正义性报应理论,首先体现在死刑立即执行的方式中。这种死刑执行方式不可能体现特殊预防的理论,不可能对罪犯再进行任何矫正或者再社会化。特殊预防只有可能体现在死刑缓期二年执行的方式中。根据我国《刑法》第50条的规定,判处死刑缓期执行的,在死刑缓期执行期间,如果没有故意犯罪,二年期满以后,就可以根据情况减为无期徒刑或者有期徒刑。只有在"故意犯罪,查证属实的,由最高人民法院核准,执行死刑"。根据正义性报应理论的要求,判处死刑(包括立即执行和缓期执行)的犯罪分子,必须是罪行极其严重到应当判处死刑的程度,才能判处死刑。不得出于其他考虑,包括威慑潜在的犯罪分子或者鼓励人民对法律的忠诚,对没有达到应当判处死刑程度的犯罪分子,判处死刑,否则就违反了正义性报应理论的要求。当然,对于犯罪达到应当立即执行死刑的罪犯判处并执行死刑,也能够产生一般预防的效果,然而,在死刑这个刑种中体现的正当性基础中,一般预防的意义也应当仅仅限制在这个范围之内,否则就会与其他正当性基础发生冲突。

在刑种中,除了死刑之外的其他刑种,在我国刑法中规定的有无期徒刑、有期徒刑、拘役和管制等主刑(第33条),以及罚金、剥夺政治权利和没收财产等附加刑(第34条)。这些刑种基本体现的是预防理论。这些刑种的适用,不是单纯地对犯罪分子实施了我国刑法所禁止行为的反应,而且更重要的是要对犯罪分子进行"教育和改造"(第46条)。为了实现预防的目的,我国刑法在总则第4章"刑罚的具体运用"中,对于这些刑种的适用,还规定了量刑、自首与立功、累犯、数罪并罚、缓刑、减刑、假释、时效等一系列制度,在监狱法等一系列法律法规中,规定了具体刑罚的执行制度,以便"正确执行刑罚,惩罚和改造罪犯,预防和减少犯罪"(《监狱法》第 1 条)。

在刑罚的制度性适用阶段方面,首先应当在法律制定中主要体现一般预防的理论。在这个阶段,立法者通过法律的制定,威胁对特定的行为适用刑罚,表明自己对特定行为具有危害社会性质的价值评价,宣布了特定行为是犯罪,意图通过刑罚的威胁来阻遏犯罪行为的发生,同时通过宣布使用刑罚来保护法益,鼓舞社会公众保持对法律制度的信任。不过,这个阶段的刑罚还不可能发挥特殊预防和报应等目的的效果,因为在法律制定阶段中的刑罚威胁还只能对将来发生的犯罪行为产生威慑,不可能对已经发生的犯罪行为加以阻止。报应和特殊预防,也都只能在犯罪行为已经实施之后才能对具体罪行和罪犯发生作用。在立法阶段,立法者在制定刑罚的具体种类和幅度时,当然要考虑到将来在适用阶段时报应和特殊预防的需要,但是,报应和特殊预防仅仅在这个意义上存在于法律制定阶段之中。在法律制定阶段强调一般预防理论,对于发挥一般预防对法律准确性的内在性要求,也是极为有利和极为重要的。

其次,在司法适用阶段应当主要体现特殊预防和报应的理论。除了死刑立即执行贯彻的是报应理论之外,其他刑种的适用应当主要考虑特殊预防的目的。在司法适用阶段,在根据具体犯罪事实和具体法律规定确定具体刑罚的种类和幅度时,应当把教育与改造犯罪分子作为首要目的。刑罚的判处应当以报应作为惩罚的最大界限,对具体罪犯判处的刑罚不得超过其应得的限度。在这个范围之内,根据特殊预防的要求,在具体案件各种情节的基础上进行调整。但是,根据特殊预防的要求做出的调整不得违背一般预防的要求,也就是说,必须充分考虑避免其他人模仿犯罪的可能性,一般预防提供着刑事惩罚的最低要求。这样,在对具体犯罪具体适用刑罚时,才能充分兼顾各种理论的优点,尤其是报应理论的限度原则,特殊预防的矫正思想和一般预防的威慑和鼓舞作用,同时,避免各种理论的缺点,例如报应理论中的单纯报复,预防理论中的无限制性等问题。

最后,在刑罚执行阶段应当特别体现特殊预防的理论。这个刑罚目的典型地体现在监禁刑的执行上。我国《监狱法》第 3 条对监狱规定的任务是:"监狱对罪犯实行惩罚和改造相结合、教育和劳动相结合的原则,将罪犯改造成为守法公民"[①];第 4 条更具体地规定:"监狱对罪犯应当依法监管,根据改造罪犯的需要,

---

① 根据我国《监狱法》第 2 条的规定,监狱法不适用于被判处死刑立即执行的罪犯,但是适用于被判处死缓的罪犯。

组织罪犯从事生产劳动,对罪犯进行思想教育、文化教育、技术教育。"犯罪分子被关押之后,就不可能对一般社会公众再造成危害,消极特殊预防的效果就实现了。但是,我国在刑罚执行阶段,明显地是优先贯彻积极特殊预防的目的,把罪犯重新社会化作为自身的基本任务。在我国执行刑罚时,并不特意地追求一般预防的效果,法律禁止使用侮辱罪犯人格和伤害罪犯身体的方法来执行刑罚(《监狱法》第7条)。但是,监狱作为刑罚执行机关通过向社会公众展示教育改造罪犯的成果,的确也能够起到鼓励一般公众遵守法律的积极预防作用。

从目前我国刑法的规定看,我国死刑的条款还比较多,报应理论的色彩还比较浓厚。但是,分刑种分阶段以预防为基础的综合理论,不仅在实践方面能够客观地反映我国刑法的完整情况,而且能够在理论上明确刑罚目的与刑法任务的相互关系,充分吸收绝对理论和相对理论中各种理论派别的优点,因此,能够成为证明我国刑罚正当性的理论根据,为推动我国刑法的进步作出进一步的贡献。

第三章　罪刑法定原则

第一节　刑法基本原则概述

"原则"这个词，从词源学上说，来自拉丁文"primum"，意思是"最先的、最重要的"。基本原则，强调了那些作为本源的意思中最重要的部分。我国刑法学界有一种共识，认为只有在刑法中特有的、贯穿于全部刑法内容的、对犯罪与刑罚的制定、适用和刑罚的执行具有直接指导作用的准则，才能称得上刑法基本原则。严格地说，在刑法中符合这个标准的原则，只有罪刑法定原则。

法律中的基本原则，由于其具有本源的意义，因此发挥着指明与规范法律制度整体方向的作用。在其他法律部门中，当具体规范不足以适用时，可以诉诸基本原则作为补充。例如，在民法中的诚实信用原则被称为"帝王条款"，在当事人没有约定或者法律没有其他明确规定之处，就可以根据这个基本原则确定法律责任。但是，在刑法中，在罪刑法定原则确立之后，就不允许使用原则来发挥填补规范空缺的功能。

▶▶▶ **案例**

当刑法规定禁止盗窃他人的财物时，这个禁令是否可以适用于偷电的行为？

由于基本原则在刑法学中所处的重要位置，因此，在理论与实践中都存在着许多努力，力求把一些对刑法的存在与发展有重要意义的思想列入基本原则的范畴。在我国刑事立法中，就对适用刑法平等和罪刑相适应两项原则做了规定。在理论领域也提出了一些原则，其中重要的有主客观相统一原则与罪责自负原则。主客观相统一原则的基本含义是：行为人只有在客观上给社会造成严重危害，在主观上具有犯罪故意或过失，并且在主客观两方面的内容相统一时，才能构成犯罪。在刑法理论中强调主客观相统一原则，在刑法创建时期，具有反对只讲客观危害、不问主观罪过的所谓"客观归罪"，同时反对只看主观罪过、不看客观危害的所谓"主观归罪"的重要意义；在刑法发展时期，主客观相统一原则对于正确判断犯罪行为的类型和性质，仍然有重要意义。

▶▶▶ 案例①

刑警队长郭某在执行公务和训练任务期间领取军用子弹千余发,任务执行完毕后,将剩余的600余发子弹放在家中,是否构成私藏弹药罪(我国《刑法》第128条)?

罪责自负原则的基本含义是反对株连无辜,主张谁犯罪就由谁承担责任,没有参与犯罪的家属或其他人不负刑事责任。在我国封建社会的历史上,曾经实行过一人犯罪、满门抄斩,甚至诛灭九族的做法。在"文化大革命"时期,株连也造成了很大的危害。因此,在我国改革开放初期的20世纪80年代,罪责自负原则曾经得到刑法理论的很大重视。

▶▶▶ 案例②

张某伙同李某,利用公路堵车之际,共同对被堵车辆行窃。张某攀上姜某的卡车,将车上拉运的白糖6袋扔下车(价值1200元),李某在下面捡拾和搬运。姜某发现后,下车抓住张某。张某竟用镰刀击伤姜某脸部,并用石头威胁前来救助的货主刘某,后被赶来的公安人员抓获。李某应当与张某共同构成盗窃罪(我国《刑法》第264条)。但是,他也应当由于张某打伤姜某的行为而转化为抢劫罪吗(我国《刑法》第269条与第163条)?

我国在1997年刑法修订中,在确立罪刑法定原则的同时,对适用刑法平等和罪刑相适应两项原则作出规定,具有鲜明的时代意义。

适用刑法平等原则,是法律面前人人平等的宪法原则在刑法中的具体运用,也是实行法治的必然要求。我国古代就有"王子犯法与庶民同罪"的名言,著名的1789年法国《人权和公民权宣言》中也规定:"法律对于所有的人,无论是施行

---

① 参见中华人民共和国最高人民法院刑事审判庭第一、二、三、四、五庭主办:《中国刑事审判指导案例(危害国家安全罪、危害公共安全罪、侵犯财产罪、危害国防利益罪)》,法律出版社2009年版,第80页及以下。
② 参见中华人民共和国最高人民法院刑事审判庭第一、二、三、四、五庭主办:《中国刑事审判指导案例(危害国家安全罪、危害公共安全罪、侵犯财产罪、危害国防利益罪)》,法律出版社2009年版,第352页及以下。

保护或处罚都是一样的。在法律面前,所有的公民都是平等的"。① 我国《刑法》第 4 条规定:"对任何人犯罪,在适用法律上一律平等。不允许任何人有超越法律的特权。"适用刑法平等原则是一项刑事司法原则,除了因依法执行公务而享有豁免权的之外,都必须根据法律来平等地认定犯罪、判处刑罚和执行判决,不能根据行为人的性别、职业、家庭、财产、宗教、教育、职位和社会地位来歧视性地追究刑事责任或不追究刑事责任。

> ▶▶▶ **案例**
>
> 担任高级领导职位的国家工作人员成某非法收受贿赂,构成受贿罪。是否可以通过罢免其领导职务的方法,减轻或者免除他的刑事责任?

我国由于长期封建传统的影响,特别需要注意加强社会主义法治的基础,刑法对适用刑法平等原则的规定,具有重要的现实意义。

罪刑相适应原则体现在我国《刑法》第 5 条的规定中:"刑罚的轻重,应当与犯罪分子所犯罪行和承担的刑事责任相适应。"罪刑相适应原则的基本含义是重罪重判、轻罪轻判,各个法律条文之间在对犯罪的量刑上保持统一平衡,防止发生重罪轻判和轻罪重判的现象。罪刑相适应原则本来是作为罪刑法定原则的派生原则提出来的。② 为了使得罪刑相适应在刑事司法实践中得以实现,我国《刑法》不仅在第 61 条规定"对于犯罪分子决定刑罚的时候,应当根据犯罪的事实、犯罪的性质、情节和对于社会的危害程度,依照本法的有关规定判处",而且还在刑法分则的具体犯罪中,规定了具体的刑罚种类和期限,例如,第 264 条规定:"盗窃公私财物,数额较大的 …… 处三年以下有期徒刑、拘役或者管制,并处或者单处罚金……"然而,在一起经过法庭审理查明的数额较大的盗窃罪中,对犯罪人究竟应当判处 6 个月有期徒刑还是 3 年有期徒刑,或者说,在确定这起盗窃犯罪与最终的判决之间究竟如何实现犯罪与刑罚的相适应,仍然需要依赖在报应、特殊预防和一般预防等方面的考虑。我国刑法在确立罪刑法定原则的同时,把罪刑相适应作为一项刑法基本原则加以强调,是有重要意义的。

在我国刑法的规定中,罪刑相适应原则被公认为是一项量刑原则。在我国刑法理论中,有一种观点主张,这项原则应当称为"罪责刑相适应原则"。应当注意的是,"罪责刑相适应原则"与现代刑法学中的罪责原则不一样。"罪责原则"

---

① 董云虎、刘武萍主编:《世界人权约法总览》,四川人民出版社 1990 年版,第 296 页。
② 杨春洗、甘雨沛、杨敦先、杨殿升等著:《刑法总论》,北京大学出版社 1981 年版,第 26 页。

是指根据行为是否具有"可谴责性"来决定犯罪是否成立的评价。"罪责刑相适应原则"试图解决的仅仅是犯罪与刑罚的联系问题;而罪责原则试图解决的是犯罪是否应当成立的问题。在对犯罪人罪责的评判可以精细到"不需要判处刑罚"或者"可以免除处罚"时,罪责刑相适应原则一般认为,不需要判处刑罚或者免除刑罚仍然是一种有罪的决定,而罪责原则却可以认为,"排除罪责"的结论就等同于无罪的决定。此外,罪责刑相适应原则认为,"免除刑罚"是法官进行司法裁量的结果;罪责原则认为,"排除罪责"是刑法规定的结果。目前,罪责原则在现代刑法学中正处于进一步发展的重要时期,我国刑法学也应当加强对罪责原则的研究。

第二节　罪刑法定原则的概念与种类

罪刑法定原则通常也可以被称为合法性原则或者法治原则,英文是"Principle of Legality",德文是"Das Gesetzlichkeitsprinzip"。虽然合法性原则的含义比罪刑法定原则要宽广得多,但是,罪刑法定代表了现代法治原则在刑法领域中不可缺少的部分,因此也就成为现代刑法中最重要的原则。

罪刑法定原则在大陆法系和普通法系中的表述有所不同,但其基本含义都是:法无明文规定不为罪,法无明文规定不处罚。这个刑法第一原则的意义在于体现正义和防止专横,也就是在保障国家通过刑法惩罚犯罪以保护个人和社会的同时,也保护个人免受国家任意施加的惩罚。为了预防犯罪和惩罚犯罪,国家通过法律获得了恰当的刑罚作为执法手段。法律是正义的表现,国家根据法律对犯罪适用刑罚,体现着正义。没有法律的约束,刑罚的使用就会是专横的和没有根据的。罪刑法定原则因此成为反对不根据法律适用刑罚,反对破坏法治的重要武器。

> ▶▶▶ **案例**[①]
>
> 　　工程师王丽生依靠自己的专业技术,主要利用业余时间承揽了扬州化肥厂单体回收装置总体设计任务。该厂采用了他的设计后,获得了明显的经济效益,王丽生因此从该厂领取了报酬1万元归自己所有。王丽生的行为是贪污罪吗?

[①] 参见《宣告王丽生无罪案》,载《中华人民共和国最高人民法院公报》1992年第4期,第143页以下。

罪刑法定的思想在我国与外国的古代就产生了。在我国春秋战国时期，就已经提出了"君臣上下贵贱皆以法""事断于法"，甚至"以法治国"的思想，而且还有过"铸刑书"和"铸刑鼎"的实践。至少在公元三世纪西晋的《新律》中，就已经规定："律法断罪，皆当以法律令正文，若无正文，依附名例断之，其正文名例所不及，皆不论。"在我国古代著名的《唐律疏议》中，甚至明确写明："诸断狱皆须具引律令格式正文，违者笞三十。"这个规定几乎一直延续到清末的《大清律例》之中。① 在西方，一般认为，罪刑法定的思想最早出现于英国1215年的《大宪章》第39条："任何自由人，如未经其同级贵族之依法裁判，或经国法判决，皆不得被逮捕，监禁，没收财产，剥夺法律保护权，流放，或加以任何其他损害。"②

罪刑法定的思想在中外法律思想史中都曾经提出来了，但是，这个思想在中外法律发展史中的命运却大不相同。我国古代辉煌灿烂的法律思想和法律实践，由于封建制度尤其是极端专制制度追求不受限制和不受约束的君权与专横，使人民和社会无法在法律制度中获得安全的保障，也使得我国古代丰富的法律实践难以总结形成有助于国家长治久安的理论体系和基本制度。结果，在历史发展的洪流中，封建主义最终沦为阻碍我国社会进步的一种最反动的势力，我国古代的封建法制也终于失去了转向近代化的历史机遇。

西方的罪刑法定思想，在启蒙运动中，在孟德斯鸠、伏尔泰、卢梭、洛克、康德等进步思想家提出的天赋人权、三权分立、自由、平等、理性等进步学说的支持下，实现了从思想学说到法律原则的转化，成为新兴市民阶级反对封建特权和反对罪刑擅断的不可缺少的武器。在这个过程中，意大利法学家贝卡里亚通过《论犯罪与刑罚》一书，从理论上对罪刑法定原则进行了有力的论证："只有法律才能为犯罪规定刑罚"，"超出法律限度的刑罚就不再是一种正义的刑罚"。③ 在自由的启蒙思想启发下，国家权力必须进行自我限制的思想得到了越来越广泛的赞同。最先，罪刑法定作为"正当法律程序（due process of law）"的重要内容，在1776年的《美国宪法》以及在此之前的《弗吉尼亚权利法案》中得到了规定。很快，在欧洲大陆，1787年《奥地利刑法典》、1789年著名的法国《人权和公民权宣言》和1794年《普鲁士法律大典》等法律和文件中都直接规定了罪刑法定原则。"没有在犯罪行为时以明文规定刑罚的法律，对任何人不得处以违警罪、轻罪和重罪"规定在1810年《法国刑法典》之后，这个原则就已经牢固地处于现代刑法的总则位置之中，成为现代刑法的基本原则。德国刑法学家费尔巴哈在1801年

---

① 参见张晋藩：《中华法制文明的世界地位与近代化的几个问题》，第九届全国人大常委会法制讲座第六讲。
② 董云虎、刘武萍主编：《世界人权约法总览》，四川人民出版社1990年版，第231页。
③ 〔意〕切萨雷·贝卡里亚著：《论犯罪与刑罚》，黄风译，北京大学出版社2008年版，第10页。

自己的刑法教科书中,最先使用拉丁语"nullum crimen sine lege"和"nulla poene sine lege",精炼地把罪刑法定原则的含义概括为"无法无罪"和"无法不罚"。在第二次世界大战之后的人权和法治的发展运动中,罪刑法定原则不仅在法国、德国、意大利等国的宪法中得到确认或者规定而成为宪法原则,而且还通过联合国 1948 年《世界人权宣言》成为公认的国际人权原则。1948 年《世界人权宣言》第 11 条规定,"任何人的任何行为或不行为,在其发生时依国家法或国际法均不构成刑事罪者,不得被判为犯有刑事罪。刑罚不得重于犯罪时适用的法律规定"。这个内容,在 1966 年《公民权利和政治权利国际公约》第 15 条中又得到了进一步的确认。这样,罪刑法定伴随着思想启蒙、工业革命、人权保障的发展,从一种思想萌芽一步一步地成长为法律学说、法律规定、法律原则、宪法原则和国际人权原则。

来自西方的罪刑法定原则,最早是在清末变法修律过程中写进《大清新刑律》第 10 条的:"法无正条者,不论何者行为不为罪。"类似的规定,在 1949 年之前的旧中国刑法中曾写过多次,但都没有在实际上得到认真执行。旧中国的反动政府终于被人民革命所推翻。

新中国成立之初,我国在法学理论方面受苏联法学的影响,在经济制度方面长期实行计划经济的模式,在政治生活方面又产生了个人专断作风对执政党民主集中制的损害,没有注意将革命刑法适时转变为执政刑法,因此,长期没有承认罪刑法定原则的理论价值,结果,使我国的社会主义革命事业和法治建设遭受了重大挫折。① 不过,我国刑法学界在学习原苏联刑法理论和构建新中国刑法理论体系的同时,很早就对教条主义的思想方式有所警惕,开始独立地研究罪刑法定原则,提出了"罪刑法定原则是我国刑法的基本原则之一"的主张。② 在总结社会主义法治建设经验的基础上,尤其是经历了"文化大革命"的惨痛教训,我国立法机关开始逐步采纳罪刑法定原则。1979 年刑法"基本上也是按照罪刑法定原则的精神制定的"。③ 当时,由于担心法治的经验不足,因此,在刑法中仍然保留了严格控制的类推规定,"本法分则没有明文规定的犯罪,可以比照本法分则最相类似的条文定罪判刑,但是应当报请最高人民法院核准"(1979 年刑法第

---

① 在 1981 年 6 月 27 日中国共产党第十一届中央委员会第六次全体会议一致通过的《关于建国以来党的若干历史问题的决议》中,在分析"文化大革命"发生的原因时就指出:"……历史原因又使我们没有能把党内民主和国家政治社会生活的民主加以制度化、法律化,或者虽然制定了法律,却没有应有的权威。"在"文化大革命"后拨乱反正采取的重要措施中,就包括"恢复、制定和施行了一系列重要的法律、法令和条例,包括建国以来一直没有制订的刑法、刑事诉讼法"。
② 杨春洗、甘雨沛、杨敦先、杨殿升等著:《刑法总论》,北京大学出版社 1981 年版,第 25 页。
③ 参见王汉斌同志在第八届全国人民代表大会第五次会议上所作的《关于〈中华人民共和国刑法(修订草案)〉的说明》。

79条)。实践证明,我国曾经实行过的类推制度并没有被滥用。在1997年的刑法修订中,我国刑法最终在第3条中明确规定:"法律明文规定为犯罪行为的,依照法律定罪处刑;法律没有明文规定为犯罪行为的,不得定罪处刑",从而在刑法中确立了有中国特色的罪刑法定原则。

罪刑法定最终以基本原则的形式在我国刑法中得以确立,标志着我国刑法发展的重大进步,也标志着我国社会主义法治建设进入了一个新阶段。

第三节 罪刑法定原则的理论基础与基本作用

罪刑法定原则的理论基础是说明为什么必须在刑法中规定罪刑法定原则的,罪刑法定原则的基本作用是说明这个原则会提出什么样的要求的。罪刑法定原则的理论基础与基本作用,对于确立和适用罪刑法定原则提供了基础性的原理。罪刑法定原则的发展经历了一个长期复杂的过程,因此,这个原则在历史发展过程中所依赖的思想基础与所发挥的基本作用也是非常复杂的。学习和掌握罪刑法定原则的理论基础与基本作用,对于坚持这个原则具有重要的基础性意义。

一、罪刑法定原则的理论基础

罪刑法定原则的必要性是以体现正义和防止专横从而达到保护一个国家中所有社会成员为前提的。因此,罪刑法定原则在两种情况下可能存在着适用上的特殊性。

第一,在革命胜利后可以适用革命刑法。革命刑法是指在推翻旧政权和建立新政权之后才制定的刑法。革命,尤其是一个阶级推翻另一个阶级的颠覆性革命,只有打碎旧政权和旧法制,建立新政权和新法制,才能完成革命的任务。新的革命政权颁布的新法令,当然只有立即实施,才能发挥镇压反动势力的作用。革命政府适用革命刑法的原理,在法国大革命把路易十六送上断头台和新中国成立初期的镇压反革命等革命实践中,都得到了成功的验证。

第二,对滔天罪行应当进行正义的审判。面对惨绝人寰、令人发指的滔天罪行,罪刑法定原则的适用应当首先体现正义的要求。著名的纽伦堡国际军事法庭对德国纳粹战犯的审判,曾经十分经典地证明了追究纳粹战犯策划或进行侵略战争的罪行不违反罪刑法定原则。国际军事法庭一方面列举了1928年《关于放弃战争作为国家政策工具的公约》(也称《凯洛格—白里安公约》)等一些德国签字或者表示遵守的国际公约和《纽伦堡国际军事法庭宪章》,作为审判的法律基础,另一方面还特别论证了纳粹罪行的非法性:"首先,应当注意到,'法无明文规定不为罪'这个格言并不是对主权的一种限制,而是一条一般的正义原则。那种宣称惩罚这些违反公约和保证就未经警告地攻击邻国的人是不公正的主张,显然是不符合事实的,因为在这种情况下,攻击者一定知道自己正在作错事,惩罚他远不是不公正的,如果他做的错事可以允许不受到惩罚,那才是不公正的。"①

罪刑法定原则在适用上的特殊性,只能发生在刑法保护严重不充分、特别是刑事立法机制严重不完备的时期。然而,如果长期不遵循罪刑法定原则,就难以避免无法坚持正义,难以防止专横的结果。为了保证国家的长治久安,新生的革命政权应当尽快实现革命刑法向执政刑法的转变,遵守罪刑法定原则就成为革命政权是否已经建立起革命法制与是否能够稳定执政的重要标志。今天,在国际社会中,罪刑法定原则也已经基本完成了从"实质正义"到"严格合法"的跨越。在 2002 年生效的《国际刑事法院规约》中,就在第 22 条中明确规定了"法无明文不为罪",在第 23 条中规定了"法无明文者不处罚",采纳了严格的罪刑法定原则!

在历史发展过程中,罪刑法定原则在不同的时代和国度可以有各自独特的表现,但是,历史证明,只有保护人民民主和自由的罪刑法定,才具有真正的生命力。

在古代,我国春秋战国时期的法家们主张罪刑法定,希望运用这种方式达到"兴功惧暴""定分止争",以便使"吏民规矩绳墨",从而实现奖励耕战、富国强兵的目的(《管子·七臣七主》)。法家推行的"以法治国",不仅推动了我国从以氏族部落与习惯命令为基础的社会,实现了向以国家与法律为基础的社会的转变,而且对国家的统一与强大,都发挥了重要的作用。英国在 1215 年《大宪章》中确立的"正当法律程序",虽然是贵族与王权对抗的结果,但是,在此基础上逐渐发展出来的王权应当受到限制的思想与法律是限制王权的武器等理论,使得可靠的法律保障不再是贵族自由的基础,而且还成为平民自由的基础。

在罪刑法定原则发展的过程中,普通法系与大陆法系形成了各自不同的理论特色。普通法系在早期诉诸所谓永恒不变的自然法,认为人拥有"自然权利",享有"天赋人权",不仅符合人的本性,而且是正义观念的必然要求。为了实现这种基本正义,公民在受到惩罚之前就应当公正地得到告知,从而能够获得根据法律调整自己行为的机会;不进行这种告知和不提供使人避免犯罪的机会就加以惩罚的做法,是不正义的。由于普通法系国家较早在宪法中确立了"正当法律程

---

① 参见王世洲主编:《现代国际刑法学原理》,中国人民公安大学出版社 2009 年版,第 263 页及第 261 页以下。

序",因此,普通法系国家的刑法学在论述罪刑法定原则的必要性时,可以采用根据宪法和依法办事的思路,从而大大简化了对罪刑法定原则理论基础的说明。

大陆法系国家在传统上认为,罪刑法定原则的根据主要有两点①:一是根据"三权分立"理论提出的制衡论,要求国家的权力应当由立法、司法、行政三个部门分别掌握,相互制约。立法部门只能根据宪法制定法律,司法部门只能根据刑事法律独立地执行审判任务,行政部门则负责执行刑罚,这样才能有效地防止司法擅断,切实保障个人的自由和权利。二是根据德国刑法学家费尔巴哈提出的心理强制说,主张利用人的趋利避害的本性,用法律的形式把犯罪与刑罚的关系明确规定下来,使人有可能权衡利害得失而在心理上产生遏制犯罪的意念,从而不去实施犯罪。

现代大陆法系国家的刑法学,在说明罪刑法定原则的根据时,具有两个新特点:

第一,利用法治传统在欧洲已经建立的基础,直接强调遵从上位法,简化对罪刑法定原则理论基础的说明。法国是一个典型的例子。② 法国刑法学理论传统上一直主张,罪刑法定原则通过明确刑罚处罚的行为,不仅可以强化刑罚的威慑力量而使社会受益,而且法律的明确规定也使得公民可以免受法官的擅断行为,为个人自由提供了基本的保证。现代的刑法学理论更加强调宪法和人权法对罪刑法定原则的要求。在《法国宪法》宣布忠于 1789 年《人权宣言》的原则后,罪刑法定原则就成为"具有宪法价值(效力)的规范",成为即使是立法者也不允许违反的一项原则。

第二,根据本国的具体情况,强调自由主义和民主主义,以保证罪刑法定原则在特定国家能够得到顺利实行。意大利与日本是比较典型的例子。③ 自由主义强调在适用刑法时要尊重人权和有利于实现公民的自由,主张通过事先明确规定的犯罪与刑罚,使国民对自己行为的后果获得"预测可能性"并有机会进行自律,不至于由于不知道自己的行为是否会受到惩罚而感到不安,甚至不敢实施合法行为,导致"行为萎缩"。民主主义针对明确规定的犯罪与刑罚也可能是专制制度的产物这个问题,强调罪刑法定原则必须是民主制度的产物,必须是国民意志的体现。

---

① 参见甘雨沛、何鹏著:《外国刑法学》(上册),北京大学出版社 1984 年版,第 219 页及以下。
② 参见〔法〕卡斯东·斯特法尼著:《法国刑法总论精义》,罗结珍译,中国政法大学出版社 1998 年版,第 114 页及以下。
③ 参见〔意〕杜里奥·帕多瓦尼著:《意大利刑法学原理》,陈忠林译,法律出版社 1998 年版,第 13 页及以下;〔日〕西田典之著:《日本刑法总论》,刘明祥、王昭武译,中国人民大学出版社 2007 年版,第 28 页及以下。

在现代刑法学中,目前比较有影响的关于罪刑法定原则理论基础的观点,可以归纳为以下四个相互紧密联系的要点①:

第一,保障政治自由的要求。只要统治者不可以任意地(也就是专横地)行使刑罚权,而只能仅仅根据在法律中的明确规定来认定犯罪和判处刑罚,人民就可以赢得对专制主义的一个重要胜利,使自己的自由得到保障。

第二,实施人民民主制度的要求。民主制度是由人民选举产生并直接代表人民的。在民主制度中,立法者在行使立法权的同时不能行使司法裁判权,法官在行使司法权时也不能制定法律。这样,任意立法和司法专横就都能得到遏制。

第三,一般预防原则的要求。国家需要通过公开而明确规定的法律,张扬正义的力量,威慑潜在的犯罪人,同时,通过对犯罪进行惩罚的威胁,鼓励和巩固人民对法律的忠诚。

第四,罪责原则的要求。罪责就是对犯罪进行谴责的必要性。犯罪应当受到谴责,但刑罚必须以行为具有这种"可谴责性"为条件。因此,只有行为人在行为之前就已经知道或者至少有机会知道自己的行为是被禁止的情况下,才有可能谈到"可谴责性"。

限制专横、保障自由、人民民主、威慑犯罪与正当惩罚,比较全面地从国家法和刑法的角度说明了罪刑法定原则的必要性。现代刑法学主张的罪刑法定原则的一般理论基础,也得到了我国刑法学界的认同。我国刑法中的罪刑法定原则虽然是在文化大革命后"人心思法"的背景下明确提出的,②但却是在完善法制、贯彻"依法治国"的大形势下确立的。罪刑法定原则在我国刑法中的确立,是我国人民经过国内外正反两个方面经验教训的检验之后作出的重要选择,符合我国保障人民基本权利和自由的要求,是我国建设和保障社会主义法治国家的重要措施。

二、罪刑法定原则的基本作用

严格地说,罪刑法定原则包括了罪之法定和刑之法定两个方面。

罪之法定,根据法无明文规定不为罪,指的就是没有法律就没有犯罪。这是现代法治的基本要求。罪之法定的要求比较严格,认定犯罪只能以国家事先颁布的法律为标准。"没有法律就没有犯罪",同时也意味着有些造成危害的行为是可能不承担刑事责任的。德国刑法学家李斯特因此曾经夸张地把刑法典称为

---

① 参见〔德〕克劳斯·罗克辛著:《德国刑法学总论》(第一卷),王世洲译,法律出版社2005年版,第82页以及以下。

② 参见彭真同志在1979年6月26日在第五届全国人民代表大会第二次会议上所作的《关于七个法律草案的说明》。

"犯罪人的大宪章"。罪之法定的要求虽然具有偶尔会让特别狡猾的罪犯逃脱刑事惩罚的弊病,但是,这个弊病可以通过新的立法来弥补,何况这个要求还具有消除司法专横、保护公民自由、维护法治安全的重大利益。

刑之法定,根据法无明文规定不处罚,指的就是没有法律就没有刑罚。这不仅要求是否构成犯罪必须事前由法律加以规定,而且要求刑罚的种类和严厉程度也必须由事前颁布的法律加以规定。即使在立法者根据社会条件的变化加重了对特定犯罪的惩罚之后,在审理在此之前实施完毕的该种犯罪的案件时,也必须根据旧的较轻的刑罚幅度来确定具体适用的刑罚。然而,相对于罪之法定,刑之法定的要求目前还比较不严格。只要法定的量刑原则可以为行为人提供一定程度的保障,在刑罚方面就比犯罪更能容忍不明确性。例如,在我国刑法,以及世界各国的刑法中,在大多数刑法分则条文中对罚金刑和财产刑就基本上没有规定限额。①

经过长期法学研究和司法实践,现代刑法学一般认为,罪刑法定原则具有严格、书面、事先和确实四个方面的基本作用。这就是禁止类推、禁止习惯法、禁止溯及既往和禁止不确定的刑法。前两个作用主要适用于法官,后两个作用主要适用于立法者。

(一)禁止类推

禁止类推是严格的罪刑法定的要求。类推是一种通过类似性的推论,对法律中没有明文规定的行为,比照刑法最相类似的条文定罪量刑的做法。禁止类推要求以刑法的明文规定为界限:超出刑法明文规定的,是类推;没有超出刑法明文规定的,不是类推。罪刑法定原则是防止专横的简明有效的制度,禁止类推是实行严格罪刑法定原则的必然逻辑结果。在刑法规定完备、刑事立法机制健全的时代,类推适用法律的做法已经完全失去了合理性。今天,就连《国际刑事法院规约》也已经在第 22 条"法无明文规定不为罪"项下明确规定:"犯罪定义应予以严格解释,不得通过类推扩展"②,因此,禁止类推已经清楚地代表了现代刑法学的发展趋势。

在现代刑法学中,是否将禁止类推看作一条铁律,与一个国家的宪法、刑事诉讼法和整体法律制度的状况有关。类推会突破法律的限制,因此,为了避免突破法律限制导致任意与专横,允许类推的制度就一定需要其他制度与措施来防止这种弊病的发生。例如,在允许类推的普通法国家中,类推只能在轻罪以及类似"违背公序良俗"之类的行为上适用,必须符合普通的理性公民对特定行为是

---

① 参见 2000 年《最高人民法院关于适用财产刑若干问题的规定》。
② 参见王世洲主编:《现代国际刑法学原理》,中国人民公安大学出版社 2009 年版,第 268 页。

否受到法律禁止的预见性,另外,还必须受到刑事案件的陪审团与"排除合理怀疑"的证明规则等一系列制度的约束。

我国 1979 年刑法曾经在严格限制的条件下允许类推。例如,在贪污罪不包括侵害个人财产时,允许将私自占有他人交付保管的财物的行为类推为盗窃罪;在劫机行为要求具有反革命目的时,允许将外国劫机者劫持外国飞机的行为类推为危害公共安全罪,等等。在历史上,当刑法规定盗窃罪侵害的对象是"财物"时,把偷电的行为认定为盗窃罪,就曾经被公认为典型的类推案件。尽管根据类推比照的是具体的法律条文还是在法律中体现的目的或者思想,可以把类推区分为法律条文类推和法意类推,但是,现代刑法学已经普遍认为,任何对行为人发挥不利作用的类推,都应当被禁止。我国 1997 年刑法已经取消了关于类推的规定。

目前,根据我国刑法,下列两种情况不属于类推:

第一,根据特定的立法技术作出的认定,不属于类推。这主要是指根据"举轻以明重"方式所作规定进行的认定,不属于类推。例如,我国《刑法》第 263 条抢劫罪在从重情节第 7 项规定:"持枪抢劫的",就不能认为不适用于持手榴弹抢劫的情况,但是,这个款项肯定不适用于持刀抢劫的案件。

第二,在刑法解释中对刑法条文的立法目的与条文用语在口语可能包括的含义范围内进行理解的,不属于类推。例如,我国《刑法》第 151 条对走私武器、弹药规定了比走私普通货物(《刑法》第 153 条)更严格的条件和更重的刑罚,刑法条文的目的很明显是要对武器弹药的进出口进行更严格的管理。因此,对于走私武器的零件和弹药的弹头、弹壳的案件,是否构成走私武器、弹药罪,就需要根据具体案情判断。如果查明行为人走私武器的零件或者弹药的弹头、弹壳是为了在国内再行拼装的,这种行为就构成走私武器、弹药罪。但是,如果这些零件或者弹头、弹壳是作为生产原料或者废物入境的,就只能定走私普通货物、物品罪(《刑法》第 153 条)或者走私废物罪(《刑法》第 152 条第 2 款)。[①]

在现代刑法学中,是允许有利于行为人的类推的。但是,如何正确全面地理解这种主张,尤其是如何避免这种主张与我国《刑法》第 3 条"法律明文规定为犯罪行为的,依照法律定罪处刑"发生冲突,还需要结合具体案件进一步研究。

(二) 禁止习惯法

禁止习惯法是书面的罪刑法定的要求。习惯一般是指在民间或者在行业中形成的各种习俗。在罪刑法定原则语境下所说的习惯法,一般指不是由有权的国家立法机关经过立法程序制定的具有拘束力的各种规则。行政机关制定的命令不是习惯法。不过,我国《立法法》第 8 条规定:"犯罪和刑罚"的事项,只能由

---

① 参见 2006 年《最高人民法院关于审理走私刑事案件具体应用法律若干问题的解释(二)》第 2 条。

法律制定，因此，在我国，即使是最高行政机关也无权通过行政法规来规定刑法。在传统上，现代刑法学把习惯法和行政法规放在一起，说明它们都不具有作为认定犯罪根据的资格。

司法判例在大陆法系和普通法系中具有不同的法律地位。大陆法系不实行判例法制度，完全不承认司法判决具有创制新犯罪的能力。普通法系实行判例法制度，在理论和历史上主张司法判决具有创设新犯罪的权力。然而，在传统上，普通法系中的判例法也必须服从制定法、遵循"遵从先例"和"正当法律程序"等原则；在实践中，普通法系已经在第二次世界大战前后就已经普遍停止使用司法判决来创设新罪了。禁止习惯法已经成为世界刑事法治普遍接受的规则。

禁止习惯法是指不得使用习惯法追究行为人的刑事责任，包括创设新的罪名和提高刑罚的等级。禁止习惯法的要求，现在已经适用于与认定犯罪有关的刑法的各个方面，包括禁止直接依据习惯法进行刑事追究，禁止通过承认习惯法的效力来说明刑法没有明确规定的一般刑事责任的条件。另外，在与因果关系，预备与未遂，故意、过失和认识错误，以及共同犯罪人等有关的规定中，也不得使用习惯法对有关规则进行设定、认定和补充，从而间接地承认习惯法的规范性拘束力。在刑法学理论和刑事司法实践中，虽然可以借助习惯的力量来加强自己的论点，但是，在这种情况下，习惯也不具有规范的约束力。即使司法判决在一定的事实面前，根据一种习惯已经形成了一定的结论，也不应当把这个具体的结论看成是法律，而应当保持学术的眼光，根据事实的变化和学术的进步，来争取更好的认识。

禁止习惯法的要求虽然排斥行政法规，但是，并不绝对不允许采纳行政法规中的概念与规定。在刑法对特定的行政法规提供保护之处，就不得不使用其他法律和行政法规中的概念和条件。例如，在禁止内幕交易的规定中，我国《刑法》第180条就规定："内幕交易（以及知情人员）的范围，依照法律、行政法规的规定确定"，这些其他法律和法规确定的概念和条件，就由于法律的特别规定而成为刑法自身的一部分了。然而，行政法规本身无论如何不能成为刑事责任的直接根据，而只能通过刑法条文才能间接发挥自己说明特定刑事责任的概念和条件的作用，并且，必须以刑法条文字面规定的含义作为最大边界。

习惯法虽然不能直接作为追究刑事责任的根据，但是，现代刑法学普遍认为，习惯法可以作为排除和减轻刑事处罚的根据。例如，在给连体婴儿做分离手术时必须牺牲"其中一名婴儿生命"的行为，就不能作为故意杀人罪来惩罚；父母亲责打自己淘气孩子的行为，就从来没有作为故意伤害罪来处理过，至少在仅仅造成轻伤的情况下是这样；甚至，邻居关系也开始被用来作为我国不适用死刑立即执行的理由了。在刑法学发展的过程中，习惯法过去曾经作为"超法规事由"

在司法实践中发挥过重要的排除和减轻刑事责任的作用,今天已经在排除和减轻刑事责任方面,与犯罪的实质性出罪根据和政策性宽恕事由一起,又对刑罚的适用发挥着基础性的限制作用。

> ▶▶▶ **案例**
>
> 孩子因为喜欢而持有子弹壳的行为,不能构成非法持有弹药罪(我国《刑法》第128条)。但是,在事先无通谋的情况下,为他人保管非法进口准备拼装的大量弹壳的行为,也不可能构成这个罪吗?

(三)禁止溯及既往

禁止溯及既往是事先的罪刑法定的要求。事前法的要求,是罪刑法定原则最基本也是最无争议的要求。这个要求,甚至在《美国宪法》和《法国人权宣言》中,就已经单独明确地加以规定了。

事先的要求,是指行为之前,而不是后果出现之前。在持续犯罪,如在非法拘禁罪(我国《刑法》第238条)期间,如果法律恰好加重了对这种犯罪的惩罚,那么,就应当适用行为结束时有效的法律。在这种情况下,问题就不涉及禁止溯及既往。然而,如果一个持续性行为,在开始实施时并没有为法律所禁止,而是在实施期间才由新的刑法条文规定了新的刑事责任,那么,行为人只应当为在新的刑法条文生效之后的那部分行为接受刑事处罚。

禁止溯及既往,就是要求事后制定的法律不能适用于在其生效之前实行的行为。禁止溯及既往的要求,不仅适用于犯罪的成立条件,而且还适用于刑罚,甚至还适用于在法律上废除或者限制行为正当化的根据。不过,禁止溯及既往的要求,仅仅适用于法律,不适用于司法判决和司法解释。司法判决和司法解释是法官在具体案件情况下对法律的适用,本身并不是法律。

现代刑法学毫无争议地同意,禁止溯及既往的要求,在有利于被告人的情况下,是有例外的。现代刑法学都同意,在行为实施终了之后判决作出之前,法律作出改变(无论是加重还是减轻刑罚)的,应当适用较轻的法律。在禁止溯及既往中贯彻有利被告人的原则,比较容易从刑罚目的也就是刑罚正当性的基础方面得到支持,因为在行为已经被立法者评价为具有较轻或者甚至不具有刑事可罚性的情况下,对这种行为再进行惩罚就没有意义了。

(四)禁止不确定的刑法

禁止不确定的刑法是确实的罪刑法定的要求。确实的罪刑法定的要求,在罪刑法定原则的发展过程中出现得比较晚,最初表现在美国联邦最高法院根据正当法律程序提出的"含糊即无效的原理"（void-for-vagueness doctrine）之中。现在，不确定的刑法规定是违反宪法的主张，已经成为一项被普遍接受的宪法性原则。在这里，"确定的"与"明确的"用语是一个意思。法律首先必须在立法上加以确定，然后才有可能在意思上得到明确。在罪刑法定原则的语境下，确定和明确是紧密联系在一起的。

确实的罪刑法定的含义，在现代刑法学中有两种主张：一种是所谓的形式说，主张刑法条文应当是确定的和明确的；另一种是所谓的形式加实质说，主张刑法条文不仅必须在形式上清楚明确，而且必须要求立法者不得制定恶法，不得制定残虐的刑罚，不得禁止不应当受到处罚的行为，不得制定罪刑不均衡的法律。在现代刑法学中，对确实的罪刑法定的含义存在着如此不同的理解，主要是由于有些国家有着特别的宪法要求以及存在着特殊的刑事立法特点造成的。例如，《日本宪法》规定，非经法定程序不得科处刑罚（第 31 条），禁止制定残忍的刑罚（第 36 条）等。另外，日本刑事立法在 1960 年至 2000 年期间长期处于十分不活跃的状态。因此，日本刑法学就只能长期依靠实质性说明来保障刑法扩张解释的安全性。本书以我国刑事立法实践为根据，主张确实罪刑法定的形式说。事实上，只要立法机关是人民选举出来的，立法程序是公众可以知晓与参与的，即使刑法条文在严厉性和罪刑不均衡等方面的确存在着可批评之处，然而，只要立法者制定的法律条文能够使人清楚地理解其中的保护目的，并且，这个法律条文无论如何还能够对一种任意扩张的解释提供界限，那么，这种在形式上符合明确性要求的法律就还是符合罪刑法定原则的目的。对于确定罪刑法定的理解，不仅应当坚持明确性的要求，而且还应当坚持在具体的社会历史条件和法律制度下理解，否则就容易产生不正确的理解。

确定和明确的刑法规定，为国家的刑罚权提供了具体的限制，能够使人知道自己不应当做什么，因此，不仅有利于发挥一般预防的作用，而且也为犯罪的罪责评价提供了基础。这样，在确实的罪刑法定中，"明确性"的标准就成为一个关键的问题。如果能够找到这样一个标准，那么，就可以比较容易地指出，不符合这个标准的就是不明确，也就是违反罪刑法定原则的。然而，现代刑法学目前找到的标准还比较初步。一般认为，只要一个法律条文表现出清楚的保护目的和能够对任意扩张的解释提供限制，就可以同意这个条文具有明确性。不过，现代刑法学一般认为，以下两种情况并不违反禁止不确定刑法的要求：

第一，需要法官根据案件事实予以认定的概念，不一定都是不明确的概念。例如，我国《刑法》中的"严重不负责任"（如第 167 条）、"侮辱"（第 246 条）等概念，是需要法官根据案件事实加以评价的概念，不是不明确的概念。另外，在我国刑法中大量存在的"情节严重""情节特别严重"等规定，虽然在其他法律制度下可能被认定为不明确,但是,依靠我国司法解释的规定,对这些法律规定是否明确的怀疑,就可以得到很大的缓解。

第二,没有规定界限的刑罚,不一定就是不明确的规定。在我国刑法中,不存在诸如美国加利福尼亚州和澳大利亚一些州在监禁刑中规定的"不定期刑"。但是,我国刑法在罚金刑中的确没有对罚金的数额作出最低限额或者最高限度的规定。这种没有界限的刑罚虽然存在不明之处,但是,现代刑法学已经一般同意,这种在刑罚方面的不明确性是可以得到容忍的,因为在犯罪方面的严格限制,已经为行为人提供了基本的保障。

我国刑法在"明确性"问题上,采取的标准是"避免随意性"。这个标准是符合现代刑法学"明确性"的一般标准的。在1997年修订1979年刑法时,我国刑法就对反革命宣传煽动罪、投机倒把罪、流氓罪、渎职罪等在实践中容易产生随意性适用的犯罪,进行了修改。这些犯罪之所以"不明确",一方面是由于规定得比较笼统,界限不清楚,另一方面更是由于我国政治、经济和社会迅速发展的情况产生的。就像一个孩子穿的衣服不合身,一方面固然有衣服做得不合适的原因,另一方面更有孩子长得太快的情况。在这个方面,投机倒把罪是一个典型的例子。在计划经济的社会经济条件下,长途贩运、倒买倒卖等行为是投机倒把的犯罪行为,但是,在市场经济条件下,这些行为就很容易与合法的经营和交易行为相混淆了。因此,我国1997年刑法将投机倒把罪加以分解,将应当禁止的犯罪行为明确规定在生产、销售伪劣商品罪(第140条以下)、破坏金融管理秩序罪(第170条以下)等犯罪中,同时,还增加了合同诈骗罪(第224条)、非法经营罪(第225条)等犯罪,避免了犯罪认定上的随意性,大大改善了刑法条文的明确性。

追求刑法条文达到更高的明确性,是现代刑法学的重要任务。虽然各个法律部门中的条文都需要确定和明确,但是,"刑法学是最精确的法学"[①],因此,追求明确的刑法不仅是法学研究的任务,而且是法治国家中刑事立法、司法和执行部门的愿望。现代刑法学需要根据刑法任务的要求,用明确的刑法条文来惩罚犯罪、保护人民,还需要根据社会的发展,与时俱进,用更精确的条文来完成体现正义和防止专横的任务。

[①] 参见王世洲著:《刑法学是最精确的法学》,载〔德〕克劳斯·罗克辛著:《德国刑法学总论》(第一卷),王世洲译,法律出版社2005年版,译者序。

第四章 刑法解释

第一节 刑法解释的概念

一、刑法解释的概念与意义

现代法学一般认为,刑法解释是对刑法规范涵义的阐明。

刑法条文制定出来之后,首先必须正确地认识法律条文的含义,才能做到准确地适用。然而,几乎在罪刑法定原则得到确立的同时,刑法解释就一直处在被怀疑和被限制的位置。贝卡里亚在为罪刑法定作论证时,就态度坚决地要求把刑法规定明确到不允许解释的程度。[①] 在后来的历史发展中,人民和立法者也对刑法解释充满戒心。人民担心法官会利用解释法律的权力任意欺压他们;立法者担心法官会通过解释法律侵夺立法权。因此,如何恰当地进行刑法解释和限制刑法解释,就一直受到刑法学的重视。正确理解刑法解释的概念及其意义,对于刑法的制定、理解和适用,具有重大意义。

二、刑法解释的分类

为了清晰地理解刑法解释,可以从解释的主体和解释的任务方面对刑法解释进行分类。对刑法解释进行分类观察,有助于更准确地理解刑法解释的概念与意义。

(一)从解释主体方面对刑法解释的分类

从刑法解释的主体方面,可以把刑法解释分为刑事立法解释、刑事司法解释和刑事学理解释三大类。

刑事立法解释是立法机关或者其有权代表对刑法条文作出的解释。刑事立法解释的表现形式主要是指在刑法中的解释性规定和专门的刑事立法解释,以及在其他法律中对刑法条文、术语和概念作出的解释。不过,刑事立法解释作为刑法解释的一种,仅仅是从其具有阐明刑法规范涵义的作用上来说时才是合适的。从刑事立法解释本身就是刑法解释的对象来说,把刑事立法解释称为一种刑法解释,在逻辑与界限上与其他刑法解释的种类具有重大区别。

[①] 参见〔意〕切萨雷·贝卡里亚著:《论犯罪与刑罚》,黄风译,北京大学出版社2008年版,第12页以下。

第四章 刑法解释

刑法中的解释性规定是最常见的刑事立法解释形式。为了避免在适用中产生疑问,刑法通过解释性规定,对一些概念和术语进行了解释。例如,我国《刑法》第99条规定:"本法所称以上、以下、以内,包括本数。"类似的还有在总则中对"公共财产"(第91条)、"公民私人所有的财产"(第92条)、"国家工作人员"(第93条)、"司法工作人员"(第94条),以及"犯罪预备"(第22条)、"犯罪未遂"(第23条)、"犯罪中止"(第24条)等概念作出的规定,在分则中对"毒品"(第357条)、"淫秽物品"(第367条)、"贪污罪"(第382条)等概念作出的规定。

刑事立法解释是根据我国《宪法》和《立法法》的规定,对"需要进一步明确具体含义"的刑事法律规定和对刑事"法律制定后出现新的情况,需要明确适用法律依据的"情形所作的解释。刑事立法解释可以是对刑法条文中未解释过的概念进行的解释,例如,2004年12月29日全国人大常委会作出的"关于《中华人民共和国刑法》有关信用卡规定的解释",就把刑法规定的"信用卡",解释为"由商业银行或者其他金融机构发行的具有消费支付、信用贷款、转账结算、存取现金等全部功能或者部分功能的电子支付卡"。刑事立法解释还可以对刑法条文中已经解释过的规定进行再解释,例如,2000年4月29日全国人大常委会就对村民委员会等村基层组织人员在从事哪些工作时属于《刑法》第93条第2款规定的"其他依照法律从事公务的人员"作出了解释。

在其他法律中对刑法条文、术语和概念的解释,在我国刑法中也很常见。例如,我国《刑法》第133条规定的交通肇事罪,就要求具有"违反交通运输管理法规"这个条件。在《刑法》第180条规定的"内幕交易罪"中,"内幕信息"和"知情人员"的范围,就需要"依照法律、行政法规的规定确定"。因此,这些在其他法律和行政法规中对刑法条文要求的概念和术语进行的解释,在刑法适用或者研究中使用时,也应当属于刑事立法解释的范畴。

▶▶▶ **案例**[①]

被告人蓑口义则(日本籍)在北京首都机场出境时,因为携带一批古生物化石未申报被查获,受到走私文物罪(《刑法》第151条第2款)的指控。其辩护人提出,古生物化石不是文物,根据罪刑法定原则,携带古生物化石出境不应当受到刑事指控。在庭审过程中查明,我国《文物保护法》第2条第3款规定:"具有科学价值的古脊椎动物化石和古人类化石同文物一样受国家保护。"据此,是否应当采纳辩护人的辩护意见?

---

① 中华人民共和国最高人民法院刑事审判第一、二、三、四、五庭主办:《中国刑事审判指导案例(破坏社会主义市场经济秩序罪)》,法律出版社2009年版,第76页以下。

我国立法起草部门的代表在制定刑法或者起草、修订法律的说明中,曾经对刑法的含义和理解作出过具有指导意义的解释。例如,1981年6月,当时任全国人大常委会法制委员会副主任王汉斌同志在代表法律起草部门向全国人大常委会作《关于加强法律解释工作等三个决定(草案)的说明》时,对于在《关于处理逃跑或者重新犯罪的劳改犯和劳教人员的决定(草案)》中,对劳改犯逃跑后又犯罪的,以及对于劳改犯和劳教人员对检举人、被害人和有关的司法工作人员以及制止他们进行违法犯罪行为的干部、群众行凶报复的,该如何加重判刑的问题,就曾经作了这样的说明:"至于如何加重判刑,不是可以无限制地加重,而是罪加一等,即在法定最高刑以上一格判处。如法定最高刑为10年有期徒刑的,可以判处10年以上至15年的有期徒刑;法定最高刑为15年有期徒刑的,可以判处无期徒刑;法定最高刑为无期徒刑的,可以判处死刑(包括死刑缓期2年执行)。"这种说明,由于对刑法条文的含义,特别是对刑法条文的适用作出了直接的说明,因此具有立法解释的意义。但是,随着我国法治建设的发展和刑事立法技术的提高,我国立法部门在起草、修订刑法的说明中,已经不再包含这种具有含义说明和适用指导意义上的解释了。在我国2000年颁布的《立法法》中,也没有把这种说明列入立法解释的种类之中。

我国的立法解释具有两个重要的特点:

第一,立法解释是具有法律拘束力的解释。可以说,立法解释本身就是法律,因为它"同法律具有同等效力"(《立法法》第50条)。因此,立法解释是具有最高效力的解释。在这个意义上,把立法解释放在受禁止类推限制的阐明刑法规范含义的刑法解释范畴中,其恰当性是值得商榷的。

第二,立法解释因为"同法律具有同等效力",所以不必遵守禁止类推的要求,但是必须遵守禁止溯及既往的要求。《立法法》第45条对立法解释"需要进一步明确具体含义"和对"需要明确适用法律依据的"限制,不包括禁止类推;第7条对补充和修改法律"不得同该法律的基本原则相抵触"的要求,不足以禁止类推。因此,刑法立法解释不仅可以突破原有条文字面含义的限制,而且还可以增加原有条文完全没有规定的新内容。

司法解释是最高司法机关对具体应用刑法所作出的解释。我国目前拥有数量庞大的刑事司法解释,对刑事审判和刑事检察工作中具体应用法律的问题,提供了详细的说明。在现代法治中,由于司法审判和法治发展的需要,各国大多在宪法制度中赋予了最高司法机关一定的解释刑法条文的权力,美国最高法院甚至享有解释宪法的权力。我国从自身的社会历史发展状况出发,在司法解释方面形成了以下重要的效力特点:

第一,根据1981年全国人民代表大会常务委员会通过的《关于加强法律解释工作的决议》规定,最高人民法院和最高人民检察院都具有司法解释权。但是,我国的最高司法机关不应当对刑法条文进行抽象的解释,而只能依法对属于审判工作或者检察工作中"具体应用法律、法令的问题"进行解释,否则就会产生侵犯立法权的问题。

第二,我国的司法解释不是法律,因此必须遵守禁止类推的要求,但不必遵守禁止溯及既往的要求。2001年,最高人民法院和最高人民检察院在《关于适用刑事司法解释时间效力问题的规定》中指出,"对于司法解释实施前发生的行为,行为时没有相关司法解释,司法解释施行后尚未处理或者正在处理的案件,依照司法解释的规定办理"(第2条)。

第三,我国的司法解释是具有司法效力的解释。"关于适用刑事司法解释时间效力问题的规定"明确指出,司法解释"自发布或者规定之日起施行,效力适用于法律的施行期间"(第1条)。"对于新的司法解释实施前发生的行为,行为时已有相关司法解释,依照行为时的司法解释办理,但适用新的司法解释对犯罪嫌疑人、被告人有利的,适用新的司法解释"(第3条)。

学理解释是指未经国家专门明确授权的机关、组织或者个人对刑法含义所作的解释。例如,在法律颁布之后,立法部门的单位或者工作人员并非根据法律的授权撰写的法律释义、注释,学者编著的教科书、专著、论文,等等。

学理解释具有以下重要特点:

第一,学理解释不具有法律拘束力,但绝不是无关紧要的。学理解释对刑法条文的说明,能够帮助人们正确地掌握刑法,具有教育的功能;学理解释对复杂的刑法条文和刑法原理进行整理,维护各刑法条文在内容上的一致性,避免相互冲突,具有体系的功能。学理解释对刑法条文的运用和不运用进行论证,不仅便利刑法的学习和执行,而且能够推动刑事立法的发展。

第二,学理解释不仅为立法解释和司法解释提供了理论支持,而且是立法解释和司法解释的重要思想渊源。学理解释一般都需要具有比较好的体系性,才能对有关法律问题提供比较充分的论证。优秀的学理解释对法律知识提供了系统完整的说明,形成了强大的说服力,因此可以为立法解释和司法解释采纳,从而成为立法解释和司法解释的内容。

(二)从解释的任务方面对刑法解释的分类

从刑法解释的任务方面,可以把刑法解释分为法条含义解释和刑事归类两大类。

法条含义解释和刑事归类是两项有着紧密联系,但又有着各自不同特点的任务。法条含义解释的任务是说明刑法条文的含义;刑事归类的任务是说明一些案件事实符合一个刑法条文的规定。

首先,法条含义解释是刑事归类的前提,不能正确理解一个刑法条文的含义,就无法正确地说明有关的案件事实符合这个刑法条文。

其次,法条含义解释一般不需要具体案件为背景,但是,刑事归类只能在具体案件中完成。也可以说,法条含义解释一般是抽象的解释,刑事归类的任务一定是具体的解释。

法条含义解释可以由立法解释、司法解释和学理解释进行,并且,立法解释可以进行类推,学理解释一般不得进行类推解释,除非是为了论证创设新法条的必要性,但是,司法解释绝对不得进行类推解释。

刑事归类主要是由法官在刑事审判中完成的。刑事审判的核心工作,就是要确定一些案件事实是否可以"归类"于一个刑法条文的规定。在这个归类工作中,刑法条文是大前提,案件事实是小前提,司法判决(尤其是有罪判决)是结论。在刑事审判中,对刑法条文的解释必须以是否包括案件事实为目的,刑事归类的过程就是判断具体案件事实是否满足特定刑法条文所要求的条件。这个具体的审查过程,也就是适用刑法条文的具体过程。明确刑事归类作为一种刑法解释,有利于强调法官在刑事审判中必须严格遵守"以事实为根据、以法律为准绳"的责任,把眼光放在有待适用的刑法条文和有待认定的案件事实上,对两者进行反复比较之后才能得出正确的判断和结论。

在现代刑法学中,为了理论研究和司法实践的需要,还有可能对刑法解释作出各种分类,以便从某一个角度探讨或者说明刑法的特殊属性。在理解这些分类方式时,应当注意有关研究的历史背景和有关分类的意义。例如,形式解释与实质解释的分类强调的是解释结果对突破刑法字面意义的容忍可能性。这种解释分类是在不承认罪刑法定原则或者在刑事立法活动极其不活跃的时代中提出来的。在当时的刑法制度支持下产生的实质解释,主要是为了证明公然或者暧昧的类推解释和超出法条字面含义的扩大解释所可能具有的合理性。在现代社会承认并认真执行罪刑法定原则的刑法制度中,尤其是在刑事立法机关对用刑法保护社会的要求能够及时做出反应的制度中,形式解释与实质解释的分类就会失去意义。

第二节　刑法解释的界限与方法

刑法的适用需要刑法的解释,刑法的解释必须采用一定的方法才能完成。任何适用于刑法解释的方法,只要没有突破刑法解释的界限,就应当是法治原则所允许的。

一、刑法解释的界限

根据罪刑法定原则的要求,禁止类推是刑法解释的原则性界限,因此,在解释刑法条文时可以使用什么手段和不能使用什么手段,只能以不违反禁止类推为标准。由于类推是一种对法律中没有明文规定的行为,比照刑法最相类似的条文进行定罪量刑的推论性做法,因此,在刑法解释时,做到切实符合刑法条文的意思,就成为避免类推的关键。

在现代刑法理论中,对于如何判读刑法的明文规定,存在着"主观说"和"客观说"两种观点。主观说认为,应当根据立法者制定法律时的意图进行解释;客观说认为,根据法律客观存在的文本本身才是最重要的。应当承认,这两种观点都有着自身的正确性;客观说正确地指出,刑法解释不是一种还原参加立法过程的人和委员会当时想法的工作,因为这种想法不仅通常已经无法查清,有些情况甚至在制定刑法时就没有被人所意识到;主观说也正确地认为,立法者虽然处在特定的历史时期,但是,他们在法律中明确写明的规定,无论如何应当具有约束力。因此,现代刑法学普遍支持将两种观点加以综合的方法:首先,以可能的口语语义作为解释的界限,构成一个允许法官进行刑事归类的框架;然后,由法官根据法律条文的文字意思、立法者的立法意图和法律条文之间的系统性联系,依据面临的案件事实,对案件中需要解决的具体问题进行解释。

在确定刑法解释界限时采纳综合说,比较符合罪刑法定原则和刑事司法实际工作的要求。

首先,对可能的口语语义的要求说明:立法者只能在文字中表达自己的规定,在立法者的文字中没有包含的,就是没有规定的和不能适用的。超越原文文本的刑法适用,违背了在使用刑罚进行干涉时应当具有的国家自我约束,从而也就丧失了民主的合理性基础。同时,公众也只能根据法律的文本才能得知法律的意思,并且才有可能根据法律的规定来考虑自己的行为。在可能的口语语义这个框架内进行解释,就能够起到保障刑法预防犯罪和谴责违反禁止性规定行为的作用。

其次,法官在法律文字规定的规则框架内进行解释时,需要根据案件事实在各种不同含义的可能性之间作出决定。这样,在强调法官受法律规定约束的同时,也为法官的工作提供了必要的裁量范围。这种裁量性解释可以是限制性的,也就是在刑法条文文字中比较窄的意义上进行的限制解释,例如,把贿赂仅仅定义为财物;也可以是扩展性的,也就是在刑法条文文字中比较广的意义上进行的扩展解释,例如,把协助人民政府从事特定行政管理活动的村民委员会成员视为国家工作人员。但是,扩展解释不能是不被刑法条文可能的文字意思所包含的,那样就是一种不能允许的类推。①

确立刑法解释的界限,是禁止类推的要求。根据禁止类推的要求,在选择和使用刑法解释的各种方法时,应当对各种方法可能发挥的作用与可能存在的缺陷有正确的认识,从而在使用这些刑法解释方法时,只进行可以允许的符合法律的解释,不进行应当禁止的超出法律允许范围的类推。

二、刑法解释的方法

刑法解释,需要通过一定的方法才能进行。现代刑法学在刑法解释方面,使用的方法主要有以下六种。不同的刑法解释方法都有着各自的作用与缺陷。

文法解释,也称文字解释,是根据刑法条文的文字和语言意义所进行的解释。例如,"重伤"的意思,根据我国《刑法》第 95 条的规定,是指"有下列情形之一的伤害:(一)使人肢体残废或者毁人容貌的;(二)使人丧失听觉、视觉或者其他器官机能的;(三)其他对于人身健康有重大伤害的"。文法解释的问题是,一般意义上的文字与法学意义上的文字可能在意思上存在着不同,从而使文字具有多义性。例如,"重伤"在中文中也可能有"双重损伤"的意思,《庄子·杂篇·让王》中就说:"不能自胜而强不从者,此之谓重伤。"(大意是:不能把握自己而又强制不顺从的,就叫双重损伤)。

系统解释,是根据法条在整个法律体系中的位置所进行的解释。例如,我国《刑法》第 157 条第 2 款规定:"以暴力、威胁方法抗拒缉私的,以走私罪和本法第 277 条规定的阻碍国家机关工作人员依法执行职务罪,依照数罪并罚的规定处罚。"但是,这种在走私过程中使用暴力抗拒缉私应当接受走私罪和妨碍公务罪数罪并罚的行为,是否包括造成他人重伤的情况呢?由于我国《刑法》第 277 条规定的法定最高刑罚只有 3 年有期徒刑,而第 234 条第 2 款对故意造成他人重伤规定的法定最低刑罚就已经是 3 年有期徒刑了,因此,如果对暴力抗拒缉私中造成重伤的行为也按照妨碍公务罪处理,就难以符合我国刑法罪刑相适应原则的要求,因此,必须按照故意造成他人重伤的规定进行数罪并罚。系统解释的问题是,这种方法有时并不成功。例如,我国《刑法》第 236 条第 2 款规定:"奸淫不满十四周岁的幼女的,以强奸论,从重处罚。"第 3 款规定,奸淫幼女多人的,法定刑是 10 年以上有期徒刑、无期徒刑或者死刑。但是,我国《刑法》曾经在第 360 条第 2 款中规定:"嫖宿不满十四周岁的幼女的,处五年以上有期徒刑,并处罚

---

① 日本学者也明确了自己的立场,认为"扩张解释存在着语言上的限制"。见〔日〕山口厚著:《刑法总论》(第 2 版),付立庆译,中国人民大学出版社 2011 年版,第 14 页。

金。"这一条没有特别规定嫖宿多名幼女如何处罚的情况。结合《刑法》第 45 条关于有期徒刑的上限为 15 年的规定来看,嫖宿幼女罪的最高刑期是 15 年有期徒刑。但是,在嫖宿多名幼女的情况下,是否可以根据奸淫多名幼女应当判处 10 年以上有期徒刑、无期徒刑或者死刑的规定处罚呢?很明显,如果这样解释,就会产生违反罪刑法定原则的问题了。第 360 条第 2 款及其规定的嫖宿幼女罪[①],最终被我国《刑法修正案(九)》废除了。

历史解释,是指根据立法者在创制法律时的意图和制定法律的历史所进行的解释。例如,我国 1997 年刑法规定的与信用卡有关的犯罪,是在总结 20 世纪 90 年代中期之前有关刑事立法与司法的经验基础上制定的。在 1999 年初中国人民银行发布《银行卡业务管理办法》之前,我国银行和金融机构发行的"信用卡",并没有正式规定信用卡、借记卡、贷记卡、准贷记卡、转账卡、储蓄卡、专用卡、储值卡等各种银行卡在功能上的区别。因此,在刑法中规定的"信用卡",就应当是具有"消费支付、信用贷款、转账结算、存取现金等全部功能或者部分功能的电子支付卡"的总称。使用历史解释的方法,可以清楚地认识"信用卡"本来的含义。然而,历史解释的问题也在于,法律一旦颁布之后,法律用语就不能随便改动。这样,在中国人民银行对信用卡与借记卡在是否具有透支功能上作出区别之后,先前颁布的信用卡犯罪,究竟是适用于全部银行卡还是仅仅适用于其中具有透支功能的"信用卡",就会产生疑问,从而使得历史解释成为必要。

目的性解释,是指根据法条在适用时的目的、意义和所要保护的法益来解释。例如,我国《刑法》第 267 条第 2 款规定:"携带凶器抢夺"公私财物的,依照抢劫罪定罪处罚。这里的"携带",是指尚未直接使用;这里的"凶器",是指枪支、爆炸物、管制刀具等国家禁止个人携带的器械或者是行为人为了实施犯罪而携带其他器械。这样的解释,是为了保护被害人的人身在公私财物遭受侵害时免受暴力、威胁而做出的。但是,目的性解释的问题在于,在社会生活中,行为人的目的可能多种多样,从而可能影响法条的适用。例如,行为人在抢夺时,可能存在着身上携带的器械确实不是为了实施犯罪准备的情况,这样,在行为人没有使用这个器械抢夺并且被害人也没有看到这个器械时就认定抢劫罪,就与这个刑法条文规定的目的与意义不相符合了。

[①] 关于对嫖宿幼女罪的检讨,见王世洲:《对幼女性法益的法律保障研究》,载《妇女研究论丛》2015 年第 3 期。

▶▶▶ **案例**

被告人刘某,农民,到镇上赶集时买了一把新柴刀放在背篓里,上面还放了一些衣服和杂物。回家路上,与被害人辛某同行。辛某因为自己的一担蔬菜卖了好价钱,一边兴奋地向刘某讲述自己的好运气,一边数着卖菜得到的钱。刘某见钱眼开,心起歹意,竟趁辛某不备,一把抓过辛某的钱包后逃跑。刘某的行为算"携带凶器抢夺"吗?

因此,司法解释就有必要明确:"行为人随身携带国家禁止个人携带的器械以外的其他器械抢夺,但有证据证明该器械确实不是为了实施犯罪准备的,不以抢劫罪定罪;行为人将随身携带凶器有意加以显示、能为被害人察觉到的,直接适用《刑法》第263条的规定(即抢劫罪)定罪处罚。"[1]

合宪性解释,是指根据宪法对一个法条的含义进行解释。例如,根据我国刑法第238条"禁止非法拘禁他人或者以其他方法非法剥夺他人人身自由"的规定,最高人民检察院认为:"司法工作人员对明知是无辜的人而非法拘禁的",属于"国家机关工作人员涉嫌利用职权非法拘禁"中"应当立案"的情形之一。这个解释是符合我国《宪法》第33条关于"中华人民共和国公民在法律面前一律平等""国家尊重和保障人权""任何公民享有宪法和法律规定的权利,同时必须履行宪法和法律规定的义务"等规定的。由于司法工作人员可以依法使用拘禁的方式对犯罪嫌疑人进行调查,因此,司法工作人员只有在"明知是无辜的人"的情况下实施非法拘禁的,才可能承担刑事责任。这样的解释规定就比较妥当地解决了依法执法和违法拘禁之间的界限划分问题。合宪性解释的方法存在的问题是,宪法的规定经常太笼统,从而使得在具体案件中确定具体含义时经常存在着困难。

比较性解释,是指根据各国刑法比较一致的认识来进行的解释。在我国,这种解释是学术研究中经常使用的方法。通过这种方法,小到字词的含义,大到理论体系的结构,都可以进行探讨。在国际上,一些国家,例如原来属于英联邦体系的国家,一些国际机构,尤其是国际刑事法庭和国际刑事法院,在司法实践中都十分重视这种解释方法。通过比较性解释得出的结论,经常能够使人对国际上通行的做法有一个客观了解,从而有利于作出符合世界发展趋势的判断。不过,比较性解释的问题是,各国在刑法规定和刑法理论上的认识经常难以一致。

---

[1] 参见2005年最高人民法院《关于审理抢劫、抢夺刑事案件适用法律若干问题的意见》第4条。

三、解释界限的遵守与解释方法的运用

无论在立法解释、司法解释、学理解释,还是在法条含义解释、刑事归类中,由于刑法解释主体与刑法解释任务的不同,因此,在刑法解释界限的遵守与刑法解释方法的运用上,都可能存在一些不同的特点。

关于对刑法解释界限的要求以及这些刑法解释的方法,不仅适用于法条含义解释,而且适用于刑事归类。另外,在其他的刑法解释分类中,例如,在所谓的形式解释和实质解释中,也需要在遵守禁止类推的前提下,使用一种或者几种刑法解释方法来进行有关的论证。由于法条含义解释与刑事归类在解释方向和解释性质上存在着重要区别,因此,对解释界限的遵守和解释方法的运用上,都存在着一些值得注意的特点。

首先,法条含义解释与刑事归类有着不同的解释方向。法条含义解释是从法条出发,寻找适当的案件事实作为自己的适用对象或者可以包含的内容;刑事归类是从具体案件事实出发,寻找适当的法条作为自己的归属对象。法条含义解释是从法条到事实的解释方向,决定了其所包含的案件事实经常是列举性和开放性的;刑事归类是从事实到法条的解释方向,决定了其所正确归属的法条具有唯一性和终结性。

其次,法条含义解释与刑事归类有着不同的解释性质。法条含义解释是规范解释,需要解决的是有关规定的含义问题;刑事归类是事实解释,需要解决的是有关事实的法律属性问题。法条含义解释作为规范解释的性质,不仅决定了其所具有的抽象性,而且决定了其经常可能具有创设规则甚至创设法律的性质;刑事归类作为事实解释的性质,不仅决定了其所具有的具体性,而且决定了其应当仅仅具有遵循法律和遵循规则的性质。

法条含义解释与刑事归类在解释方向和解释性质上的区别,对解释界限的遵守和解释方法的选择经常产生重要影响:

第一,法条含义解释对解释界限的突破,表现在对规范的规定或者对理论的说明中违反了禁止类推的原则;刑事归类对解释界限的突破,则表现在对具体案件事实的法律性质和意义作出了错误的认定。在立法解释所作的法条含义解释中,允许突破禁止类推的界限,在学理解释论证建立新法条的必要性时,也允许指出现有法条含义的局限性并建议增加新的规定。但是,司法解释和学理解释在对现有法条进行注释性说明时,违反禁止类推就只能作出不符合法律含义的解释。在刑事归类中对案件事实作出错误的认定,一般会引起上诉或者抗诉而为上级法院所纠正。

第二,进行法条含义解释时,立法解释和司法解释通常仅仅使用文字解释的

方法，不过，在有关立法解释和司法解释的说明中或者在与之有关的研究工作中，也经常使用其他的方法。学理解释在进行法条含义解释时，通常会广泛使用各种可能的方法，尤其是在系统解释、目的性解释以及其他解释方法中，甚至可以采用多学科研究的方法，以期形成对有关观点的最有力的论证。在刑事归类时，刑事司法工作者，尤其是法官，为了论证一个具体案件事实是否属于一个刑法条文规定的范畴，特别需要运用刑法学原理进行分析，才有可能在比较复杂的案件中正确寻找并认定那些能够证明犯罪成立所必要的条件已经具备。

对于法条含义解释和刑事归类来说，刑法学原理的指引具有特别重要的意义。现代刑法学就是在总结运用各种方法所形成的各种规则的基础上形成的。虽然每一个法条含义解释和刑事归类活动并不需要采纳同一种解释方法，但是，作为一个整体，刑法的各条规定和作为刑事归类结果的司法判决，都需要保持自身的体系完整性和前后逻辑的一致性。刑法条文和司法判决在含义和逻辑上保持自身的前后一致性，不仅事关国家法制的统一与尊严，而且事关刑法功能的发挥。如果法条用语前后含义矛盾，如果对同一个事实或者没有重大区别的事实可以作出有重大区别的法律认定，那么，人们在法律面前就会感到无所适从，不仅会造成执法和守法的困难，而且会造成法制的混乱。具体的司法工作需要司法裁量权，但是，司法裁量权的滥用会严重威胁国家的法治安全。

▶▶▶ **案例**

陈某在抢劫过程中没有抢到东西但是打伤了被害人的行为，与赵某在邻里纠纷中打伤被害人的行为，假定伤势一样，是否属于同一个刑法条文规定的犯罪行为？

在法条含义解释和刑事归类中，要保持法律的完整性以及实现司法判决的前后一致性，都需要遵循更加准确、细致和复杂的规则。因此，综合的方法是最好的刑法解释的方法。刑法学原理不仅是维护法治安全、实现刑罚目的的基础性保障，而且也是法条含义解释和刑事归类中应当使用的最重要和最可靠的方法。

第五章　我国刑法的适用范围

第一节　刑法适用范围概述

刑法的适用范围解决的是一个法庭在审理一种刑事案件时是否适用一个国家的刑法问题,经常也被称为刑法的管辖问题。从根本上说,刑法的适用范围必须由国家使用法律加以规定,也就是说,必须遵守罪刑法定原则。只有根据法律的规定,国家才能根据案件在犯罪行为、犯罪嫌疑人或者被害人,以及国际义务等方面与自己的联系,通过对刑事案件适用刑法来行使刑事管辖权。

在确定刑法的适用范围时,现代刑法学基本上围绕着四个要素进行考虑,即地点、人、时间、事项,以解决刑法在什么地方、什么时候、对什么人以及对什么事适用的问题。在确立刑法适用范围时,地域和人员是最早使用的标准。传统上仅仅根据有关行为发生在一个国家领土之上的事实,就能够理所当然地得出该国具有刑事管辖权的结论。在现代社会中,时间、事项以及其他一些因素(例如联合国安理会的决定)也已经成为公认的或者可接受的标准。当刑法的适用范围围绕着属地、属人、属时和属物等四个理由展开时,问题经常概括为刑法的空间适用范围和时间适用范围两个方面。

在现代刑法学中,与刑法适用有关的还有由法律规定的排除刑法适用的各种情形,通常称为刑法管辖障碍。这主要是指赦免、时效和豁免,以及禁止双重危险,即一项罪行在其他国家审理之后是否排除本国刑法的管辖等问题。

刑法的适用范围与国家的主权以及海外利益的保护密切相关,因此,在现代刑法中处于重要的位置。现代刑法学和国际法学在刑法的适用范围方面提出了许多理论,我国《刑法》在第6条至第12条中也对我国刑法的适用范围作了清楚的规定。

第二节　刑法的空间适用范围

刑法的空间适用范围是刑法适用范围中最重要的部分。在刑法的空间适用范围中,不仅创立了最古老的刑法适用标准,而且提供了刑法在地点、人员和事项部分的适用范围,还为刑法的时间适用范围提供了前提。

一、刑法空间适用范围的一般理论

在现代刑法学中,关于刑法空间适用范围的最重要原则是属地原则、属人原则、保护原则和普遍原则。[①]

(一)属地原则

属地原则是以地域为标准确认刑法适用范围的原则。只要一个犯罪行为在一国领土上实施,该国就可以审判这个犯罪。因此,属地原则也称为领土原则、领域原则、地域原则。属地原则是在现代刑法学中最早得到承认的刑法适用原则,也是现代各国刑法在适用范围中普遍采纳的基本原则。

根据属地原则,国家有权对在其领土内实施的罪行行使刑事管辖权。这首先是国家主权的要求,其次也是公正观念的要求。各国的法律不同,一个人只有在违反法律的地方受惩罚才是公正的,也只有根据当地的法律进行惩罚才是公正的。由犯罪行为发生地进行管辖,对于收集证据、保护被告人权利、消除犯罪影响、恢复司法权威和处理各国的刑事管辖争议,都是最为便利的。

在贯彻属地原则时,经常需要明确"领土"的范围以及确定"犯罪地"。

根据国家主权原则和国际法,国家领土主要包括国家主权支配和管辖下的领陆、领水和领空。对于刑法的适用对象来说,还需要特别明确刑法对船舶和航空器的适用可能性。国家对领海虽然有主权管辖权,但是,根据国际法,各国船舶在外国领海上享有"无害通过权",即在不损害沿海国安全与秩序的条件下,无须事先通知或征得沿海国的许可而连续不断地通过其领海的权利。因此,船舶的刑事管辖权,在船长不提出请求的情况下,原则上属于船旗国。根据国际法,在航空器中发生的犯罪行为,由航空器登记国拥有管辖权。驻外使领馆虽然处于派出国的领土之上,但是,根据国际法,驻外使领馆内发生的犯罪一般由派出国自己管辖。

在确定犯罪地时,还会遇到一个犯罪在这个国家预谋而在那个国家实施,或者,在这个国家实施而在那个国家产生后果等情况,如何确定这些案件中的犯罪地点呢?现代刑法与国际法在判断一个国家是否能够对这种情况行使"有资格的管辖"时,主要采取的是主观属地原则与客观属地原则。主观属地原则允许在构成犯罪的要素开始于本国领土内或者以其他方式在本国发生时对该行为行使管辖权;客观属地原则允许对在国外实施但给本国造成损害的行为行使管辖权。目前,世界各国都承认属地原则是确定管辖的一项原则,但是,在具体法律实践

[①] 本节的有关内容,参见王世洲主编:《现代国际刑法学原理》,中国人民公安大学出版社 2009 年版,第 5 章。

中,在优先考虑犯罪行为发生地或者犯罪结果发生地时,在属地原则的具体含义和内容方面还可能有一些发展与变化。

(二) 属人原则

属人原则是根据犯罪行为人的国籍来确定管辖的原则,因此也称国籍原则。属人原则不仅对于确定在公海等国际领域中发生的罪行管辖权是必要的,而且对于保护本国公民在海外的利益也有重要意义。

在现代国际刑法理论中,属人原则可以分为主动国籍原则和被动国籍原则。

主动国籍原则是根据犯罪行为人的国籍来确定管辖的原则。主动国籍原则希望本国国民不论在国内或者在国外都遵守本国的法律,不管犯罪实施时国外(当地)的法律如何规定。通过对本国行为人行使刑事管辖权,国家希望避免将本国国民引渡给犯罪实施地国家,而且希望以此强化国民对国家的忠诚。不过,在实践中适用主动国籍原则时,有的国家要求在实施犯罪时行为人就必须具有本国国籍,有的国家要求有关行为必须在本国和犯罪行为发生地都构成犯罪,还有的国家甚至把本国刑法适用于那些缺乏有效刑事司法制度的地方。

被动国籍原则是根据犯罪被害人的国籍来确定管辖权的原则。其基本含义是,国家可以对在国外实施的危害本国国民的犯罪行使管辖权。被动国籍原则以保护本国公民为根据,虽然包含有对外国刑事管辖权的怀疑,但是,当其他国家不愿意或者不能够行使管辖权时,这种原则作为一种辅助的管辖也具有合理性。在当代打击跨国犯罪和恐怖主义犯罪的斗争中,被动国籍原则经常与保护原则一起得到各国的主张。

(三) 保护原则

保护原则主张,每个国家都有权采取任何符合国内法律的措施来保护本国利益。保护国家利益或者维护国家安全,是现代国家主权的题中之意。因此,保护原则也称为安全原则、自卫原则等。

保护原则对于解决其他国家法律对本国利益保护不足或者不恰当的情况,具有必要性。但是,在确定什么是真正地侵害了本国利益时,如果对"国家利益"的含义作宽泛的理解,保护原则也有可能被滥用。因此,目前刑法学与国际法学一般认为,以保护原则为基础的管辖权,应当限制在威胁重要的国家利益的案件上,并且,在这种案件中适用保护原则时,也应当限制在国际法允许的范围之内。

(四) 普遍原则

普遍原则是指刑事管辖权的行使,不需要考虑犯罪实施地、行为人或者被害人的国籍,也不考虑行使管辖权的国家是否受到损害或者威胁。普遍原则允许国家偏离古典的属地原则或者属人原则,保证世界各国能够共同反对那些影响所有国家的犯罪行为,以保护代表整个国际社会的普遍价值。通过对这些国际公认的罪行进行审判,在保护自己利益的同时也保护其他国家的利益。

在现代刑法与国际法的理论中,普遍原则可以分为狭义概念和广义概念。狭义普遍原则也称相对的普遍管辖,指的是只有关押被告人的国家才能起诉该被告人,也就是所谓的被告关押地管辖。广义普遍原则也称绝对的普遍管辖,指的是国家可以起诉被控实施特定犯罪的人,不管行为人的国籍是什么,犯罪实施的地点在哪里,被害人的国籍是什么,甚至不管被告人是否已经被逮捕或者是否已经受到法庭的审判。实施广义普遍原则存在着很多问题:被害人可能进行所谓的挑选诉讼地的工作,在没有抓到被告人时国家就难以进行起诉与审判,在缺席审判时又可能由于侵犯被告人的基本权利而产生不公正,另外,由国内法官对外国官员发布逮捕令的权力也可能产生滥用或者转变成国家之间的争议。因此,相对于广义普遍原则而言,狭义普遍原则得到了更为广泛的赞同。

作为普遍原则适用对象的那些犯罪,例如恐怖主义犯罪、危害人类罪、灭绝种族罪等等,具有极其严重的性质,因此必须保证在世界各地都可以对它们进行起诉和镇压。但是,根据国际法,普遍原则的实施仍然需要得到国际社会的明确同意。这种同意通常明确地表现在国际公约的规定之中。

在刑事管辖权方面,国际法在与普遍原则有密切联系的新发展方面,是提出了"或引渡或审判"原则。在第二次世界大战之后提出的与国际犯罪有关的国际公约中,经常有一个特殊的条款,规定抓到行为人的国家有义务起诉或者引渡那些被怀疑实施了该条约规定的罪行的行为人。

二、我国刑法在空间上的适用范围

在刑法空间适用范围方面,单纯采纳一种原则显然不利于国家主权和利益的保护要求,因此,目前世界各国普遍采纳了以一种原则为主同时以其他原则为辅的折衷原则。我国刑法在空间适用范围上采纳的折衷原则是:以属地原则为基础,以属人原则、保护原则和普遍原则为补充。也就是说,凡在我国领域内犯罪的,不问犯罪人是我国公民或外国人,都适用我国刑法;我国公民或外国人在我国领域外犯罪的,在一定情况下,也适用我国刑法。我国刑法的这一立场,表现在《刑法》第6条至第11条的规定之中。

(一)我国刑法中的属地原则

在我国刑法中,属地原则鲜明地体现在第6条的规定:"凡在中华人民共和国领域内犯罪的,除法律有特别规定的以外,都适用本法。"因此,不仅中国人在我国领域内犯罪,而且外国人(包括具有外国国籍的人和无国籍的人)在我国领域内犯罪,都适用我国刑法。在我国领域内犯罪不适用我国刑法的,除了那些在刑法管辖障碍中说明的情形之外,主要有以下例外情况:

第一,香港与澳门特别行政区基本法的特别规定。在《香港特别行政区基本法》和《澳门特别行政区基本法》中都明确规定,这些特别行政区依照基本法实行高度自治,享有行政管理权、立法权、独立的司法权和终审权。同时,在全国人民代表大会关于适用于香港和澳门的全国性法律的决定中,并没有列明刑法。因此,香港和澳门虽然属于我国领土,但是,在香港和澳门的犯罪不适用《中华人民共和国刑法》。

第二,刑法对民族自治地区的特别规定。《刑法》第90条规定:"民族自治地方不能全部适用本法规定的,可以由自治区或省的人民代表大会根据当地民族的政治、经济、文化的特点和本法规定的基本原则,制定变通或者补充的规定,报请全国人民代表大会常务委员会批准施行。"但是,我国民族自治地方目前尚没有在刑法方面作出变通或者补充规定。

第三,"享有外交特权和豁免权的外国人的刑事责任问题,通过外交途径解决"。这是《刑法》第11条的规定。外交特权和豁免权,是一个国家根据国际法给予外交代表和特定的外交人员的一种特权和豁免。这种待遇是为了保证和便利外交人员在驻在国执行职务,而不是为了保护他们的犯罪行为。这些享有外交特权与豁免权的外国人触犯我国刑法之后,不适用我国刑法进行惩罚,而是通过外交途径解决他们的刑事责任问题。常见的解决方法是建议派遣国依法处理,宣布其为不受欢迎的人并令其限期出境,在罪行严重时甚至可以由政府宣布驱逐出境。

我国刑法在贯彻属地原则时,还明确规定:"凡在中华人民共和国船舶或者航空器内犯罪的,也适用本法。"该规定符合国际法的一般要求。另外,我国刑法在确定犯罪地方面,清楚地指出:"犯罪的行为或者结果有一项发生在中华人民共和国国领域内的,就认为是在中华人民共和国国领域内犯罪。"该规定完整采纳了主观属地原则和客观属地原则。

(二)我国刑法中的属人原则

在我国刑法中,属人原则体现在我国刑法对我国公民在我国领域外犯罪的管辖上。《刑法》第7条规定:"中华人民共和国公民在中华人民共和国领域外犯本法规定之罪的,适用本法。"无论在国内或是在国外,我国公民都受我国法律保护,同时承担遵守我国法律的义务。因此,我国公民在我国领域外犯罪的,也应当受我国法律管辖。但是,由于国内外的社会制度和法制教育状况不同,因此,对于发生在国外的犯罪行为,在处理时就应当从实际出发,与对国内犯罪的处理有所区别。这种区别,主要表现在对属人管辖权的限制上。例如,我国1979年刑法对属人原则管辖的事项就曾经作了两个限制。一是罪种的限制(第4条)。1979年刑法只对我国公民在我国领域外的特定犯罪适用,即反革命罪;伪造国家货币罪,伪造有价证券罪;贪污罪,受贿罪,泄露国家机密罪;冒充国家工作人员招摇撞骗罪,伪造公文、证件、印章罪。二是刑期的限制(第5条)。我国公民在我国领域外犯的其他罪,只有那些按我国刑法规定最低刑为3年以上有期徒刑的,才适用我国刑法,并且,按照犯罪地的法律不受处罚的除外。

我国1997年刑法对属人原则管辖的事项也作了两个限制。一是犯罪主体的限制。《刑法》第7条第2款规定:"中华人民共和国国家工作人员和军人在中华人民共和国领域外犯本法规定之罪的,适用本法。"①二是刑期的限制。对于我国公民在我国领域外犯罪的,第7条第1款后半句规定:"但是按本法规定的最高刑为三年以下有期徒刑的,可以不予追究。"可以看出,目前我国刑法在贯彻属人原则时体现了四个特点:(1)以主动国籍原则也就是犯罪行为人的国籍作为原则来确定刑事管辖权;(2)以国家工作人员和军人作为我国刑法的专属管辖对象;(3)以最高刑3年有期徒刑作为对我国公民犯罪的前提性管辖条件;(4)对我国公民在领域外对我国的犯罪取消了"按照犯罪地的法律不受处罚的除外"的限制。我国刑法在贯彻属人原则方面的规定,强化了我国公民对国家的忠诚,有利于维护国家的尊严与权益。

(三)我国刑法中的保护原则与普遍原则

在我国刑法中,对外国公民在我国领域外对我国国家和人民犯罪的规定,体现了保护原则。我国《刑法》第8条规定:"外国人在中华人民共和国领域外对中华人民共和国国家或者公民犯罪,而按本法规定的最低刑为三年以上有期徒刑的,可以适用本法。"其中,我国刑法对外国人在我国领域外对我国公民犯罪的管辖原则上,还体现了被动国籍原则。

另外,我国《刑法》第9条规定:"对于中华人民共和国缔结或者参加的国际条约所规定的罪行,中华人民共和国在所承担条约义务的范围内行使刑事管辖权,适用本法。"该规定体现的是普遍原则。由于我国刑事诉讼法中没有缺席审判的规定,在司法实践也没有缺席审判的做法,因此,我国刑法贯彻的普遍原则实际上是狭义的普遍原则,也就是说,是只有在抓获和关押被告人之后才行使的普遍原则。

根据我国刑法规定,对于外国人在我国领域外对我国或我国公民犯罪的案

---

① 《中华人民共和国香港特别行政区驻军法》第20条规定:"香港驻军人员犯罪的案件由军事司法机关管辖;但是,香港驻军人员非执行职务的行为,侵犯香港居民、香港驻军以外的其他人的人身权、财产权以及其他违反香港特别行政区法律构成犯罪的案件,由香港特别行政区法院以及有关的执法机关管辖。军事司法机关和香港特别行政区法院以及有关的执法机关对各自管辖的香港驻军人员犯罪的案件,如果认为由对方管辖更为适宜,经双方协商一致后,可以移交对方管辖。军事司法机关管辖的香港驻军人员犯罪的案件中,涉及的被告人中的香港居民、香港驻军人员以外的其他人,由香港特别行政区法院审判。"《中华人民共和国澳门特别行政区驻军法》第20条也规定了相似的内容。

件行使刑事管辖权时,有两个条件:一是有关犯罪必须危害了我国或我国公民的利益,或者根据参加的国际公约我国应当承担对该犯罪的刑事管辖义务。目前,我国参加的国际公约所涉及的国际犯罪主要是与劫持飞机、劫持船只、海盗、非法侵害外交代表以及贩毒等有关的犯罪。我国应当在所承担条约义务范围内,根据"或引渡或审判"的原则,对这些犯罪分子行使刑事管辖权。二是法定刑的限制。有关犯罪必须是根据我国刑法规定,最低刑为3年以上有期徒刑的,才可以适用我国刑法。同时,这个外国人的行为,如果按照犯罪地的法律不受处罚的,我国刑法也不追究。我国刑法的规定,恰当地保护了国家利益与安全,有效地履行了应尽的国际义务。

第三节 刑法的时间适用范围

刑法在时间上的适用范围,涉及刑法的生效时间、失效时间,以及对刑法生效前的案件是否具有追溯既往的效力等三个问题。

一、刑法的生效时间

刑法的生效时间,是指新公布的刑法可以对需要处理的刑事案件适用的时间。

刑法的生效时间需要由法律规定,主要有两种方式:一是规定在法律公布后立即生效,包括收到正式法律文本之后才生效和一旦公布即生效两种情况;二是规定在法律公布后间隔一段时间后生效。前一种方式主要是为了发挥刑法迅速遏制犯罪的严重情况,后一种方式往往是因为新的法律条文多、规定复杂,需要一段时间进行宣传、学习,以便司法机关和社会执行与遵守。

我国1979年刑法是1979年7月6日公布的,于1980年1月1日生效。我国1997年刑法是1997年3月14日公布的,"本法自1997年10月1日起施行"(第452条第1款)。

二、刑法的失效时间

刑法的失效时间也叫刑法效力的终止时间,是指刑法失去效力,不能再适用的起始时间。刑法一旦失效,就不能作为定罪量刑的依据。

过去,我国刑法主要是在原法律所依赖的特殊立法背景消失后,自动失去效力的。例如,土地改革已经完成;或者是由于新的法律代替了内容相同的原有法律,按新法优于旧法的原则,旧法自行失效。在现代法治社会中,这种不是由法律宣布失效才失去效力的失效方式已经基本不再被采用。

我国刑法的失效时间,现在基本上是清楚地在刑法中写明的,包括写明一部刑法全部失效或者仅仅是部分失效。我国《刑法》第 452 条第 2 款规定:"列于本法附件一的全国人民代表大会常务委员会制定的条例、补充规定和决定,已纳入本法或者已不适用,自本法施行之日起,予以废止。"这就是全部废止的情况。第 3 款规定:"列于本法附件二的全国人民代表大会常务委员会制定的补充规定和决定予以保留。其中,有关行政处罚和行政措施的规定继续有效;有关刑事责任的规定已纳入本法,自本法施行之日起,适用本法规定。"这就是部分废止的情况。

三、刑法的溯及既往效力

刑法的溯及既往效力,也称溯及力,是指一部新刑法制定之后,对其颁布之前发生的未经审判或判决未确定的行为是否适用的情况。如果适用,这部刑法就具有溯及力;如果不适用,这部刑法就不具有溯及力。

刑法的溯及既往效力,是刑法在时间适用范围中需要考虑的最重要问题,因为这不仅关系到刑法的效力,而且关系到罪刑法定原则的贯彻。在现代刑法学中,涉及刑法溯及力的原则主要有从旧原则、从新原则、从轻原则、从新兼从轻原则以及从旧兼从轻原则。

从旧原则,是指新法颁布之前的行为适用新法颁布之前的旧刑法,完全不适用新法。也就是说,从旧原则是一种否定新法具有溯及既往效力的原则。

从新原则,是指新法颁布之后就具有完全的效力,对在其颁布之前发生的行为,只要还处在审判程序之中,就完全适用。也就是说,从新原则是一种肯定新法具有溯及既往效力的原则。

从轻原则,是指在新法与旧法之间进行比较,哪一部刑法规定的刑罚处罚更轻,就适用哪一部刑法。也就是说,根据从轻原则,新法的溯及力取决于比较的结果。新法规定的处罚比旧法轻时,新法得到适用,即具有溯及既往的效力;旧法规定的处罚更轻时,新法就不能得到适用,即不具有溯及既往的效力。

从新兼从轻原则,是指新法处罚较重的规定在原则上具有溯及力,但是在一定条件下,旧法处罚较轻的规定可以对行为人适用。例如,1982 年 3 月 8 日全国人大常委会在《关于严惩严重破坏经济的罪犯的决定》中,大幅度提高了一些经济犯罪的刑罚幅度,同时,在这个决定中规定:"本决定自 1982 年 4 月 1 日起施行。凡在本决定施行之日以前犯罪,而在 1982 年 5 月 1 日以前投案自首,或者已被逮捕而如实地坦白承认全部罪行,并如实地检举其他犯罪人员的犯罪事实的,一律按本决定施行以前的有关法律规定处理。凡在 1982 年 5 月 1 日以前对所犯的罪行继续隐瞒拒不投案自首,或者拒不坦白承认本人的全部罪行,亦不检举其他犯罪人员的犯罪事实的,作为继续犯罪,一律按本决定处理。"也就是说,这个决定原则上采取了从新原则,但是,如果犯罪分子在规定的期限内投案自首或者坦白检举的,就适用处罚较轻的旧法。

从旧兼从轻原则,是指新法在原则上不具有溯及力,但是,在根据新法可以对行为人处罚更轻时除外。1980年11月20日至1981年1月25日在审判"林彪、江青反革命集团"时对法律的适用是一个重要的例子。"林彪、江青反革命集团"在"文化大革命"时期所犯罪行,无论按照《惩治反革命条例》或者1980年1月1日生效的我国刑法,都已经构成反革命罪,但是,我国刑法规定的处罚明显比《惩治反革命条例》更轻,因此,最高人民法院特别法庭决定依法适用我国刑法进行审判。① 也就是说,在这种情况下适用刑法的,刑法有追溯力。在现代刑法中,在适用从旧兼从轻原则的同时,刑法可以同时采纳时间刑法。时间刑法也称限时刑法,是指刑法明确规定时间限制的规定,例如,对价格进行限制的刑法性规定等。在适用时间结束之后,除非另有规定,否则,对于发生在该期间的特定行为,仍然适用时间刑法。时间刑法是从旧兼从轻原则的例外规定,对于防止恶劣的规避法律行为具有预防作用。不过,我国刑法尚无时间刑法的规定。

在现代社会中,从新原则通常仅仅在社会变革或者社会动荡时制定的刑法中适用,以便发挥刑法稳定社会和保护人民的功能。例如,我国在《惩治反革命条例》《关于严惩严重危害社会治安的犯罪分子的决定》等一些刑事法规中都采取了从新原则。但是,从新原则是不符合罪刑法定原则的,只能在特定的时期适用。因此,在现代法治社会中,尤其是在罪刑法定原则确定之后,从旧兼从轻原则就会得到普遍的运用。

我国刑法在溯及既往效力方面采取的也是从旧兼从轻原则。《刑法》第12条规定:"中华人民共和国成立以后本法施行以前的行为,如果当时的法律不认为是犯罪的,适用当时的法律;如果当时的法律认为是犯罪的,依照本法总则第四章第八节的规定应当追诉的,按照当时的法律追究刑事责任,但是如果本法不认为是犯罪或者处刑较轻的,适用本法。"具体说,目前我国刑法在溯及力方面的规定具有以下特点:

第一,行为时的法律(包括1979年刑法、各种单行刑事法规,在民事、经济、行政法律中"依照""比照"刑法有关条款追究刑事责任的法律条文等法律、法令和政策)不认为是犯罪的,不论现在我国刑法如何规定,都不能根据刑法追究其刑事责任。

第二,行为时的法律认为是犯罪的,而我国刑法现在不认为是犯罪的,适用

---

① 参见《历史的审判》编辑组:《历史的审判》,群众出版社1981年版,第49页。

我国现在的刑法,不认为是犯罪。

第三,行为时的法律认为是犯罪,我国刑法现在也认为是犯罪,并且是在刑法规定的追诉时效之内的,按照当时的法律追究刑事责任,但是,如果现在的刑法规定处刑较轻的,适用现在的刑法。

在我国《刑法》第 12 条中规定的"处刑较轻",主要包含了以下两方面的含义:

第一,刑法规定的法定刑较轻的刑罚。这首先是指法定最高刑较轻的刑罚,在法定最高刑相同时,是指法定最低刑较轻的刑罚。

第二,刑法对会导致较轻处刑的规定。例如,与 1997 年刑法比较,在减轻处罚的批准条件、构成累犯的条件、自首与立功的认定、缓刑与假释的条件等方面,1979 年刑法的规定都会导致较轻的处刑。

不过,导致处刑较轻的制度一般不包括刑法中的程序性规定。例如,对于行为人 1997 年 9 月 30 日以前实施的犯罪行为,在司法机关受理案件以后行为人逃避侦查或者审判的,或者被害人在追诉期限内提出控告之后司法机关应当立案而不予立案的,在超过追诉期限后是否追究行为人刑事责任的问题,就应当适用旧刑法的规定。当然,导致处刑较轻的制度也不包括在新刑法颁布之后才实施的犯罪,对于这种犯罪自然就要适用新刑法了。例如,在 1997 年 9 月 30 日以前被假释的犯罪分子,在 1997 年 10 月 1 日以后的假释考验期内,又犯新罪、被发现漏罪或者违反法律、行政法规或者国务院公安部门有关假释的监督管理规定的,就必须适用我国《刑法》第 86 条的规定,撤销假释。

导致处刑较轻的制度一般也不包括具体的刑罚执行方法以及对原有规定的具体规定。例如,我国《刑法修正案(八)》在《刑法》第 38 条中增加一款作为第 2 款规定:"判处管制,可以根据犯罪情况,同时禁止犯罪分子在执行期间从事特定活动,进入特定区域、场所,接触特定的人。"另外,在我国《刑法》第 50 条中补充了第 2 款:"对被判处死刑缓期执行的累犯以及因故意杀人、强奸、抢劫、绑架、放火、爆炸、投放危险物质或者有组织的暴力性犯罪被判处死刑缓期执行的犯罪分子,人民法院根据犯罪情节等情况可以同时决定对其限制减刑。"在 2011 年 5 月 1 日《刑法修正案(八)》生效之后,对于 2011 年 4 月 30 日以前犯罪,依法应当判处管制的,人民法院根据犯罪情况,认为确有必要的,可以作出禁止性决定;对于累犯或者犯特定暴力性犯罪,罪行极其严重,根据修正前刑法判处死刑缓期执行不能体现罪刑相适应原则,而根据修正后刑法判处死刑缓期执行同时决定限制减刑可以罚当其罪的,可以适用修正后的《刑法》第 50 条第 2 款的规定。[1] 根据

---

[1] 参见 2011 年 4 月 25 日最高人民法院《关于〈中华人民共和国刑法修正案(八)〉时间效力问题的解释》第 1 条、第 2 条。

《刑法修正案(九)》(自 2015 年 11 月 1 日起施行)修改后的《刑法》第 383 条第 4 款的规定,犯贪污罪、受贿罪被判处死刑缓期执行的,人民法院根据犯罪情节等情况可以同时决定在其死刑缓期执行二年期满依法减为无期徒刑后,终身监禁,不得减刑、假释。但是,对于 2015 年 10 月 31 日以前实施贪污、受贿行为,罪行极其严重,根据修正前刑法判处死刑缓期执行不能体现罪刑相适应原则,而根据修正后刑法判处死刑缓期执行同时决定在其死刑缓期执行二年期满依法减为无期徒刑后,终身监禁,不得减刑、假释可以罚当其罪的,适用修正后《刑法》第 383 条第 4 款的规定。根据修正前刑法判处死刑缓期执行足以罚当其罪的,不适用修正后《刑法》第 383 条第 4 款的规定。[①]

最后,刑法在时间适用范围上的溯及效力与法院判决的效力有不同。这种不同鲜明地表现在两种效力具有不同的延展方向上。刑法的溯及力涉及的是一部法律能否扩展适用于该法律产生之前的行为,其效力的延展方向指向法律产生之前;法院判决的效力涉及的是一个判决作出之后在新法律面前能否继续有效,其效力的延展方向指向法律产生之后。我国《刑法》第 12 条第 2 款规定:"本法施行以前,依照当时的法律已经作出的生效判决,继续有效。"这个规定明确了已生效司法判决的效力不因刑法规定的变化而变化。这不仅有利于维护已生效判决的权威与严肃性,而且也是符合罪刑法定原则的。

第四节 排除刑法适用的法定情形

排除刑法适用的情形,是指使一个国家的刑法不能得到适用的各种情况。排除刑法适用的情形只能由法律规定,而且经常是由宪法规定的。在现代刑法学中经常特别说明的排除刑法适用的情形主要有:赦免、时效、禁止双重危险和豁免。[②]

在坚持罪刑法定原则的刑法制度中,法律或者宪法规定排除刑法的适用,就意味着一个国家的刑法失去了对犯罪进行评判的权力,同时,这个国家的刑事司法制度也就失去了对犯罪进行管辖的权力,因此,排除刑法适用也就成为刑法的管辖障碍。

---

① 参见 2011 年 10 月 29 日最高人民法院《关于〈中华人民共和国刑法修正案(九)〉时间效力问题的解释》第 8 条。
② 本节的有关内容,参见王世洲主编:《现代国际刑法学原理》,中国人民公安大学出版社 2009 年版,第 6 章。

一、赦免

赦免是一种国家通过法律规定免除对犯罪人的追诉或者刑罚执行的制度。

根据赦免的对象,赦免可以分为大赦与特赦。大赦赦免的对象是不特定的犯罪人,通常根据犯罪的种类或者刑期长短来确定,人数经常较多;特赦赦免的对象是特定的犯罪人。我国在1954年《宪法》中曾经规定过大赦,但是,现行《宪法》只保留了特赦,由全国人大常委会作出决定(第67条),由国家主席发布特赦令(第80条)。因此,我国《刑法》第65条和第66条规定的赦免,目前就仅仅指特赦。

根据赦免的法律效果,赦免可以分为排除起诉的赦免与排除刑罚的赦免。排除起诉的赦免是对尚未受到刑事追究的罪犯不再起诉,排除刑罚的赦免是对正在执行刑事判决的罪犯终止刑罚的执行。排除起诉的赦免消灭了犯罪,并且使刑罚不再可能;排除刑罚的赦免没有消灭犯罪,仅仅是消灭了尚未执行的刑罚。我国在1959年至1975年期间曾经实行过七次特赦,对象都是执行过一定时间刑罚的罪犯。除了第一次特赦是对战争罪犯、反革命罪犯和普通罪犯适用之外,其余六次都是对战争罪犯适用的。在前六次特赦中,都要求特赦对象具有"确实改恶从善"的情节,第七次特赦的对象实际上也经过了长期的劳动改造。2015年8月29日,国家主席习近平签署了主席特赦令,根据全国人大常委会《关于特赦部分服刑罪犯的决定》,对参加过抗日战争、解放战争等四类服刑罪犯实行特赦。总的说来,我国实行过的这些赦免,都是仅仅指排除刑罚执行的赦免,不涉及排除起诉的赦免。

赦免的根据,主要是为了赢得社会的和解。罪行发生之后,在社会回归和平时,赦免有助于帮助人们忘却敌意和仇恨,有利于医治社会的创伤。但是,排除起诉的赦免受到了普遍的怀疑,由于司法机关失去了对赦免对象进行刑事调查和提起刑事诉讼的权力,因此,这种赦免就形成了对刑法管辖的障碍。排除起诉的赦免如果适用于严重的国际犯罪,例如战争罪、灭绝种族罪等,还会与国际法上的规则相冲突。目前,国际法上普遍反对赦免严重的国际犯罪,甚至不承认各国对国际犯罪的赦免规定。不过,排除刑罚执行的赦免被普遍认为是允许的。排除刑罚执行是在刑事审判之后进行的,并且,通常是由于罪犯经过改造确有悔改表现之后才进行的,因此,不会形成对刑法管辖的障碍。只要这种排除刑罚执行的赦免不是出于包庇罪犯的目的,就不会违反任何国际惯例。

我国在赦免方面的法律规定与实践做法没有构成对刑法管辖的障碍,是符合国际惯例的。

二、时效

时效是国家通过法律规定可以起诉一种特定犯罪的时间期限,也称追诉时效。时效的法律效果是,在经过法律规定的时间期限之后,对法律规定的犯罪就不再追究刑事责任,已经追究的,应当撤销案件、不起诉或者终止审理。在时效的概念中,还有可能存在"行刑时效",指国家可以执行刑罚的时间期限。不过,行刑时效通常是与缺席审判联系在一起的。在其他情况下规定行刑时效的,经常容易受到鼓励罪犯逃脱的批评。我国没有行刑时效的规定。

时效的根据主要有以下方面的考虑:

第一,定罪的必要性会随着时间的推移而最终消失。罪行发生之后,如果行为人在法定时间内没有再犯罪,那么,从刑罚目的的角度看,定罪与惩罚都没有必要了。

第二,证据的收集会随着时间的流逝而变得非常困难。随着时间的流逝,证人经常会找不到了,物证可能会消失或者丢失,等等,从而使得刑事追诉和辩护都变得不可能。

第三,被害人与行为人的和解会随着时间的推移而成为可能。罪行发生之后,即使没有受到司法机关的追究,经过一段时间,被害人及其亲属也有可能与过去的犯罪人达成和解。

追诉时效与行刑时效不同,不具有鼓励罪犯逃跑的意义,因为罪犯在犯罪之后经常就会本能地逃跑的,相反,追诉时效对司法机关及时追究犯罪具有明显的督促作用。

从原理上说,对一切犯罪都适用时效的观点是很可疑的。目前,在国际上已经普遍主张对严重的国际犯罪不适用时效,例如,联合国曾经制定了《联合国关于法定时效不适用于战争罪和危害人类罪的公约》,《国际刑事法院规约》在第29条中也规定:"在本法院管辖之内的犯罪,不应当成为任何时效法令的主题。"

我国刑法规定的时效制度是追诉时效,可以概括为两个方面:追诉时效的期限与追诉时效的计算。

(一)追诉时效的期限

我国刑法关于追诉时效的期限规定在第87条之中:犯罪经过下列期限不再追诉:

(1)法定最高刑为不满5年有期徒刑的,经过5年;

(2)法定最高刑为5年以上不满10年有期徒刑的,经过10年;

(3)法定最高刑为10年以上有期徒刑的,经过15年;

(4)法定最高刑为无期徒刑、死刑的,经过20年。如果20年以后认为必须追诉的,须报请最高人民检察院核准。

根据上述规定,我国的追诉时效是以法定最高刑为标准进行确定的,而不是以实际判处的刑罚期限为标准确定的。但是,由于我国刑法对犯罪规定的法定最高刑可能在不同的量刑幅度中有不同,因此,具体法定最高刑的确定只能根据罪行应当适用的具体量刑幅度来确定。

> ▶▶▶ **案例**
>
> 某甲抢劫张某的一辆电动自行车,根据《刑法》第263条的规定,可能判处的法定最高刑是几年?追诉时效是几年?某乙在公共汽车上持枪抢劫李某的提包,根据《刑法》第263条的规定,可能判处的法定最高刑是几年?追诉时效是几年?

我国刑法对时效的规定没有采用在法定期限届满之后绝对不追诉的做法。在追诉期限最长的20年届满之后,最高人民检察院仍然掌握着是否进行追诉的决定权。例如,为了促进祖国的和平统一大业,最高人民法院、最高人民检察院根据我国刑法的规定,于1988年3月14日和1989年9月7日两次发表公告,宣布对去台人员(包括去其他地区和国家的人员)在中华人民共和国成立后、犯罪地地方人民政权建立前所犯罪行,不再追诉。其中,有关罪行连续或继续到当地人民政权建立后的,追诉期限从犯罪行为终了之日起计算;对于符合我国刑法关于时效规定的,不再追诉;其中法定最高刑为无期徒刑、死刑的,经过20年,也不再追诉;如果认为必须追诉的,由最高人民检察院核准。

(二)追诉时效的计算

在追诉时效的计算中,需要明确的问题主要有以下几点:

第一,追诉时效的起算日。我国《刑法》第89条前半句规定:"追诉期限从犯罪之日起计算"。根据《刑法》第99条的规定,这个日期是包括本数在内的。但是,犯罪经常不是在一日之内完成的,另外,在整个犯罪过程中,从行为的实施到结果的出现也可能间隔一段时间。在这些情况下如何计算"犯罪之日",在刑法学理论上就有了行为实施之日、结果出现之日、犯罪成立之日等不同观点。因此,我国刑法在"犯罪之日"上如何确定,就需要进一步明确。本书认为,"犯罪之日"应当以刑法规定的构成犯罪的行为实施完毕之日为基础,以犯罪结果的出现之日为补充。具体而言,在刑法对犯罪除了行为方式之外没有其他要求的情况下,行为实施完毕之时就是"犯罪之日",不应当再以仅仅对说明犯罪既遂有意义的结果出现之日作为"犯罪之日";在刑法对犯罪有特定结果、特定时间等特定条件要求的情况下,例如,《刑法》第 15 条第 2 款规定的"过失犯罪,法律有规定的才负刑事责任",第 384 条挪用公款罪规定的"挪用公款数额较大、超过三个月未还的",只有在符合法律规定出现犯罪结果或者经过法定时间期限之时,才是"犯罪之日"。

第二,犯罪行为有连续或者继续状态的,从犯罪行为终了之日起计算。这是我国《刑法》第 89 条后半句的规定。继续,是指不间断。例如,在非法拘禁罪(《刑法》第 238 条)的情况下,被害人会不间断地处于行为人的非法关押或者限制之中。连续,是指虽然有几个动作,但是,这几个在时间上有间隔的动作在法律上应当作为一个行为来看待。例如,在虐待罪(《刑法》第 260 条)中,行为人的打骂虽然有停顿和间断,但却是处在一个连续的状态中,共同构成了刑法所禁止的虐待行为。在犯罪行为有连续或者继续状态的情况下,经常只有在犯罪行为终了之日才有可能追究犯罪,因此,从这时开始计算时效才是可能和合理的。

第三,追诉时效的中断与延长。追诉时效的中断,是指"在追诉期限以内又犯罪的,前罪追诉的期限从犯后罪之日起计算"(《刑法》第 89 条第 2 款)。追诉时效的延长,是指"在人民检察院、公安机关、国家安全机关立案侦查或者在人民法院受理案件以后,逃避侦查或者审判的,不受追诉期限的限制",或者,"被害人在追诉期限内提出控告,人民法院、人民检察院、公安机关应当立案而不予立案的,不受追诉期限的限制"。在这里,我国追诉时效的中断与延长实行的是各罪单算的计算方法:在时效中断的情况下,每一个罪的追诉期限不仅由于新罪的出现而重新计算,而且各个罪是单独计算的。这样,在新罪较轻的情况下,就可能出现新罪的追诉时效已经结束而不能被追究,而旧罪的追诉时效尚未结束仍然可以被追究的现象。在时效延长的情况下也一样,在被告人实施的几个罪中,不符合法定条件的就不属于不受追诉期限限制的犯罪。

我国刑法对时效的规定,并没有形成绝对排除对严重犯罪进行追诉的管辖障碍。

三、禁止双重危险

禁止双重危险是指一个人不能为同一个罪行被审判两次,也称一事不再理原则。根据这项原则,一个人由于一项罪行被一个法院宣告有罪或者无罪之后,其他法院,包括本国法院和外国法院,就不能因为此项罪行对这个人再一次进行审判。

禁止双重危险是一个得到普遍承认的原则,尽管其在国际法上的地位还存在着一些争论。承认禁止双重危险的国家,在其他国家的法院对有关犯罪进行审判之后,就不能对同一罪行再进行审判了。不过,禁止双重危险在排除刑法适用时是有条件的。

第一,已经审判有关犯罪的国家法院必须遵守有关公平审判的基本原则,并且是独立、公正、勤勉尽责地进行了审判,不能实际上为了庇护被告人而进行假审判。

第二,有关罪行的审判所依据的事实,不能是为了有意避免国际犯罪的耻辱和含义而仅仅表示成一种"普通犯罪"(例如,谋杀罪),而不表示成国际犯罪(例如,灭绝种族罪)。

我国刑法尚未承认禁止双重危险原则。《刑法》第10条规定:"凡在中华人民共和国领域外犯罪,依照本法应当负刑事责任的,虽然经过外国审判,仍然可以按照本法追究,但是在外国已经受过刑罚处罚的,可以免除或者减轻处罚。"我国刑法的规定,坚持了国家主权原则,坚持了对在我国领域外犯罪的中国公民和外国人独立适用我国刑法的立场。同时,我国刑法的规定也考虑了中外法律制度和处罚原则的差别,保持了必要的灵活性。对于那些经过外国审判并且确实已经服过刑的行为人,我国刑法在追究和处罚时,可以免除或者减轻处罚。

禁止双重危险并没有形成对我国刑法管辖的不恰当障碍。

四、豁免

豁免是指通过法律使特定人免受刑事起诉而规定的一种特权。豁免一般有两大类。一类是功能性豁免,通常依附于特定的公务职务。其中,根据赋予豁免的法律种类,可以分为国际法上的豁免与国内法中的豁免。国际法上的豁免是指从事外交工作的本国特定官员免受外国刑事管辖的特权。国内法中的豁免是指从事特定公务的人员免受刑事追究的特权。另一类是个人性豁免,一般是指具有某种身份的人免受刑事追究的特权。享有功能性豁免的人,在自己不担任特定公职之后,也不会因为自己在履行该项职责期间的行为而承担法律责任。但是,享有个人性豁免的人,仅仅在担任特定公职时不受刑事追究,在公职终止时豁免也终止了。

在我国刑法中,与国际法上的豁免有关的规定,在《刑法》第11条中有明确的规定:"享有外交特权和豁免权的外国人的刑事责任问题,通过外交途径解决。"在国内法的范围内,刑法在原则上是不承认豁免权的。我国《刑法》第4条规定:"对任何人犯罪,在适用法律上一律平等。不允许任何人有超越法律的特权。"

但是,我国宪法对全国人民代表大会的代表提供了两种特权。

第一,会议发言不受法律追究权。《宪法》第75条规定:"全国人民代表大会代表在全国人民代表大会各种会议上的发言和表决,不受法律追究。"

第二,未经特别批准不受逮捕或者刑事审判权。《宪法》第 74 条规定:"全国人民代表大会代表,非经全国人民代表大会会议主席团许可,在全国人民代表大会闭会期间非经全国人民代表大会常务委员会许可,不受逮捕或者刑事审判。"

前者是一种有限的功能性豁免,仅仅限于全国人大代表在全国人大会议上的发言与表决;后者是一种有限的个人性豁免,在担任全国人大代表时不受逮捕或者刑事审判,除非在开会期间经过全国人大会议主席团或者在闭会期间经过全国人大常委会许可。

豁免也没有形成对我国刑法管辖的不恰当障碍。

第六章 犯罪概念

犯罪概念的任务是说明犯罪是什么。根据罪刑法定原则的要求,犯罪是什么或者犯罪概念的问题只能由国家通过法律加以规定。在说明犯罪是什么时,在现代刑法学中存在着两种路径:一种是评价性概念,即使用政治理论的论证,通过说明法律为什么把某种行为规定为犯罪,将犯罪定义为一种对社会危害性的评价;另一种是自然性概念,即使用法律理论的论证,通过对行为作出界定,将犯罪定义为一种有人的存在的现象。

第一节 犯罪的立法概念与司法概念

犯罪的立法概念与司法概念,是现代刑法学采用政治理论进行定义得出的结论。

在刑法之外,关于犯罪是什么的问题,在政治、社会等多个学科领域中就已经探讨了。无产阶级革命的导师马克思和恩格斯在《德意志意识形态》中就曾经深刻地指出:"犯罪——孤立的个人反对统治关系的斗争,和法一样,也不是随心所欲地产生的。相反的,犯罪和现行统治都产生于相同的条件。"[①]恩格斯在《英国工人阶级状况》一书中也指出:"蔑视社会秩序的最明显、最极端的表现就是犯罪。"[②]准确地说,在刑法制定之前或者在刑法学之外对犯罪概念所进行的探讨,说明的基本不是犯罪是什么的问题,而是为什么要规定犯罪的问题。在刑法学之外讨论为什么要把一种行为规定为犯罪的问题,重要的首先不是为了在法律上直接、清楚地规定什么是犯罪,而是为了建立某种政治理论基础,例如,革命的理论基础,正义的理论基础,等等。马克思主义经典作家关于犯罪本质的论述,首先是为了建立科学社会主义的理论体系。

刑法是保护法益的最后手段,各种政治主张和学术观点都可能最终影响国家对犯罪概念的具体法律规定。其中,宪法规定的作为我国指导思想的马克思主义理论,对于说明我国刑法为什么要规定犯罪具有最重要的指导意义。然而,在刑事立法过程完成之前使用的犯罪概念,还没有在规范和标准方面形成具体

---

① 《马克思恩格斯全集》(第3卷),人民出版社1960年版,第379页。
② 《马克思恩格斯全集》(第2卷),人民出版社1957年版,第416页。

的规定,因此,不能作为直接认定犯罪和适用刑罚的根据。

在罪刑法定原则的规定下,对犯罪概念就可以从法律制定之前与法律规定之后两个方面分别加以说明。从刑法学的意义上说,在法律制定之前把某种行为称为犯罪,或者说在立法程序中讨论为什么要把某种行为规定为犯罪,最终目的是为了将这种行为规定为犯罪;在法律规定之后把某种行为称为犯罪,或者说在法庭审判过程中讨论某种行为是否构成犯罪,最终目的是为了认定这些行为构成刑法规定的某种犯罪。因此,法律制定之前的犯罪可以称为犯罪的立法概念,法律规定之后的犯罪可以称为犯罪的司法概念。

关于犯罪的立法概念:在革命导师马克思和恩格斯的经典论断指导下,在总结当代哲学社会科学优秀成果的基础上,现代刑法学一般认为,犯罪的立法概念具有以下重要特征:

第一,犯罪是具有社会危害性的行为。社会危害性是犯罪最鲜明最基本的特征。无论是故意杀人、抢劫、强奸、盗窃等暴力犯罪,还是贪污、贿赂、诈骗、内幕交易等非暴力犯罪,都会给社会造成某种危害。但是,这种由犯罪行为造成的社会性危害,与自然性危害不同。由于洪水、风暴、雷击、野兽侵害而产生自然性危害,不具有社会危害性的特征。社会危害性不仅仅要求存在着给社会造成危害的状况,更要求这种危害是由人造成的和可以归责于人的。犯罪必须具有社会危害性,是对刑事立法在客观方面的要求;不会给社会造成危害和不能归责于人的那些行为,就不能在法律中规定为犯罪!

第二,犯罪是一个社会和历史的概念。犯罪是属于一定历史范畴的社会现象,是人类社会发展到一定阶段的产物。犯罪不仅会在一定社会历史条件下产生,而且会在一定社会历史条件下消亡。在新中国成立初期,堕胎曾经是一种不能允许的犯罪行为,但是在实行计划生育政策之后,堕胎就是允许的。在我国实行计划经济时期,长途贩运商品曾经是一种受到严格禁止的投机倒把犯罪行为,但是在实行改革开放和市场经济之后,长途贩运就是允许的。在普通的人际关系中,朋友之间互相告知在什么地方可以买到便宜的东西,本来是一种人之常情,但是在现代的股票、证券、期货市场上,法律规定的从业人员就不允许提供尚未公开的信息,否则就会构成内幕交易罪。用社会和历史的眼光来看待犯罪,是对刑事立法在主观方面的要求;对社会危害性的判断,必须以社会发展和社会需要为根据!

第三,犯罪概念体现的虽然是国家意志,但最终是要受社会物质生活条件制约的。国家承担着维护社会安全的责任,犯罪概念必然要满足社会稳定的时代要求。我国古代就有"刑罚世轻世重""治乱世用重典"的说法。在阶级对抗激烈的时代,社会危害性就可能体现为阶级危害性。在今天的法治社会中,社会危性就只能体现在刑法明文规定的刑事违法性之中。在打击恐怖主义犯罪、腐败犯罪、环境污染犯罪、交通违法犯罪等斗争中,国家都需要通过创设新的犯罪种类和调整刑罚的轻重来加强对社会的保护。国家在使用犯罪概念禁止特定行为时,不仅在保护着社会秩序和法律的利益,而且在塑造着新的社会生活。然而,犯罪概念虽然是国家意志的体现,但并不能表明自身就是正当的和合理的。历史证明,犯罪概念只有为先进的生产方式服务,支持先进的社会生活方式,代表最广大人民的根本利益,才能获得自身存在的正当价值和不断发展的进步性。在现代社会中,违反保护基本人权要求和具有不正当刑罚目的的犯罪概念,不仅无法获得自身的合理性,而且还会最终危及其所依存的社会制度。犯罪作为国家意志的体现和受到社会物质生活条件制约的特征,对刑事立法提出了这样的任务性要求:在必要的时候就必须使用刑法,在可能的时候就必须限制刑法!

关于犯罪的司法概念,根据罪刑法定原则的要求,犯罪概念应当是经过立法程序之后在法律中加以说明的确定性规定。我国《刑法》第13条规定了犯罪的一般概念:"一切危害国家主权、领土完整和安全,分裂国家、颠覆人民民主专政的政权和推翻社会主义制度,破坏社会秩序和经济秩序,侵犯国有财产或者劳动群众集体所有的财产,侵犯公民私人所有的财产,侵犯公民的人身权利、民主权利和其他权利,以及其他危害社会的行为,依照法律应当受刑罚处罚的,都是犯罪,但是情节显著轻微危害不大的,不认为是犯罪。"这个犯罪的一般概念,说明了在我国刑法中规定的各种犯罪的共同属性,为我国刑法提供了犯罪与非犯罪的总标准。同时,我国刑法分则对各种犯罪还作出了具体、明确的规定。在我国刑法中,犯罪的一般概念对犯罪的具体概念有指导和限制作用,但是,犯罪的一般概念不能代替犯罪的具体概念。在刑事司法实践中认定一个具体犯罪是否已经构成时,只能以刑法分则对具体犯罪的规定为依据。只有当一个行为在形式上符合了具体犯罪的规定,但在实质上并不具有社会危害性时,或者属于"情节显著轻微危害不大的"情况的,才能根据我国犯罪一般概念的规定,认定这个行为不是犯罪。

根据我国刑法的规定,犯罪的司法概念具有以下重要特征:

第一,犯罪只能是我国刑法明文禁止的行为。犯罪的立法概念说明的是"应当"由法律规定为犯罪的行为,犯罪的司法概念说明了"已经"由法律规定为犯罪的行为。刑法没有明确禁止的行为,不能成为犯罪。

第二,犯罪只能是具有社会危害性的行为。没有社会危害性的行为、用于排除社会危害性的行为,在我国都不是犯罪。

第六章 犯罪概念

▶▶▶ **案例 1**[①]

青年女工吴某,在李某及其同伙半夜三点闯入自己的卧室,殴打自己与同室女友时,持水果刀将其扎伤,致使其失血过多死亡。如何判断吴某行为的社会危害性问题?

第三,目前在我国,犯罪还必须是具有严重社会危害性的行为。我国刑法不仅在总则中规定了"情节显著轻微危害不大"的行为不是犯罪,而且在分则中对大量具体犯罪还作出了"情节严重""情节恶劣"的程度性要求。没有达到严重社会危害性程度的行为,目前在我国还不是犯罪。

根据我国目前的刑法规定,具有严重的社会危害性的确还是犯罪的重要特征。是否具有严重的社会危害性,就成为罪与非罪之间的重要界限和是否适用刑罚的关键之点。这个要点,在我国刑法学中被通俗地称为"起刑点"。在我国的法律制度中,没有达到严重社会危害性程度的行为,也就是还没有达到起刑点的行为,虽然不构成犯罪,但仍然可能构成违反《治安管理处罚法》的行为或者属于严重违反党纪、政纪的行为,因而会受到治安管理处罚、党纪、政纪等各种处分。在什么情况下达到构成犯罪的社会危害性程度,也就是犯罪的起刑点标准,基本是由最高司法机关通过司法解释加以说明的。例如,《刑法》第 264 条规定:"盗窃公私财物,数额较大的……",应当受到刑事追究。对此,最高人民法院、最高人民检察院 2013 年《关于办理盗窃刑事案件适用法律若干问题的解释》,就要求把"盗窃公私财物价值 1000 元至 3000 元以上"认定为"数额较大"。因此,目前在我国对犯罪所必需的社会危害性的考察,还必须从程度或者数量方面进行,才能得出正确的结论。

我国在犯罪概念方面的这种制度性安排与现代人权观点之间,还存在着一些差别。我国的治安管理处罚是由公安机关负责人作出的,包含有剥夺或者限制人身自由的性质。然而,现代人权观念要求,剥夺人身自由的处罚只能由法官作出。这些差别,已经得到了我国法学界的高度重视。

采用政治理论来论证犯罪概念的思路,在政治意义和社会意义上指明了犯罪的特征,对于发挥法律在政治斗争与社会斗争中的作用有重要意义。然而,在刑法学这种对确定性要求很高的领域中,把犯罪立法概念归结为"社会危害性",形成的是一种没有客观边界的主观评价,把犯罪司法概念归结为"法定的行为",

---

① 中华人民共和国最高人民法院刑事审判第一、二、三、四、五庭主办:《中国刑事审判指导案例(侵犯公民权利、民主权利罪)》,法律出版社 2009 年版,第 633 页以下。

仍然没有回答这种"行为"到底是什么。因此,采用政治理论对犯罪是什么的说明仍然不够完整。

第二节 犯罪概念与行为概念

通过明确行为的概念来说明犯罪的概念,是现代刑法学理论的传统思路。

一、行为的概念及其理论意义

行为概念是说明犯罪归属的。行为概念与犯罪概念是不同的两个概念,但两者之间有着重要的联系。

第一,犯罪概念是一种法律规定的概念,以规范的形式抽象地说明犯罪是什么;行为概念是一种事实概念,从实体的方面具体说明犯罪是什么。虽然在理论上还有争论,但是,现代刑法学一般大致认为,行为是一种表明由人的意志支配或者至少是可以受意志支配的对外部世界有意义的事情。如果没有行为,犯罪概念就无法成为现实存在的事实;如果没有犯罪概念,行为也不能成为法律禁止的对象。

第二,犯罪概念由法律加以规定,表现的是法律禁止的特定的事实完成状况或者结果存在状态。行为概念作为一种事实概念,本身处于被评价过程之中,只有在人民法院经过审理并且对有关事实作出有罪认定之后,行为才能成为犯罪。如果人民法院认定为无罪,他的行为就不能被称为犯罪,尽管整个案件的调查和审理过程,目的都是为了查明他所作的行为是否构成犯罪!犯罪概念作为法定概念,具有确定的性质;行为概念作为刑事诉讼程序的对象,却在过程中具有不确定的性质,尽管最终认定为犯罪的只能是符合犯罪概念的特定行为。[①]

第三,在现代刑法学中,行为概念是为了说明刑法规定的犯罪的最终归属的。这个概念虽然属于刑法之前的概念,但是,只有这样才能成为刑法规定的对象,才能发挥其重要的基础性作用。

行为概念对刑法学具有重要的基础理论意义,主要表现在以下几个方面。[②]

首先,行为概念是在说明犯罪成立时必须作为根据依靠的一个基础概念。

[①] 行为的不确定性不仅表现在其法律属性算犯罪还是不算犯罪是不确定的,而且表现在组成行为的具体动作和情节的数量和种类方面也可能是不确定的。因此,在刑法学发展的早期,人们也使用"整体行为"(Gesamttat)这个概念来表示能够说明被告人构成犯罪的"一切"。这一点具有重要的诉讼法意义,说明在刑事案件中,无论是控诉方还是辩护方,都应当全面完整地收集表明案件真实情况的事实,才能帮助人民法院作出有罪或者无罪的正确决定。

[②] 本节以下的内容,参见〔德〕克劳斯·罗克辛著:《德国刑法学总论》(第一卷),王世洲译,法律出版社2005年版,第147页以下。

在一起杀人案件中,不仅行为人可能有拔刀、砍杀、逃跑等一系列积极的动作,也可能有擅离职守、没有注意、不管不问等消极的情节。行为概念说明了行为人在自己意志支配下所造成的全部状态,不管是积极去做还是消极不去做,都有可能符合法律对特定犯罪的全部要求。行为概念的这种基础性功能,为讨论犯罪的具体问题提供了前提,为犯罪的最终成立提供了事实性基础。

其次,行为概念是查清案件性质的连接概念。在刑事案件的调查和审理过程中,不仅要查清在客观上可以直接见到的一些情况,例如,有人被骗、有人受伤害,等等,而且要查清主观上的一些情况,例如,行为人是否知道、是否愿意使结果发生,等等。在案件的发展过程中,特别是在刑法学中构建犯罪构成以及对有关问题的探讨过程中,都需要以这个概念为依托,才能一步一步地建立和使用各种具体的犯罪范畴来明确该案件中有关行为的法律属性,才能最终确定是否能够成为刑法所规定的犯罪行为。行为概念的连接性,就成为一根贯穿整个刑法体系的支柱。作为连接概念的行为,本身应当是中性的,否则从一开始就应当把行为称为犯罪了。然而,这个中性的行为概念本身是有实际内容的,这样才能在进一步的探讨中承受起新的属性。

再次,行为概念还承担着区别概念的任务。在现代刑法学中,不考虑那些无法归责或者不能归责的事件,例如,动物引起的事件、单纯的思想和态度等没有人的举止动作的情况,以及痉挛性发作和神志昏迷等不在神经系统控制和支配下的情况。这些虽然有人的表现,但不是行为,是"非行为"。也就是说,行为概念从一开始就已经把那些在进一步的探讨过程中与影响犯罪的种类与刑罚轻重无关的、在刑法评价中不能考虑的情况全部加以排除了。

在现代刑法学中,为了寻找这种能够高标准地同时满足基础、连接、区别任务的行为概念,进行了长期的探讨与争论,提出了一些关于行为概念的重要理论。这些理论对于犯罪的认识产生了重要的影响,对于刑法的适用与发展也产生了重要的影响。

二、行为理论的发展

在行为理论的发展中,以下三种理论具有最重要的影响意义。

(一)古典行为理论

古典行为理论是最早提出的比较成体系的行为理论。在此之前,行为概念虽然已经由有着"刑法的行为概念之父"之称的德国大哲学家黑格尔提出来了,但是,早期的行为概念仅仅指出行为不是一种单纯造成损害的状态,还必须包括行为人的故意。然而,前古典时期的行为所指的故意性行为,本身并没有得到研究,也没有在刑法中成为独立的研究领域。

古典行为理论是刑法学对 19 世纪后期提出来的一些主张的统称。这种理论认为,行为是由行为人的意愿所造成的身体运动及其在外部世界中形成的结果。这种理论强调神经支配和肌肉紧张所产生的外部变化。这种用自然的和因果的观点来说明行为的观点,是受了当时自然科学尤其是物理学所取得的巨大成就的影响,因此,这种理论也被称为自然的行为理论或者因果的行为理论。根据这种理论,在行为概念中完全不考虑事情在社会意义方面的内容。例如,德国刑法学者李斯特就曾经提出了这样的定义:"行为是一种可以归咎于自然人意志的使外部世界发生变化的(身体性)作用。"①

古典行为理论对刑法学的贡献,是建立起了行为内部的基本构造。根据这种理论,行为是由两部分组成的:一方面是由肌肉运动等身体活动表现出来的说明犯罪的外部因素,由于这些因素都是在客观上表现出来的,因此在早期也被称为客观因素,后来,由于这些因素最先表现出犯罪应当为刑法所否定的错误属性,因此又被逐渐地称为不法;另一方面是由神经紧张等心理活动表现出来的故意和过失,说明犯罪的主观的以及与行为人有关的因素,因此在早期被称为主观因素,后来,由于这些因素用来说明可以将犯罪责任归咎于行为人的根据,因此也逐渐被称为罪责。这种行为构造模式,一直在今天的一些刑法理论中仍然有明显的影响。

但是,古典的行为理论在实践和理论方面都有明显的缺陷。首先,把犯罪的客观因素与主观因素截然分开的主张,在坚持罪刑法定的司法实践中经常遇到困难。

▶▶▶ **案例**

张某把李某的数码相机拿走的行为,一定是盗窃罪吗?

一个人在客观上将他人财物拿走这件事,如果在主观上没有非法占有的目的,就不能成为盗窃的行为。

其次,古典行为概念主张行为必须具有自然或因果的特点,例如,侮辱就成为一种符合刑事禁止条件的"对空气震动的激发和在被攻击者的神经系统中推动了心理过程"②,伪造证书就是一种"应受刑事惩罚的肌肉紧张",这不仅是可笑的,而且使得行为的范围和有关概念都会产生不恰当的问题。一方面,行为的

---

① 〔德〕克劳斯·罗克辛著:《德国刑法学总论》(第一卷),王世洲译,法律出版社 2005 年版,第 149 页。
② 同上书,第 151 页。

范围可能会过大。例如,汽车的生产者对汽车的使用者所造成的事故,即使在汽车制造本身没有问题时,从自然的意义上说,也会是有因果关系的,虽然他们并不应当对事故造成的伤害或者死亡的结果负责。另一方面,行为的范围也可能过小,无论在客观方面的不作为还是在主观方面的无意识过失,都无法恰如其分地包括在这种行为概念之中,例如,一名铁路工人忘记转换信号灯,因而造成车毁人亡的事故,"没有"转换信号灯这种客观要素和"忘记"这种主观因素都会因为缺乏所需要的肌肉和神经等身体、心理活动而无法得到证明。另外,一个行为人的精神状态等属于责任能力方面的因素,也不是主观的因素,而是一种客观的、可以通过科学查明的结果。在认识错误的情况下,也必须有客观情况为基础,没有客观基础的主观想象,是不能被免责的。

(二) 目的行为理论

目的行为理论是在第一次世界大战后提出来的。这种理论运用了新兴的思维心理学和行为的结构分析的成果,强调"目的性"是人区别于其他动物的最重要的特点,因此,在行为概念中也强调人把因果过程引导到特定目标上去的能力。例如,德国刑法学家韦尔策尔就认为:"自然人的行为是有目的活动的实施。"[①] 由于目的行为理论把人的目的性看成是刑法中的行为应当具有的最重要部分,因此,不再单纯地强调行为所具有的自然属性。例如,在一个人造成另一个人死亡时,他并不当然地实施了杀人行为,只有把这个事件引导到这个结果上去的那个人,才实施了刑法意义上的杀人行为。

▶▶▶ **案例**

某甲在水杯里放了毒药,意图杀死丙,让某乙把水端给丙。丙因此中毒死亡。根据目的行为理论,谁实施了刑法意义上的行为?

目的行为理论以目的性为基础重建的刑法体系,保留了自然或因果行为理论中客观与主观或者不法与罪责的二分法,但在实质内容上却有了重大的变革。

首先,由于目的行为理论主张目的在人的活动中居于核心地位,因此,在行为的客观方面就应当包括目的的内容,否则就无法说明行为的性质。这样,故意就从自然或因果行为理论中所处的罪责的位置,移到不法的位置,也就是说,原来的客观因素与主观因素的二分法基本上就被不法与罪责的二分法所代替了。

---

① 〔德〕克劳斯·罗克辛著:《德国刑法学总论》(第一卷),王世洲译,法律出版社 2005 年版,第 151 页。

其次，最重大的发展在于罪责含义的改变。在自然或因果行为概念中，罪责中的故意与过失是根据心理学确定的，由此形成了所谓的心理性罪责概念。但是，在目的行为概念中，由于故意已经进入了不法的范围，另外，还由于在实践中不断承认免除责任的情况，因此，罪责作为一种在法律禁止的行为与结果之间心理联系基础上（也就是故意或者过失）形成的可谴责性，不仅得到了认可，而且得到了很大的发展：不符合人的目标设定的，就不是不法，更不应当受到谴责。这种以"能够不这样行为"为基础的可谴责性，开始形成所谓的规范性罪责概念，并且逐渐替代了心理性罪责概念。

目的行为理论的提出，在实践中解决了自然或因果行为理论可能造成的对不法的过分扩张，例如，汽车生产者对于驾车肇事来说就没有实施法律禁止的杀人，因为其故意并没有指向这个目标。同时，目的行为理论也推动了不法理论的进一步发展。从刑事法律规定方面看行为，行为表现为法律所要求的完整形态，也就是"行为构成"。用自然或因果行为的概念进行观察，行为构成是仅仅建立在符合行为构成的结果之上的，然而，用目的行为的概念进行观察，行为构成就也可以建立在符合行为构成的举止所体现的无价值的行为之上。另外，目的行为理论也为认识错误的理论和共同犯罪的理论，开创了具有重大实践意义的发展前景。

▶▶▶ **案例**

某甲在打猎时，发现远处有物在动，以为是野猪，即举枪瞄准射击，不料打中的却是捡蘑菇的某乙。某甲的射击有目的吗？是故意杀人行为吗？

▶▶▶ **案例**

钱某从关某手中骗取了某仓库的提货单，为了提走货物，雇用了个体汽车司机张某帮其拉货。张某是钱某诈骗行为的共同行为人吗？

目的行为理论的缺陷主要在于不利于说明过失行为与不作为。在过失的情况下，行为人应受刑事惩罚的行为并不是为了把因果过程引导向已经实现的结果上去。在不作为情况下，行为人并没有对最终产生结果的因果过程进行控制，而仅仅是对一种自行发展的因果事件不进行阻止或者提供救援。过失与不作为都难以作为目的性行为来理解。另外，在故意实施的犯罪中，目的行为理论也会遇到难题。就算一名汽车生产者预见到甚至希望，自己符合规范制造的汽车会有一辆导致发生死亡的事故,即使在这种结果出现时,他也没有实施法律规定的杀人犯罪的行为。

(三) 折衷行为理论

折衷行为理论是指为了弥补自然或因果行为理论和目的行为理论的缺陷而提出的各种理论。根据折衷理论提出来的重要概念主要有否定的行为概念、社会的行为概念和人格的行为概念。

否定的行为概念以可避免性原则为基础,主张"如果一个行为人能够避免一个结果的发生,并且法律也要求他避免这个结果的发生,那么,只要他不避免而使这个结果发生的,就应当将这个后果归责于这个行为人",因此,认为刑法上的行为就是在保障地位上所作的可以避免的不避免。

社会的行为概念以"社会重大意义"为基础,认为行为是由人的意志控制或者可以控制的具有社会重大意义的各种举止。德国刑法学者耶赛克简练地归纳指出,行为是"对社会有重大意义的自然人的举止"[①]。

人格的行为概念认为,行为是应当看作人格表现的一切。德国刑法学者罗克辛指出:"行为首先是能够归于作为心理和精神的动作中心的自然人的一切。但是,这一切不涉及仅仅从自然人的身体性(肉体性)范围,即'物质的,有生气的,动物性的存在领域'产生的,还不是处在'我'这个自然人精神的和心理的控制之下而产生的作用。"

各种折衷行为理论都从各自的角度对克服自然或因果行为概念和目的行为概念的缺陷作出努力,例如,试图把故意和过失、作为和不作为的各种情况全部加以包括。但是,各种折衷行为理论也存在着各自的弱点。例如,否定的行为概念被批评为不是在讨论行为,而是在讨论归责;社会的行为概念被认为混淆了社会评价与法律评价,从而难以区分处于刑法之前的行为与应当处于刑法之后的行为构成;人格的行为概念也受到概念不恰当的批评:一方面可能包括了完全不具有社会重要意义的事件,另一方面不恰当地把不知道危险状态时的不作为当成"人格的表现"来理解。

纵观现代刑法学在行为理论方面的探索,虽然还存在着争论,但是,行为概念的发展已经展示出一些比较清晰的结论和趋势:

第一,行为是从事实、实在或者存在等自然方面说明犯罪是什么的。各种行为概念都同意,行为是一种人的存在形式。这个概念利用行为本身的自然属性对犯罪形成限制,但是还不能单独为区分罪与非罪提供界限。尽管在判断犯罪

---

① 〔德〕克劳斯·罗克辛著:《德国刑法学总论》(第一卷),王世洲译,法律出版社 2005 年版,第 155 页。

之前,行为就能通过排除完全没有主观意识或者完全没有人的存在来排除犯罪的可能性,但是,这在划分罪与非罪界限上还不够。根据罪刑法定原则,犯罪首先是一个法定的概念,单纯从事实方面完整地说明犯罪是什么的努力至今尚未成功,但没有行为概念或者人的存在为基础的犯罪概念也是不成功的。

第二,行为是一个有着内在结构的整体。在经过自然或因果行为概念、目的行为概念、折衷行为理论中的各种行为概念的发展之后,现代刑法学已经揭示出,行为内部是由客观部分和主观部分组成的,在这个基础上,发展起来不法和罪责的构造结构。现在,随着现代刑法学的发展,不法,即犯罪为刑法所否定的错误属性的全部表现,以及罪责,即以"能够不这样行为"为基础的可谴责性,开始从行为概念中分离出来成为独立的刑法学范畴,并且,现代刑法学已经开始思考放弃行为概念,但是,目前刑法中的犯罪构造还仍然是以行为概念为前提的,还仍然是以行为的内在结构为基础的。

第三,行为理论的发展明显表现出从实体性概念走向规范性概念的趋势。从以身体、心理或者目的为基础的行为概念,到以社会的目的、刑法和刑罚的功能或者任务,以及在此基础上作出的以刑事政策的选择为标志的行为概念,行为已经成为一种包括但并不仅限于自然或因果行为和目的行为指向的身体性事实。在社会行为尤其是人格行为的概念中,"社会重要性"尤其是"人格表现"的要求,更使得一切事实和情节,只要能够作为认定不法和罪责的基础,就有可能属于行为的范畴。甚至,在刑法对犯罪作出可以由法人或者单位实施的情况下,这些由法律认可的非自然人也具有了人格,也有了行为的认定问题。

第四,行为概念从实体走向规范,不仅仅是刑法科学发展的结果,更是刑事司法实践发展的结果。无论从刑事法律条文的数量、质量、涵盖的社会生活的方面,还是刑事司法经验,自然或者因果行为理论和目的行为理论所处的时代都与今天不可同日而语。行为概念从实体走向规范,有着历史的必然性和刑法科学发展的必然性。行为概念不可能完全脱离人这个实体,更不可能脱离社会现实。在刑法条文和刑法制度比较简单的时代中提出的自然或因果行为概念,其中要求的自然属性是防止滥用刑法的安全阀。在今天刑法规定与法律制度都比较完善的时代中提出的社会行为和人格行为概念,其中提出的人的存在、归责与人的原则等成果,对于犯罪构造乃至犯罪的认定就一直发挥着基础、连接和区别等重要作用。

第三节 犯罪构造理论概述

在现代刑法中,犯罪概念已经不再是一个简单的概念了,而是一个由刑法加以规定的由多种内在要素或者条件组成的整体性结构。对于构成犯罪所需要的具体要素或者条件的说明,是犯罪构成理论的任务。犯罪构造理论就是对各种犯罪构成理论所作的概括性表述。

经过刑法学的长期发展,目前具有世界性影响的犯罪构造理论主要有以下三种:三阶段犯罪构造理论、四要件犯罪构造理论以及双层次犯罪构造理论。

一、三阶段犯罪构造理论

三阶段犯罪构造理论主要是在德国刑法中发展起来的。这种理论在世界上有广泛的影响,东亚、西欧、拉丁美洲以及部分非洲的许多国家和地区的刑法学体系都采用这种理论。三阶段犯罪构造理论也是目前我国刑法学界特别重视学习的对象。

根据三阶段犯罪构造理论,犯罪是一种符合行为构成的、违法的、有罪责的行为。也就是说,犯罪的成立,必须经过是否符合行为构成、是否具有违法性、是否具有罪责等三个阶段的检验,才能最终完成。犯罪的构成要素,因此就包括在行为构成、违法性和罪责等三个主要方面的范畴之中。

行为构成是指一个行为必须是在刑法中有具体规定的,只有符合行为构成,一个行为才有可能成为犯罪。符合行为构成,指的是一个行为必须至少符合刑法对一种犯罪所作的规定。在现代刑法中,从行为构成方面对犯罪的具体规定,主要或者完全存在于刑法典的分则部分之中。例如,以暴力、胁迫或者其他方法抢劫公私财物的,就符合了抢劫罪(《刑法》第263条)的行为构成,但是,如果仅仅以秘密窃取的方式盗窃公私财物的,就仅仅符合了盗窃罪(《刑法》第264条)的行为构成。犯罪必须严格地符合行为构成,这是罪刑法定原则的最基本要求。

违法性是指一个符合行为构成的行为还必须具有违反刑法禁止或者要求的性质,不具有正确性或者不具有正当性,不存在根据法律或者法律制度允许的规范而可以那样干的性质。在一般情况下,符合行为构成的行为就是具有违法性的行为,因为刑事立法为了禁止一个行为,就会将这个行为以法律规范的形式规定在一个行为构成之中。因此,行为构成符合性就标志着具有违法性。但是,当一个行为的实施具有正当化根据时,这个行为尽管符合了行为构成,也会不具有违法性了,或者说,违法性被排除了。例如,在遭受歹徒攻击时行使防卫权的行为,就不能具有故意伤害罪(《刑法》第234条)的违法性;在货船遭受风暴为了避免沉船危险而必须抛弃货物的行为,就不能具有故意毁坏财物罪(《刑法》第275条)的违法性。这些正当化根据存在于刑法典之中,也可能存在于法律制度的其他部分之中。一个行为在符合行为构成和具有违法性之后,在刑法上就称为"不法",也就是说,这种行为具有了应当根据刑法使用刑罚予以否定的错误性或者不正当性。我国刑法在这个意义上,也基本采纳了这个概念。我国《刑法》第20条规定:"为了使国家、公共利益、本人或者他人的人身、财产和其他权利免受正在进行的不法侵害,而采取的制止不法侵害的行为,对不法侵害人造成损害的,属于正当防卫,不负刑事责任。"这里的"不法",也是指那种符合行为构成并且具有违法性的行为。

罪责是三阶段犯罪构造的最后一个阶段,指的是符合行为构成和违法性的行为必须是"可受谴责的"。一个符合行为构成并且具有违法性的行为,仍然可能存在着不具有罪责或者不具有可谴责性的情况。这首先是指不具有罪责能力,例如,没有达到我国《刑法》第17条第2款规定的最低刑事责任年龄——14周岁,或者处于我国《刑法》第18条规定的不能辨认或者不能控制自己行为状态下的精神病人,另外,还包括具有免责根据,例如,对禁止性规定发生不可避免的认识错误,为了避免给生命、健康和自由造成侵害而进行的避险行为,等等。缺乏违法性和缺乏罪责之间的区别,或者说,正当化和免责之间的区别在于,一个正当化的行为是根据刑法被认定为合法的、允许的、必须为其他人所接受的,而一个免责的行为是不被批准的、不允许的和应当被禁止的。一个被免责的行为不受刑事惩罚,是因为这个行为经法庭审理后被认为是可以宽恕的,不过,在这个行为实施时,通常不能要求被害人也对之予以忍受。

虽然三阶段犯罪构造理论在特殊情况下还可能会有一些其他的要求,例如,对外国国家尊严的保护以相互保护为前提,议员对在议会中的侮辱性言论享有豁免权,等等,但是,这个犯罪构造的理论还是为构成犯罪的各种要素和条件,提供了体系完整、内在逻辑严谨的标准性原则体系。目前,三阶段犯罪构造理论也处于进一步发展的过程之中,例如,很有影响的一种主张是,行为构成应当与违法性合并形成"不法",然后与"罪责"一起形成新的两级犯罪构造。[①]

二、四要件犯罪构造理论

四要件犯罪构造理论,也称为犯罪构成理论,主要是在苏联的刑法理论中发展起来的。苏联刑法学者特拉依宁在《犯罪构成的一般学说》一书中,对犯罪构成的理论作出了重大贡献,对我国产生了重要的影响。我国刑法理论在学习与借鉴苏联刑法理论的基础上,对犯罪构成理论也作出了自己的发展,例如,提出了很有影响的罪责刑犯罪构造模式。在这里,"罪"是指在犯罪论中解决认定犯

---

① 〔德〕克劳斯·罗克辛著:《德国刑法学总论》(第一卷),王世洲译,法律出版社2005年版,第186页。

罪的问题,"责"是指在刑事责任论中确定责任,"刑"是指在刑罚论中决定刑罚。①

目前,我国刑法理论一般认为:犯罪构成是指我国刑法规定的某种行为构成犯罪所必须具备的主观要件和客观要件的总和。构成犯罪的客观要件有犯罪客体与犯罪的客观方面。其中,犯罪客体是指我国刑法所保护的、而为犯罪所侵害的社会主义社会关系;犯罪的客观方面是指刑法所规定的、构成犯罪在客观上必须具备的危害社会的行为和由这种行为所引起的危害社会的结果。构成犯罪的主观要件有犯罪主体与犯罪的主观方面。其中,犯罪主体是指实施了犯罪行为,依法应当承担刑事责任的人,包括达到刑事责任年龄、具有刑事责任能力、实施了犯罪行为的自然人,以及实施了犯罪行为的企业事业单位、国家机关、社会团体等单位;犯罪的主观方面是指犯罪主体对自己实施的危害社会行为及其结果所持的心理态度。

这个理论是按照认定犯罪的过程来安排的。在实践中,一般首先发现的是某种客体遭到侵害,例如,人被杀死、财物被盗,因此,犯罪客体放在第一位。然后,需要查明这种客体遭受的侵害是不是由人的行为造成的(犯罪的客观方面),需要查明谁是行为人以及确认行为人是否具有刑事责任能力(犯罪主体),需要查明行为人实施行为时是否出于故意或过失(犯罪主观方面)。在这些要素全部查证属实之后,就能认定这个行为构成犯罪。② 根据这个理论,一般都同意,犯罪构成是承担刑事责任的唯一根据。"在犯罪构成学说的范围内,没有必要而且也不可能对正当防卫和紧急避险这两个问题做详细的研究。"③

不过,四要件犯罪构成理论是在罪刑法定原则尚未确立的年代和在主张社会危害性是犯罪的本质特征的理论基础上产生的。由于罪刑法定原则尚未确立,因此,要求犯罪必须符合四个方面的条件之后才能构成就无论如何具有了重要的历史进步意义。但是,这种犯罪构成理论在罪刑法定原则确立之后,是否能适应新的社会发展要求和社会安全要求,正面临着严峻的考验。另外,在社会危害性是犯罪本质特征的要求下,正当防卫等条件就由于不具有社会危害性而不能进入犯罪构成之中。尽管四要件犯罪构造理论在犯罪构成之外仍然同意正当防卫可以排除刑罚适用的,但是,这样的理论体系并不是从构成犯罪要素或者条件方面来安排正当防卫的! 事实上,如果把四要件犯罪要素和正当化与免责根据合并在一起考虑,作为构成犯罪的完整构造,那么,这种新构造与在三阶段

---

① 高铭暄、马克昌主编:《刑法学》(第3版),北京大学出版社、高等教育出版社2007年版,第1页。
② 高铭暄、马克昌主编:《刑法学》,中国法制出版社1999年版,第105页以下。
③ 参见〔苏联〕A.H.特拉伊宁:《犯罪构成的一般学理》,薛秉忠等译,中国人民大学出版社1958年版,第272页。

犯罪构造理论基础上改造而成的两级犯罪构造体系,以及下面要谈到的双层次犯罪构造理论之间,就不存在太多重大的思维方式上的差别了。

三、双层次犯罪构造理论

双层次犯罪构造理论,主要是在英美法系中发展的。英美刑法在传统上很重视构成犯罪的要素,强调犯罪必须具有一定的"要素""要件""构成因素"才能构成。在现代刑法发展中,英美刑法还开始重视构成犯罪的层次结构,强调构成犯罪必须经过"入罪"(inculpate)和"出罪"(exculpate)或者"犯罪"和"辩护"两个方面的检验。[①]

在"入罪"方面,例如,在英国法中,自科克勋爵提出"如果意图不是邪恶的,那么行为就不是邪恶的"这句名言以来,行为(actus reus)与意图(mens rea)就成为"犯罪的要素"。[②] 美国刑法学者拉斐弗和斯格特认为,犯罪的"基本条件"是:(1) 构成犯罪行为的动作;(2) 犯罪的主观心理状态;(3) 行为和主观心理状态的一致性;(4) 犯罪造成的危害结果;(5) 行为与结果之间必须具有合法的因果关系;(6) 犯罪人是可以受到刑罚惩罚的人;(7) 行为必须是刑法事先公开宣布禁止的犯罪行为。[③]

在"出罪"方面,英美刑法一直承认自我防卫、紧急避险、同意、错误和精神病等主张对犯罪的成立具有否定作用,这些主张就构成"辩护"的实体性基础。无论在理论还是实践中,一旦"出罪"方面的主张得到确立,犯罪就不能成立。

在现代国际刑法的发展中,经过政治、外交、学术的激烈竞争和妥协,《国际刑事法院规约》(也称为《罗马规约》)体现的基本也是这种由"犯罪"与"辩护"两方面要件及理由组成的犯罪构造。国际刑事法院采用这种犯罪构造结构,符合了目前国际刑法处于发展初期的需要。

虽然在提法上,英美法系没有明确使用"犯罪构造""犯罪构成"以及表明构成犯罪整体概念的类似说法,也没有明确要求出罪因素是一种在犯罪成立意义上必须考虑的要素或者条件,但是,英美法系在刑事诉讼程序中对犯罪的成立规定了最严格的证明标准,对被告和律师行使辩护权提供了极其充分的保护。其中最重要的是,犯罪的成立必须证明到"排除合理怀疑"的程度,并且,辩护的成

---

① 〔美〕乔治·弗莱彻著:《刑法的基本概念》,王世洲主译与校对,蔡爱惠、陈巧燕、江溯译,中国政法大学出版社 2004 年版,第 6 章。

② 参见〔美〕乔治·弗莱彻著:《美国刑法理论的形成》,蔡爱惠译,王世洲校,载《中外法学》2009 年第 2 期。

③ 参见 Wayne R. LaFave & Austin W. Scott. Jr., *Criminal Law*, 2nd Edition, West Publishing Co., 1986, p. 9.

立只需要使用"优势证据"证明与辩护有关的事实是"真实的可能性大于虚假的可能性"就可以了。① 在对抗制刑事诉讼制度中,犯罪构造是这样形成的:"入罪"因素是法律明确规定并需要经过最严格的证明之后才能成立,而"出罪"条件则是开放的,允许辩护方合理提出并且不需要最严格的证明即可成立。因此,双层次犯罪构造在构成犯罪的要素或者条件方面,就不仅需要具备对入罪因素的满足,而且还必须不具备出罪的条件。

纵观目前世界刑法学理论中的主要犯罪构造理论,可以得出以下基本结论:

第一,现代犯罪构造理论是在罪刑法定原则的基础上形成与发展起来的。在罪刑法定原则的要求下,产生了明确犯罪成立要素和条件的需要。在罪刑法定原则的严格要求下,犯罪成立要素和条件不断细化和不断完善,推动了现代刑法学中犯罪构造理论的发展。坚持罪刑法定原则的坚定态度和彻底态度,对犯罪构成理论的完整和精致的发展程度起了决定性的作用。②

第二,现代犯罪构造理论是一个有着严谨内在逻辑关系的完整整体。现代刑法学理论已经普遍同意,犯罪的成立不仅需要包含刑法对具体犯罪所规定的全部要素或者条件,而且需要不包括法律允许的排除犯罪成立条件的因素或情况。在审查犯罪要素或条件的过程中,各种理论都已经普遍同意或者允许从事实、属性方面检验法定条件是否存在,从正当性与宽恕方面检验排除事由是否不存在。现代刑法学与刑事实践的发展表明:完整的犯罪构造理论对于准确的刑法保护具有重要的保障作用。

第三,现代犯罪构造理论还处在不断发展的过程之中。在犯罪要素或者条件的认定上,不能有先入为主的偏见。犯罪构造涉及犯罪的成立,涉及生命、自由、财产的丧失,不仅需要谨慎,更需要公正。犯罪构造的设定与使用,都应当公正、理性地考虑到在认定犯罪要素或者条件过程中可能发生的合理的例外情况。

---

① 〔美〕乔治·弗莱彻著:《刑法的基本概念》,王世洲主译与校对,蔡爱惠、陈巧燕、江溯译,中国政法大学出版社 2004 年版,第 1 章。
② 关于犯罪构造的简要发展史,参见王世洲:《犯罪构造的进化论》,载《国家检察官学院学报》2017 年第 4 期。

第七章 犯罪构成概述

第一节 犯罪构成的一般概念

从最通俗的意义上说,犯罪构成就是指构成犯罪必须具备的规格和标准的全部。在刑事司法实践中,认定犯罪就是认定一个案件的事实是否满足了法律规定的构成具体犯罪的全部规格和标准。根据罪刑法定原则,构成犯罪所需要的各种规格和标准或者要素和条件,只能由法律规定。刑法经历了漫长的发展历程,不仅构成具体犯罪中所需要的要素或者条件的种类、数量不断发展变化,而且由于这些要素或者条件的组成方式和证明方式不同,犯罪构成理论也发展出三阶段、四要件、双层次等不同的模式。

从词源上说,现代刑法学中的犯罪构成这个词直接来源于德文中的"Tatbestand"这个词。这个德文词的原意是法定行为(Tat)的存在状态(Bestand)。罪刑法定原则要求犯罪必须由刑法规定,只有在刑法规定的行为的存在状态得到满足时,犯罪才能构成。早期中国刑法学因此就恰当地把这种"法定行为的存在状态"翻译为"犯罪构成"。在刑法的进一步发展中,各种犯罪构成理论都逐渐认识到了刑法对行为存在状态的规定可能存在缺陷,认识到即使在犯罪构成的全部要素或者条件都得到满足的情况下,也仍然可能存在着行为具有正当性或不应当受到谴责的情况。因此,现代刑法学普遍认为,在犯罪构成的要素或者条件得到满足之后,还必须具有违法性和罪责(即不存在排除正当化和免责事由),或者不存在可以为法庭和社会所接受的各种辩护,才能最终认定和成立犯罪。在这个背景下,中国刑法学在表述各种犯罪构造理论中"法定行为的存在状态"这个词时就发生了一点变化。在三阶段犯罪构造理论中,"法定行为的存在状态"被称为"行为构成"(有的译为"构成要件"),以便强调仅仅符合行为构成还不一定是"犯罪"!在四要件犯罪构造理论中,犯罪构成的称谓虽然没有改变,但正当防卫和紧急避险等辩护理由也发展起来了,尽管这些排除犯罪成立的根据与犯罪成立条件的联系还不够密切。在双层次犯罪构造理论中,在"犯罪要素"意义上对"犯罪"进行说明时,还特别强调不能排除对"辩护"的考察。

这样,"犯罪构成"就有了广义与狭义两种概念。广义的犯罪构成是指包含构成犯罪与成立犯罪两方面情况的总和,即不仅包括各种犯罪构造理论中说明构成犯罪所需要的全部要素或者条件,而且包括成立犯罪时不能出现的情况。

狭义的犯罪构成仅仅指构成犯罪所需要的全部要素与条件,即在四要件理论中指犯罪构成概念,在三阶段理论中指行为构成概念,在双层次理论中指由"行为"和"意图"共同组成的"构成要素"或者"犯罪要件"。从"法定行为的存在状态"不能得到满足就不可能有犯罪的意义上说,"(狭义的)犯罪构成是承担刑事责任的唯一根据"的说法是可以得到同意的,但是这个说法并不完整而且很容易被误解。(狭义的)犯罪构成是承担刑事责任的前提才应当是更准确的表述,因为现代刑法学理论已经普遍承认,犯罪的最终成立不仅需要满足犯罪构成的全部要素或者条件,而且还必须是具有违法性与罪责或者说是排除了正当化与免责事由,即犯罪的成立不仅需要狭义犯罪构成所有要件的齐备,而且还需要不具有(广义犯罪构成所包含的)排除违法性与罪责的情形。

为了叙述方便,本书在没有特别说明的情况下,使用的是狭义的犯罪构成概念,即仅仅指构成犯罪必须具备的全部要素或者条件,但是还不包括成立犯罪不能出现的情况,更清楚地说,犯罪构成仅仅说明了犯罪成立的第一步条件得到了满足,犯罪成立的结论只有在不存在排除违法性与罪责的情形之后才能最终完成。

第二节　犯罪构成理论的发展

在现代刑法学的发展过程中,犯罪构成理论经历了几个重要的发展阶段。

一、犯罪构成理论的提出与形成

罪刑法定原则是犯罪成立时讲究规格和标准的基础,也可以说,只有在罪刑法定的要求下,犯罪成立的条件才会逐渐发展起来。在中国古代认真执行罪刑法定的时代里,就曾经出现过对不同构成犯罪条件的要求和区分:"知而犯之谓之故,意以为然谓之失""两讼相趣谓之斗,两和相害谓之戏,无变斩击谓之贼,不意误犯谓之过失"。[①] 现代刑法学意义上的犯罪构成概念是伴随着罪刑法定原则的确立而逐步明确起来的。

当罪刑法定原则在刑法中确立后,由于法律的不完备和习惯势力的抵抗等原因,这个原则的巩固与贯彻也经历了一个过程。例如在德国,罪刑法定原则虽然在19世纪初期得到承认,但是,在19世纪上半叶德国刑法学的文献中,不仅

---

① 参见北京大学法学百科全书编委会:《北京大学法学百科全书:中国法律思想史·中国法制史·外国法律思想史·外国法制史》,北京大学出版社2000年版,第1007页。

仍然非常重视对"刑法的哲学或者总则部分"①的探讨,甚至还能看到这样的主张:只要一种行为实际上与一种"自然的"犯罪相符合或者对其惩罚符合历史发展的要求,就可以根据不成文法对之进行处罚。然而,随着罪刑法定原则的进一步贯彻,在刑法学中也日益重视哪些特征对于构成犯罪是绝对不可缺少的问题。最早的刑法信条学,就通过"犯罪的必要条件""法定行为的存在状态所具有的特征""刑事可罚性的客观根据"和"刑事可罚性的主观根据"这样的主题性讨论,逐步建立起来了。②

早期的犯罪构成理论,在黑格尔思想以及当时自然科学发展的影响下,基本是从客观和主观这两个方面来说明构成犯罪所必须具备的特征的。19世纪末期,德国刑法学者贝林最早对犯罪构成理论进行了比较完整的总结,他一方面把刑法规定的表明法定行为存在状态的客观部分称为行为构成,另一方面把适用刑罚所要求的表明内在心理过程的主观部分称为罪责。那时的行为构成仅仅表示刑法禁止的(客观)行为,并且,这种行为只有在具有(主观)罪责时才应当受到谴责。这样,犯罪构成理论就逐渐形成一个有着自身内部逻辑结构的体系。

与此同时,与犯罪构成有关的各种概念也开始形成,行为构成、违法性、不法、罪责,以及犯罪客体、犯罪客观方面、犯罪主体、犯罪主观方面等概念都逐步得到明确。

在20世纪初期,以对罪刑法定原则的不同态度为标志,犯罪构成理论的发展形成了两个模式。

第一种是明确主张罪刑法定原则的理论。这种理论以德国刑法理论为代表,逐渐形成了分阶段说明犯罪成立条件的模式。这个模式虽然还使用保障性行为构成③或者"广义的行为构成"的概念,从整体上说明犯罪成立条件对刑法适用的保障作用,但是,更多地是强调各种犯罪的成立条件,首先是行为构成,然后是不法、违法性、罪责等各个概念,还有各个概念之间的相互关系。在这个模式中,行为构成逐步被提炼为仅仅说明刑法禁止的不法的典型特征,也被称为"狭义的行为构成"。

第二种是不明确主张罪刑法定原则的理论。这种理论以苏联刑法理论为代表,形成了分要件说明犯罪构成条件的模式。四要件犯罪构成理论在社会危害

---

① 参见 Paul Anselm Feuerbach, *Lehrbuch des gemeinen in Deutschland gueltigen peinlichen Rechts*, Geifsen, bey Georg Friedrich Hey, 1812, S. 13.

② 参见 Thomas Vormbaum, *Einfuehrung in die modern Strafrechtsgeschichte*, Springer, 2009, S. 70—71,以及 Paul Anselm Feuerbach, *Lehrbuch des gemeinen in Deutschland gueltigen peinlichen Rechts*, Geifsen, bey Georg Friedrich Hey, 1812, S. 108.

③ Wessel/Beulke, *Strafrecht AT*, 39. Auflage, C. F. Mueller, 2009, S. 44.

性理论的支持下,特别强调犯罪构成的一般理论,以便直接或者间接地支持犯罪的实质概念,并直接地用于认定犯罪的成立。四要件犯罪构成理论的逐步完善,为在法制尚不完备时期的犯罪认定提供了一个时代性的保障基础。

二、犯罪构成理论的发展

犯罪构成理论在进入20世纪之后,在明确主张罪刑法定原则的理论方向上出现了一些重要的发展。

为了防止司法专横,早期的犯罪构成理论把成立犯罪的条件分为客观的和主观的。其中,行为构成仅仅是客观的,也就是可以通过科学验证加以证实的那些部分,行为人的心理状态属于主观的罪责,也就是无法通过科学验证而只能在相当程度上依赖法官推断的部分。早期的犯罪构成理论严格要求对客观行为构成进行检验时必须保持中性的立场,不得先入为主地掺入法官个人的意见,因此,在行为构成中严格排斥主观因素和严格禁止价值性评价。然而,这种强调行为构成纯客观与无价值的态度,在实践中很快就面临着挑战。

行为构成理论的纯客观性首先在司法实践中受到了怀疑。特别明显的是与正当防卫有关的案件,因为在这种案件中,行为人是否具有防卫意图是决定犯罪是否成立的关键因素。

> ▶▶▶ **案例**
>
> 钱某在邓某用竹杠子把自己打倒在地并骑在自己身上殴打时,用刀刺死了邓某。但是,是钱某后用刀刺杀邓某的这个事实,是否能够否定钱某防卫性杀死邓某的抗辩?

同时,在判断犯罪构成的具体种类时,行为人的主观意图也具有了决定性的作用。

> ▶▶▶ **案例**
>
> 某男将某女逼到墙角并撕扯其衣服的行为,是强制猥亵、侮辱妇女的行为(《刑法》第237条)还是强奸妇女的行为(《刑法》第236条)?某甲仅仅想调戏某女还是想强奸某女的意图,对于行为属性的判断能够起到什么作用?

很明显,不仅在被告人应当无罪的防卫性案件中,而且在被告人应当有罪的案件中,行为人主观、内在的心理性要素,是能够决定行为在刑法上的性质或者种类的。在刑法规定中,许多犯罪种类在客观行为构成上的特征,也必须通过主观心理状态才能从根本上确定。例如,杀人这个客观行为,在故意时属于故意杀人罪(《刑法》第 232 条)的行为构成,在过失时属于过失致人死亡罪(《刑法》第 233 条)的行为构成。在目的行为理论确立之后,主观性行为构成特征获得了承认,从此,行为构成就从一个纯客观性的概念,发展成了一个主客观统一的概念。

另一方面,行为构成无价值性的观点也动摇了。根据无价值性的观点,在行为构成中还不允许出现任何需要由法官进行主观评价的特征,否则,行为构成的客观性就会动摇。在刑法规定中,当然存在着许多纯客观的因素,例如,在我国刑法中,在犯罪主体方面就有已满 14 周岁不满 16 周岁的人(第 17 条)等规定,在构成行为方面也有披露、使用或者允许他人使用(第 219 条),收受对方当事人给付的货物、货款、预付款或者担保财产后逃匿的(第 224 条)等规定;在犯罪侵害的对象方面有火车、汽车、电车、船只、航空器(第 116 条)、枪支、弹药、爆炸物(第 125 条)、尸体(第 302 条)等规定;在受害人方面有他人身体(第 234 条)、人(第 232 条)、妇女(第 236 条)、他人(第 239 条)、未满 16 周岁的未成年人(第 244 条之一)等规定。这种纯客观的行为构成特征也被称为描述性行为构成特征,是一种通过感性的知觉很容易理解的。早期的刑法学理论由于反对这种作为感性表象的特征包含有通过精神加以理解的成分,因此认为,在行为构成阶段不应当包括本来应当在其之后的违法性阶段才可以进行的评价。但是,这在实践中经常是行不通的。

▶▶▶ **案例**[①]

被告人李效时在担任国家科学技术委员会副主任期间,对北京长城公司扩大非法集资的活动作过肯定性批示和讲话,长城公司总裁沈太福等人曾向其行贿人民币 4 万元但被拒绝。后来,4 万元现金被转换为北京长城公司"技术开发合同书"和"分红结算卡"后再送去后,李效时就将其带到办公室保存,在沈太福案发之后,李效时才将合同书和分红结算卡退还。"技术开发合同书"是贿赂吗?李效时的行为是受贿罪(第 385 条)吗?

---

① 参见《中华人民共和国最高人民法院公报》1994 年第 2 期,第 75 页以下。

在现代刑法的规定中,完全由描述性特征组成的行为构成是不存在的,因为任何行为构成的成立都需要在这个或者那个因素上进行价值判断。即使在纯粹的描述性特征的边缘部分,也广泛出现了需要法官评价的问题。例如,"人"的生命应当从什么时候算起?胎儿算人吗?两性人算妇女吗?工厂内部使用的轨道运输工具算火车、电车吗?气枪算枪支吗?ATM(自动取款机)算金融机构吗?等等。在刑法规定中,明显存在着大量需要评价才能得到确定的规范性行为构成特征。

规范性行为构成特征的承认,使得行为构成的无价值性被一般地放弃了。第二次世界大战之前,在新康德主义哲学思想主张与价值相联系的思考方式的支持下,行为构成已发展成一种由价值因素与事实因素相互缠绕组成的规范性概念。

三、犯罪构成理论的分离与组合

早期被称为"犯罪构成"的"法定行为的存在状态",在刑法实践发展的推动下,失去了最早的纯客观性与无价值性,逐步发展为一种主客观相统一、价值因素与事实因素相互缠绕的概念。在这种情况下,犯罪构成自身就面临着其自身发展史上的第一次分离与组合。

早期被称为"犯罪构成客观方面"的那一部分内容,原来具有两个重要意义:一个是表明刑法所禁止的行为必须具有的要素或者条件,另一个是说明这个行为应当具有的违法性评价。在这两个意义没有被分割的情况下,认定犯罪构成客观方面(也就是行为构成)就不仅是认定行为构成的符合性,而且还是认定违法性的齐备性。罪刑法定原则对犯罪的法定限制,除此之外还可以依靠主观方面(也就是罪责)。然而,在行为构成的纯客观性与无价值性的认识被放弃之后,尤其是在主观性行为构成特征和规范性行为构成特征被承认之后,原有的犯罪构成的内部结构就面临着严重的危机。原来严格分离的犯罪构成客观要素与主观要素,原来不得混淆的事实判断与价值判断,现在变成主客观要素难以绝对分清、价值因素与事实因素经常并存的情况。原来根据罪刑法定原则分别列明的各种成立犯罪的要素与条件,在各种要素的新统一与各种评价的新缠绕下,明显出现了容易"一有俱有"或者"一无俱无"的危险局面。换句话说,罪刑法定原则在得不到内在结构合理而可靠的犯罪构成理论的支持时,就面临崩溃的危险。

犯罪构成内部结构的重组，经历了长期政治与学术的斗争。在现代刑法学的发展过程中，犯罪构成理论在经历了第一次分离与组合后逐渐形成的比较稳定的状况是这样的：

首先，行为构成的概念改变了，不再仅仅表示犯罪构成的客观方面，而是成为一个主客观统一的概念。在行为构成内部仍然保持了对行为构成的客观要素与主观要素的区分，在法律中也往往对这两方面要素分别作出了规定，但是，在法律中也出现了将两个方面要素紧密结合而难以区分的规定。在我国刑法中，例如，"为他人谋取利益"（第385条）的规定，就不仅包括了"为他人"的主观要求，而且包括了"谋取利益"的客观要求。

其次，不法的概念发展了，成为完整说明行为构成是在考虑排除违法性情况之前的一种状态。

再次，罪责的概念改变了。由于原本在这个概念下包括的主观心理状态被行为构成"统一"了，因此，罪责也演化成一个通过排除罪责能力来排除刑罚需要性从而否定犯罪成立的概念。

经过改组后的犯罪构成，有以下两点重要的变化：

第一，犯罪客观方面与主观方面的概念被放弃了。这一方面是由于主客观统一之后就很难再将行为构成称为"客观"的，另一方面也是由于对罪责能力的判断完全需要依靠科学的检测而很难再将罪责称为"主观"的。因此，尽管在行为构成的概念中，"客观行为构成特征"与"主观行为构成特征"的概念已经产生并得到了运用，但是，它们都不是作为原有意义上的犯罪构成的要件来使用，而是在行为构成项下作为次一等级的特征使用的。

第二，在行为构成意义下的价值评价，被区分为符合刑法条文对具体犯罪所作规定的属性评价与刑法所禁止的犯罪的违法性评价（即本质评价）。这个区分的必要性，在我国刑法中也可以清楚地看出来。例如，违反国家规定给予国家工作人员财物的是行贿行为（《刑法》第389条第2款），但是，这还不能说具有了刑法所禁止的行贿罪的违法性评价。一个行为在符合刑法条文规定的情况下，仍然有可能存在着不违反刑法禁止和要求或者可以为刑法所容忍的各种情况，即有可能存在正当化或者免责的各种情况。例如，在行贿行为中，如果因被勒索而给予国家工作人员财物并且没有获得不正当利益的，就不是行贿（《刑法》第389条第3款）。

> ▶▶▶ **案例**[①]
>
> 被告人朱晓红在自己家里,为了制止被害人李志文用水果刀刺向其母亲,在右手被对方扎破的情况下,抢刀在手。在与李志文厮打过程中,朱晓红刺中李志文的胸部和腹部多处,造成李志文血气胸急性失血性休克死亡。一审人民法院认定朱晓红是正当防卫而无罪,区人民检察院认为朱晓红的行为是故意伤害并提出抗诉,在二审期间,市人民检察院撤回抗诉,一审判决生效。朱晓红刺伤李志文的行为是故意伤害行为吗?是不正当的伤害行为吗?前一个问题是必要的吗?后一个问题是多余的吗?

如果不注意在符合刑法规定上存在着属性评价与本质评价的区别,就容易仅仅根据符合刑法具体条文的规定,以属性评价代替本质评价,从而作出认定行为人有罪的错误结论。

犯罪构成的第一次重组,对司法实践与刑法理论都具有重大的意义。

第一,巩固了罪刑法定原则的安全性。对构成犯罪条件的新调整,以及在评价犯罪成立中发展出来的新阶段,保留了原有的根据罪刑法定原则发展出来的各种构成犯罪的条件,比较可靠地解决了司法实践中各种法定要素"一有俱有""一无俱无"而导致的形同虚设问题,形成了新的合理的、符合刑事立法与司法实际的犯罪成立评价体系。罪刑法定原则的崩溃危险解除了。

第二,对各种犯罪的区分更加准确,对犯罪的认定更加合理。现在,在符合了行为构成的客观特征与主观特征时,虽然已经具有了刑法所否定的不法性,但是,新的广义的犯罪构成要求在违法性与罪责阶段必须考虑是否存在着刑事司法制度可能允许的例外情况,也就是犯罪的成立不能存在排除违法性与排除罪责的情况。这样,在不符合行为构成时,是无罪;在符合行为构成时,是入罪;在具有排除违法性和罪责的情况时,是出罪。在这种相互独立而又相互连接的犯罪要素考察体系中,新的广义的犯罪构成显然能够更快得出更准确与更合理的结论。

[①] 参见《中华人民共和国最高人民法院公报》1995年第1期,第34页以下。

▶▶▶ **案例**①

被告人王丽生,浙江省轻纺工业设计院科技人员(属于国家工作人员),在为江苏省扬州化肥厂提供技术服务的过程中,向对方要求1.5万元技术服务费,除交有关单位和给有关人员劳务报酬之外,自己实得1万元,受到贪污罪的起诉。杭州市下城区人民法院认为,"王丽生身为国家工作人员,利用单位派遣提供技术服务的便利条件,欺骗单位领导,将部分公款据为己有。但是,鉴于王丽生在立案侦查前已将款全部退出,故其行为情节显著轻微,危害不大,不认为是犯罪。"杭州市中级人民法院在指出王丽生的行为对社会做出了有益的贡献,不符合贪污罪的基本特征之后,根据《关于科学技术体制改革的决定》中"科学技术人员在完成本职工作和不侵犯本单位技术权益、经济利益的前提下,可以业余从事技术工作和咨询服务,收入归己"的规定,认为王丽生的行为不构成贪污罪,同时指出,第一审判决虽然宣告王丽生无罪,但是据以宣告无罪的理由不当,应予纠正。在一审法院与二审法院宣告无罪的理由之间,存在着什么区别?

在犯罪构成各种要素或者条件进行第一次重组之后,目前,现代刑法学又在酝酿着第二次重组。这一次,问题集中在调整行为构成与违法性的关系上。

经过第一次重组之后,行为构成与违法性分属于两个阶段的安排在实践中又受到了挑战。问题主要来自刑事立法的新发展。在刑法规定中,行为构成开始经常把违法性作为自己的一个组成部分。例如,在我国刑法中,大量的经济犯罪都要求"违法所得""非法占有""非法经营""非法转让"等条件,即使在传统犯罪中,也有"非法拘禁""非法剥夺人身自由"等明确的规定,以及在例如强奸罪(第236条)中,只有在违背妇女意志的情况下才能构成犯罪。在这些犯罪中,对违法性的评价和认定行为构成的符合性必须同时进行,从而难以区分为两个阶段。因此,在现代刑法学中,正在酝酿着将行为构成与违法性合并为一个"总的行为构成"来作为"不法",从而使"不法"与"责任"成为新的犯罪构成的两个基本范畴。

---

① 参见《中华人民共和国最高人民法院公报》1992年第4期,第143页以下。

第七章 犯罪构成概述

> ▶▶▶ **案例**①
>
> 被告人张美华与前夫离婚并将户口迁出原住址,由于一直无常住地址,因此不能办理落户手续。在身份证遗失后,曾向原户籍所在地的派出所申请补办。接待人员告知,由于其已不是该辖区的常住户口,故不能补办,但没有告知可以申办临时身份证。张美华认为再也无法通过合法途径补办到身份证,不得已花钱雇人以自己的照片和真实的姓名、身份证号等资料,伪造了本人的居民身份证,后在为自己办理正常的银行卡业务时被发现。张美华雇人做的身份证是假的吗?她的行为是伪造居民身份证罪(《刑法》第280条第3款)吗?

虽然有关的研究还需要深入进行并且有待实践检验,然而,在新创设的"总的行为构成"或者"不法"的概念中,行为构成与违法性的区别仍然存在。行为构成作为具体犯罪构成特征的说明,通过刑法条文的明确规定而发挥着重要的一般预防的功能;排除违法性的各种正当化根据,体现在刑法条文与整个法律制度的原则之中,为行为的正确性提供着国家与社会所认可的支持。诚然,满足了行为构成的要求,对于违反刑法禁止和要求的违法性来说就已经是一个标志。这就使得行为构成与违法性两者的关系就像烟与火的关系一样,烟不是火,也不包含火,但是能够作为证据从另一个方面来证明火的存在。② 在关于行为构成符合性的判断中,形成的还是仅仅是属性评价,只有在违法性的判断中,才能作出行为是正确还是错误的本质性评价。因此,在行为构成与违法性合并成"总的行为构成"或者"不法"概念的情况下,行为构成与违法性的区别也仍然会在内部保留着。

犯罪构成从狭义概念向广义概念的发展,不仅是刑法科学的发展结果,而且也是刑事司法实践的发展结果。只有在刑事司法实践认识到有关区别的必要性,以这种区别为基础的新体系才有可能建立起来。现代刑法学对有关概念之间的区别及其意义的说明,推动与保障着刑事司法实践沿着正义、理性、人道的方向不断前进。

---

① 中华人民共和国最高人民法院刑事审判庭第一、二、三、四、五庭主办:《中国刑事审判指导案例(妨害社会管理秩序罪)》,法律出版社2009年版,第613页以下。

② 〔德〕克劳斯·罗克辛著:《德国刑法学总论》(第一卷),王世洲译,法律出版社2005年版,第183页。

第三节　我国刑法学的犯罪构成概念

我国刑法对犯罪构成理论的接受,经历了一个曲折的过程。20世纪初,在1910年制定的《大清新刑律》以及后来的民国时期,在法律和理论上对当时西方的犯罪构成理论都有所反映。新中国建立之后,以俄为师,取法苏联,我国刑法学界在学习苏联刑法学犯罪构成理论的基础上,逐步建立了中国的犯罪构成理论体系。然而,由于极左思想的影响,在1957年"反右"运动以后相当长的一段时间里,犯罪构成理论在中国被认为是"资产阶级"的东西而成为刑法学的"禁区"。直到"文化大革命"结束之后,随着改革开放和思想解放,犯罪构成理论又受到我国刑法学界的普遍重视。

经过30多年的研究发展,目前我国刑法学界普遍认为,犯罪构成是指我国刑法规定的某种行为构成犯罪所必须具备的主观要件和客观要件的总和,包括犯罪客体、犯罪客观方面、犯罪主体和犯罪主观方面。我国的犯罪构成理论具有以下特点:

首先,我国的犯罪构成理论虽然是在不明确承认罪刑法定原则的时代中建立的,但却是以建立和坚持罪刑法定原则为目标的。在1997年刑法修改之前,我国犯罪构成理论基本就遵照了罪刑法定原则的要求,在1997年刑法修改之后,我国犯罪构成理论就是在罪刑法定原则的基础上进行发展了。我国的犯罪构成理论明确强调,犯罪构成所要求的主观要件和客观要件都必须是我国刑法所规定的,任何犯罪都必须是违反刑法规定的行为,在刑法上没有规定的行为,就不能作为犯罪来惩罚。

其次,我国的犯罪构成是实现了主客观统一、规范与事实统一的概念。我国犯罪构成理论明确说明,构成犯罪的要件是刑法规定的主观要件和客观要件的总和,同时,客观要件和主观要件说明的是犯罪成立所要求的基本事实特征,而不是一般的事实描述。我国犯罪构成理论强调主客观统一,主要是为了反对只根据客观危害而不考虑主观罪过的"客观归罪",同时反对只根据主观罪过而不考虑实际危害的"主观归罪"。我国犯罪构成理论主张规范与事实的统一,不仅明确强调了刑法对犯罪成立条件只能规定最重要的要素,而且明确了有关事实只有在满足规范的要求之后才能成为犯罪。

再次,我国的犯罪构成概念中还不包括正当防卫与紧急避险等排除违法性根据的概念,因此,基本上是狭义的犯罪构成概念。然而,在各种犯罪构造中研究过的各种要素或者条件,尤其是各种出罪性根据,虽然没有包括在我国犯罪构成的概念和理论之中,但是,在其他理论范畴中还是基本上包括了。目前,我国的犯罪构成概念正处在从狭义概念向广义概念发展的进程中。犯罪不是在犯罪构成要素齐备时就成立,而应当在犯罪构成要素齐备并且不存在排除违法性与排除罪责的情况下才能成立,这个理论体系正在为我国刑法学理论逐步接受。

最后,犯罪构成首先是规格和标准意义上的概念,然后是认定和构成乃至成立意义上的概念。规格和标准的意义,体现的是罪刑法定的思想。规格和标准表现为规范,是规定和指导认定的指南。规格和标准在社会和司法的实践中形成。在犯罪构成中的客观要件和主观要件必须完整,其排列顺序是按照犯罪构造的基本要求有体系地安排的。认定和构成的意义,表现的是刑事执法的结果。认定和构成表现为依法认定为犯罪的事实,是遵循规格和标准认定的结果。由于犯罪构成必须要求有关要件的全部齐备,缺一不可,因此,在司法实践中,不需要严格按照理论对犯罪构成各个要件的说明顺序依次对有关要件和要素进行检验。只要发现具体案件中有一个法定要件或者要素是绝对不能在认定中得到满足时,其他要件就不需要再进行考察了。

我国刑法学中的犯罪构成概念,对于新中国的刑法建设一直是起着积极的推动作用的。在追求与确立罪刑法定原则的过程中,我国的刑法学理论以及犯罪构成理论,对于我国社会主义法治建设的进步作出了重大贡献,自身也得到不断发展。然而,在我国法治的进一步发展过程中,我国传统的犯罪构成理论,也符合规律地暴露出自身的问题。其中,最重要的问题有两点:一是随着主客观统一、规范与事实统一之后,犯罪构成各个要件严重存在着"一有俱有、一无俱无"的问题;二是由于在犯罪客体中强调被犯罪侵害的受刑法保护的社会主义社会关系,将本应在法定条件满足之后才进行的违法性判断,作为第一要件而提前到全部要件的检验之前加以确定。这些问题对于我国贯彻罪刑法定原则会产生不利的影响,因此,引发了我国刑法学界对改革犯罪构成理论的讨论。

我国犯罪构成理论的改革思路主要是围绕着取消犯罪客体进行的。"三要件说"[①]主张完全取消犯罪客体,"五要件说"主张在取消犯罪客体之后对构成要件重新进行组合,形成危害社会的行为、危害行为的客体、危害社会的结果及其与危害行为之间的因果关系、危害行为的主体条件、行为人的主观罪过。[②] 然而,这些改革都没有成功。这是由于我国刑法确立罪刑法定原则的时间还不长,对刑法概念的精确性要求还不高,以及社会要求的法律保护等级还不够高,刑法对社会稳定和社会发展的贡献还不够大等原因造成的。然而,随着我国社会经济生活的进一步发展,法治建设水平和人权保护等级的进一步提高,刑法对犯罪

---

① 参见张文著:《犯罪构成初探》,载《北京大学学报》1984年第5期。
② 参见周密著:《论证犯罪学》,群众出版社1991年版,第52页。

构成要件的可靠性与稳定性也将提出更高的要求,因此,犯罪构成理论的改革将是我国刑法进一步发展不可避免需要解决的问题。

我国犯罪构成理论应当随着我国社会主义法治的发展而不断改革。但是,这种与时俱进的发展必须紧密结合我国刑事司法实践的需要与刑事理论的认识水平。犯罪构成理论的改革涉及思想方式、哲学基础、刑事程序、社会认识、发展需要、语言逻辑等等许多方面,是一项十分细致的工作。拒绝改革必将使我国刑法难以承担我国法治发展提出的要求,完全抛弃现有的犯罪构成理论而另起炉灶的改革,不仅不切实际,而且也不符合理论的发展规律。本书将在我国现有犯罪构成理论的基础上,也就是在我国刑法学界半个多世纪以来的研究成果基础上,以目前国际通行的刑法学理论成果为标准,对我国犯罪构成理论中的各种概念进行分析,明确其功能、调整其位置,以实现完善之目的。

第八章 犯罪构成的客观要件

从语言的基本含义上说,客观一般是指不依赖于人的意识而存在的物质世界,或者作为人的认识对象的事物的本来面目。主观与客观相对,一般是指人的意识或者精神。刑法学也在这个意义上使用客观与主观的概念。不过,这里的客观与主观都是在犯罪构成意义上说的,也就是在刑法规定的构成犯罪的特征意义上说的,否则,对于司法人员来说,犯罪的一切要素或者条件都是不依赖于他的意识而存在的,都是客观的。

由于我国的犯罪构成概念是狭义的,因此,这个概念与广义犯罪构成概念中的行为构成就基本一致。我国犯罪构成中的客观要件和主观要件与行为构成中的客观特征与主观特征,在其本身的含义上就没有太多的重大区别。因此,本书以犯罪构成的四要件为基础对客观要件和主观要件进行分析与说明,仅仅在必要时才指出不同犯罪构造理论之间的区别。不过,本书需要强调两点:

第一,由于现代刑法学都是以物质与意识的对立作为区分客观与主观的标准,因此,在传统狭义犯罪构成中归入主观要件的犯罪主体,本来就应当由于其所具有的物质性而归入客观要件。在现代刑法学中,犯罪主体中的刑事责任能力具有特别的意义,因此,本书在客观要件之外对其单独进行说明。

第二,现代刑法学的发展表明,狭义犯罪构成的满足仅仅是构成犯罪所必须具备的前提。犯罪的最终成立,不仅必须具备狭义的犯罪构成,而且还必须具备违法性与罪责,也就是不具备正当防卫、紧急避险等排除刑事责任的情况。因此,犯罪构成的客观要件和主观要件,都仅仅是判断犯罪是否成立的前提条件中的两个要素。

我国犯罪构成中的客观要件,是指所谓的犯罪客体与所谓的犯罪客观方面。

第一节 犯罪客体概述

犯罪客体是我国犯罪构成理论中的重要概念,一般是指刑法所保护的、而为犯罪行为所侵害的社会主义社会关系。社会关系可以是物质性的,例如公私财产的所有权;也可以是非物质性的,例如公民的人格或名誉。这些关系不论是物质性的还是非物质性的,都是在事实上存在的,当受到犯罪的侵害时,就能够成为犯罪客体。从这个意义上说,犯罪客体是客观的。犯罪客体与法益这个概念相比,虽然没有在所保护的社会关系中明确强调受法律保护的属性,但是,在我国刑法中的犯罪客体强调"刑法所保护的"这个条件之后,犯罪客体和法益之间,并不存在很多重大区别。

一般说来,犯罪客体的意义主要有两个。一个是:犯罪客体"对罪与非罪的区分具有重要意义。对正当防卫、紧急避险等正当行为……之所以不以犯罪论处,就是因为这类行为没有侵犯刑法所保护的社会关系,不符合犯罪客体要件"。另一个是:犯罪客体"对区分此罪与彼罪也具有重要意义。例如,扔手榴弹杀人,到底是定故意杀人罪还是定爆炸罪,这就要看侵犯的客体是公共安全还是特定人的生命权利"。[1]

第一个意义其实是多种作用的综合。首先,犯罪客体表示刑法保护的社会关系受到了侵害。但是,这仅仅是一种客观的描述,还没有说明犯罪构成的所有要件已经全部齐备。其次,犯罪客体表示刑法保护的社会关系受到刑法所禁止的行为的侵害。这仅仅是一种属性评价,说明了犯罪构成的所有要件已经全部齐备,但是,还没有说明这种齐备是具有违法性的。再次,犯罪客体说明了犯罪已经最终构成。这是一种行为具有违法性的评价,说明侵害刑法所保护的社会关系不具有正确性。又次,犯罪客体对说明"认识犯罪的本质,揭示犯罪的阶级本质"[2]具有重要的立法意义。这说明为什么惩罚这种犯罪的根据。本书认为,在犯罪构成第一要件的位置上谈论犯罪客体区分罪与非罪界限的意义,不能将这么多种作用笼统地放在一起进行讨论,否则在认定犯罪时就容易产生尚未审判就认为犯罪已经存在这种先入为主的问题,以及混淆应当在司法阶段中解决的司法问题和应当在立法阶段中解决的立法问题等不利于罪刑法定原则的弊病。本书认为,对犯罪客体的第一个意义应当区分使用,其中,属性评价只应当在犯罪构成各个要件齐备时作出,违法性评价只应当在不具备排除违法性的情形时作出,立法意义只应当在立法阶段体现。

第二个意义发挥的是区分法定行为类别属性的作用,这个意义和作用是必要的。在刑法中贯彻罪刑法定原则,当然需要对此种犯罪与彼种犯罪之间的区别加以明确规定。

首先,我国刑法分则体系就是按照同类客体的原理建立的。同类客体,亦称分类客体,是指某一类犯罪所共同侵犯的客体,也就是刑法所保护的社会主义社会关系的某一部分或者某一方面,反映了某一类犯罪所侵犯的社会关系的共同特点。我国刑法分则归纳的同类客体一共有十大类:

---

[1] 参见赵秉志、鲍遂献、曾粤兴、王志祥著:《刑法学》,北京师范大学出版社2010年版,第168页。
[2] 高铭暄、马克昌主编,赵秉志执行主编:《刑法学》(上编),中国法制出版社1999年版,第111页。

（1）危害国家安全罪侵犯的是中华人民共和国的国家安全；

（2）危害公共安全罪侵犯的是社会的公共安全；

（3）破坏社会主义市场经济秩序罪侵犯的是社会主义的市场经济秩序；

（4）侵犯公民人身权利、民主权利罪侵犯的是公民人身权利、民主权利和同人身有关的其他权利；

（5）侵犯财产罪侵犯的是公共财产和公民私人所有的合法财产的所有权；

（6）妨害社会管理秩序罪侵犯的是社会管理秩序；

（7）危害国防利益罪侵犯的是国防利益；

（8）贪污贿赂罪侵犯的是国家工作人员职务行为的廉洁性和公私财产的所有权；

（9）渎职罪侵犯的是国家机关的正常活动；

（10）军人违反职责罪侵犯的是国家的军事利益。

我国刑法在制定时，根据同类客体原理，基本按照社会危害性大小由重到轻进行排列、兼顾主体的原则，形成了一个科学的体系。

其次，在具体犯罪的规定中，也考虑了直接客体，也就是具体犯罪直接侵害的客体，即刑法所保护的社会主义社会关系的具体部分。

不过，犯罪现象十分复杂，在犯罪客体中有可能存在着简单客体和复杂客体的不同情况。简单客体，又称单一客体，是指一种犯罪直接侵犯的客体中只包括了一种具体的社会关系。例如，故意伤害罪直接侵犯的只是他人的健康权利；非法狩猎罪直接侵犯的是国家的野生动物资源管理制度。复杂客体，是指一种犯罪直接侵犯的客体中包括了两种以上的具体社会关系。例如，抢劫罪不仅直接侵犯公私财产所有权，也直接侵犯他人的人身权利；刑讯逼供罪不仅侵犯了公民的人身权利，而且危害了司法机关的正常活动。面对复杂客体，立法机关会根据具体国情，设定主要客体与次要客体，然后根据主要客体的性质安排具体犯罪归属于有关的罪章。例如，我国刑法将抢劫罪列入侵犯财产罪而不是侵犯公民人身权利、民主权利罪之中；把刑讯逼供罪列入侵犯公民人身权利罪而不是渎职罪之中。

犯罪客体虽然仅仅表明了犯罪构成一个方面的特征，但是，根据罪刑法定原则，这个特征仍然只能由刑法加以规定。不过，在我国刑法分则中，直接指出犯罪客体的条文仅仅是个别的，例如，第420条指出军人违反职责罪的客体是国家的军事利益，但是，这种宣言式的规范无法单独适用，必须与具体的犯罪行为一起适用。在我国刑法分则中，犯罪客体的表现主要是间接式的，有的通过一定的物质表现，例如，伪造货币罪通过指出货币表明该罪的客体是国家货币管理制度；有的通过主体，例如强奸罪通过指出受侵害的是妇女来说明该罪客体是妇女性的不可侵犯权利；有的通过调整一定社会关系的法律规范，例如，第128条通过指出枪支管理法规，说明非法持有、私藏枪支、弹药罪保护的是国家对枪支、弹药的正常管理；还有的通过对刑法所禁止的行为的描述，例如，在第359条引诱、容留、介绍他人卖淫罪中对法定行为的描述，说明该罪的客体是社会管理秩序中的社会风尚。

在司法实践的意义上，犯罪客体需要在综合各种要件的基础上才有可能准确加以认定。犯罪客体与通常使用描述性行为构成特征表示的犯罪对象不同，不能直接以感性知觉就能理解的方式表现出来。我国刑法学一般认为，犯罪对象是危害社会行为所直接作用的物或者人。其中，物是具体社会关系的物质表现；人是社会关系的主体。犯罪对象在不同的场合会表现为不同的犯罪客体。例如，邮电通讯用的铜质电话线，当存放在仓库里时，体现的是国家的财产所有权；当架设在电线杆上使用时，体现的是公共安全。不同的犯罪对象在一定的场合也可能表现为相同的犯罪客体。例如，国有仓库里的各种物品，不管是电线还是钢轨，体现的都是国家的财产所有权。在具体犯罪成立时，犯罪客体一定会受到侵害，而犯罪对象则不一定。例如，盗窃摩托车的行为，一定侵害了财产所有权这一犯罪客体，但是，摩托车本身不一定会受到损害，破案以后，赃物可以完璧归赵。又比如，罪犯在举刀砍杀群众时被民警及时制服，群众可以毫发未伤，但群众的生命权利在罪犯的严重威胁下却已经受到了侵害。犯罪客体是任何犯罪都必须具备的，但是，在许多犯罪中，犯罪对象是什么就很有争论，例如，《刑法》第322条偷越国（边）境罪，第316条第1款脱逃罪，第332条违反国境卫生检疫规定罪等，就很难说有什么犯罪对象了。不要说在没有犯罪对象的情况下，就是在有犯罪对象的案件中，判定犯罪客体仍然需要综合各方面的情况才有可能正确实现。

犯罪客体说明了犯罪所侵害的社会主义社会关系的具体性质与种类，在立法过程中，是决定犯罪的社会危害性的首要因素。但是，在司法过程中，犯罪客体所具有的规范性特点，决定了其所具有的区分法定行为属性的意义，只能与其他构成条件一起才能得出正确的评价，而其对违法性的评价就只应当在评价犯罪构成能否成立的最后阶段才有可能得出。

第二节　犯罪客观方面概述

在我国犯罪构成理论中，犯罪客观方面是指刑法规定的构成犯罪在客观活动方面所必须具备的条件。为了使刑法所保护的社会关系免受犯罪的侵害，根据罪刑法定原则，侵犯犯罪客体的具体表现方式就应当严格、书面、事先、确实地加以规定。犯罪构成理论认为，犯罪客观方面与犯罪客体有着紧密的联系，犯罪客体说明犯罪侵害的是什么样的社会关系,犯罪客观方面则说明犯罪客体在什么条件下,通过什么样的行为受到侵害,并且造成什么样的危害结果。犯罪客体与犯罪客观方面共同组成犯罪构成的客观基础,由刑法规定,共同说明构成犯罪在客观上所需要的条件。

一、犯罪客观方面的概念与特征

根据犯罪构成理论,犯罪客观方面是指刑法规定的构成犯罪在客观活动方面所必须具备的条件。这些条件仅仅是指那些最基本的、足以表明社会危害性质及其程度的客观要素。

在犯罪客观方面所保护的要素或者条件中,有些是各种犯罪构成都必需具备的,即所谓的必要要件,一般认为是指危害行为、危害结果、以及危害行为与危害结果之间的因果关系。有些不是各种犯罪构成都必需具备的,即所谓的选择要件。选择要件在法律有特别规定时就成为特定犯罪中的必要要件,例如,犯罪的时间、地点、方法等。例如,《刑法》第340条规定:"违反保护水产资源法规,在禁渔区、禁渔期或者使用禁用的工具、方法捕捞水产品,情节严重的",构成非法捕捞水产品罪,这样,一般属于犯罪选择要件的时间、地点和方法,在非法捕捞水产品罪中就成为必要条件了。

在现代刑法学理论中,犯罪客观方面具有两个明显的特点:

第一,犯罪客观方面已经不再是一个纯客观的要件,而是主客观统一的要件。根据犯罪构成理论,刑法中的危害行为是具有特殊含义的,指的是表现人的犯罪心理态度、为刑法所禁止的危害社会的行为。仅仅在客观上造成了危害结果,但不是在自己的心理支配下进行的行为,只能属于无意识的行为。无意识行为是非行为,即不是刑法意义上的危害行为。无意识的行为包括:无意识的动作或言论,例如人在睡梦中或者在精神错乱状态下的举动;人在身体受到外力强制下形成的动作,例如,司机遭歹徒袭击被击昏后致使汽车失控撞死行人的情况;行为人由于不能抗拒的原因而无法履行义务的情况,例如,银行职员被抢劫犯捆绑而眼睁睁地看着现金被抢却无法报警的,都不能认为是危害社会的行为。

> ▶▶▶ **案例**
>
> 抢劫犯用刀逼着银行职员说出保险柜的密码,银行职员为了避免自己受到伤害而不得已说出来,致使银行财产遭受重大损失的,是危害社会的行为吗?

第二，在犯罪客观方面中，虽然存在着很多描述性行为构成特征，但是，犯罪客观方面作为一个整体，仍然属于一个总的规范性行为构成特征。犯罪构成理论一般都同意，犯罪构成中的危害社会的行为，必须具备刑法分则规定的某种具体表现形式，如抢劫行为、贪污行为、交通肇事行为等。

▶▶▶ **案例**

被告人胡某，某晚8时许，驾驶经非法改装的三菱轿车，与同伴驾驶的车辆在杭州市区严重超速行驶并时有互相追赶的情形，致使车头右前端撞上正在人行横道上行走的男青年谭某。事发后，胡某立即拨打120急救电话和122交通事故报警电话，但是，谭某还是经医院抢救无效而死亡。胡某的行为是交通肇事还是以危险方法危害公共安全？

同时，犯罪构成理论一般也同意，犯罪客观方面对于正确分析和认定犯罪的主观方面也有重要意义，因为人的行为是在人的思想支配下进行的，犯罪客观方面其实就是行为人犯罪主观要件在客观上的外在表现。犯罪客观方面不能孤零零地存在，也不能独立于犯罪主观方面而存在，而只能在集中全部案件事实的基础上才有可能正确认定。

▶▶▶ **案例**[①]

被告孙某购买一辆别克轿车后，在未取得驾驶证的情况下长期驾驶该车并多次违反交通法规。案发当天中午，孙某为亲属祝寿大量饮酒之后，驾车在一个路口从后面撞向与其同向行驶另一辆比亚迪轿车尾部，随后，竟驾车超速行驶，在案发路段时，越过中心黄色双实线，先后与对面车道正常行驶的4辆轿车相撞，造成4人死亡1人重伤以及公私财产5万余元的重大损失。孙某的行为是过失的交通肇事还是故意的以危险方法危害公共安全？

由于犯罪客观方面具有主客观统一与规范性的特点，因此，在具体案件中查明犯罪客观方面是否构成时，不仅需要联系前面提到的犯罪客体和后面将要提到的犯罪主观方面，而且还要联系其他事实共同判断，才能得出正确的结论。

---

① 参见2009年《最高人民法院关于印发醉酒驾车犯罪法律适用问题指导意见及相关典型案例的通知》。

> ▶▶▶ **案例**
>
> 机场清洁工梁丽在值班打扫卫生时,捡到一个无人看管的很重的纸箱,以为是乘客携带的无法登机而抛弃的电池。梁丽先放在洗手间中,嘱咐同事如有人认领就还给人家,后来,当从同事那里得知纸箱内是黄金首饰后,就在下班时带回住处。当晚,民警到她家中询问是否从机场带回物品时,梁丽先是否认,在床下存放的纸箱被民警发现后才承认。由于纸箱装有14.5公斤黄金首饰,价值300万元,因此,警方以涉嫌盗窃罪将梁丽逮捕。盗窃罪需要时间和地点作为要件吗?假如根据监控录像证明,梁丽是在失主离开纸箱33秒之后"捡"走的,或者,梁丽是在一个垃圾箱旁边"捡"到这个纸箱的,这样的时间与地点对梁丽的行为性质会发生什么样的影响?

在犯罪构成的各种要件中,犯罪客观方面是在立法中最需要仔细设定,在司法中最需要仔细辨认的要件。因此,现代刑法学对刑法规定的犯罪客观方面,根据多种标准进行了分类。了解这种分类,对于正确认识刑法对犯罪的规定条件,有着重要的意义。

二、危害行为与危害结果以及相似概念

危害行为与危害结果是犯罪构成理论对犯罪客观方面内部结构的重要说明。根据犯罪构成理论,以引起与被引起的因果关系为连接,其中,作为原因的是表现人的犯罪心理态度、为刑法所禁止的危害社会的行为,作为结果的是危害结果。根据罪刑法定原则,危害行为和危害结果都必须是刑法加以规定的,并且,根据犯罪构成理论,都处于犯罪构成之中,因此,危害行为也可以称为法定行为或者构成行为(即行为构成中的行为),危害结果也可以称为法定结果或者构成结果。

不过在结果方面,根据受损害的是实际损害结果或者具体的物质性损害结果还是对刑法保护的客体(社会主义社会关系)的损害,存在着两种认识。

根据前一种认识,危害结果在表现为一种实际损害结果或者具体的物质性损害结果时,就不可能成为所有犯罪中的必要要件,例如,在犯罪预备、未遂和中止的情况中,由于完全没有或者还没有发生刑法所要求的实际损害结果或者具体的物质性损害结果,就不能以危害结果作为构成要件。

根据后一种认识,由于任何犯罪都必然对刑法保护的社会主义社会关系造

成损害,因此,危害社会的结果就仍然是一切犯罪构成都必须具备的要件。然而,在主张这种认识时,也会根据犯罪客体存在着物质性与非物质性的区别,而把危害结果划分为物质性和非物质性危害结果。物质性的结果通常可以根据数量、重量、状态或价值直接计量,通常可以在对犯罪对象的侵害上直观地认定。例如,盗窃数额、伤害程度、破坏的状态,等等。非物质性的结果往往是无形的、抽象的,一般不能计量,例如侮辱、诽谤、伪造公文印章的结果,等等,只能根据案件的全部事实和情节加以确定。

事实上,在两种对危害结果的认识中,在实际损害结果或者具体的物质性损害结果的意义与物质性结果的意义之间,并没有重大区别。不过,由于我国刑法在犯罪概念上有"情节显著轻微危害不大的,不认为是犯罪"的"但书"规定,因此,对我国各种犯罪进行考察时,都应当在危害结果这个要件上,考察有关事实和性质是否符合刑法规定的要求。

然而,在犯罪客观方面,刑法对犯罪的规定,总是围绕着危害行为的实施方式与方法,以及受刑法保护的对象所受到的损害和危险来说明的。在危害行为的实施方式与方法得到满足的情况下,是行为无价值;在刑法规定的受保护对象受到损害和危险已经存在的情况下,是结果无价值。现代刑法是一种行为刑法,从危害行为的方式、手段方面规定适用刑罚的条件,是刑法条文对犯罪构成条件进行说明的主要方式。但是,刑法条文对危害结果的规定,在以下情况中具有重要意义:

第一,在过失犯罪的情况下,造成严重的物质性危害结果是构成犯罪的必要条件。例如,《刑法》第235条过失重伤罪必须以重伤为前提;第133条交通肇事罪必须以发生重大事故为前提。

第二,在故意犯罪的情况下,发生严重物质性危害结果的可能性,是构成一些犯罪的必要条件。例如,《刑法》第116条破坏交通工具罪和第117条破坏交通设备罪,就是以使大型交通工具"发生倾覆、毁坏危险,尚未造成严重后果"为条件的。

第三,在一部分故意犯罪中,严重的物质性危害结果的发生,是从重判处刑罚的条件。例如,《刑法》第264条盗窃罪,在盗窃"数额巨大"时,就要适用较重的法定刑幅度。

第四,在刑法要求法定结果的故意犯罪中,法定结果没有出现的,是未遂。例如,故意杀人罪是要求出现死亡结果的犯罪。在行为人已经实施了故意杀人行为但是由于意志以外的原因没有造成被害人死亡的结果时,即行为无价值得到满足而结果无价值没有得到满足时,就构成未遂。

在刑法条文中规定危害结果,意义不在于否定危害行为的意义,而是为了避免对偶然的和事先无法估计的影响而产生的结果适用刑罚,保证刑罚仅仅对人的行为适用。在现代刑法中,不存在没有危害行为的危害结果。例如,如果发现有人死了(结果无价值出现了),但是,如果不能查明是这名行为人实施了杀人行为(行为无价值没有得到满足),那就要出现无罪的情况。

在刑法对危害结果没有明确规定的条文中,危害结果至少在两个方面也具有重要意义。一方面是对刑罚的需要性能够发挥重要的影响。例如,在危害行为没有最终完成的未遂情况下,只要已经造成的状态(一种中间性危害结果)表现出对在最终结果中所保护的社会关系或者法益的严重侵害,就不能不用刑罚加以禁止。即使在那些真的"什么也没有发生"的案件中,结果对于说明行为的确没有侵害什么,或者对于说明行为的侵害非常轻微以至于可以不进行刑事处罚,也都具有重要的意义。另一方面,危害结果本身就表现了危害行为的特征。在现代社会中,刑法的确会在一些特别重要的范围内,仅仅规定危害行为而不要求危害结果的具体状态,这就是所谓的危险犯罪的情况。在危险犯罪的情况下,有关法定行为的特征就表明了严重威胁社会关系或者法益的结果,因此,必须使用刑罚加以禁止。

在现代刑法学中,由于犯罪客观方面和主观方面紧密联系,行为构成的特征处于价值评价与存在评价相互缠绕的状态下,危害行为和危害结果这两个概念也在发生着相互渗透的情况。不仅危害行为的概念可以包括行为人的目的性、行动的方式和手段、身份,甚至还包括结果方面的内容,而且危害结果的概念也可以分别形成既遂的和未遂的、损害的和危险的等不同情况。危害行为与危害结果的定义、区分、区分方式及其意义,对现代刑法学的发展会产生重大影响。现在,当危害结果表现为一种与行为人的行为动作相分离的、在时间上和空间上处于外部世界之中的结果时,是否以及如何将其归责于客观行为构成之中,或者如何认定两者之间存在着因果关系,是现代刑法学面临的重要问题。

三、从犯罪客观方面进行的犯罪分类

犯罪客观方面是刑法对各种犯罪进行规定的主要方面,因此,在犯罪客观方面中的各种要素从各个方面体现了犯罪的特征。除了危害行为与危害结果之外,现代刑法学在犯罪客观方面主要探讨以下重要分类。

(一)侵害犯罪与危险犯罪

侵害犯罪与危险犯罪的区别,是根据危害结果的种类来进行划分的。侵害犯罪是指出现了物质性危害结果的犯罪,危险犯罪是指造成了非物质性危害结果的犯罪。也可以说,侵害犯罪是规定了危害结果的犯罪,危险犯罪是仅仅规定了危害行为的犯罪。在刑法中规定的大多数犯罪构成或者行为构成都是侵害犯

罪,在犯罪成立时都必须出现事实上的损害,即危害结果。例如,《刑法》第 232 条故意杀人罪中有人死亡,第 275 条故意毁坏财产罪中有财产遭受损失,等等。相反,危险犯罪在危害结果上,仅仅表现为非物质性的或者仅仅是一种严重的威胁。例如,我国《刑法》在第 114 条中规定的放火罪、爆炸罪、投放危险物质罪等犯罪,就不要求造成严重后果;在第 116 条破坏交通工具罪中,也不要求造成严重后果,只要出现"足以使火车、汽车、电车、船只、航空器发生倾覆、毁坏危险"就足够了。

侵害犯罪与危险犯罪的分类,不仅有助于清楚地认识刑法条文对危害行为与危害结果的要求,而且可以为解决危害结果是否归责于危害行为提供清晰的前提。

在现代刑法学中,对于危险犯罪在理论上还可以进一步区分为具体的危险犯罪和抽象的危险犯罪。

在具体的危险犯罪中,在犯罪构成中要求的不仅是危害行为的出现,而且要求刑法所保护的利益在具体案件中真实地处于危险之中,也就是说,危害结果的不发生仅仅是偶然的。在我国刑法中具体的危险犯罪的例子,除了破坏交通工具罪之外,还有第 118 条破坏电力设备罪、破坏易燃易爆设备罪,以及第 130 条非法携带枪支、弹药、管制刀具、危险物品危及公共安全罪,等等。从法律条文上看,具体的危险犯罪都有"情节严重""情节恶劣"或者"尚未造成严重后果"等危害情节的要求。从实践的角度看,也可以说,在具体的危险犯罪中,不仅需要证明危害行为的存在,而且需要证明刑法所保护的利益真实地处于危险之中。

在抽象的危险犯罪中,在犯罪构成中要求的仅仅是特定的危害行为。刑法条文对危害结果或者刑法所保护的利益所处的危险状况没有要求,但是,这不是说这种危害行为不需要危险性,而是因为这类危害行为出现本身,就已经体现了对刑法所保护的利益的侵害。因此,在抽象危险犯罪的具体案件中,就不再需要以事实上是否出现危害结果或者可能的危险为条件了。在我国刑法中抽象的危险犯罪的例子有第 121 条劫持航空器罪,第 122 条劫持船只、汽车罪,第 125 条非法制造、买卖、运输、邮寄、储存枪支、弹药、爆炸物罪,等等。从法律条文上看,抽象的危险犯罪都没有对情节加以要求的规定。从实践的角度看,也可以说,在抽象的危险犯罪中,只需要证明危害行为的存在,不再需要证明刑法所保护的利益处于危险之中。

危险犯罪种类的发展,推动了刑法保护范围的扩展,提高了社会的法律保护等级。目前,危险犯罪的理论具有日益重要的意义,不仅在其形式方面,而且在其归责方式方面,现代刑法学都在努力进行着研究。

（二）其他重要的分类

犯罪客观方面在其他方面的特征所产生的犯罪分类，对刑法规定和理论研究也会具有比较重要的意义。

持续犯罪与状态犯罪。持续犯罪是指那些不因危害行为的完成而结束的犯罪，行为人通过持续的犯罪意志维持着自己已经实施的危害行为。典型的持续犯罪有《刑法》第245条非法侵入住宅罪：在行为人非法闯入他人住宅之后，就存在着一个完成了的危害行为，只要他停留在他人住宅的范围内，这个行为就持续着。同样的例子还有非法拘禁罪（《刑法》第238条），这种犯罪会一直持续到被害人得到释放或者解救。状态犯罪是指那些在行为构成造成一种确定的状态（通常就是危害结果）之后而结束的犯罪。典型的状态犯罪有盗窃罪（《刑法》第264条），故意杀人罪（《刑法》第232条），故意毁坏财产罪（《刑法》第275条），伪造、变造居民身份证罪（《刑法》第280条第3款）等。持续犯罪与状态犯罪的区别，主要在于危害行为是否具有持续性。在持续犯罪的情况下，危害行为虽然已经完成，但是还在持续着；在状态犯罪的情况下，不是危害行为在持续，而只是危害结果存在着。把持续犯罪与状态犯罪单独分类的意义主要有两点：一是计算时效的意义。《刑法》第89条规定：犯罪行为有连续或者继续状态的，从犯罪行为终了之日计算。二是考察共同犯罪的意义。在持续犯罪时，即使在危害行为完成之后，只要是在犯罪的持续期间，那么，参与犯罪的人就算共同犯罪人。例如，在被害人被关之后才参加非法拘禁活动的人就可能成为共同犯罪人。然而，在状态犯罪时，在危害行为完成之后再参加犯罪的，通常就只能构成窝藏、包庇罪（《刑法》第310条）或者妨害司法罪（我国刑法分则第六章第二节）中的其他犯罪。①

开放的犯罪构成与封闭的犯罪构成，也称为开放的行为构成与封闭的行为构成。在一般的犯罪构成中，根据罪刑法定原则明确性的要求，刑法条文就应当全面详尽地规定构成犯罪在各方面的特征，从而形成"封闭的"、表现完整的不法类型的犯罪构成。然而，在刑法分则中，还存在着少数不能充分满足这个要求的条文。在这种犯罪构成中，还需要在确定一些特别的要素是否存在之后才能查明这种犯罪构成是否能够成立，因此被称为开放的犯罪构成。开放的犯罪构成在各国的刑法中都可以见到，但是，"开放"的程度有不同，数量也有不同。在我国，典型的开放的犯罪构成是在第115条中规定的"以其他危险方法"危害公共安全罪。我国司法判决在这个范围内处理过的案件已经涉及了"以驾车撞人"

---

① 在不同的社会文化或者法律制度下，个别犯罪中的行为是持续性还是状态性的，可能会有不同的认识，例如，我国刑事司法实践认为事实婚是重婚的一种方式，因此，我国刑法理论界普遍认为《刑法》第258条重婚罪是持续犯罪，这与德国认为是状态犯罪不同。

"以私设电网""以病害猪肉加工食品出售""以制造、贩卖有毒酒""以向人群方向开枪""以恶意制造交通事故"等许多种危险方法。由于这种犯罪构成的开放性,我国刑法学界称这类犯罪为"口袋罪",并且质疑这种犯罪构成是否符合罪刑法定原则的要求。在走向严格法治的道路上,开放的犯罪构成明显地仅仅是一种过渡措施。随着司法经验的积累、立法技术的提高和刑法科学的发展,从整体趋势来说,开放的犯罪构成在理论与立法上都处于不断被挤压的地位上,虽然会有新种类的出现,但是,原有的开放的犯罪构成的影响范围会越来越小。

简单犯罪和组合犯罪。简单犯罪和组合犯罪的分类,根据的是受侵犯的犯罪客体或者法益的个数。简单犯罪仅仅侵犯一个犯罪客体或者一个法益,组合犯罪侵犯的是多个犯罪客体或者多个法益。故意杀人罪(刑法》第232条),故意毁坏财产罪(《刑法》第275条)是简单犯罪的例子。典型的组合犯罪有抢劫罪(《刑法》第263条),因为抢劫罪不仅侵犯财产所有权,而且侵犯人身权利。区分简单犯罪和组合犯罪的意义在于,在面对刑法条文和面对具体案件时,不仅对行为的完整危害状态有清楚的理解,而且应当判断,在两种犯罪客体或者法益组合在一起的犯罪中,是否只有在两者同时受到侵害时,还是只要侵害了其中一种时,就已经能够满足行为构成了?

一动作犯罪和多动作犯罪。这里的动作指的是一个犯罪构成中所要求的身体动静状态。一动作犯罪是指一次身体动静状态就可以满足一个犯罪构成对危害行为的要求;多动作犯罪是指必须有两个或者更多的身体动静状态才能满足一个犯罪构成对危害行为的要求。例如,故意毁坏财产罪(《刑法》第275条)是一个一动作犯罪,而抢劫罪(《刑法》第263条)却是多动作犯罪,因为在第一个动作(暴力或者威胁)之后,还需要有取走财物的第二个动作。区分一动作犯罪和多动作犯罪的意义在于,不同的动作、动作的数量和不同动作的组合对犯罪构成的种类有可能发生影响。例如,抢夺罪(《刑法》第267条)与抢劫罪的区别就在于动作是公然夺取还是使用暴力;携带凶器抢夺的,就构成抢劫罪(《刑法》第267条第2款);犯盗窃罪,为窝藏赃物而当场使用暴力或者以暴力相威胁的,是抢劫罪(《刑法》第269条);等等。

结果加重犯罪与结果减轻犯罪。结果加重犯罪与结果减轻犯罪都是相对于基本犯罪来说的。基本犯罪是指刑法分则对具体犯罪构成条件所做的基本规定。结果加重犯罪是指在这个基础上发生了更加严重的结果,因而应当判处更重刑罚的情况。例如,《刑法》第234条规定:"故意伤害他人身体的,处三年以下有期徒刑、拘役或者管制。"但是,该条第2款又规定:"犯前款罪,致人重伤的,处三年以上十年以下有期徒刑;致人死亡或者以特别残忍手段致人重伤造成严重残疾的,处十年以上有期徒刑、无期徒刑或者死刑。"同样,刑法分则也可以规定,在犯罪发生较轻结果时可以判处较轻刑罚的,就是结果减轻犯罪。传统的典型例子是故意杀人罪。《刑法》第 232 条规定:"故意杀人的,处死刑、无期徒刑或者十年以上有期徒刑;情节较轻的,处三年以上十年以下有期徒刑。"较近的例子是《刑法修正案(七)》在《刑法》第 239 条绑架罪"以勒索财物为目的绑架他人的,或者绑架他人作为人质的,处十年以上有期徒刑或者无期徒刑,并处罚金或者没收财产"的基础上,增加了"情节较轻的,处五年以上十年以下有期徒刑,并处罚金"的规定,承认了绑架罪中存在着结果减轻犯罪。认识结果加重犯罪与结果减轻犯罪主要有两方面的意义:一是对不同的结果可能适用有重大区别的法定刑幅度;二是行为人对不同的结果可能具有不同的主观心理状态。

第三节 不作为的概念

不作为是根据危害行为在动作方面的特征而产生的一种特殊的行为种类。

一、不作为的概念与意义

根据危害行为在动作方面的特征,可以把危害行为分为两类:作为与不作为。

作为是人的一种积极行为。所谓作为,指的是行为人用积极的动作来实施的危害社会的行为。以作为形式实施的犯罪,也称为实行性犯罪。在刑法中规定的危害社会的行为,常见的都是以作为的形式实施的。

但是,危害社会的行为也可以通过不作为的形式来实施。不作为是人的一种消极行为。所谓不作为,就是指行为人有义务并且能够实行某种行为,消极地不去履行这种义务,因而造成严重的危害后果的行为。

> ▶▶▶ **案例**[①]
>
> 被告人王仁兴,在长江红花碛水域见到他人的渔网挂在用于固定国家航标船的钢缆绳上,即驾驶自家机动渔船前往救助,不料自己渔船的螺旋桨也被该航标船的钢缆绳缠住。在渔船存在翻沉危险的情况下,王仁兴不得已登上航标船将钢缆绳解开,随后驾船驶离现场,致使脱离钢缆绳的航标船顺流漂走。王仁兴在自家危险消除后,不管航标船而任其漂走,是破坏交通设施罪中的行为吗?

[①] 中华人民共和国最高人民法院刑事审判第一、二、三、四、五庭主办:《中国刑事审判指导案例(危害国家安全罪、危害公共安全罪、侵犯财产罪、危害国防利益罪)》,法律出版社 2009 年版,第 54 页以下。

在刑法条文中,行为不一定都是用要么作为、要么不作为的形式来规定的。刑法条文在一个犯罪构成中,有可能同时使用作为与不作为来规定犯罪客观方面的危害行为,持有就是一种典型的例子。例如,在我国《刑法》第 126 条之六非法持有宣扬恐怖主义、极端主义物品罪,第 128 条非法持有、私藏枪支、弹药罪,第 172 条持有假币罪,第 348 条非法持有毒品罪,以及第 352 条非法持有毒品原植物种子、幼苗罪等犯罪中的持有,都是两个动作的叠加:取得(作为)加不放弃(不作为)。持有型犯罪经常是进一步犯罪之前的准备,刑法条文对这类持有行为的禁止,实际上就是把这类预备性或者未遂性行为直接犯罪化了。

现代刑法学区分作为与不作为,主要有以下的重要意义:

第一,明确危害行为的完整含义。危害行为是一种人的行为。在作为的情况下,人的行为由于有各种积极的动作表现,因此比较好认识。在不作为的情况下,人是处于消极状态,肌肉和神经活动甚至可以处在静止状态。但是,如果对不作为完全不加处罚,对犯罪客体或者法益的保护就会存在严重的漏洞,因此,不作为应当处于刑法规定的危害行为的范畴之中。

第二,确定不作为承担刑事责任的条件。不作为是一种行为的特殊形式。如果完全不加限制地处罚不作为,刑法条文对犯罪的限制性规定就有失去意义的危险,罪刑法定原则就可能遭受破坏。同时,不作为在很多方面都与作为不同,积极地打死人和消极地不救护人,在因果关系、故意、主犯与从犯、确定"着手"等方面,都有着重要的区别。作为在原则上是任何人都可以实施的,除非刑法对行为人的主体身份有特殊要求,但是,不作为在原则上只能由负有避免结果出现义务的人实施。因此,不作为在什么时候可以成立,不作为应当对什么样的结果负责,就有必要专门限定。

二、不纯正不作为的概念与意义

根据刑法的规定,可以把不作为分成所谓的纯正的不作为与不纯正的不作为。

纯正不作为是指那些根据刑法规定只能由行为人以不作为形式来实施的危害行为,例如,我国《刑法》第 395 条规定:国家工作人员在境外的存款,数额较大,隐瞒不报的,就构成隐瞒境外存款罪。

不纯正不作为是指那些根据刑法规定既可以由行为人以不作为来实施,也可以以作为形式来实施的危害行为,例如,故意杀人罪,可以使用刀劈斧砍等作为形式来实施,也可以使用不给食物,将其饿毙的不作为行为来实施。

虽然纯正的不作为和不纯正的不作为的界限划分在刑法学中存在着争论,但是,这个划分仍然有意义。在纯正不作为的情况下,由于纯正不作为是刑法明确规定的,因此,不仅"什么也没有做"本身就是刑法明文规定禁止的,而且特定刑法条款中对该罪适用的刑罚幅度,可以专门适用于这种只能以不作为形式实施的犯罪。在不纯正不作为的情况下,由于不纯正不作为是与作为一起在一个刑法条文中规定的,而这个刑法条文对犯罪所应承担的刑罚幅度又是以作为为标准设定的,因此,对以不作为形式实施的行为,在是否应当进行处罚以及是否应当与以作为形式实施的犯罪有所区别,就都值得认真考虑。

作为与不作为虽然有区别的必要性,并且,一般可以比较容易地从积极或者消极的动作方面加以区分,但是,当一个危害行为可以从多种角度进行评价时,就容易产生争议。在上面提到的王仁兴案件中,人们似乎既可以说王仁兴是作为(解开了航标船的钢缆绳),又可以说王仁兴是不作为(没有救助航标船)。争论甚至会发生在对刑法规定的认识中,例如,隐瞒境外存款罪就是由国家工作人员在境外数额较大的存款(作为)和隐瞒不报(不作为)两部分组成的。

现代刑法学为了解决作为与不作为的区分标准问题,曾经提出过"行为重点理论",主张考察行为是在哪一方面对社会发生了重点影响的,或者"行为核心理论",主张根据行为中是否存在着对核心事件能够发挥因果作用的某种积极作为,以此来区分作为与不作为。但是,这些理论都有缺陷,因为重点的标准不仅很含糊并且是一种感觉上的判断,行为核心在不同案件中会导致不同的结果。例如,在救援案件中,甲剪断了乙扔给落水的丙的绳索,是作为;拿着应当扔给丙的绳索而不扔出的,是不作为;扔出后又收回丙本来能够抓住的绳索的,是不作为;等等。很明显,作为与不作为的区分不可能单纯地根据经验解决,而是一个价值评价问题,因此,这个问题需要根据具体案情加以判断。

对不作为的考察与判断,都以两个条件为前提。

第一,危害结果已经发生。例如,有人在房屋着火的事件中死亡。如果没有发生危害结果,对不作为的考察就没有意义。

第二,不存在行为不能的情况。行为不能是指行为人不具有采取行动的能力。行为不能可能是技能性的,例如,不会游泳的人对于救护溺水者是行为不能,但是,对于有可能呼叫救援而不呼叫的就不是行为不能;也有可能是物理性的,例如,距离太远无法看见,或者在荒野中无设备、药品而无法救助重伤员,就都是行为不能。总之,行为不能可以出现在行为人没有能力满足法律要求而行动的各种情况下。一个人虽然自己无力救火,但是他本来能够阻止妻子纵火的,就有可能由于不作为而被追究放火罪的刑事责任。但是,一个人在火情面前不用手捧水去灭火,因为当时这肯定是杯水车薪无济于事,因而只能无可奈何地呆立不动的,就不存在对救火行为的不作为。① 然而,在认识错误的情况下不是行

---

① 参见 Claus Roxin, *Strafrecht Allgemainer Teil*, Band II, Verlag C. H. Beck, 2003, S. 631. 本节的其他内容也参见此处。

为不能,例如,父亲没有注意到自己的孩子处于危险之中,或者在当时一时想不起来客观上存在的救援措施而没有行动的,不能改变不作为的存在,而只能根据情况考虑是否能够排除主观要素。

三、不作为与作为的等同标准

严格地说,区分作为与不作为的界限,最重要的是区分作为与不纯正不作为的界限,因为在纯正不作为的情况下,对不作为的追究正好就是符合罪刑法定原则的。然而,由于刑法是以作为形式为标准规定犯罪行为的,在不纯正不作为的情况下如何追究才不违反"法律没有明文规定为犯罪行为的,不得定罪处刑"的规定,就会成为非常重要的问题。

对于不纯正不作为的追究如何才能符合罪刑法定原则而不会受到类推的批评,现代刑法学主要采取了三种方法:一是在刑法中明确规定不纯正不作为的处罚条件。例如,《德国刑法典》第 13 条第 1 款规定:"行为人应当防止一种属于刑法规定的行为构成的结果而不作为的,根据本法,仅仅在他对这个结果的不出现负有在法(rechtlich)上的保证责任,并且,当这种不作为相当于通过一个作为实现了这个法律(gesetzlichen)规定的行为构成时,才应当受到刑罚。"二是在刑法中明确规定体现不纯正不作为的各种行为表现。例如,《国际刑事法院规约》第 25 条规定,"命令""帮助、教唆或以其他方式协助"实施国际犯罪的;第 28 条规定,军事指挥官"没有行使适当的控制"防止或者制止国际犯罪发生的,应当负刑事责任。① 三是在刑法没有明确作出这样规定时,在司法实践中采用了与这样规定相当的标准来限制对不纯正不作为的认定。虽然在是否由刑法明确作出规定方面,三种方法之间存在着区别,但是,在现代刑法学中,这些方法贯彻的基本是同一个标准:不纯正的不作为只有在相当于也就是等同于作为时,才应当受到刑罚惩罚。

在现代刑法学中,关于不作为(主要是不纯正不作为)在什么情况下等同于作为的问题,经历了三个主要发展阶段。

第一个阶段是不作为犯罪的产生阶段。在追究不作为犯罪的早期,在刑法上强调的是法律根据。德国刑法学者费尔巴哈在其 1847 年的教科书中就曾经指出:"只要一个人有权对我们的活动发表真实的意见,在这个范围之内,就存在着不作为犯罪……但是,由于这种对公民原本的约束仅仅开始于不作为,因此,一个不作为犯罪就总是以一种特殊的法的根据(法律或者合同)为条件,通过这种法的根据,对实行的约束才得以建立。没有这种法的根据,人就不会通过不作

---

① 王世洲主编:《现代国际刑法学原理》,中国人民公安大学出版社 2009 年版,第 310、351、375 页。

为而成为罪犯。"不过,在19世纪的刑法理论和刑法典中都还没有清楚地区分纯正的不作为与不纯正的不作为。

第二个阶段在第二次世界大战之前就稳固地形成了。这时,在法律根据的基础上,刑法逐渐进一步明确了追究不作为的根据是法律义务。因此,以"法律、合同和先行行为"为义务的三大来源的"形式性法律义务理论"就逐渐发展起来并且在1930年前后处于主导理论的地位。后来,虽然有"职务上和业务上的要求"和"紧密生活共同体与危险共同体"等根据的补充,但是,这个理论长期得到刑法理论与司法实践的认同,在英美法系和以前苏联刑法学为渊源的刑法理论中仍然居于主导地位。

第三个阶段与第二阶段的发展是交叉进行的。由于"紧密生活共同体与危险共同体"被承认作为义务的来源,刑法面临着新的问题。那些在夫妻、家庭等共同生活中或者在共同参与登山、探险等危险活动中形成的义务,经常不是法律和合同规定的。例如,未结婚而同居者之间的保护义务;儿子在父亲面对谋杀时所应当承担的保护义务,就与父母对儿子、或者夫妻之间的关系不一样,也就是说,儿子对父亲如果不承担监护人的义务,他所负的赡养义务就不包括保护父亲免遭谋杀的义务,但是,即使法律没有规定,从社会道德中也仍然可以引导出儿子有防止父亲被杀的义务。因此,在紧密生活共同体中彼此联系在一起的人们之间应当彼此照料身体和生活的那种风俗性义务,也被承认为追究不纯正不作为的根据。在这种背景下发展起来的"保证人地位"的概念开始逐渐取代了"法律义务"的概念,虽然前者并没有否定后者的意义。从此,即使没有法律规定或者合同约束,共同体成员对于陷入身体或生命危险而自己又无力抵御这种危险的其他成员也负有救援的义务。

▶▶▶ **案例**[①]

被告人宋福祥酒后在家与妻子李霞发生争吵厮打,李说:"三天两头吵,活着还不如死了。"宋答道:"那你就去死。"在邻居劝解之后,在两人又发生争吵的过程中,宋不仅在李寻找自缢绳索时无动于衷、放任不管,而且在听到凳子倒地后,起身到离现场一里外的父母家找人。等家人赶到时,李霞已无法挽救。宋福祥是以不作为方式实施故意杀人吗?

---

① 中国高级法官培训中心、中国人民大学法学院编:《中国审判案例要览》(1996年刑事审判案例卷),中国人民大学出版社1997年版,第34页以下。

可以说,"保证人地位"的理论是在"法律义务"理论基础上对不作为责任的进一步限制。在1960年之后,"保证人地位"的理论就逐渐成为刑法学的主导理论,并且逐渐根据保证义务的不同,形成了保护性保证人和监护性保证人两大类。

保护性保证人的特点是对防止自己身旁的法益遭受危险负有义务。这种保证人地位典型地产生于以下情况:保护的对象是与自己有着紧密联系的人,例如父母在孩子生病时必须找医生;或者是自己属于其中成员之一的危险团体和共同生活团体,例如登山者必须照顾自己结组中受伤的人;或者自己在事实上已经接过了保护义务,例如在帮助残疾人过街时不能将其置于马路中间不管;或者是负有特别义务的政府官员或者法人组织,例如环保局局长就必须对自己知道的违法的水污染行为采取行动。

监护性保证人的特点是防止自己看护的危险源对他人或者社会造成危害。这种保护人地位典型地产生于以下情况:避免使第三人受到侵害的义务,例如父母必须阻止自己的孩子向过往的汽车投掷石头;避免在自己负责的领域中使人受到侵害的义务,例如在自己的管辖区域中承担保证交通安全的义务——挖了建筑基坑后就必须负责将其填平;在自己违法的先行行为之后承担救护的义务,例如汽车司机过失造成行人重伤后就必须叫救护人员进行救治。

不纯正的不作为在什么情况下等同于作为的问题,或者不纯正不作为在什么情况下应当受到刑事惩罚的问题,目前仍然处于发展之中。但是,仅仅根据法律规定、合同约定或者先行行为来确定不纯正不作为的义务,已经明显不能满足社会发展的实际了。在法律义务中,例如,民事法律中规定的侵权损害赔偿责任是否以及如何能够直接用于刑事责任,就一直受到怀疑;在合同义务中,例如,登山向导在活动开始时违反义务没有出现,任由游客自行上路并且遇险,能够说这名向导就应当通过不作为承担伤害甚至杀害的责任吗?同样,如果这名向导确实陪伴游客登山,即使有关合同由于双方发生分歧而无效,能够说这名向导就不再处于保证人地位了?而先行行为所产生的"义务"恰恰在"法律上"是不清楚或者难以直接适用于刑事责任的!在紧密的生活共同体或危险共同体问题上,司法实践实际上就已经是自己放弃了法律义务标准。因此,从保证人地位来判断(不纯正)不作为与作为的等同性,是比较恰当的。

在这个方面的最新发展是所谓的"对结果之原因的控制理论"。这种理论认为,由于对不作为的惩罚只有在等同于作为的情况下才能进行,因此,与以作为方式实施的实行性犯罪所具有的"行为控制性"特征相似,对不作为必须采纳与之相近的标准才是正确的。"对结果之原因的控制"恰当地反映了行为人不为处于自己控制(保护、监管、庇护)之下的被害人提供保护而导致结果发生的情况。

因此,"对结果之原因的控制"可以作为所有保证人地位的标志。当然,这种"控制"也可以分为"保护性控制"和"监护性控制"两种形式。这种理论不仅与刑法的因果关系理论相一致,而且能够使不作为在满足罪刑法定原则确定性要求的情况下达到最接近等同于作为的程度。

不作为犯罪是一种义务性犯罪,也就是说,行为人应当受到刑罚惩罚,是因为他在当时处于保证人的地位,而不实施自己当时应当实施特定行为的义务,而如果他实施了当时保证人地位和有关义务所要求的行为,危害结果就不会发生了。特殊的情况会出现在所谓的义务冲突的情况下。义务冲突是指行为人同时面临两种以上的行为义务,在事实上只能以牺牲其中一种义务的方式才能满足另一种义务的情况。

▶▶▶ **案例**

医生张某接到突患心脏病的病人李某家人的电话后,驱车前往救治。但是在途中,发现刚出车祸受伤严重的钱某躺在马路上奄奄一息,张某赶紧对钱某施以急救,但是,等他再赶到李某家时,李某已经死亡。张某对李某的死是不作为吗?

▶▶▶ **案例**

在重大灾害降临之际,负有组织管理责任的干部擅离职守,回家救护自己的家人与财产,致使当地救灾工作失去领导而出现本来可以避免的重大损失。这名干部可以以义务冲突为自己的行为辩护吗?

关于义务冲突中的责任问题,通常使用正当化或者免责的理论进行说明。一般认为,使用正当化的理论比较合适,因为在行为人履行的义务具有更高甚至同等价值的情况下,他的行为都是正当的,不应当承担刑事责任。使用免责的理论进行说明可能会产生问题,因为行为人在当时紧急情况下所做的事情不能说是不法的,一方面他无论如何也不能完成这种不可能完成的事情,另一方面他无论如何还是履行了两种义务中的一种了。

在不作为理论中,刑法理论清晰地表现出与时俱进的特点,不仅社会的发展在推动着不作为理论的前进,刑法理论本身的发展也必须符合社会发展的要求。

第四节　因果关系与客观归责

从一般的意义上说,因果关系是指不同现象之间引起与被引起的关系。在行为之后发生的现象,可能是该行为引起的,也可能与该行为无关。因此,查明行为与其之后发生的现象之间存在的因果关系,在刑法学中,也就是查明表面上符合刑法规定的危害行为与危害结果之间的引起与被引起关系,就能够成为行为人承担刑事责任的客观基础。当然,这种负责还不是罪责或者刑事责任。在刑法上的因果关系确立之后,犯罪的完全构成还有赖于主观方面要件的满足,犯罪的完全成立还取决于是否存在正当化与免责的情况。

因果关系的发现,可以追溯到遥远的古代。例如,在我国《唐律》中,就已经有了所谓的"保辜"制度:"诸保辜者,手足殴伤人限十日;以他物殴伤人者二十日,以刃及汤火伤人者三十日,折跌支(肢)体及破骨者五十日。限内死者,各依杀人论;其在限外及虽在限内,以他故死者,各依本殴伤法。"[1]在普通法中,也有所谓的"一年零一天规则"(year-and-a-day rule),规定被害人死于行为之后一年零一天之内的,构成杀人罪;死于一年零一天之外的,不构成杀人罪。[2] 在现代刑法学中,因果关系的理论不断发展,近几十年来,客观归责的理论具有了很大的影响力。[3]

一、因果关系与归责关系概述

在客观事物之间,因果关系究竟是否以及如何存在,是近现代自然科学和哲学面临的一个难题。量子物理学通过对微观世界的研究指出:原子之间的运动不是受因果关系支配的,而是一种只能通过统计揭示的概率来说明的现象。爱因斯坦的相对论通过对宏观世界的研究表明:当前事件的因果顺序现象仅仅在非常有限的范围内才是有意义的。革命导师恩格斯也指出:"原因和结果这两个观念,只有在应用于个别场合时才有其本来的意义;可是只要我们把这种个别场合在它和世界整体的总联系中来考察,这两个观念就汇合在一起……"[4]然而,在法学领域中,面对日常的生活世界和法律的有限范围,因果关系在经受实践经

---

[1] (唐)长孙无忌等撰:《唐律疏议》,刘俊文点校,中华书局1983年版,第388—389页。
[2] 参见 Bryan A. Garner (Editor in Chief), *Black's Law Dictionary*, 8th Edition, Thomson/West, 2004, p. 1646.
[3] 本节的内容,除了专门的注释之外,参见〔德〕克劳斯·罗克辛著:《德国刑法学总论》(第一卷),王世洲译,法律出版社2005年版,第230页以下。
[4] 参见〔德〕恩格斯著:《自然辩证法》,载《马克思恩格斯选集》(第3卷),人民出版社1972年版,第552页。

验检验的基础上,虽然一直得到人们的信赖,但是,在法学领域中使用因果关系时,仍然有许多情况是不清楚的,例如,究竟是什么在因果关系中"起作用",这种作用又是怎么发生的。

> ▶▶▶ **案例**
>
> 甲伤害了乙,乙在去医院的途中遭遇雷击而死亡。甲应当承担什么责任?

因此,因果关系作为一种以经验为基础而能够符合确定规则发生的现象,虽然具有可预计性或者可解释性,然而,在刑法上确定一个人实施的行为能否成为一个危害结果的"原因"时,法官们并不是在"发现"因果关系,而是在"选出"因果关系。这种经过挑选而被选中的刑法上的因果关系,就不仅必须符合自然科学的理论知识,更重要的是还必须符合刑法的规定。更清楚地说,在现代刑法学中,因果关系与归责关系是两个相互联系又相互区别的概念。一方面,因果关系是指行为与结果之间的相互继起的自然关系;另一方面,归责关系是指危害行为与可归责于它的结果之间符合法律规定的关系。可以说,没有因果关系就没有归责关系,但有因果关系也不一定就有归责关系,因果关系是归责关系的最大边界。

二、因果关系与归责关系的种类

在刑法学中,因果关系与归责关系的理论经历了长期的发展演变过程。在现代刑法学中存在的因果关系与归责关系理论主要有以下几种。

(一)必然因果关系

必然因果关系是指原苏联以及俄罗斯刑法理论采用的因果关系理论。必然因果关系对我国刑法学有着长期的影响。这种理论具有以下特点:[①]

第一,必然因果关系明确主张以哲学因果关系为指导,认为刑法学中的因果关系就是哲学因果关系在刑法学领域中的应用。

第二,必然因果关系强调因果关系的客观性,认为刑法因果关系是客观存在的,不以人们的主观意志为转移。因此,对刑法因果关系的判断,必须从客观实际出发,深入调查研究,必要时还必须依靠科学鉴定,不能以行为人是否认识到

---

① 参见杨春洗、甘雨沛、杨敦先、杨殿升等著:《刑法总论》,北京大学出版社1981年版,第131页以下。

自己的行为可能造成某种结果为标准,更不能以司法工作人员缺乏根据的主观推断为定论。

第三,必然因果关系强调因果关系的相对性,不仅强调作为原因的现象必须先于作为结果的现象出现,而且强调刑法因果关系的目的是为了从复杂的社会现象抽取特定的环节,以服务于刑法解决行为人刑事责任的目的。

第四,必然因果关系强调因果关系的必然性,认为在各种现象多种多样的联系中,只有当危害行为与危害结果之间存在着内在的、必然的因果关系时,才能成为刑事责任的客观基础,偶然因果关系只有在极特殊的案件中,作为必然因果关系的补充,才有存在的意义。

▶▶▶ **案例**[①]

甲夜里在路上持刀拦截下班女工乙,意图强奸。乙突然挣脱逃跑,在十字路口时,过路的卡车司机丙刹车不及,将其撞死。甲的行为与乙的死亡有因果关系吗?什么样的因果关系?

必然因果关系强调因果关系的客观性,否定行为人主观心理状态对因果关系的影响,坚持着因果关系的客观属性。但是,尽管承认了刑法因果关系具有目的性,特别是承认刑法因果关系必须是必然的,然而,必然因果关系仍然没有明确承认刑法因果关系是归责的产物。因此,在必然因果关系不承认归责关系的情况下,甚至很难说明一些常见的问题。

▶▶▶ **案例**

母亲甲因为孩子生病上医院,医生乙工作马虎,给孩子开错了药,药剂师丙也不认真,照单给药,甲回家后给孩子喂药后,结果造成孩子死亡。甲的喂药与孩子的死亡之间是必然因果关系吗?应当被归责吗?

另外,必然性本身的标准问题,尤其是在必然因果关系容忍了(即使是有限的)偶然因果关系之后,也仍然存在着无法明确的问题。

(二)等值因果关系

等值因果关系也称条件因果关系。这种理论认为,在与产生结果有关的无

---

① 高铭暄主编:《刑法学》,北京大学出版社 1998 年版,第 80 页。

数条件之下,无法选出可以作为结果的条件,因此,所有这些条件就将被全部看成是具有同等价值的。等值理论因此而得名。等值理论经常使用的公式是"想象不存在"或者"不能不考虑",也就是说,导致一个结果的各种条件,在这个结果没有被取消就不能想象这些条件不存在时,都应当看成是原因。等值理论在德国刑法理论中长期得到运用。

等值理论有两个方面的优点:一是,这种理论在历史上宣告了各种根据不同法学评价标准来选择因果关系的个别化因果理论都是不合适的,例如,在主张"最起作用的那个条件"中,不仅这个条件本身,还有应当考虑的条件范围,都不能恰当地确立。二是,这种理论指出,刑法中考虑的原因不是存在于与一个结果有关的所有条件的总和之中,而是存在于各个具体的条件之中。因此,等值理论是一种不同于哲学意义的法学理论。

但是,等值因果关系也主要面临着两方面的难题:

一方面,等值理论会产生所谓的"祖父理论"。例如,司机喝了酒之后控制不了方向盘而把汽车驶上了逆行道,结果撞上了迎面驶来的另一辆汽车。根据"想象不存在"或者"要不是"的说法,喝酒是这场事故的原因,因为如果这个人不喝酒,那么,他的车本来就会在正确的道路上行驶,这个事故也就不会发生了。但是,根据这个公式,不仅事故的被害人,而且汽车的生产厂家、道路建设者、摩托的发明人,乃至被告人的祖父,也都会是原因,因为可以想象,要不是他们,这个事故本来就不会发生!

另一方面,等值理论仍然无法解决以下五个方面的因果关系:

第一,反常型因果过程。被害人不是死于射击,而是死于在医院里的伤口感染。

第二,累积型因果过程。甲和乙互不知情地均在丙的杯里放了毒药,丙喝后死亡。

第三,选择型因果过程或者双重型因果过程。甲和乙互不知情地均在丙的杯里放了毒药,每一粒毒药都会导致丙的死亡。丙喝后死亡。

第四,假定型因果过程。甲绑架了乙并杀害。但正是在这时,乙家却正好被丙所炸。如果乙没有被绑架,他本来也会死在家里。

第五,超越型因果关系。甲在乙喝的水中放了毒药。但在毒药发生作用之前,乙就被丙枪杀了。

在这五种情况下,难道被告人不可以通过主张"想象自己不存在"来抗辩自己的行为与结果之间没有因果关系吗?

(三)符合法则的理论

符合法则理论在很大程度上是为了帮助解决等值理论所面临的困境而发展

起来的。符合法则理论认为,一个行为与一种在其之后发生于外部世界的变化,只有在根据我们所知道的自然法则必然地联系在一起,并且,这种变化表现为符合行为构成的结果时,才能成为原因。符合法则理论对查明真正的因果关系并没有提供帮助,但是强调了应当通过准确的自然科学方法(主要是实验)来证明因果关系。在缺乏客观的自然科学证明时,符合法则理论不仅不允许法官使用主观确信来确定因果关系,而且在使用学术上多数人的意见时,也主张只能在学术上不存在日益增长的严重怀疑时,才可以审慎地承认这种因果关系。

根据符合法则理论,虽然取得的结论与等值理论一样,但是,在许多案件中,由于有科学实验的帮助,可以为结论提供更好的根据。

(四)适当理论

适当理论也称意义重大理论。这种理论最早是德国逻辑学家和医学家约翰内斯·克里斯(1853—1928年)提出来的,先在民法中发挥了很强的影响,在第二次世界大战之后才逐渐在刑法中得到应用。最早,在刑法学中,适当的标准仅仅用于结果加重犯罪,以便使行为人的行为不再成为无法预见的和没有过错的严重结果的原因。后来,适当理论还被用来剔除不寻常的条件,以避免等值理论的无限追溯和荒诞结论,例如,行为人的祖先在刑法上就从来不是危害行为的原因,事故的肇事者也不再是被害人在医院火灾中死亡结果的原因。

经过几十年的发展,今天的适当理论所主张的基本公式是:当一个条件以不是不重要的方式提高了结果出现的可能性时,当一个行为引起这样一种结果不是完全不可能时,这个条件就是(对结果)适当的。在日本刑法理论中,这种理论被称为"相当因果关系"并得到了很大的运用。[①]

在适当理论的发展过程中,一直有着所谓的立场之争,也就是说,适当不适当的问题,应当是从事前还是事后的立场,从行为人还是第三者的立场,甚至应当以什么样的知识水平来进行判断?现代刑法学在适当理论的立场方面,目前普遍主张所谓的客观和事后预测的立场。这种观点要求,法官必须在事后(即在刑事程序中)处于一个行为被评价之前的客观观察者的立场上,运用一个有关交往圈子里理智的自然人的知识,加上行为人的特殊专门知识,来进行判断。例如,甲鼓动乙去旅行,结果飞机由于炸弹爆炸而坠毁了。在这个案件中,甲对乙的死亡不是适当的条件,因为一位理智的平均智力的观察者在飞机起飞前,也认为这样的事件极不可能发生。不过,如果甲已经知道,有人计划在这架飞机上安装炸弹,那么,情况就不同了,任何一名理智的人都会根据这个特殊的信息作出

---

① 参见〔日〕西田典之著:《日本刑法总论》,刘明祥、王昭武译,中国人民大学出版社2007年版,第76页以下。

这趟旅行将非常危险的评价,或者说,甲就是乙的死亡的适当条件。

适当理论的问题,首先在于"理智的""客观的"这些条件难以确定,这些空洞的要素不仅与罪刑法定原则不相符合,而且在概念上也很成问题。例如,由于进行预测需要特殊的知识,因此,这种预测就不会是纯粹客观的,而是与行为人相联系的。另外,这种预测是事前还是事后进行,其实都不重要。重要的是,适当理论其实是一种归责理论,而不再是一种因果理论,因为这个理论关心的不是一个情节在什么时候成为一个结果的原因,而是在试图回答:哪一些情节在法律上是有意义的并且是能够向实施该行为的人归责的。然而,适当理论没有清楚地展示自己相互支持的两个思想步骤:首先,确定一种符合法则的条件关系;然后,审查这个关系对于犯罪的构成是否有重要意义。因此,准确地说,适当理论是在补充等值理论。

另外,从归责理论的角度看,适当理论还是很不充分的。适当理论虽然能够恰当地排除不寻常的因果过程,例如,甲被乙伤害之后,死于医院的火灾,或者死于无法预见的血友病,等等,然而,在其他一些应当排除归责的情况下,适当理论是有缺陷的。例如,在医生为了延缓病人不可避免的死亡而实施的身体伤害时,在行为人以危险方式超车造成被超车人心脏病发作死亡时,在行为人没有履行检查义务造成了本来无论如何也检查不出来的结果时,等等,在这些情况下,行为人的行为可以立即肯定为一种适当的条件,但却应当拒绝可归责性。因此,适当性就成为归责理论中的一种重要要素。在归责理论发展之后,这个理论就成为其中的一部分,不需要成为一种专门的理论。

(五)事实原因与接近原因

准确地说,事实原因与接近原因是一组原因,由事实原因与接近原因共同组成。这种因果关系理论在英美刑法理论中,一直到今天仍然还占据着主导地位。这种因果关系具有以下特征:

第一,这种因果关系理论是以行为和罪过之间具有一致性(concurrence)为前提的,即行为必须是有可能归责于罪过的。如果行为的发生与行为人的心理无关,就失去了在刑法上讨论因果关系的基础。[①]

第二,这种因果关系理论由事实原因与接近原因组成,只有在两种原因都得到确立之后,才能使行为人承担刑事责任。事实原因一般要求与"想象不存在"非常类似的"要不是"(but for)检验。要不是被告人的行为当时就不会产生那个结果的,被告人的行为就是原因。例如,甲射杀了乙。如果没有这个射击,乙在那个时候本来就不会死,那么,甲的射击就是乙死亡的原因。在事实原因的基础

---

① 参见 Joshua Dressler, *Understanding Criminal Law*, 4th Edition, LexisNexis, 2006, p. 197.

上,还需要判断行为人的行为是否构成接近原因(proximate cause)。接近原因也称为法定原因或者近因,是在遵循常识、道德和正义观念等政策性考虑的基础上选择出来的。①

第三,在这种因果关系理论中,无论是事实原因还是接近原因的判断,都已经形成了一系列具体的复杂要求与规则。

在事实原因部分,在"要不是"检验的基础上,最基本的构成要求还有两条:

第一,事实原因应当是"实质因素"(substantial factor)。例如,甲砍了乙一刀,刀口只流了几滴血,但丙另外给了乙一枪,枪伤造成大出血使乙死亡。虽然很难否认甲的行为不是一种"要不是"行为,但是,只有丙的行为对乙的死亡才是实质性的。

第二,加速结果发生的行为也是事实原因。例如,乙已经受了重伤濒临死亡,甲再向乙开枪,使乙立即死亡,这时,甲的行为也是乙死亡的事实原因。虽然乙本来无论如何也会很快死去,但"要不是"甲的行为,乙本来也不会"在那时和像那样"死的。甲仅仅是加速了一个不可避免事实的发生,但这并不重要。不过,如果乙是在被甲击中之后以其他方式死亡的,那么,加速行为是否仍然是事实原因就存在着争论。然而,同时发生的行为不是加速行为,而同样都是事实原因。例如,甲乙两人同时向丙开枪,丙当场死亡。医学检验证明,两枪中的任何一枪,都足以使丙当时就死去。这样,甲乙两人的行为,就都是丙死亡的事实原因。

接近原因原来是为了解决行为人所期待的结果以没有预料的其他方式产生的问题,经过长期发展,现在已经成为在美国承担刑事责任时必须确认的因素了。在接近原因部分,需要解决的问题是,行为人所期待的后果与在实际上所出现的一切之间存在的区别,是否足以"打破因果关系的链条"? 在这个部分中,最基本的规则主要有以下几条:

第一,转故意不是接近原因的问题。例如,甲本来想伤害的是乙,但实际结果却是伤害了丙,这不是接近原因的问题,而是转故意的问题。

第二,行为与其产生的所有自然和可能的结果之间,在不存在其他足以打破因果关系链条的干预性因素时,这个行为本身就是近因。例如,甲明知自己的力量很大而仍然重击了乙,致使乙在失去知觉后被自己的呕吐物呛死了。尽管甲没有预料到乙会以被呛死这种方式死亡,但是,乙的死亡是甲行为自然和可能的结果,因此,甲的打击行为就是乙死亡的近因。甲不能由于自己想造成的损害是以一种没有预见的方式引起的而被免除责任。

---

① 参见 Joshua Dressler, *Understanding Criminal Law*, 4th Edition, LexisNexis, 2006, p. 201.

第三，能够打破因果关系链条的替代性因素，必须满足三个基本条件。一是干预性，即这个因素必须是在行为人的行为之后才出现，先前存在的条件不能成为替代性因素。由此可以排除血友病等条件。二是无法预见性，即这个因素必须本来是行为人在行动时无法预见的。例如，甲开枪击中乙之后，在医院里，手术不成功不是替代性因素，因为手术风险是可以预见的；但是，医院严重的过失或者糟糕的管理而构成的医疗不当行为，以及染上猩红热这样无法预见的疾病（但不能是在该种疾病爆发期）的，就会由于不具有预见性而成为替代性因素。另外，被害人在行为人严重侵犯自己之后，例如被强奸之后服毒自杀的，被认为是对甲所创设的令人极其痛苦情形的一种正常反应，因而是可以预见的。三是单独与直接性，即作为干预性因素，必须是一个结果单独与直接的原因。例如，在甲重伤乙，让乙躺在地上等死时，丙又过来刺伤乙。两个伤口都大量流血，造成乙的死亡。丙的行为会由于没有成为乙死亡的单独和直接的原因，而不能成为一种替代性因素。

很清楚，由事实原因与接近原因组成的因果关系不是一种简单的因果关系，甚至也不仅仅是一种简单的归责关系，而是一种刑事责任条件，因为这种因果关系的满足经常就是刑事责任条件的满足。事实原因与接近原因不强调自身的客观性，而是要求与主观心理态度的一致性，同时强调常识与公正在认定接近原因中的意义，其实已经不是在单纯地检验因果关系是否存在，而是在直接审查使行为人承担刑事责任是否恰当！这在很多实际案件中虽然具有简明的优点，但是，这种因果关系理论，尤其是接近原因部分所具有的复杂性、技术性和不确定性，也一直受到美国刑法界的批评。美国《模范刑法典》就建议：在结果不是以行为人预想的方式出现之处，对于行为人公正地承担责任来说，只有在这个结果发生的方式隔得太远或者太出乎意外的情况下，才能认为行为人的行为不是造成该结果的原因。① 美国法院也认为，当结果在当时情况下"极其离奇"（highly extraordinary）地发生时，行为就不是原因。例如，甲试图抢劫银行，银行职员乙在试图按铃报警时意外触电死亡的，甲的行为就不是乙死亡的原因。然而，在甲抢劫银行后驾车高速逃跑时，警察丙使用直升机追击时不慎撞山殉职的，甲就要对丙的死亡负责了。

三、客观归责理论

客观归责理论是现代刑法学中最有影响的归责理论，因此，本书必须予以专门的说明。在现代刑法学中，归责的说法来自德文"Zurechnung"，原本的意思

---

① Model Penal Code § 2.03.

是，把一笔账算到一个人身上。在刑法上借用这个说法，表示把一种结果归咎于一个人。客观归责，就是把一种符合刑法规定的结果，归咎于一种符合刑法规定的行为。①

客观归责理论是最近几十年来得到很大发展的一种理论，然而，在法律上规定什么结果应当由什么行为负责的做法，却可以追溯到古代。我国古代唐律规定的保辜制度，规定以手足殴伤他人者，伤者在10日内死亡的要负杀人的责任，10日外死亡的则负伤害责任，就不仅是对因果关系的规定，更是对归责关系的设定。然而，在罪刑法定原则没有得到保障的时代里，这种归责的做法很容易导致司法专横。因此，在罪刑法定原则确立初期，依靠自然的因果关系来解决行为与结果之间的归咎问题，就成为顺理成章的事情。对自然因果关系的依靠，极大地压制了归责理论的发展。但是，当罪刑法定原则在世界范围内取得胜利之后，尤其是在自然因果关系在科学上的局限性以及有违罪刑法定原则的缺陷充分暴露之后，归责原理就开始了自身新的复兴。

客观归责理论首先是从结果犯罪发展的。现代刑法学首先探讨的是，在犯罪构成要求一个与行为人的行为动作相分离的、在时间上和空间上处于外部世界之中的结果时，如何将这个结果归咎于犯罪客观方面的一般规则。在此基础上，客观归责的原理也适用于各种危险犯罪，只不过在结果的位置上，可以使用结果性危险（在具体危险犯罪时）或者违反谨慎性甚至侵害了安全（在抽象危险犯罪时）来加以代替。

在过去的刑法信条学中，犯罪客观方面会由于危害行为对结果具有因果性而得到满足。如果在这种情况下刑事惩罚不恰当的，刑法学理论通常都使用否定主观心理态度的方法来免除刑罚。

> ▶▶▶ **案例**
>
> 甲在暴风雨就要来时，把乙派到森林里去，希望他会被雷劈死。如果乙不可思议地真被雷击中，甲的行为与乙的死亡之间有无因果关系？甲应当受刑事惩罚吗？

然而，在这种案件中，通过否定故意来规避刑事惩罚的观点是难以令人信服的。行为人在主观上所希望的与事情发生的经过完全符合。因此，在这种案件

---

① 关于"客观归责"中"客观"含义的一个很好说明，参见吴玉梅著：《德国刑法中的客观归责研究》，中国人民公安大学出版社2007年版，第124页。

中不应当适用刑罚的真正理由,应当是因为一个纯粹偶然造成的死亡不能在犯罪客观方面认定为刑法意义上的杀人。只有这样,才能说在这种案件中的故意不是杀人故意,而是以某种不受刑事惩罚的事情为指向的。

> ▶▶▶ **案例**
>
> 甲以杀人的故意对着乙开枪,但是,乙仅仅受了轻伤,但却在医院治疗期间由于火灾丧了命。

在这种案件中,虽然对甲的行为仅仅构成杀人未遂不会有争议,但是,如果认为甲对于乙的死亡结果缺乏杀人故意,因为甲要杀乙的故意必须包括具体的因果过程,那么,这种观点就有问题了。实际上,乙在医院由于火灾而死亡,在犯罪客观方面也不是由甲的杀人行为造成的。因此,甲完成的危害行为虽然是未遂,但仍然还是以杀人故意为条件的。然而,对于由火灾造成的死亡,只有在不将其看成一种犯罪构成意义上的"杀人"时,才能在犯罪构成的危害结果(即杀人)方面拒绝这个故意。因此,问题还是客观归责,而不是故意!

客观归责是一种归责,也是在因果关系基础上进行的。与因果关系不同的是,客观归责是在一种结果发生之后,在因果关系的范围中(也就是可能归责的最大范围之内),确定一种可以予以归责的危害行为。现代刑法学中的客观归责理论,与刑法的任务相符合。刑法保护法益,保护以其他手段不能保护的法益为目的。为了使受保护的法益免受不可容忍风险的威胁,就应当把超过法定的可允许风险并且造成了禁止性结果的人,作为不法的行为人进行刑事惩罚。这样,在把不法理解为一种以实现不允许风险的方式来造成对法益的损害时,现代刑法学也同时在进行着从本体到规范的转变,或者从实体事实关系到评价性目的设定的转变。这种转变是符合罪刑法定原则的发展要求的。

目前,在客观归责理论中发展出来的公认的归责原则是:当一个人为刑法保护的法益创设了一个不允许的风险,并且,当这个风险在一种被禁止的结果中实现时,只要他不具有正当化根据,那么,他就是刑法性不法的行为人。缺乏风险的创设,例如前面提到的暴风雨案件,将导致无罪;缺乏危险的实现,将取消结果的完成,只不过在可能的情况下,例如在前面提到的医院火灾案件中,有可能构成未遂。目前,在客观归责理论中形成的主要规则有以下几条[1]:

---

[1] 参见〔德〕克劳斯·罗克辛著:《德国犯罪原理的发展与现代趋势》,王世洲译,载《法学家》2007年第1期。

第一,减小风险的行为,应当排除归责。行为人在阻止一个更加严重结果的发生时,引起了一个较轻结果的,不能归责。例如,将刺向胸部的尖刀拨开但造成胳膊伤害的;没有说服罪犯完全放弃犯罪,但使他仅仅拿走一种比较不重要的赃物的;医生为了拖延病人不可挽救的死亡而实施的身体伤害,等等。在这种情况下,行为人没有为受保护的法益创设风险,而是在设法改善受保护法益的处境。

第二,缺乏风险创设的行为,应当排除归责。例如,在受邀外出作报告或者度假时,遭遇自然灾害或者意外事故而死亡的,邀请人虽然与事件有因果关系,但并没有实施符合犯罪构成的杀人。即使在邀请人对所发生的死亡是有意时,也不应当仅仅由于他的恶劣态度而受刑事惩罚。这个规则适用于一切意外发生的损害事件,因为在这些事件中都缺乏一种可归责的危险性创设。

第三,在允许性风险下的行为,应当排除归责。在日常生活中,例如,在道路交通、工业生产、体育比赛中,都存在着各种风险。这种风险,在确定的界限之内是可以允许的。只有在超越可允许风险而产生的结果,才是可以归责的,常见的是过失。但是,在明知会造成损害而超越风险的,甚至有可能存在故意的行为。

第四,与禁止超越风险的保护目的不相符合的行为,应当排除归责。例如,以危险方式超越他人的汽车,造成被超汽车的司机由于惊吓而发生心肌梗塞的,不应当作为身体伤害而归责于超车司机。在这里,虽然超越可允许的风险引起了心肌梗塞,但是,禁止超车的保护目的在于避免车辆相撞,而不是减少心肌梗塞的发生。因此,在超越可允许风险而出现结果时,只要这个结果的具体形式没有被禁止超越风险的保护目的所包括时,客观归责就应当被排除。

第五,在被害人有意识地自我损害时所发挥的共同作用,应当排除归责。例如,甲给乙毒品海洛因,接受海洛因的乙在知道风险的情况下自己注射了这种毒品并死亡,甲只应当为提供毒品接受刑事惩罚,但不应当由于过失的或者甚至是故意的杀人而受刑事惩罚。

可以说,客观归责理论是以刑法规定为界限,以行为人创设并且不为可允许风险所容忍的危险为条件的。目前,在现代刑法学中,虽然对于客观归责理论的排除归责的规则仍然还有争论,客观归责的适用范围也还在研究和扩大之中,但是,客观归责理论作为一种在因果关系理论中贯彻罪刑法定原则的革命,正在受到全世界刑法学界的日益重视。

第九章　犯罪构成的主观方面

现代刑法学的各种犯罪构造理论都要求故意或者过失，也就是说，犯罪构成必须具有行为人对自己实施的行为所造成的结果所持的主观心理态度。这种主观心理态度，在犯罪构成理论中被称为犯罪主观方面，或者与犯罪主体一起被称为犯罪主观要件；在行为构成理论中被称为主观行为构成特征；在英美刑法中被称为意图。

在犯罪成立的意义上，犯罪主观方面在传统上发挥着两个作用：一是区分不同的犯罪种类；二是说明犯罪的应受谴责性。通过故意或者过失来区分犯罪种类的做法，可以追溯到遥远的古代。例如，我国晋代法学家张斐就指出："知而犯之谓之故意。……不意误犯谓之过失。"我国《唐律》把杀人分为谋、故、斗、殴、戏、误、过失等七种，主要就是按照不同的主观心理态度来区分的。在司法实践中，由于犯罪的心理态度经常是最后查清的要素，在历史上就经常直接与犯罪的应受谴责性联系在一起，因此，犯罪的心理态度通常也被称为罪过。

从刑法历史看，以主观心理态度作为犯罪应受谴责性的根据，是刑法发展早期的做法。随着刑法的进一步发展，现代刑法学已经逐步将犯罪应受惩罚性的根据从犯罪主观方面转移到刑事责任能力以及根据刑罚目的所进行的评价上了。但是，罪过在区分犯罪种类方面的作用却一直保留下来，成为评判刑法规定的不同犯罪构成类型的主要根据之一。

第一节　犯罪主观方面概述

犯罪的成立不仅需要有客观上的损害，而且要有主观上的心理态度。这是现代刑法学的重要特征。在构成犯罪的各种要件中，犯罪的心理态度处于与物质世界相对的精神世界之中，无法用传统的自然科学手段直接查明，是真正的"主观"要件。

然而，根据罪刑法定原则，犯罪的主观心理态度也必须由刑法加以规定，因此，犯罪主观方面也是一个"规范的"概念。

首先，犯罪主观心理态度是一种以一定的心理过程为特征的概念。从心理学的角度看，人的心理态度是在动机与目的的作用下，由知（意识）、情（情绪）、意（意志）等因素组成的。其中，说明认识和分辨事物的意识因素，以及说明决定和控制自己行为状态的意志因素,是人的心理中的两个基本组成部分。目的在心理中说明了行为的指向,具有很强的确定性。但是,动机和情绪在心理过程中经常具有变动快和不稳定的特点。因此,意识因素和意志因素是刑法规定心理态度时不可缺少的成分,目的是一种用来确定特定犯罪成立条件的因素,动机和情绪则一般只能用作衡量犯罪严重程度尤其是刑罚严厉程度的因素。犯罪主观心理态度是刑法对特定心理特征加以规定的产物。

其次,犯罪主观心理态度是一种以特定的行为和结果为内容的概念。虽然在历史上,犯罪的心理态度曾经仅仅是形式上所要求的,但是,在现代刑法学经过目的行为论的发展之后,犯罪的主观心理态度已经在说明犯罪的客观方面具有了重要的意义。这一方面表现在刑法要求犯罪客观方面的内容就是行为人认识或者应当认识的内容,另一方面表现在刑法可以对组成犯罪客观方面的各种构成要素规定不同的心理态度。

> ▶▶▶ **案例**
>
> 行为人违反交通法规闯红灯,造成撞死行人的后果。检察官需要证明行为人知道自己在闯红灯吗?需要证明他希望撞死人的结果发生吗?如果他对撞死人的结果抱着无所谓的态度,还是交通肇事罪吗?

在刑法规定的犯罪主观心理态度中,从心理结构上看主要包括了意识因素与意志因素,从心理内容上看主要包括了行为与结果及其之间的因果关系。缺乏意识因素或者意志因素,故意或者过失就不能构成,从而使犯罪也不能构成。

在刑事司法实践中,对行为人主观心理状态的判断,就是通过与行为人所实施的行为以及所产生的结果有关的全部活动和情节来进行的。犯罪的主观方面,对于行为人来说是主观的,但对于司法工作人员来说,则是可以认识的客观存在的事实。在认定案件性质的过程中,查明行为人在客观上实施的危害行为的属性,必须与查明行为人在主观上所具有的心理态度的性质同步进行。与确定行为的属性需要查清各个情节尤其结果一样,确定行为人的主观心理态度也需要查清行为人对各个情节尤其是对结果的态度。对于刑法规定的描述性特征,例如,火车、汽车、枪支、弹药、人、妇女,等等,需要查明行为人是否感知这些特征;对于刑法规定的规范性特征,例如,造谣、诽谤、假药、不符合卫生标准的食品、虚假的或者隐瞒重要事实的财务会计报告、凶器、黑社会性质的组织,等等,不仅需要查明行为人对表明这些特征有关的基础性事实是否感知,而且需要查明行为人对表明应受指控行为的意义的情节是否感知。只有在完整掌握案件事实的基础上,才有可能对行为人实施的危害行为的性质以及行为人对危害结果的主观心理态度,作出正确的判断。

> ▶▶▶ **案例**[①]
>
> 被告人章浩为了弥补经营亏损,竟起了绑架勒赎的邪念。他谎称有人欠债不还,让自己承包酒店的服务员王敏参与绑架被害人吴艺光之子吴迪。王信以为真,帮助章将吴从学校骗出后关在酒店的储藏室中。被告人王敏有无绑架的故意?有无非法拘禁的故意?

现代刑法特别注重对结果的态度,认为对结果的态度是区分不同主观心理状态的关键因素。现代刑法学从心理结构上安排罪过的种类时,存在着两种主要派别,一派称为认识主义,强调的是意识因素,也就是以行为人是否认识行为尤其是结果作为区分不同罪过的主要标准。这一派观点主要被英美刑法采纳。另一派称为希望主义,强调的是意志因素,以行为人对结果是否抱着希望的态度作为区分不同罪过的主要标准。这一派观点主要被大陆法系刑法采纳。

我国《刑法》第14条规定:"明知自己的行为会发生危害社会的结果,并且希望或者放任这种结果发生,因而构成犯罪的,是故意犯罪。"第15条规定:"应当预见自己的行为可能发生危害社会的结果,因为疏忽大意而没有预见,或者已经预见而轻信能够避免,以致发生这种结果的,是过失犯罪。"因此,我国刑法在犯罪主观方面强调的也是对结果的态度,采取的基本是希望主义的观点。

在意识方面,我国刑法把行为人的意识分为有认识和无认识两种。有认识是指行为人对自己的危害社会的行为及其结果是有认识的。"明知自己的行为会发生危害社会的结果"、"已经预见"自己的行为可能发生危害社会的结果,都是有认识的表现。在第219条第2款中规定的"应知"[②]是一种推定认识,一般认为也是有认识的一种特殊形式。无认识是指行为人应当预见和能够预见自己的行为可能发生危害社会的结果,由于疏忽大意而没有预见。

在意志方面,我国刑法指行为人的意志分为希望、放任、疏忽、轻信等四种。希望是指行为人积极地有目的地追求危害结果发生的意志状态。放任是指行为人对由于自己的行为所引起的危害结果听之任之,不加控制和干涉的意志状态。

[①] 中华人民共和国最高人民法院刑事审判第一、二、三、四、五庭主办:《中国刑事审判指导案例(侵犯公民人身权利、民主权利罪)》,法律出版社2009年版,第456页以下。

[②] 我国《刑法》第219条第2款规定:"明知或者应知前款所列行为,获取、使用、或者披露他人的商业秘密的,以侵犯商业秘密论。"

疏忽是指行为人粗心大意、松懈麻痹，因而没有预见本来应当预见和可能预见的危害结果，以致发生危害结果的意志状态。轻信是指行为人盲目自信，过于轻率地选择和支配自己和行为，以致发生危害结果的意志状态。我国刑法学主要根据意志方面的特征，把我国刑法规定的罪过分为两大类：对结果持希望或者放任态度的犯罪故意与对结果持根本否定态度的犯罪过失。

我国刑法要求，任何犯罪的主观方面，都是有着具体内容的意识因素与这四种意志形式之一结合组成的，缺乏意识因素和缺乏意志因素，罪过都不能成立。第16条规定："行为人在客观上虽然造成了损害结果，但是不是出于故意或者过失，而是由于不能抗拒或者不能预见的原因所引起的，不是犯罪。"不能预见的原因是缺乏意识因素的情况，不能抗拒的原因是缺乏意志因素的情况，两种情况都不能形成刑法上构成犯罪所要求的主观心理状态。不过，意识因素与意志因素之间决不可能是随意排列组合的结果，两种心理因素之间存在着相互依存、相互制约的关系。例如，行为人如果在意识因素中没有认识危害社会的结果，那么，他在意志因素中决不可能表现为希望这种结果发生的意志状态。我国刑法对罪过中意识因素与意志因素之间结合关系的规定，是与人的心理活动规律相一致的，是与犯罪和刑罚的规律相一致的。

第二节　犯 罪 故 意

犯罪故意是我国刑法确定的罪过形式之一。根据第14条规定，犯罪故意是行为人在实施故意犯罪时的心理状态，也就是指行为人明知自己的行为会发生危害社会的结果，并且希望或者放任这种结果发生的主观心理态度。第14条第2款规定："故意犯罪，应当负刑事责任。"在我国刑法中，如果没有明确规定其他心理状态，危害行为就只能由犯罪故意实施才能构成犯罪。

从罪过内容上看，犯罪故意具有两方面特征：其一，在意识因素上，行为人明知自己的行为会发生危害社会的结果；其二，在意志因素上，行为人对危害结果的发生抱着希望或放任的态度。

根据意识和意志方面的不同情况，现代刑法学将犯罪故意分为直接故意和间接故意。

一、直接故意

直接故意是指行为人明知自己的行为会发生危害社会的结果，并且希望这种结果发生的心理态度。

在直接故意中，行为人对危害结果的发生是抱着追求的态度的，然而，刑法

第九章 犯罪构成的主观方面

也经常使用特定的"目的"(例如,第126条违规制造、销售枪支罪要求的"以非法销售为目的",第152条走私淫秽物品罪要求的"以牟利或者传播为目的",第175条高利转贷罪要求的"以转贷牟利为目的",第192条集资诈骗罪要求的"以非法占有为目的",第217条侵犯著作权罪要求的"以营利为目的",第239条绑架罪要求的"以勒索财物为目的",第240条拐卖妇女、儿童罪要求的"以出卖为目的",第276条破坏生产经营罪要求的"由于泄愤报复或者其他个人目的"),或者使用其他同样意义的词语(例如,第243条诬告陷害罪要求的"意图使他人受刑事追究",第269条按抢劫罪定罪处罚所要求的"为窝藏赃物、抗拒抓捕或者毁灭罪证")①,来表示行为人追求的特定对象。有明确法定的犯罪目的,是当然的直接故意,但是,直接故意并不需要有明确法定的犯罪目的。例如,在盗窃罪(第264条)、抢劫罪(第263条)、诈骗罪(第265条)等只能由直接故意犯罪的条文中就没有列明犯罪目的,然而,在刑法对这些犯罪所要求的"盗""抢""骗"等基本行为要件的要求中,可以符合逻辑和常识地明确:这些犯罪都需要犯罪目的。从有无明确法定的犯罪目的角度上看,可以把直接故意分为两类:有明确法定犯罪目的的直接故意和无明确法定犯罪目的的直接故意。

有明确法定犯罪目的的直接故意,在英美法系刑法中被称为"特定故意"②,在德国刑法中被称为"犯罪目的",并且单独成为一种罪过形式。我国刑法没有把犯罪目的单独列为一种罪过形式。但是,区分有明确法定犯罪目的的直接故意和无明确法定犯罪目的的直接故意之间的区别,是有重要的理论意义和实践意义的。两种直接故意之间的区别主要有两点:一是对行为人所追求的结果有明确的特别限制;二是对危害结果发生的可能性在主观上有不同的要求。对于有明确法定犯罪目的的直接故意,结果必须是行为人所追求的,同时,行为人只需要认识这个结果的发生具有很小的发生可能性。在无明确法定犯罪目的的直接故意中,结果如果不是行为人追求的,他就必须已经预见到一定会发生的可能性;结果如果是行为人追求的,他仅仅需要认识到结果发生的可能性。

---

① 容易误解的词语是"明知",例如,《刑法》第310条窝藏、包庇罪中的"明知"尚没有被一致地认为是对犯罪目的的要求,另外,《刑法》第138条教育设施重大安全事故罪中的"明知"表明的是对犯罪过失的要求。

② 参见 Jushaua Dressler, *Understanding Criminal Law*, 4th Edition, LexisNexis, 2006, p. 146. 不过,美国的"特定故意"(Specific intent)不是以成文刑法是否规定为标准的。

▶▶▶ **案例**

　　某男甲因为某女乙不肯与自己交朋友,竟在某乙看电影时向其投去炸弹。某甲知道这样会炸死某乙,同时也可能会炸死某乙身旁的其他观众。某甲对某乙有杀人的犯罪目的,但是,对其他观众的死亡也有杀人的犯罪目的吗?

　　在刑法明确要求有犯罪目的的情况下,有关的要求仅仅适用于有关的结果,而不包含作为伴随犯罪目的而发生的那种结果。例如,第192条集资诈骗罪要求的"以非法占有为目的",必须追求的部分仅仅是以占有为计划的内容,然而,对于(集资诈骗)行为的违法性方面(该行为具有的违法的、错误的性质),只需要间接故意就够了。

　　在查明犯罪目的时,应当区分目的与动机的区别。从心理特点上看,目的与动机在稳定性上有很大的区别,不过,从心理发展过程上看,可以同意动机是行为人的最终目的。在危害行为的实施过程和危害结果的发生过程中,行为人所追求的结果经常是行为人为了进一步的或者其他种类的目标服务的。然而,只要所追求的结果符合刑法明确禁止的规定,这个结果就可以成为犯罪目的。

▶▶▶ **案例**

　　钱某盗窃钱包后,为了自己不被当场抓住并且想保住这个钱包而使用武力,是否符合第269条对犯罪主观方面的要求?

　　因此,行为人在实现犯罪构成中就可能存在仅仅属于这个阶段的犯罪目的。行为人虽然有更长远的目的,但是,在实现其长远目的过程中,在符合自己意愿的情况下引起的事件,也是直接故意中犯罪目的的内容。

▶▶▶ **案例**①

　　某女甲为了促使男友某乙与自己结婚,就对其男友撒谎,说自己拥有一些财产,只不过这些财产被自己的亲戚非法扣留了。这位男友就催促某甲举报自己的亲戚。某甲为了使自己的谎言不暴露而不离开自己的男友,明知不正确仍然向司法机关作了告发。某甲与某乙构成诬告陷害罪吗?

---

　　① 本案例与下一个案例,参见〔德〕克劳斯·罗克辛著:《德国刑法学总论》(第一卷),王世洲译,法律出版社2005年版,第288页。

因此,行为人有意识地造成并希望发生结果的心理状态,永远属于有犯罪目的的直接故意,无论这个结果的出现是否确定,是否行为人的最终目的或者是否他的唯一目的,都是一样的。然而,如果行为人确定地引起了危害结果,然而,这个结果不是他所希望的,而是对他无所谓或者完全是很遗憾的,在这种情况下,这种确定结果的发生也符合"犯罪目的"的要求吗?

> ▶▶▶ **案例**
>
> 出租车司机某甲载着几个小偷和他们的赃物回家,并收取了通常的车费。不过,他对自己这样做保障了小偷及其所获赃物的安全是无所谓甚至不高兴的。某甲构成包庇罪吗?

对于确定地引起了自己不希望的危害结果是否属于犯罪目的的问题,在理论上还存在一些争论,但是,有两点是明确的:一是只要在行为中造成的某种结果的状况直接符合了刑法对特定犯罪构成中犯罪目的的规定,就算属于犯罪目的。例如在前例诬告陷害罪中,虽然某女甲对自己的亲戚受到刑事追究会感到遗憾,但是,她在知道自己的行为会产生干扰司法机关正常活动并侵害无辜亲戚权利的情况下仍然这样做,在主观上就具有了"意图使他人受刑事追究"的犯罪目的;二是只要刑法要求的是"明知"而不是"目的"或者其他同义词,那么就可以不必按照犯罪目的的要求来判断犯罪的主观方面。例如,在第310条包庇罪中要求的是"明知是犯罪的人而……帮助其逃匿"的,构成包庇罪,因此,包庇罪虽然需要直接故意,但是并不需要犯罪目的才能构成。

在刑法没有明确要求犯罪目的的直接故意中,犯罪目的的存在当然就表示了直接故意的存在。如果行为人意识到危害结果肯定会出现而仍然实施危害行为的,不管由此产生的结果是不是行为人欢迎的,直接故意都存在了。但是,这时产生的结果如果不是行为人的最终目的或者主要目的,对于直接故意来说,至少也必须是他作为附属目的所希望的。

二、间接故意

间接故意,是指行为人明知自己的行为可能发生危害社会的结果,并且放任这种结果发生的心理态度,也称为有条件故意。

间接故意最明显的特点在于意志方面。行为人对于发生的危害结果,不是持追求的态度,而是一种放任的态度。由于人的行为都是有目的的,因此,放任就不是一种独立的完整心理态度,而是行为人在有目的地实施某种行为时伴随出现的。

> ▶▶▶ **案例**①
>
> 被告人颜克于等人发现周家龙偷窃自行车,在对周进行追打的过程中,周逃上一艘货船后被迫跳入河中。颜等人目睹周在水中挣扎,未采取任何救助措施,直至周沉入水中不见身影后才离开。颜等人有杀人的故意吗?

> ▶▶▶ **案例**②
>
> 被告人王征宇为了赶路,不服从公安机关依法进行的执勤检查,驾轿车高速冲闯几处关卡后,在闯过公安执勤人员设置的路障时,将出来阻拦的执勤民警陆卫涛铲上车盖后滚过车顶,致使其摔死在离撞击点 20 多米远的公路上。王撞人后仅踩了一脚急刹车就又高速逃离了。王有杀人的故意吗?

间接故意只能发生在行为人追求一个犯罪目的或者非犯罪目的而放任了另一个危害结果发生的情况下。作为一种心理态度,更准确地说,间接故意仅仅是行为人完整心理态度中的一部分,同时,在行为人间接故意的这一部分心理态度中,就不可能再存在任何被追求的目的。在间接故意中,已经被认识的危害结果是否会在行为人追求某种目的过程中伴随着发生,是行为人不关心的,或者说,这个结果的发生被其容忍了。因此,伴随性是间接故意的重要心理特点。在间接故意犯罪中,结果的出现就取决于这种在心理上不确定的条件,因此,在传统上,间接故意也被称为"有条件故意",并且,只有在结果出现之后才能构成犯罪。

直接故意和间接故意虽然同属于犯罪故意,但是,两种心理态度的共同点仅仅部分地体现在意识中,即两者都对行为可能发生危害社会的结果有认识,因此,危害结果的发生都不违背行为人的意愿。但是,直接故意与间接故意存在着一些重要的区别:

第一,在意识因素方面,行为人对危害行为发生危害结果的确定性认识有不

---

① 中华人民共和国最高人民法院刑事审判第一、二、三、四、五庭主办:《中国刑事审判指导案例(侵犯公民人身权利、民主权利罪)》,法律出版社 2009 年版,第 164 页以下。

② 同上注,第 1 页以下。

同。直接故意既可以认识危害结果的必然发生,也可以认识危害结果的可能发生;间接故意只能认识危害结果的可能发生,不可能认识危害结果的必然发生。"明知危害结果必然发生,并且放任这种结果发生"的说法,从心理上说,不符合人的心理规律,违反了意识与意志因素之间相互依存、相互制约的关系;从法律上说,这种说法把意志因素与意识因素割裂开来,会使意志因素成为一种不可捉摸的因素。在现代刑法中,"明知危害结果必然发生而放任这种结果发生"的心理状态,已经被普遍认为是直接故意的一种形式了。

第二,在意志因素方面,直接故意对危害结果抱着希望发生的态度,间接故意表现为放任的态度。间接故意虽然不是积极主动地追求危害结果,并且,危害结果甚至不能直接满足行为人的需要,但是,行为人在知道有这种结果发生可能性的情况下,也丝毫没有采取任何措施来防止其发生。

间接故意与直接故意不同,是介于犯罪故意与犯罪过失之间的一种犯罪的主观心理状态,因此,现代刑法学特别注意确立与认定间接故意的方法或者标准,其中的重要观点主要有以下几种[①]:

第一种观点是所谓的"弗兰克公式",这是早期由德国刑法学者弗兰克提出来的。这个公式由两部分组成。第一部分是对故意的判断:在知道危害结果一定会出现时而继续行为的,是故意;只有在确定的认识下本来就不去实施这个行为时,才应当否定故意。第二部分是对故意范围的判断,"如果行为人说:不管是这样还是那样,会这样还是那样,无论如何我都要干,那么,他的过错就是故意性的"。根据弗兰克公式,迫不得已而容忍危害结果出现的,也是故意。但是,对于自己以为会失败而仍然行为的,弗兰克公式没有给出明确的答案。

第二种观点强调从意志状态方面确定间接故意。这是最早采纳的标准与方法之一,因为根据意志状态比较容易辨认两种犯罪故意之间以及间接故意与过失之间的区别。其中,首先提出的是赞同理论或者同意理论,认为行为人在间接故意中,不仅预见了结果,而且还在内心赞同或者同意这个结果。随后提出的是无所谓理论,认为行为人不管结果好坏而加以容忍的,就是间接故意。但是,"赞同"和"无所谓"这样的概念是不够清楚的。

第三种观点强调从意识状态方面来确定间接故意。其中,首先提出的是想象理论或者可能性理论,认为仅仅对结果出现可能性的想象就提供了间接故意的基础。后来提出的极其可能性理论,又主张这种可能性必须"比单纯可能性更大,但是还不如绝对可能性那么大"。但是,这种观点可能会否认有意识过失的

[①] 参见〔德〕克劳斯·罗克辛著:《德国刑法学总论》(第一卷),王世洲译,法律出版社2005年版,第295页以下。

存在,从而导致故意的过分扩张。

第四种观点是联合理论。其中,所谓的"未实现避免意志的理论"主张,在行为人想到结果的可能性时,只有在其意图避免这个结果发生时,才没有间接故意,但是,在行为人不做相反的努力而让事情自然发展的情况下,才能认定他是容忍这个结果的。另外,"未受防护危险的理论"主张,在行为实施之后,必须单纯或者部分地依靠运气和偶然才不会形成犯罪构成的,是故意。这种观点一方面容易把过失当成故意(例如,不顾禁止游泳的警告而允许自己的学生下河洗澡,在没有安装围栏时派没有经验的学徒上建筑脚手架);另一方面又容易把不相信自己努力的结果而继续行为的排除出故意(例如,用汽车把行人挤死在墙上,在抢劫时把被害人卡得失去知觉)。

第五种观点是风险理论。这种理论基本上是仅仅根据行为在实施时是否认识了不能允许的风险来确定的。

本书认为,在确立和认定间接故意时,应当从意识和意志两个方面进行判断:

第一,在意识方面,行为人已经认识到危害结果的可能发生,而没有认识危害结果完全不可能发生。因此,行为人对危害结果的发生具有一种认真对待的态度。

第二,在意志方面,行为人对危害结果的发生持容忍的态度。

在这个基础上,才能具体案件具体分析地查明间接故意。

第三节 犯罪过失

犯罪过失是我国刑法确定的另一种罪过形式。根据《刑法》第15条的规定,犯罪过失是行为人在实施过失犯罪时的心理状态,也就是指行为人应当预见自己的行为可能发生危害社会的结果,因为疏忽大意而没有预见,或者已经预见而轻信能够避免,以致发生了危害社会的结果的主观心理态度。在现代刑法中,过失犯罪都是作为犯罪心理态度的例外状态规定的。我国《刑法》第15条第2款就规定:"过失犯罪,法律有规定的才负刑事责任。"与犯罪故意相比,犯罪过失不仅对危害结果的发生采取根本否定的态度,而且犯罪过失的成立总是以危害结果的发生为条件的。

没有法定的严重危害结果的发生,就没有犯罪过失的存在。在我国刑法分则中,对犯罪过失的要求,目前主要集中在直接对身体和生命造成伤害和危险的情况下,例如,在危害公共安全罪与侵犯公民人身权利、民主权利罪之中,但是,在危害公共卫生犯罪(《刑法》第330条以下),破坏环境资源保护罪(《刑法》第

338 条以下)，渎职罪(《刑法》第 397 条以下)，过失犯罪也具有重要的意义。随着社会、技术的进步，人民与社会对自身安全程度日益提高的要求，特别是在道路安全、生产安全和各种管理活动的需要，过失犯罪正呈现出急速增长的态势。过失犯罪在现代刑法中的意义正在日益增强。

现代刑法学的发展，正在逐渐改变对犯罪过失的认定方法。犯罪过失的成立虽然还是以危害结果为条件，但是，为了避免严重危害社会结果的发生，现代刑法学已经开始不再仅仅把犯罪过失当作一种罪责形式，而将犯罪过失转变为一种特殊犯罪构成中的问题。犯罪过失正在放弃其作为对发生危害结果予以惩罚的根据，正在开始发挥其禁止特定的不谨慎行为的作用。

一、犯罪过失概述

作为一种犯罪的主观心理态度，犯罪过失具有两方面特征：其一，在意识因素上，行为人应当预见自己的行为可能发生危害社会的结果，但是疏忽大意而没有预见；或者已经预见但是轻信能够避免。其二，在意志因素上，行为人对危害结果的发生是持根本否定态度的。根据这两方面的特征，现代刑法理论将犯罪过失分为疏忽大意的过失与过于自信的过失，或者称为无意识的过失与有意识的过失。

疏忽大意的过失具有两个特点：一是"应当预见"而"没有预见"；二是对危害结果的发生是根本反对的。其中，"没有预见"是划分疏忽大意的过失与其他罪过形式的主要界限。

> ▶▶▶ **案例**①
>
> 被告人王保敬在大兴安岭林区承包清林工作。在工作休息时，违反规定点火吸烟。随后，王保敬将燃着的烟头顺手往身下木头上一按，同其他人起身去较远处清林。由于烟头未灭，引燃了周围杂草，并渐渐蔓延成特大森林火灾，致使大兴安岭地区 3 个林业局的 7 个林场过火，烧死 4 人，烧伤 4 人，损失近 12 个亿。被告人王保敬提出自己不懂森林防火常识的抗辩，是否能够成立？说明了他主观心理态度的什么特点？

过于自信的过失也有两个特点：一是"已经预见"而"轻信能够避免"；二是对危害结果的发生也是根本反对的。过于自信的过失与疏忽大意的过失，在否定危害结果发生的态度上是一致的，两者的区别主要在于对"自己的行为可能发生

---

① 参见《最高人民法院公报》1988 年第 4 期，第 25 页以下。

危害社会的结果"是否有认识。然而,在犯罪过失中绝对区分疏忽大意的过失与过于自信的过失,在实践中有时是很困难并且没有重大意义。例如,在王保敬失火案中,就似乎既可以说王保敬"没有预见"烟头会引发火灾,也可以说王保敬"轻信"把"燃着的烟头"往身下木头上一按就能避免火灾,然而,无论怎么说,王保敬具有犯罪过失的心理态度是明确的。虽然在相同的条件下,过于自信的过失会比疏忽大意的过失更需要受到刑事惩罚,但是,仅仅从心理上看,很难说两种过失之间存在着等级关系。我国刑法也没有对犯罪过失作出等级程度的规定。

在刑法学理论上,对于过失中对危害结果的发生持否定态度是否算一种意志,以及在无意识过失中"没有预见"是否算一种意识,曾经有过一点争论。但是,这种争论不具有重要意义。从法律上说,关于犯罪过失中也有意志和意识的说法,不仅符合刑法对成立过失的要求(《刑法》第15条),而且还符合刑法对否定过失的条件(《刑法》第16条);从实际上说,无论如何都需要在意识方面查清行为人究竟是"预见"还是"明知",在意志方面究竟是追求、放任还是根本否定危害结果的发生。因此,从意识和意志方面说明过失心理态度的特征,不仅符合人的心理结构,而且还体现了法学方法方面的优点。

尽管要在危害结果出现之后,过失性犯罪构成才能形成,然而刑法学界已经普遍认识到,在过失性犯罪构成中也包含着危害行为。无论是无意识过失还是有意识过失,行为人自己实施的行为不仅是由于随后出现的危害结果而表现为不法,而是在其本身中就具有了不法性:正是在行为人的所作所为,对法律所保护的利益创设了一种不允许的风险,并且使该法益在这个危险中最终导致了那种危害结果。在刑法中,过失与故意一样,主观心理状态都是以危害结果为主要指向的,因此,行为人对危害行为是无意识还是有意识,经常不是刑法所关心的。例如,在行为人闯红灯造成交通肇事的情况下,行为人是因为没有看见红灯还是看见红灯后自信闯得过去,对过失的成立并不会发生影响。因此,我国刑法仅仅在偶然的情况下才对无意识和有意识的过失行为进行了区分,例如,第138条教育设施重大安全事故罪要求,行为人必须是在"明知校舍或者教育教学设施有危险"的情况下,不采取措施或者不及时报告,致使发生重大伤亡事故的,才有可能构成犯罪。

二、谨慎义务的确定与认定

无论是无意识过失还是有意识过失,都对危害结果的发生表现了一种粗心大意,都是由于一种特定的不谨慎行为引起的。这一点对于疏忽大意的过失特别重要。在对危害结果没有预见的情况下,如果行为人对这种"没有预见"不是"应当预见"而是"不能预见",那么,就会由于缺乏意识因素而无罪。因此,过失犯罪作为一种对"自己的行为可能发生危害社会的结果""应当预见而没有预见"

或者"已经预见而轻信可以避免"的行为,无论如何都是违反谨慎义务的。对"自己的行为可能发生危害社会的结果"的谨慎义务,因此成为过失的犯罪构成中需要加以补充的内容。

然而,在具体案件中,行为人究竟需要遵守什么样的谨慎义务呢?如何确定并认定构成过失所需要的谨慎义务呢?谨慎义务不仅与社会、技术的发展水平有关,而且与法制的发展程度有关。现代刑法学对谨慎义务的认识,在经历了比较长期的发展之后才逐渐得到明确。在早期的发展中,谨慎义务基本是通过认识危害结果的可能性来确立的;在后来的发展中,谨慎义务又伴随着对过失性危害行为的考察而得到加强。

早期,在认定过失时,主要是考察行为人对危害结果是否具有"可预见性""可认识性""可避免性"。过失应当以行为人可能预见危害结果的发生为前提,因此,谨慎义务就等于预见义务。然而,在现代工业、技术、生产与科学的活动中,有风险的行为日益增多,仅仅由于可以预见到危害结果就应当承担过失责任,经常是有问题的。因此,在过失的标准方面就提出了两种补救的方案:一是把结果预见义务转移到结果避免义务,从而使过失成为"对于社会生活中一般要求的结果回避行为即基准行为的懈怠",过失犯罪因此被理解为是不作为犯罪或者行为无价值(所谓的新过失论或者基准行为说);二是把预见义务的内容从对具体行为的要求转移到具有抽象的危惧感即可,从而导致使过失犯罪回归到以结果论处的状况(所谓的新新过失论)。①

> ▶▶▶ **案例**②
>
> 被告人吴自柱从他人那里购得旧氯气罐3只,其中1只内装有残存的有毒气体氯气,想卖给收旧物品的被告人王启。两人经过商议,由吴将罐子运到王家,王帮其在自家屋后的水沟中将残存的氯气排入水中。但是,氯气在排入水中后散发到空气中,致使周围群众发生中毒症状,造成9万余元经济损失。

根据新过失论,吴自柱把氯气排放到水中,而不是直接排放到空气中,就是一种避免危害结果的行为;但是,根据新新过失论,吴自柱知道氯气有毒就具有了危惧感,他在把氯气排放到水中之后如果仍然造成了危害结果,就仍然要负刑

---

① 参见〔日〕西田典之著:《日本刑法总论》,刘明祥、王昭武译,中国人民大学出版社2007年版,第206页以下。
② 中华人民共和国最高人民法院刑事审判第一、二、三、四、五庭主办:《中国刑事审判指导案例(妨害社会管理秩序罪)》,法律出版社2009年版,第153页以下。

事责任。然而,这些努力的共同特点,都仅仅是在行为或者结果之中去寻找认定过失的标准,都没有完整地认识到:违反谨慎性的义务对于危害行为,符合刑法要求的行为对于危害结果,都是需要考虑的。

在现代刑法学中发展起来的较新的理论,是在认定过失性危害行为的过程中确定谨慎义务的。① 这个确定谨慎义务和认定过失的方法以客观归责理论为基础:虽然过失犯罪只有在危害结果产生之后才构成,但是,这种危害结果是在行为人创设的不允许危险中实现的。因此,认定过失,其实就是认定行为人的行为是否创设了一种不允许的危险,而是否创设这种危险,又是以谨慎义务是否存在为基础的。在具体案件中确定谨慎义务时,虽然只能按照具体问题具体分析的原则进行,但是,以下一些法律、法规、规范和原理,对于确定谨慎义务和认定过失具有重要的基础性意义。

第一,法律、法规中的禁止性规定。这一类规定存在于国家制定的各种具有法律效力的文件之中,包括各种法律、法规、司法解释,甚至是国家工作人员的管理活动形成的。这些禁止性规定是国家为了维护社会秩序与社会安全,在总结实践经验和系统考虑之后作出的。这些规定也表明了相关领域中可能存在发生事故的危险,或者说,表明了在特定领域中对可能危险的预见义务。违反这些禁止性规定就会创设一种不允许的危险。例如,仅仅是不遵守《道路交通安全法》关于红绿灯信号的规定(第 26 条),不遵守禁止超速的规定(第 42 条),就能够成为因其而产生的交通肇事的过失根据。不过,有关法律、法规中还没有作出明确禁止性规定的,仍然可能由于其他规范而产生过失的根据。应当注意,仅仅违反了禁止性规定还仅仅是创设了一种危险。如果这个行为距离后来出现的结果还太远,那么,过失就会由于禁止性规定所要防止的危险还没有实现而被排除。

> ▶▶▶ **案例**②
>
> 被告人穆某违反有关交通管理法规,在自己的农用三轮车车顶焊接了一个角铁行李架,使其车最大高度由法规限制的 200 厘米提高到 235 厘米。一日,穆某在驾驶这台农用三轮车载客前往县城时,为了躲避交通安全检查,驶入附近村庄后停下,招呼乘客下车。由于他的车超高,碰上李某违反电力法规私接的电线接头裸露处,造成车体导电,导致乘客张某下车时触电身亡。穆某有过失致人死亡的主观心理态度吗?

---

① 参见〔德〕克劳斯·罗克辛著:《德国刑法学总论》(第一卷),王世洲译,法律出版社 2005 年版,第 712 页以下。

② 中华人民共和国最高人民法院刑事审判第一、二、三、四、五庭主办:《中国刑事审判指导案例(侵犯公民人身权利、民主权利罪)》,法律出版社 2009 年版,第 188 页以下。

第二，专业性指导规范。这一类规范是工业、工程、技术、医事、体育以及各种领域中的行业、协会等专业团体或者特定人士制定的规范。这种规范以"手册""指南""规则",甚至"合同"等形式存在,是指导特定专业领域中活动的标准。违反这种专业性指导规范的,也会产生对不允许危险的创设。然而,这种规范与法律、法规不同,不具有当然的法律效力。这种规范可以由专业团体中的一部分人,甚至是由私人的利益团体制定的,因此,有可能从一开始就是错误的,或者由于技术的发展而过时了,或者不适用于具体的案件。因此,遵守了专业性指导规范也不一定能够完全排除对不允许风险的创设。同时,仅仅轻微地偏离了指导规范,或者当安全以其他方式得到保障时,没有遵守这些规范也不能认定为创设了一种刑法所反对的危险。因此,违反专业性指导规范虽然可以成为成立过失的依据,然而,这种违反也有可能为人们所容忍,例如,在足球、拳击这样的对抗性体育项目中,由于激烈的比赛而导致严重犯规的行为是不可避免的。在违反这些专业性指导规范到底是处于可以允许的风险范围之内还是之外的判断,仍然需要由法院进行审查。当然,无论如何,违反指导性规范所创设的危险,只有在造成法定危害结果之后,才能成为过失成立的依据。

第三,信赖原理。信赖原理是在遵循法律、法规或者长期从事专业或者行业活动中产生的,或者在与他人共事中根据社会习俗所形成的相信他人会与自己一样行为的信念。因此,一般说来,在事故发生的情况下,遵守法律、法规、专业技术规范和社会风俗的一方,会由于没有过失而无罪。例如,在交通路口没有减速而发生汽车相撞事故的案件中,有先行权的一方没有过失。信赖原理对于顺畅的现代社会生活有着十分重要的意义。假如在交通中享有先行权的人,应当考虑与有义务等待的车辆发生相撞的可能性而先停一下,那么,不仅先行权就会失去价值,而且顺畅的交通也就不再可能了。

然而,由于各种专业性活动的复杂性,信赖原理在免除谨慎义务和排除过失方面的作用是有限的。

首先,信赖原理必须服从法律、法规。例如,由于自己的错误行为而使其他交通参与人不知所措因此造成事故的,不能诉诸信赖原理,不能允许错误行为的造成人信赖别人会实施避免事故的行为。然而,一个自己违反交通法规的人,虽然不允许诉诸信赖原理,但是,在别人不尊重他的先行权和最后发生的事故对于正确驾驶的人来说也是不能避免的时候,可以以信赖原理为根据使之无罪。例如,一名醉酒驾车的人对撞倒其他违反交通规则从辅路上突然窜出来的人,在正确驾驶的情况下无论如何也是刹不住车的,就会是无罪。①

---

① 在醉酒驾车被规定为犯罪之后,他仍然会因为醉驾而构成犯罪。

其次,信赖原理必须服从公认的专业规范。例如,在外科手术队伍中,参加手术的专业医生在原则上就能够信赖来自其他专业方向同事的共同工作是没有错误的。但是,这种信赖也包含了对他人明显错误必须提出抗议和进行可能的改正。同时,负有特别监管义务的人,例如面对还没有经验的助理医生的指导医生,也不能主张信赖原理,不过,这名指导医生应当承担的责任,只能是那名助理医生所承担的部分。

> ▶▶▶ **案例**[①]
>
> 被告人程某是外科医生,在带领实习生陈某与王某作为助手,黄某作为器械护士,阙某作为麻醉护士,对病人钱某施行脾脏切除手术时,在缝合腹部之前,三次要求清点器械,负责的黄某与阙某均回答无误,但还是将一把血管钳遗留在钱某的腹腔中。钱某术后经常腹部隐痛,半年后因腹腔异物造成肠管坏死,经抢救无效死亡。程某应当负什么责任?

再次,信赖原理必须服从良心法则。例如,在道路交通中,在面对小孩、残疾人、年迈体弱或者明显迷路者时,在特别危险和混乱的交通情况下,以及在任何其他交通参与人都能看出这个人没有遵守交通规则的情况下,任何有良心的驾驶员在注意到别人没有尊重自己的先行权时,都必须减速甚至停下。尽管行为人的驾驶符合规定,但他这时也不能诉诸信赖原理而继续开行。在信赖原理明显不具有正当性时,就应当受到限制而退居次要地位。

最后,信赖原理必须符合公认的社会良俗。例如,销售刀子、火柴、打火机、汽油、以及斧子、锤子的人,可以相信其他人不会实施犯罪行为,否则,销售这一类物品就会是不可能的。但是,提供这一类物品的人,在明显知道物品接受人具有实施危害行为的倾向之处以及在有关物品具有明显的危险性时,就不再允许适用这种信赖原理。例如,不能应正在进行激烈打斗的人的要求而向其提供刀子,不能把容易造成人员伤亡和财产损失的物品和动物,例如农药、锋利的刀具、猎枪、凶猛的狼狗,放在容易被其他人接触的地方或者环境中。然而,在行为人不具有推动其他人行为之处,就不具有犯罪过失。

[①] 周振想主编:《法纪检察案例丛书·玩忽职守罪》,中国检察出版社1996年版,第243页。

第九章 犯罪构成的主观方面

▶▶▶ **案例**

某女乙与某男甲谈朋友多年后,终于决定与某甲分手。某甲不同意,并威胁:"不要离开我,不然我就要杀人。"但是,某乙还是与之分手了。某甲因此杀害了丙。某乙是否应当承担过失的责任?

无论在专业领域还是在其他领域中,的确都会存在一些缺乏行为标准或者有关规则不清楚的情况。在这种情况中,现代刑法学对谨慎义务和确定过失发展出了一种所谓的"询问或者不做"的指导性规则。这项规则要求:在不知道自己的行为是否会对刑法所保护的法益造成风险时,就必须进行询问;如果无法询问或者询问无结果的,就必须与这种行为保持距离。同样,在缺乏人手或者缺乏技术而不能应付危险时,就不得行为,否则,这种行为就是有过失的。

▶▶▶ **案例**①

被告人王之兰,取得《乡村保健医生证书》后在农村卫生室工作。被害人林奇因上呼吸道感染在镇卫生院就诊,得到青霉素皮试单及注射处方。林在该卫生院做了皮试,结果是阴性,即回卫生室找王注射。王看过林在卫生院的病历、处方和皮试单之后,要林做皮试,林称刚做过,王即未坚持,遂对林进行注射。林注射后即感不适,刚出门即倒地,经抢救无效死亡。医疗事故鉴定委员会作出林因青霉素过敏性休克而死亡的结论。5年前,当地卫生局曾经有规定,青霉素注射必须做到人、注射卡、皮试结果、药物批号"四符合"。王之兰对林奇的死亡在主观上有过失吗?

这些谨慎义务和成立过失的规则,都是以客观标准为出发点和以行为人的个人能力符合这种标准的通常案件为基础的。但是,即使是在专业领域中,也的确存在着行为人能力和水平有高有低的问题。在具体标准的确立时,如何处理义务的客观标准与能力的主观标准之间的关系,是现代刑法学中一个有争论的问题。现代刑法学早已放弃单纯主张客观标准或者主观标准的观点,而是在争论哪一种标准优先。主张客观标准优先的观点认为,满足了客观标准就是满足了犯罪构成,行为人的个人能力应当属于是否应受谴责的罪责问题;主张主观标

---

① 中华人民共和国最高人民法院刑事审判第一、二、三、四、五庭主办:《中国刑事审判指导案例(侵犯公民人身权利、民主权利罪)》,法律出版社2009年版,第194页以下。

准优先的观点认为，犯罪构成的满足取决于行为人的个人能力。现代刑法学目前比较有影响的观点，是以客观标准为基础、主观标准为补充。根据客观标准，个人能力处于平均水平以下的人，仍然有过失，但是，由于他不能承担与其能力不相应的责任，因此，应当由于免除罪责而无罪；对于个人能力处于平均水平以上的人，也就是对于具有特别能力的人，就应当根据他的实际水平来确定谨慎的义务和过失的成立。这种对低于平均水平的能力适用一般标准，对超过平均水平的能力适用个别标准的方法，比较恰当地解决了目前确立与认定过失的问题。

三、过于自信的过失与间接故意的界限

在现代刑法中，过失犯罪与故意犯罪有着重要的区分：过失犯罪人在主观上对于危害结果的发生自始自终都是持否定态度的，因此应当承担的刑罚处罚远远轻于故意犯罪；另外，过失犯罪只有在法律有规定的情况下才受刑事处罚。区分过失犯罪与故意犯罪之间的界限主要在于主观心理态度方面。犯罪过失与犯罪故意之间的区别，最重要的也是过于自信的过失与间接故意之间的区别。

过于自信的过失与间接故意有许多相似之处：在意识方面，两者都认识到自己行为会发生危害社会的结果，并且都只预见到这种结果发生的可能性；在意志方面，两者都存在着不希望结果发生的心理状态。

然而，过于自信的过失与间接故意在罪过内容方面存在着原则区别：

在意识方面，间接故意仅仅认识了与犯罪有关的事实，而对那些确实可能防止危害结果发生的事实和条件没有认识或者不予关心。过于自信的过失不仅对与自己危害行为有关的基本事实有认识，而且对本来可以防止危害结果发生的事实和条件也有一定程度的认识。这些事实和条件，常见的有行为人自己具有的熟练技术、敏捷动作、高超技能、一定的经验和预防措施，以及其他人的帮助或者某种有利的客观条件。在通常情况下，这些事实和条件确实能够防止犯罪的发生。然而，由于行为人对这些事实和条件在当时所能起的作用估计太高，才导致了危害结果真正发生。正是由于这两种罪过对危害结果的确会发生的认识有不同，因此，当危害结果真正发生时，间接故意认为是预料之中的事，而过于自信的过失则认为是出乎意料之外。

▶▶▶ 案例①

被告人孙某,家住实行"封山育林"的山区,很羡慕住在村里的配备合法枪支的"护林队"。一日,孙随护林队外出巡逻,看到有人在另一个山头上砍柴,就随着大家一起呼喊,希望制止那个人。那人没有住手,估计是没有听见,有人就主张开枪警告。孙某拿过一支军用半自动步枪,未瞄准就朝那个方向放了一枪,对方应声倒地。众人过去一看,子弹击中头部。孙某吓得在外面躲了三天,后在亲友的规劝下投案自首。事后测量,两个山头的直线距离为 400 米。孙某开枪打死人的行为是故意还是过失?

▶▶▶ 案例②

邹某,合法佩枪的警察,某日回乡下家里,夜里被狗叫惊醒,持枪外出查看,看到对门邻院果树下有个人影,即喝问:"谁!"人影即跑。邹某追了两步,看着追不上,即朝那人跑的方向开了一枪,就回家睡了。第二天,邻居发现一人中弹死在路旁,兜里有一把果子。尸检证明是邹某的枪打死的。邹某开枪打死人是故意还是过失?

在意志方面,间接故意对于危害结果的发生除了具有"不希望"的那一面之外,同时还存在着"如果发生也不违背自己的意愿"这一面。这种"发生不发生都行"的心理,是对危害结果的放任态度的典型表现。但是,过于自信的过失对于危害结果的发生,除了"不希望"还是"不希望",因此,过于自信过失对危害结果是持根本否定态度的。例如,在上述孙某案中,由于射击对象的距离太远和未瞄准,应当是过失。400 米以外的人,用肉眼看来确实太小了,在天气晴朗的条件下,仅仅能区分出衣服的颜色,从军用半自动步枪的瞄准具上看过去,人仅有准星宽度的一半③,对于一个从来没有用过枪的人来说,完全有理由认为自己根本打不上这个目标。另外,未瞄准也说明了行为人当时对危害结果的发生是持否定态度的。与之比较,邹某在黑夜用枪打小偷,由于是有意朝人射击,他所认识

---

① 杨春洗著:《刑法总则》,中央第二政法干部学校 1982 年版,第 247 页。
② 周密著:《犯罪与证据》,法律出版社 1988 年版,第 60 页。
③ 参见中国人民解放军总参谋部编写:《半自动步枪、冲锋枪、班用轻机枪射击教范》,1979 年 6 月版,第 70 页。

的防止犯罪发生的事实(在黑夜里近距离射击不容易打上),在通常情况下也并不能起作用,所以认定他主观上有间接故意是正确的。

在司法实践中正确认定间接故意与过于自信的过失,的确在很多情况下是很难的,以至于在现代刑法学界中已经有人开始思考两者的合并问题。① 然而,间接故意与过于自信的过失之间的区别还是清楚的,在现代刑法学中,两种罪过形式具有的根本区别目前还是一种公认的事实。

四、过失与故意并存的主观心理态度

在现代刑法中,犯罪过失与犯罪故意都是根据行为人对危害结果的基本态度决定的。在我国刑法中,也遵循这个基本原则。在我国刑法分则中,每一个犯罪构成都只能有一种罪过形式:要么是犯罪故意,要么是犯罪过失。例外的情况仅仅存在于《刑法》第398条和第432条规定的泄露国家秘密、泄露军事秘密的犯罪之中,这两条条文中规定的犯罪既可以由故意构成又可以由过失构成。当然,这样的规定,实际上是在一个条文之中规定了分别具有故意与过失的两个犯罪构成。

由于在犯罪的主观方面中认识的只能是犯罪客观方面的内容,同时,由于行为人对组成犯罪客观方面的各种构成要素可能具有不同的心理态度,因此,在行为人完整的主观心理态度中,就可能出现过失与故意并存的现象。这种现象表现在两个方面:一方面,在简单犯罪的情况中,例如,交通肇事罪(《刑法》第133条)。行为人在对危害结果是过失的情况下,对危害行为有可能是故意。例如,仗着自己的车好车技好,在红灯刚亮时仍然抢行,造成交通肇事的。另一方面,在结果加重犯罪的情况中,例如,在故意伤害致人死亡(《刑法》第234条第2款)时,行为人对损害被害人的身体健康是故意,但对于剥夺被害人的生命只能是过失。

在结果加重犯罪中,过失与故意并存的主观心理态度可能很复杂。一种情况是,在行为人对基本犯罪是故意的情况下,对加重结果既可能是故意也可能是过失。例如,在抢劫罪(《刑法》第263条)中,行为人的抢劫行为只能是故意,对于侵犯公私财产所有权和被害人人身权利的危害结果只能是故意,但是,在抢劫过程中使用暴力,例如殴打、伤害、捆绑、禁闭等手段致使被害人死亡的结果,就既可能是故意也可能是过失。另一种情况是,在行为人对基本犯罪是故意的情况下,对加重结果只可能是过失,不可能是故意。例如,在故意伤害致人死亡的

---

① 参见〔德〕克劳斯·罗克辛著:《德国刑法学总论》(第一卷),王世洲译,法律出版社2005年版,第307页。

第九章 犯罪构成的主观方面

情况下,行为人对死亡结果的发生绝不能是故意,包括不可能是间接故意。在现代刑法学中,可以将这种对法定危害结果(在抢劫罪中是公私财产的所有权和人身权利)是故意,同时包括对其他危害结果(在抢劫罪中的严重人身伤害或者死亡)的过失或者故意的主观心理态度,统称为概括故意。不过,现代刑法学已经放弃了事前故意和事后故意的概念。例如,在抢劫罪中,不能把行为人在抢劫之前或者之后的故意杀人,也笼统地概括在抢劫罪的故意犯罪之中。① 那些在事前或者事后发生的犯罪行为,只能依法构成另外的单独的犯罪构成。极其个别的一种情况是,行为人对基本犯罪是过失,对加重结果是故意。例如,我国《刑法》第133条规定的"交通肇事后逃逸的"情况,交通肇事是过失,但是,肇事后逃逸是故意。在加重结果可以是故意造成的情况下,现代刑法在法定刑的设定上,都必须作出必要的特别安排,以保证罪刑相适应原则得到贯彻。

因此,犯罪过失与犯罪故意虽然是以危害结果为最终标准的,但是,又是存在于具体的犯罪构成之中的。因此,对于犯罪过失与犯罪故意的具体理解与认定,必须认真考察法律的规定与事实的具体情况。

在法律方面,重要的是解读刑法分则条文在具体犯罪构成中要求的主观心理态度是什么?在我国刑法分则中,虽然各个条文的规定都很清楚,然而,在个别犯罪中可能存在特殊情况。例如,在丢失枪支不报罪(《刑法》第129条)中,依法配备公务用枪的人员,丢失枪支不及时报告,"造成严重后果的",就构成犯罪。但是,这个罪中的主观心理态度,只有在指向"不及时报告"时才是故意的。对于"丢失枪支"这种行为以及对于"造成严重后果",都只能是过失。同样,在滥用职权罪(《刑法》第397条)中,我国刑法学界在认为行为人滥用职权行为有可能出于故意的情况下,对于该行为会"致使公共财产、国家和人民利益遭受重大损失"的结果,一般都认为是过失。②

在事实方面,重要的是判断行为人在造成一种结果时究竟符合了哪一个犯罪构成?例如,行为人造成被害人死亡的这种结果,即使是过失的,也有可能构成要求故意才能构成的抢劫罪。因此,对各种罪过形式,尤其是对犯罪过失来说,必须结合犯罪构成的全部要素,才能正确地加以说明。

---

① 参见周道鸾、张军主编:《刑法罪名精粹》(第3版),人民法院出版社2007年版,第502页。
② 对于主张滥用职权罪"不排斥故意的存在"的观点,没有明确指明这个故意是指向"致使公共财产、国家和人民利益遭受重大损失"这种结果的,参见周道鸾、张军主编:《刑法罪名精粹》(第3版),人民法院出版社2007年版,第848页;主张滥用职权罪"主观要件为故意(直接故意与间接故意)"的观点也承认,"要求滥用职权的行为人主观上对'致使公共财产、国家和人民利益遭受重大损失'的结果持希望或者放任的态度,同样不合适",参见张明楷著:《刑法学》(第3版),法律出版社2007年版,第898页。

第四节　认识上的错误

通俗地说,认识上的错误是指行为人的主观心理态度与其行为及所造成的结果之间,存在着认识不一致的状态。在刑法中约定俗成的意义上,刑法上的认识错误也简称为刑法上的错误。在刑法上讨论认识上的错误,是为了解决在这种情况下如何确定行为人的主观心理态度以及刑事责任,尤其是为了考察一种认识错误是否具有排除刑事责任的效果,或者说,这种认识错误是否可以成为刑法上的抗辩理由。

人在生活中可能发生知行不一的情况,这在古代刑法中就已有认识。无论是"不知法不为罪"还是"不知法不免罪"的说法,都反映了这个问题的存在。中国古代刑法是最早认识并规定认识上的错误的法律之一。无论是在《周礼·司刺》中记载的三宥制度(一宥曰不识,再宥曰过失,三宥曰遗忘)中,还是在汉代兴起的"春秋之治狱,论心定罪"①,都直接或者间接地承认了认识上的错误问题。在唐律中,甚至不仅有了"其本应重而犯时不知者,依凡论;本应轻,听从本"这样的事实认识错误的处理原则,而且还有"犯法者不知而犯之"的"与犯法者同坐"这样的法律认识错误的处理原则。② 在现代刑法学中,对于认识上的错误的态度,不仅反映了一种刑法理论体系对于罪责原则的承认程度,而且从一个重要方面体现了一部刑法的发展程度。

一、认识上的错误的体系性位置

在目前各种犯罪构造理论体系中,普遍承认认识上的错误的概念。然而,由于不同的理论体系在概念和体系上的不同安排,因此在理论体系上会在不同位置上安排认识上的错误。

在四要件犯罪构造理论体系中,由于排除社会危害性的正当防卫等条件不包括在犯罪构成之中,因此,认识上的错误一般处于犯罪构成理论体系之内,讨论的是"行为人对自己行为的法律性质和事实的认识错误",解决的是行为人主观上具有法律上或者事实上的错误时如何承担刑事责任的问题。对于在排除社会危害性的情况中发生的认识错误,例如假想防卫问题,主要是在正当防卫中加以说明的。

在三阶段犯罪构造理论体系中,在行为构成、违法性以及罪责阶段,都可能

---

① 参见蔡枢衡著:《中国刑法史》,广西人民出版社 1983 年版,第 186—187 页。
② (唐)长孙无忌等撰:《唐律疏议》,刘俊文点校,中华书局 1983 年版,第 133、469 页。

产生认识错误的问题。这就是在行为构成中的认识错误(即所谓的行为构成错误),在正当化中的认识错误(即所谓的允许性错误),以及在罪责中的认识错误(即所谓的禁止性错误)。不过,在三阶段犯罪构造理论体系中,不同理论派别之间的争论可能导致对这些认识错误的讨论,出现在不同的理论体系位置上。

在双层次犯罪构造理论体系中,认识错误的问题一般都处在辩护或者出罪的位置上。一般来说,在双层次犯罪构造理论体系中,认识错误被分成对事实的无知或者错误与对法律的无知或者错误。近二十年来,美国刑法学者乔治·弗莱彻在比较研究的基础上,根据有关认识错误是否会影响刑事责任,把认识错误分为六大类,在英美刑法中产生了很大的影响。[①] 他对认识错误的分类是:关于(具体)犯罪定义的事实因素的认识错误,关于(具体)犯罪定义的法律的认识错误,关于正当化的事实因素的认识错误,关于正当化规范的认识错误,关于免责的事实因素的认识错误,关于免责性规范的认识错误。他的分类是为了确定认识错误是否与刑事责任有关,但也是从辩护或者出罪的角度出发的。

各种犯罪构造理论体系中的认识错误的理论,在现代刑法学的发展过程都表现出以下三个共同的基本特点:

第一,认识错误的分类更加细致。上述美国学者乔治·弗莱彻的分类,是英美刑法分类的典型代表。俄罗斯学者也在不断地主张或者承认新的认识错误的分类,例如,库兹涅佐娃和佳日科娃就强调:"应当把对侵害客体的认识错误和对侵害对象的认识错误及对受害人个人身份的认识错误区别开来。"[②] 对认识错误更细致的分类,表明了罪责原则的不断强化与现代刑法学的进步方向。

第二,认识错误的处理原则更加精确。早期,认识错误被简单地分为法律上的认识错误与事实上的认识错误,采用的处理原则是:法律上的认识错误不影响刑事责任,事实上的认识错误可能影响刑事责任。刑法实践与刑法科学都发现了新的问题,并且发展出新的专门的处理原则。例如,在法律上的认识错误方面,由于行为人可能完全不知道有关法律的存在,或者有关法律最终证明是错误而被宣布无效的情况下,行为人就不应当承担刑事责任。[③] 在事实上的认识错误方面,对目标与手段的认识错误已经逐步发展成对犯罪客体、犯罪对象、危害行为、因果关系等多种因素的认识错误,形成不同的更细致的处理原则。

[①] 参见〔美〕乔治·弗莱彻著:《刑法的基本概念》,王世洲主译与校对,蔡爱惠、陈巧燕、江溯译,中国政法大学出版社 2004 年版,第 191 页以下。

[②] 参见〔俄〕库兹涅佐娃、佳日科娃主编:《俄罗斯刑法教程(总论)》(上卷·犯罪论),黄道秀译,中国法制出版社 2002 年版,第 351 页。

[③] 我国较早的观点见杨春洗、杨敦先、杨殿升等:《刑法总论》,北京大学出版社 1981 年版,第 164 页;美国刑法学的观点参见 Jushaua Dressler, *Understanding Criminal Law*, 4th Edition, LexisNexis, 2006, p.181.

第三,认识错误的种类日益明确。现代刑法学的各种理论都已经不仅在"入罪"意义上说明认识错误的问题,而且在"出罪"意义上说明认识错误的问题,例如,不仅讨论"假想的犯罪",而且讨论"假想的不犯罪";另外,不仅说明事实意义上的认识错误,例如,对犯罪对象的认识错误,而且说明规范意义上的认识错误,例如,对犯罪客体的认识错误。[①]

本书在综合现代刑法学关于认识错误理论的基础上,把认识错误的概括为两大类:对构成犯罪的情形认识错误与对排除犯罪构成的情形认识错误。这个分类与本书的理论体系是一致的。本书在犯罪构成上采纳的是狭义概念,仅仅指构成犯罪全部要素或者条件的总和,还不包括成立犯罪所不允许出现的情况。因此,把对构成犯罪的情形认识错误与对排除犯罪构成的情形认识错误分开说明,不仅具有叙述方便的优点,而且具有体系完整的优点。

本书没有严格遵循传统上经常使用的事实上的认识错误与法律上的认识错误的分类,但也没有简单地否定这个分类。本书试图在这个分类的基础上,根据有关认识错误对于构成犯罪的影响,更加简明准确地说明各种认识错误的理论价值与实践价值。

二、对构成犯罪的情形认识错误

对构成犯罪的情形认识错误,也称犯罪构成错误或者行为构成错误,是指行为人在实施一个行为时,没有认识到与自己行为有关的事实情况正好符合了刑法规定的一个犯罪构成所要求的特征。不过,在这里,行为人不是对刑法规定的条文发生误解,而是对符合刑法规定的具体案件事实发生了误解。例如,猎手某甲在黄昏时误将躺在草丛中休息的徒步旅行者某乙当成野猪射杀。某甲在这里就没有认识到在故意杀人罪(《刑法》第232条)中所要求的对象要件:"人"。

从概念上说,本书所使用的犯罪客体这个概念,仅仅具有区分此种犯罪构成与彼种犯罪构成的功能,还不具有区分在一些四要件犯罪构成理论中所主张的区分罪与非罪的功能。在认识错误的意义上,本书对犯罪构成的认识错误,因此是与对社会危害性的认识错误无关的。对社会危害性的认识错误,应当包括在禁止性错误之中。禁止性错误一般是指行为人在已经认识所有与法定行为有关的情形的情况下,还是认为(尽管是错误的)自己所做的事是允许的,也就是不具有违法性或者不是错误的。禁止性错误一般应当在排除犯罪构成的情形的认识错误中说明。

对构成犯罪的情形认识错误,不包括行为人已经知道存在着与危害行为特

---

① 参见高铭暄主编:《刑法学》(新编本),北京大学出版社1998年版,第107—109页。

征有关的情况的可能性。因此,行为人只有在没有注意到自己射击的不是野猪而是一个自然人时,才不是故意地行为。假如行为人对自己面前的是人还是野猪不能确定,但仍然以"不管怎样,反正不能让这个东西跑了"的心理而射击,只要结果打中的是人,那么,他就应当由于故意而受到刑事惩罚。另一方面,在行为人完全不考虑与一个犯罪构成有关的情节时,也不能排除故意。例如,与未满14周岁的女孩发生性行为时,完全不关心这名女孩的年龄的,在面对奸淫幼女的强奸罪(《刑法》第236条)时就不能提出不知道是幼女的抗辩。

在对构成犯罪的情形认识错误中,包含了两种认识错误:对象的认识错误与因果关系的认识错误。

第一种是对象的认识错误。对象的认识错误是指行为人对行为指向的对象在自然属性上的认识有错误。这种对对象的认识错误,包括了这个对象的自然属性在犯罪构成中所具有的价值与行为人的想法存在着一致与不同的两种情况。在对对象的自然属性认识有错误,但是对象在犯罪构成中的价值与行为人的想法一致的情况下,例如,甲要杀乙,但是,误把丙当成乙打死了,就不能排除故意,即甲仍然要承担故意杀人罪的责任。但是,在犯罪构成中的价值与自己的想法不一致的情况下,就应当排除故意。例如,张某养了很多鸽子,晚上听见屋后草丛里有响动,以为是邻居家那只讨厌的波斯猫又来觊觎他的鸽子,就拿了一块大石头砸过去,不料把藏在那里的一名小偷砸成重伤。张某对此只需要承担(对猫可能具有的)故意毁坏财产罪的犯罪未遂,以及(对小偷可能具有的)过失重伤的责任。在判断对象的价值是否一致的标准方面,现代刑法学已经放弃了具体符合和抽象符合等观点,改进了法定符合的观点,也就是说,对象的认识错误应当以是否需要进行新的犯罪构成评价为标准,只有在有需要时才排除故意。

对象错误与归类性错误既有联系又有区别。归类性错误是指对行为指向的对象在法律类别属性上的认识有错误。例如,张某与李某见到自己的同伙钱某被甲乙二人强制着走进一条小街,张李二人为救钱某,即手持石块、酒瓶冲上去将钱某救回,造成甲乙二人轻伤。张李二人只要对自己攻击甲乙二人的事实有认识,对于犯罪故意的成立就足够了。在归类性错误的情况下,故意一般不会被排除,因为刑法不会由于行为人对犯罪类型的规定是否以及如何认识而改变。但是,故意的认识内容不同,可能影响刑事归类的结果。例如,张李二人如果知道甲乙二人属于自己对头一方的人而攻击的,应当构成故意伤害罪(《刑法》第234条);如果知道甲乙是执行职务的便衣警察的,可能构成妨害公务罪(《刑法》第277条);如果张李二人认为自己有权救钱某,就可能出现禁止性错误。

对象错误与行为误差也不同。在行为误差时,行为人的认识没有错误,只是行动产生偏差而发生意外的结果。例如,甲要开枪杀乙,但因枪本身故障而误杀了站在乙旁边的丙。在这种情况下,甲没有认错人,只是技术问题,才发生了误击事件。如何处理这类错误问题,在刑法学界是有争论的。很多观点认为,行为人对所出现的结果没有故意,只能考虑其中可能出现的过失与未遂问题。但是,仍然有观点认为,只有在犯罪构成中所具有的价值不相等的情况下才能排除故意而考虑可能出现的过失与未遂,然而,在价值相等的情况下,就应当按照故意行为的完成来进行处罚。

第二种是因果关系的认识错误。因果关系的认识错误是指行为人对行为与结果之间的实际发展过程有错误认识的情况。过失是最典型的对因果过程的认识错误,不过,刑法已经做了专门的规定。对于故意中的因果过程认识错误,应当根据因果偏离是否具有重要性来决定是否影响故意的成立。不重要的因果偏离不能排除故意。例如,甲以杀人故意向乙开枪,然而,乙最终是死于伤口感染。只有在重要的因果偏离的情况下,故意才能被排除。例如,李某以杀人故意向乙开枪,但仅仅伤害了乙,而乙在医院里却被丙毒死了。在这种情况下,李某对乙的死亡没有故意,但是,他仍然要承担故意杀人未遂以及可能的过失责任。

从主观心理方面考察因果偏离是否具有重要性时,判断的基本标准有两点:一是因果偏离的范围是否超出了根据一般的生活经验可能预见的范围;①二是因果偏离后的状态是否需要另外进行刑法上的评价。前一个标准与因果过程的适当性联系在一起,后一个标准与归责性联系在一起。因此,在没有超出一般生活经验预见范围的案件中,例如,甲本想把乙从高桥上扔到水里淹死结果乙却撞在桥墩上摔死的,乙在躲过甲开枪射出的致命子弹后却从窗子摔下而死亡的,甲本想将乙打昏后拖到隐蔽处再杀死但却一棒子就把乙打死的,乙的死亡都没有超出一般经验所预见的范围,甲的杀人故意都不能排除。但是,在因果偏离需要另外进行评价的案件中,例如,甲想毒杀自己即将临产的女朋友乙,在给乙喝的咖啡中放了毒药,但是,乙在喝了咖啡之后毒药发作之前,自己摔死在从卧室到厨房的破台阶上的案件;甲谋杀乙后乙昏厥,甲以为乙已死,在将乙拉到僻静处掩埋的路上出了车祸,真正造成了乙的死亡的,在这些情况下,乙的死亡都必须单独进行法律评价,甲只能具有杀人未遂的故意和可能的致人死亡的过失。一般说来,在一动作案件中的因果错误通常使用前一个标准就可以解决;在多动作案件中的因果关系经常需要依靠后一个标准来进行判断。

因果过程的认识错误与行为目标转换不同。行为目标转换也称故意转换,是指行为人在实施一个行为时,有意识地把自己的攻击对象从既定的目标转移

---

① 这里的因果所指的行为和结果当然是在符合刑法规定的意义说的,不仅指符合刑法分则规定的具体危害行为与危害结果,而且指符合刑法总则规定的犯罪预备、未遂或者中止。

到另一个目标上的情况。例如,行为人以盗窃的故意进入他人的住所,结果却实施了强奸的行为。故意转换一般不重要,不仅不能排除既有的故意,而且还会产生对新目标的故意。

三、对排除犯罪构成的情形认识错误

对排除犯罪构成的情形认识错误,或者称为排除犯罪构成的错误,是指行为人对一种情形的认识不正确,从而以为自己可以实施一种刑法规定的犯罪构成的行为。根据行为人是对自己行为的正当化根据认识错误,还是对他人行为的性质认识错误从而以为自己的行为具有排除违法性的性质,可以将排除犯罪构成的情形认识错误,分为禁止性错误与允许性行为构成错误。

在现代刑法学的发展过程中,排除犯罪构成的认识错误在经历了长期发展之后逐步得到承认。在现代刑法学的发展初期,认识上的错误被分为法定行为的错误(Tatirrtum)和法的错误(Rechtsirrtum),后来在有的犯罪构造理论中又发展为事实上的错误与法律上的错误,只有法定行为或者事实上的错误可以排除故意(但可能构成过失),法的错误或者法律上的错误不能影响刑事责任,理由是法律的效力不因行为人是否认识而变化。然而,这种发展在不同的刑法理论体系中存在着各自的特点。例如,在四要件犯罪构造的理论中,一直就主张刑事违法性不应当是认识的对象[①];在双层次犯罪构造理论中,英美刑法也使用"严格责任"来排除在特定犯罪中提出认识错误抗辩的可能性。[②]

在刑法的进一步发展中,法律上的错误又开始进一步分化。例如,在交通肇事罪中,行为人必须在"违反交通管理法规"的情况下才能构成犯罪,在盗窃罪中,行为人只有拿走"属于他人的物品"才能构成犯罪。因此,根据有关规范处于刑法之内和刑法之外的区别,法律上的错误被区分为刑法之内的法律错误与刑法之外的法律错误。刑法之内的错误不影响刑事责任,刑法之外的错误则与事实上的错误同样处理。这样,一件物品是否具有属于他人的性质,是由民法加以规定的,因此就可以算成刑法之外的法律错误,即属于可以排除故意的要素!然而,这个区分很快又动摇了,因为人们也完全可以说,物品属于他人的性质也是刑法中的法律概念,因为它就是规定在刑法之内的!同时,刑法之内的法律错误与刑法之外的法律错误的分类也被认为不重要了,不仅一个法律规定是在刑法之内还是刑法之外规定经常颇为偶然,而且把刑法之外的法律错误作为可以排

---

① 参见王世洲:《从比较刑法到功能刑法》,长安出版社2003年版,第250页以下。
② 参见王世洲:《我的一点家当——王世洲刑事法译文集》,中国法制出版社2006年版,第61页以下。

除故意，也就是可以排除刑事责任，同时却把刑法之内的法律错误当成不能排除故意，这种天壤之别的区分及其根据，都无法令人信服地证明为是有利于罪责原则的。现代刑法学进一步的发展，发现了"法律错误是否可以避免"这个标准。正是在这个背景下，禁止性错误的概念被提出来了。

禁止性错误一般是指行为人尽管已经认识了所有法定行为的情节，还是认为自己所做的事不具有违法性或者不是错误的。在四要件犯罪构成理论下，所谓对犯罪客体的认识错误（在对罪与非罪界限认识错误的意义上）就属于一种禁止性错误。例如，行为人知道自己正在集资，但是以为自己的行为是允许的，不需要经过有关部门的批准。禁止性错误与对构成犯罪的情形认识错误之间的区别在于，禁止性错误对法定行为的情节没有认识错误，而是对行为的整体对错性质认识错误；如果对构成行为的一个事实根据或者一个规范根据没有认识清楚，就只能是对构成犯罪的情形认识错误了。

对于禁止性错误的处理原则，一般认为应当区分这种认识错误是可以避免的还是不可避免的。在这种认识错误的发生是可以避免时，不排除故意，但是可以从轻处罚，因为行为人在主观上或者罪责上都具有较弱的犯罪意识或者较弱的应受谴责性。在这种认识错误的发生是不可避免时，就不应当受到刑事处罚。然而，这样处理的根据是什么？在禁止性错误的理论中，根据排除故意还是排除罪责的不同主张，产生了两种观点。主张排除故意的观点提出了所谓的"故意理论"。这种理论在第二次世界大战之前很有影响，主张犯罪就是行为人有意识地反对规范，因此，只有当行为人在违法性意识下行为时，才能认定故意的罪责，也就是说，故意理论使违法性意识成为故意的条件。根据这个理论，在不知自己行为具有违法性时，由于缺乏故意，并且只要过失行为在那种情况下是不应受到刑事惩罚的，行为人就会是无罪的。与之相对，主张排除罪责的观点提出了所谓的"罪责理论"。这种理论在第二次世界大战之后逐渐获得了主导地位，主张违法性意识不是故意的条件，不是完整的罪责所必需的。这个理论认为，对于不关心法律而违章的人来说，不关心的原因并不重要，只有这种错误是不是可以避免的才能影响其应受谴责性的程度。但是，无论行为人能否避免这种禁止性错误，都不会影响故意的成立。因此，在不知自己行为具有违法性的案件中，如果行为人能够避免其错误时，就能够对其进行刑事惩罚，虽然可以从轻处罚。

为了弥补各自理论的缺陷，故意理论与罪责理论都进一步发展。例如，限制性故意理论认为，自己的主张在法盲和敌视法律的人那里有例外。在现代刑法学中，目前影响比较大是所谓的"限制性罪责理论"。限制性罪责理论是在现代法制高度发展的时代中提出来的。面对成百上千的禁止性法律条文，任何人都无法清楚地记住这些内容。然而，人们只有在知道这些规定的情况下，才会产生不去实施那种行为的意愿。如果不认识这些禁止性规定,行为人就只能处在一种有限罪责的状态之下。因此,限制性罪责理论主张,一方面不能放弃对禁止性规范的要求,以免使人丧失努力认识法律的内在动力,另一方面应当承认的确可能存在无法认识法律规范的情况。这样,在罪责理论的基础上,不仅排除了不可避免的禁止性错误的刑事责任,而且利用从轻处罚的方法来处理那些比较轻微的以及不需要适用刑事惩罚的禁止性错误。

经过长期的理论研究和司法实践,积累起来的判断禁止性错误是否具有可避免性的条件基本有三条:一是,行为人是否本来有机会去思考或者询问自己行为可能具有违法性;二是,在有机会时,行为人是否完全不去查明真相,或者不进行充分的努力,从而在预防的观点看来,只能认为排除责任是不正当和不合理的;三是,当行为人仅仅在一个非常狭窄的范围内来努力认识不法时,只有在他进行了足够的努力时,他的禁止性错误才是可以避免的。[1]

在禁止性错误中,根据行为人对自己认识错误的根据不同,可以区分为对禁止性存在的认识错误以及对正当化根据的存在或者界限的认识错误。在对禁止性存在的认识错误时,行为人往往主张自己对有关禁止性规定完全不知道,也称为直接的或者抽象的禁止性错误。例如,来自日本的访问者以为,古生物化石在中国绝对不会是文物,因此自己可以携带出境。[2] 在对正当化根据的存在或者界限的认识错误时,行为人往往会举出某种作为自己行为正当性根据的事实,也称为间接的或者具体的禁止性错误,或者称为允许性认识错误,例如,行为人以为,经过物价局核对价格,自己就可以使用"增值""更名"等方式销售在墓园安放骨灰的塔位[3],但是,物价局对价格的批准,并不包括对改变销售方式的批准。

本书倾向于同意以限制性罪责理论作为处理可以避免的禁止性错误的原则,即在不能排除罪责的情况下,以故意犯罪从轻处罚。

在排除犯罪构成的认识错误中,除了禁止性错误之外,还有一种允许性行为构成的认识错误。这是一种对他人行为的性质认识错误,从而以为自己的行为具有排除违法性根据的认识错误,例如,政府官员在对外交往中接受贵重礼品,以为这是根据习惯——一种正当化根据所允许的。允许性行为构成的认识错误正好是反过来的禁止性错误,前者是对允许性根据的认识错误,后者是对禁止性根据的认识错误,前者排除的是正当化根据,后者排除的要么是故意(根据故意

---

[1] 参见〔德〕克劳斯·罗克辛著:《德国刑法学总论》(第一卷),王世洲译,法律出版社2005年版,第620页以下,尤其是第625页以下。

[2] 中华人民共和国最高人民法院刑事审判第一、二、三、四、五庭主办:《中国刑事审判指导案例(破坏社会主义市场经济秩序罪)》,法律出版社2009年版,第76页以下。

[3] 同上注,第787页以下。

理论),要么是罪责(根据罪责理论)。目前,允许性行为构成认识错误的处理原则与事实上的认识错误是一样的,只不过,允许性行为构成的认识错误仅仅发生在与排除违法性根据有关的情况下。例如,在假想防卫中,甲以为黑暗中从自家旁闪过的乙,是一个想进来偷东西的小偷,就用棍子把这名不速之客打成轻伤,事实上,乙是一名新来的巡逻队员,由于把门牌号码搞错了来甲家门前查看。又如,在假想避险中。史某在林中以为自己被毒蛇咬了,必须立即注射抗毒药,就急忙赶到附近的一个停车场,撬开一辆汽车开到附近医院的急诊室,但到了那里才知道,这个林子里根本就没有毒蛇。

我国刑法属于发展中的刑法,我国刑法学也属于发展中的刑法学。一个国家的刑法与刑法学对认识错误种类及理论的接纳,不仅受社会经济发展的影响,更会受行为人以及刑法所处的具体地域、时代以及与之紧密相连的道德和意识形态的影响。

> ▶▶▶ **案例**
>
> 被告人摩根(Morgan)告诉和他一起喝酒的其他被告朋友们,说自己的妻子很喜欢暴力性交媾,她的反抗实际上表示的是喜欢性虐待。摩根的朋友们就接受邀请,与其一起回家,使用暴力与那位痛苦嚎哭的妻子发生了性关系。面对被告们辩解说,他们都诚实地相信,那个妻子虽然在流泪,但却是同意的,英国上议院作出了惊人的结论:被欺骗的被告们原则上可以获得一个出于善意的认识错误的辩护。[①] 根据我国刑法的相关规定,可能给予被告同样的辩护理由吗?

[①] 参见〔美〕乔治·弗莱彻著:《刑法的基本概念》,王世洲主译与校对,蔡爱惠、陈巧燕、江溯译,中国政法大学出版社 2004 年版,第 208 页。

第十章 犯罪主体

在传统的狭义犯罪构成理论中,犯罪主体是构成犯罪的基本要件之一。没有犯罪主体,就不可能发生应受刑事惩罚的危害社会的行为,就不会有犯罪。在广义犯罪构成理论中,犯罪主体所包含的内容分属于不同的理论部分:犯罪必须有人的存在这一点要求由犯罪概念或者行为概念说明;各种犯罪构成可能要求的特殊身份由犯罪客观要件说明;犯罪主体的刑事责任能力成为罪责的内容和基础。对犯罪主体的属性、种类和要素的分析,对于正确认定犯罪有着重要意义。

第一节 犯罪主体概述

根据我国的犯罪构成理论,犯罪主体是指实施了危害社会的行为,依法应负刑事责任的人。这包括实施了危害社会的行为,达到刑事责任年龄,具有刑事责任能力的自然人,以及实施了危害社会的行为,依法应当承担刑事责任的公司、企业、事业单位、机关、团体等单位。

对犯罪主体的特征,可以从两个角度进行考察:一个是犯罪主体的属性,另一个是犯罪主体的种类。

一、犯罪主体的属性

明确犯罪主体的属性,有利于清楚地说明犯罪主体在构成犯罪中所起的作用。

犯罪主体明显具有两种属性:一是自然属性,这是由犯罪必须有"人"这个主体要求而产生的;二是规范属性,这是由承担刑事责任的人必须具有刑法所规定的条件所产生的。根据刑法规定,自然人犯罪主体必须符合在刑事责任年龄、刑事责任能力方面条件的规定,单位犯罪主体也应当符合在承担刑事责任方面条件的规定。

在长期复杂的发展过程中,犯罪主体中所包含的各种重要因素,在犯罪构造中的位置不断经历着变化。在古典行为理论中,主体部分的内容是放在"与行为人有关的因素"之中的,这样虽然实现了主体同故意与过失等主观心理因素的分离,但是,主体仍然存在于"主观因素"的范畴之中。在目的行为理论中,当主客观统一的行为构成形成之后,故意就从起着承受刑事谴责作用的罪责这个"主观因素"中分离出来而进入了行为构成,主体本身则脱胎换骨留在不再被称为"主观因素"的罪责之中,承担起说明是否具有刑事谴责能力以及在自身不符合法定资格时就排除犯罪的作用。因此,现在处于犯罪构成或者行为构成之中的犯罪主体,已经不再是"主观的",也不再是"自然的"。在犯罪主体范畴之内的刑事责任年龄、刑事责任能力以及单位承担刑事责任的条件,都是不依赖于人的意识而存在的物质条件,都可以通过实验科学检验的,同时,这些因素以及那些在特殊犯罪中需要的身份条件,现在都必须由刑法明确规定。因此,犯罪主体实际上不仅是"客观的",而且是"规范的"。在犯罪主体中,把自然属性与规范属性分离,使之发挥各自的作用,在现代刑法科学发展中具有重要意义:

第一,犯罪主体所具有的自然属性是犯罪构成的前提而不再是内容。现代刑法学中在犯罪概念中已经明确,犯罪只能是一种有人的存在的行为,因此,没有人,就没有行为。这样,在犯罪主体中就不再需要强调有单纯的人的存在。单纯的人的存在,也不再需要成为构成犯罪所要求的条件。

第二,犯罪主体所具有的规范属性是犯罪构成的必要要素。现代刑法学一致认为,犯罪不是任何人都可以构成的。犯罪只能由具有法定条件的犯罪主体实施,不是由刑法规定的犯罪主体所实施的危害行为,也不是犯罪。

在目前的犯罪构成体系中,犯罪主体是犯罪客观要件的实施主体和犯罪主观方面的载体。

首先,犯罪主体是犯罪客观要件的实施主体。危害社会的行为只能是人所实施的,没有人,犯罪客观要件就无从谈起。但是,刑法对犯罪的实施主体可以有特殊要求,例如身份条件,必须符合特殊要求的人才能构成特定犯罪,例如,渎职罪只能由国家机关工作人员实施。不具有这种特殊身份的人,或者具有其他身份的人,可能导致犯罪客观要件种类的改变或者不成立。

> ▶▶▶ **案例**
>
> 李某将赵某交给她保管的20万元公款拿去赌博输光,在逃跑过程中被抓回。李某究竟是具有国家工作人员的身份、普通公司职员身份还是单纯的个人身份,对于构成贪污罪(《刑法》第382条)、职务侵占罪(《刑法》第271条)或者侵占罪(《刑法》第270条)会有什么影响?

其次,犯罪主体是犯罪主观方面的载体。行为人的犯罪主观方面必须达到刑法规定的刑事责任年龄和具有刑事责任能力。与其他犯罪构成要件不同,犯罪主体不是从"入罪"的角度,而是从"出罪"的角度,对犯罪的构成和成立发挥作用的;在犯罪主体的条件得不到满足时,犯罪主体就不能存在,犯罪故意或者过失就无从谈起;犯罪主体在刑事责任年龄和刑事责任能力方面的状况,间接的还有犯罪主观方面,就形成了现代刑法学对犯罪谴责需要性进行评价的基础,从而可以根据刑罚目的的要求,通过减轻或者免除对犯罪的处罚来体现对行为人的宽恕程度。

> ▶▶▶ **案例**
>
> 钱某(17岁)与邓某(22岁)同在印刷厂工作。邓某因为对厂里的奖金分配方案不满,煽动钱某与其一起,将厂里的关键设备大型裁纸刀的电路板拆下来扔到水塘里。在厂里和公安机关的追查下以及家里亲人的说服下,钱某终于承认并且主动在寒冬下水捞起电路板。对钱某可以免除或者至少减轻刑事责任吗?

二、犯罪主体的种类

根据我国刑法的规定,准确地说,犯罪主体应当是指那些实施了刑法所禁止的行为,达到刑事责任年龄,不具有排除刑事责任能力事项的自然人,以及实施了刑法所禁止的行为,依法应当承担刑事责任的公司、企业、事业单位、机关、团体等单位。也就是说,我国的犯罪主体有两类"人":一类是具有法定条件的自然人,另一类是具有法定条件的单位。区分犯罪主体的种类,不仅有利于认识各种犯罪主体的特征,而且有利于说明由人作为主体来承担罪责,也就是刑罚所具有的谴责性的合理性。

在现代刑法学中,犯罪主体中的各个要素,尤其是刑事责任年龄与刑事责任能力,主要是作为罪责的承担基础发挥作用的。这个基础的根据,目前有两种影响比较大的理论。一种是所谓的意志自由理论,主张人可以自由地支配自己的意志,因此,如果人选择实施了犯罪,那他就是应当受到谴责的。另一种是所谓的刑罚目的理论,主张刑罚是为了预防犯罪的,因此,如果人的行为是无法通过刑罚来遏制的,那他就不应当受到谴责。在意志自由理论中,又可以分为主张人有意志自由的"非决定论"和主张人没有意志自由的"决定论"。非决定论者主张,人有主动性,自己的行为可以由自己的意志支配;决定论者认为,人的意志由环境甚至特定的生理特质决定,人的行为是注定发生的,是因果法则发展的结果。运用意志自由理论来说明实施犯罪的人为什么应当受谴责时,在非决定论中存在着对具体案件中的行为人是否有意志自由的证明难题,在决定论中则存在着走向"天生犯罪人"理论和取消罪责观念的危险。根据刑罚目的理论来说明罪责的根据,一方面坚持了行为人与法律规范的"可交谈性",也就是刑罚必须在行为人有可能遵守法律规范的前提下才能适用,另一方面又强调,在行为人由于特殊情况而缺乏承担刑罚的需要性时就不应当适用刑罚,因此,比较妥善地在罪刑法定原则的基础上解决了罪责的根据问题。这些理论在单位犯罪中如何得到运用,是现代刑法学面临的重要问题。

第二节 刑事责任年龄与刑事责任能力

刑事责任年龄与刑事责任能力,是犯罪主体中需要考察的重点。与此相关的醉酒与原因自由行为以及盲聋哑人犯罪问题,也是理论与实践中经常面临的重要问题。

一、刑事责任年龄

刑事责任年龄,也称责任年龄,是指刑法规定的自然人应当对自己实施的危害社会行为负刑事责任的年龄。在现代刑法学中,年龄问题与责任能力之间存在着天然的联系。年龄与对事物的理解、判断、分析的能力是密切联系在一起的。人类认识事物、了解自己行为的性质和意义、控制自己行为的能力,是随着年龄的增长而增长的。刑法因此可能规定一个人承担完全刑事责任的年龄以及承担部分刑事责任或者不承担刑事责任的年龄。因此,刑事责任年龄是刑法从人的成长方面对刑事责任能力所进行的限制。

由于政治、经济、文化教育、历史传统、地理等方面的区别,各国对刑事责任年龄可能作出不同的规定。概括地说,刑事责任年龄可以分为绝对无责任年龄,也就是完全不负刑事责任的年龄;相对无责任年龄,也就是在一定年龄段中仅仅对特定的犯罪承担刑事责任;减轻责任年龄,也就是虽然应当承担刑事责任,但可以从轻或者减轻刑事处罚的年龄;刑事成年,也就是承担完全的刑事责任的年龄。

我国刑法在总结我国同犯罪作斗争经验基础上,根据我国的文化、历史、人种、地理及社会发展状况,并吸收借鉴外国刑事立法中的有益经验,在《刑法》第17条中对刑事责任年龄作了具有我国特色的四分法规定:

第一,不满14周岁的人,完全不负刑事责任,也就是绝对无刑事责任年龄。我国刑法对年龄的计算采用周年计算法。作为一个法定界限,不满14周岁的人,即使仅仅差一天,无论其实施了什么样的危害社会的行为,都不能追究刑事责任。

第二,已满 14 周岁不满 16 周岁的人,只对犯故意杀人、故意伤害致人重伤或者死亡、强奸、抢劫、贩卖毒品、放火、爆炸、投毒罪,承担刑事责任,也就是相对刑事责任年龄。我国刑法列出的这些犯罪,都是涉及大是大非的犯罪,也是处于这个年龄段的少年容易辨别和能够控制自己不去实施的行为。不过,在《刑法》第 17 条第 2 款中规定的 8 种犯罪,是指具体犯罪行为而不是具体罪名。因此,例如,对于已满 14 周岁不满 16 周岁的人绑架人质后杀害被绑架人的,或者拐卖妇女、儿童而故意造成被拐卖妇女、儿童重伤或死亡的行为,仍然应当追究刑事责任。① 不过,在罪名确定上,应当根据该行为符合《刑法》第 17 条中规定的"犯故意杀人、故意伤害致人重伤或者死亡"的情况认定为故意杀人罪、故意伤害罪②,而不是根据可能包含该行为的绑架罪、拐卖妇女、儿童罪来定罪。③

> ▶▶▶ **案例**
>
> 某甲出生于 1995 年 1 月 25 日,父母对其极其娇惯。2009 年 1 月 25 日晚,他利用父母给他过生日和过年的钱,购买了大量鞭炮,瞒着家里人剥下其中的火药,制造了一个装药两公斤的"大炮仗",偷偷放置在自家大门外的路旁,点上自己用棉线制作的延时导火索,用废鞭炮箱覆盖,准备第二天早上让其出其不意地炸响,庆祝新年和自己年满 14 岁。第二天早晨,这个大炮仗自动炸响时威力太大,不仅把自家大门炸垮,而且造成路过的行人一死一重伤的严重后果。某甲应当负刑事责任吗?

第三,已满 16 周岁的人,应当承担完全的刑事责任,也就是完全刑事责任年龄。已满 16 周岁的人,体力和智力的发展,已经达到了对事物的是非善恶具有完全辨认能力的程度,对自己的行为也有了完全的控制能力,因此应当对自己实施的一切犯罪行为承担刑事责任。

第四,已满 14 周岁不满 18 周岁的人犯罪,应当从轻或者减轻处罚,也就是减轻刑事责任年龄。不满 18 周岁的人,虽然有一定的辨认和控制自己行为的能

---

① 参见全国人大常委会法制工作委员会 2002 年《关于已满十四周岁不满十六周岁的人承担刑事责任范围问题的答复意见》。
② 见 2006 年最高人民法院《关于审理未成年人刑事案件具体应用法律若干问题的解释》第 5 条、第 10 条。
③ 不同意见,参见 2003 年最高人民检察院法律政策研究室《关于相对刑事责任年龄的人承担刑事责任范围有关问题的答复》的规定:"相对刑事责任年龄的人实施了刑法第十七条第二款规定的行为,应当追究刑事责任的,其罪名应当根据所触犯的刑法分则具体条文认定。对于绑架后杀害被绑架人的,其罪名应认定为绑架罪。"

力,但毕竟还未成年,思想还没有完全成熟,他们的可塑性很大。对他们从轻或者减轻处罚,有利于对他们的教育、改造和保护。

我国刑法对于实施危害社会行为之后由于不满14周岁或不满16周岁而不处罚的人,并不是完全放任不管。《刑法》第17条第4款规定:"因不满16周岁不予刑事处罚的,责令他的家长或者监护人加以管教;在必要的时候,也可以由政府收容教养。"这是一种社会保护措施。通过这种措施,不仅有助于防止这些青少年再危害社会,而且有助于他们的教育改造,还有助于保护他们的健康成长。

二、刑事责任能力

刑事责任能力,也称责任能力,一般认为是指一个人能够理解自己行为的性质、后果和社会政治意义并且能够控制自己行为的能力。一个行为人在实施了刑法所禁止的行为之后,他就会在刑法上被认为是有刑事责任能力的人,除非能证明他是一个无责任能力的人。除了年龄之外,刑事责任能力的缺失还可能由于疾病和生理状态所产生。

我国刑法采用了通行的立法方式。在对刑事责任年龄作出规定之后,我国《刑法》在第18条中规定:"精神病人在不能辨认或者不能控制自己行为的时候造成危害结果,经法定程序鉴定确认的,不负刑事责任,但是应当责令他的家属或者监护人严加看管和医疗;在必要的时候,由政府强制医疗。"(第1款)"间歇性的精神病人在精神正常的时候犯罪,应当负刑事责任。"(第2款)"尚未完全丧失辨认或者控制自己行为能力的精神病人犯罪的,应当负刑事责任,但是可以从轻或者减轻处罚。"(第3款)

我国刑法中所指的精神病,包括了由于疾病原因和生理原因产生的精神病。这是符合世界卫生组织对精神病的定义的。[①] 精神病作为一种由于人体脑功能紊乱而导致的在感知、思维、情感和行为等方面出现异常的现象,首先需要由医学加以判断与确定。但是,精神病作为一种排除刑事责任能力的因素,只能由刑法加以规定。因此,刑法上的精神病不是一个纯粹的医学、精神病理学上的概念,而是一个以医学、精神病理学为基础的法学概念。精神病的医学基础保证了不能宣告一名没有或者没有达到一定程度精神病症状的人为精神病人;精神病的法学基础保证了不能把所有具有精神病症状的人都宣告为刑法上的精神病人。

精神病的确是一种比较复杂的病症,其种类以及对人脑机能损害的程度都十分复杂。因此,精神病对人的责任能力的影响也十分复杂,有的能够使人完全

[①] 世界卫生组织编:《疾病和有关健康问题的国际统计分类(第十次修订本)(ICD-10)》(第1卷),北京协和医院世界卫生组织疾病分类合作中心编译,人民卫生出版社2006年版,第245页以下。

丧失责任能力,有的仅仅使人减弱责任能力,还有的能使人在一定时间内丧失责任能力而在其他时间内又具有责任能力。我国刑法对精神病人刑事责任的规定,采取了医学与法学相结合的标准。根据这个标准,对于行为人精神是否正常的判断,应当通过两个步骤:一是确定行为人实施犯罪时是否处于精神病的状态之中;二是确定行为人所具有的精神病是否已经达到不能辨认或者不能控制自己行为的程度。只有在这两个步骤的考察都得到肯定的结论时,才能确认行为人是没有刑事责任能力的人。根据我国现行相关法律、法规的规定,精神病鉴定属于法医类鉴定的一种,又称为法医精神病鉴定。[①] 对精神病人进行鉴定,只能由依法登记注册的有资格的司法鉴定人依照法定程序进行[②],不能由侦查、检察或者审判人员自行认定。不过,精神病医学鉴定的任务仅仅应当在于指明,行为人的精神状况在当时是否适合于接受法律规范,而人民法院对此应当慎重审查判断,法律规范到底是否具有在行为人的动机过程中发挥作用的可能性。我国刑法对于"不能辨认或者不能控制自己行为"的认定标准,目前基本上采取一个标准,也就是判断是否属于精神病并且达到法定的严重程度。然而,这种判断应当结合具体案件的情况,例如,轻微智力低下的人虽然对抢劫这样的行为具有辨认与控制能力,但是,对于复杂的经济犯罪和环境犯罪就可能不具备这样的能力。不过,这样的问题也可能结合刑法的其他问题,例如认识错误问题来加以解决。

> ▶▶▶ **案例**
>
> 被告人王季进是某装饰材料经营部业主,长期在南京生活、工作,有多年合法驾车经验,熟悉城市主要道路的人流、车流状况及行驶路段限速。2015年6月20日上午,被告人以有人害他为由报警后,驾驶宝马牌轿车以限速3.25倍的195.2 km/h的车速强闯十字路口红灯,冲进路口正常行驶的车流中,撞毁、撞损多辆车辆,致两人当场死亡。案发后,由侦查机关和被害人家属分别委托南京与北京有资格的司法鉴定所对其作案时精神状态进行鉴定,结论为被告人作案时患"急性短暂性精神障碍","处于精神病状态"实施违法行为时为"限制刑事责任能力"。法庭以故意以危险方法危害公共安全罪判处被告人有期徒刑11年。被告人是交通肇事罪吗?应当从轻处罚吗?

---

① 参见2005年2月28日全国人大常委会《关于司法鉴定管理问题的决定》第17条第1项。
② 有关司法鉴定管理方面的问题见2005年通过、2015年修正的《全国人民代表大会常务委员会关于司法鉴定管理问题的决定》,有关司法鉴定程序见2016年修订的《司法鉴定程序通则》,有关精神病的分类参见《中国精神障碍分类与诊断标准》(CCMD-3)。

三、醉酒犯罪与原因自由行为

现代刑法学所说的醉酒,通常是指具有完全心理和身体能力的人在酒精或者毒品的作用下所具有的减弱能力状态。[①] 醉酒虽然能够使人一时减弱甚至丧失辨认能力和控制能力,但是,醉酒与精神病不同。除了减弱能力持续的时间有限之外,醉酒是由行为人自己造成的。因此,现代刑法学一般认为,行为人应当对在醉酒状态下实施的犯罪行为承担责任。例如,第18条第4款就规定:"醉酒的人犯罪,应当负刑事责任。"否则,对醉酒人免除或者从轻、减轻刑事责任,就容易给犯罪分子一个十分方便的逃避刑事责任的借口。当然,如果醉酒是由于不能预见或者不能控制的病理性原因,例如事先不知的酒精中毒而引起的,那么醉酒人就有可能被认定为无刑事责任能力。

在醉酒问题上,现代刑法学经常讨论"原因自由行为"问题。原因自由行为是指,一名本来有责任能力的行为人,故意或者过失地创设了使自己处于无责任能力的状态,并且利用这种状态去实施犯罪行为的情形。

> ▶▶▶ **案例**[②]
>
> 2005年5月5日凌晨,被告人彭崧因服食摇头丸后药性发作,持刀朝同室居住的被害人阮召森胸部捅刺,致阮召森抢救无效死亡。被告人彭崧服食摇头丸后,因药性发作实施杀人行为,应否承担刑事责任?

原因自由行为是由两部分组成的:创设无责任能力的行为属于原因阶段;利用这种状态去实施犯罪的属于结果阶段。由于在结果阶段,行为人在实施犯罪时已经处于无责任能力的状态,因此,如何解决这种在无责任能力状态中实施的犯罪行为应当承担的刑事责任,就成为刑法理论中特别关注的问题。刑法理论对此主要有两种观点:一种是所谓"例外模式",另一种是所谓"行为构成模式"。例外模式把原因阶段与结果阶段分离,一方面坚持行为人在实施法律所禁止的行为时必须具有责任能力,另一方面又认为,行为人在醉酒状态下,也就是在没有责任能力状态下对自己所实施的行为承担刑事责任是一种例外。行为构成模式把原因阶段与结果阶段视为一个行为整体,认为行为人的行为不能仅仅指醉

[①] 参见 Bryan A. Garner (Editor in Chief),*Black's Law Dictionary*,8th Edition,Thomson/West,2004,p. 841 (intoxication).

[②] 中华人民共和国最高人民法院刑事审判第一、二、三、四、五庭主办:《中国刑事审判指导案例(侵犯公民人身权利、民主权利罪)》,法律出版社2009年版,第621页。

酒状态下的行为,而是还包括先前的醉酒行为。不仅是先前的醉酒行为故意或者过失地造成了符合行为构成的结果,而且是这种先前的醉酒行为有罪责地(即应受谴责地)完成了行为构成。目前,例外模式由于不能坚持罪责原则而受到批评,在我国司法实践中采用的是行为构成模式。例如,在上述彭崧案中,人民法院就正确地指出:"正是彭崧的自愿吸毒行为,使其陷于神志异常状态,并在此状态下实施犯罪行为,造成严重的危害后果",因此,彭崧应当承担故意杀人罪的刑事责任。

四、盲聋哑人犯罪

我国《刑法》第19条规定:"又聋又哑的人或者盲人犯罪,可以从轻、减轻或者免除处罚。"又聋又哑的人或者盲人不属于无责任能力人。对他们的犯罪行为可以从轻、减轻或者免除处罚,虽然有责任能力较弱的因素,但主要是出于人道主义的考虑。这些人有严重生理缺陷,接受社会教育受到限制,对是非的辨别力可能受到影响,因此,他们的犯罪行为更容易得到社会的宽恕。

第三节 单 位 犯 罪

单位犯罪,在刑法理论上也经常称作法人犯罪。单位犯罪或者法人犯罪,与共同犯罪或者犯罪集团不同。在单位犯罪中,单位或者法人是依法成立并有着合法经营目的和经营范围的实体。虽然由依法成立的单位所实施的犯罪不一定都是单位犯罪,但是,单位犯罪一定只能由依法成立的单位实施。

大陆法系在刑法上有反对法人犯罪的传统,认为法人没有肉体、缺乏是非观念与责任能力、没有犯罪故意、不能受监禁,因此,规定法人犯罪是不可思议的。但是,在第二次世界大战之后,大陆法系国家先是在经济法规中开始规定法人的刑事责任,后来,特别是在欧洲理事会成员国部长委员会1988年提出《关于企事业单位对自身活动构成违法具有法律上的人格的(88)18号建议》[①]以来,欧洲大多数国家都陆续规定了法律实体的刑事责任[②],例如,法国在1993年9月1日生效的新刑法典就在总则中对法人刑事责任做了完整的规定。英美法系从17世纪起就已经开始了追究法人犯罪的司法实践。美国在19世纪末20世纪初,

---

[①] 参见储槐植主编:《美德惩治经济犯罪和职务犯罪法律选编》,北京大学出版社1993年版,第426页以下。

[②] 参见王世洲:《论中国单位犯罪的信条学基础》,载《中国法学(英文版)》2016年第1期,特别是其中的有关注释。

就在理论和实践中确立了完全的法人犯罪概念。① 概括地说,追究法人犯罪的主要理由有两点:一是法人或者单位在自身活动中造成的违法活动,给个人和社会都造成了相当严重的损害,因此,使其承担刑事责任具有恰当性;二是法人或者单位内部在管理上通常具有的结构复杂性,使得根据大陆法系的法律传统经常难以认定应当负责的具体个人。

在我国,单位长期不能成为刑法上的犯罪主体,主要原因有两个:一是大陆法系和原苏联刑法理论的影响。这些理论传统一直反对将非自然人的法人规定为犯罪主体;二是我国长期实行计划经济。在计划经济中,单位和各种组织不具有完全的经营自主权,尤其是没有自己独立的经济利益。然而,在我国实行改革开放以后,单位和各种组织逐渐获得了越来越多的自主经营权,有了自己的小集团利益,因此,以单位和组织名义实施的犯罪逐渐严重。为了解决同犯罪作斗争的新问题,全国人大常委会1987年1月22日通过的《海关法》,在第47条第4款中规定:"企业事业单位、国家机关、社会团体犯走私罪的,由司法机关对其主管人员和直接责任人员依法追究刑事责任;对该单位判处罚金,判处没收走私货物、物品、走私运输工具和违法所得。"这是我国刑法第一次对单位犯罪作出的规定。此后,我国又在《关于惩治走私罪的补充规定》和《关于惩治贪污罪贿赂罪的补充规定》中再次明确单位和组织可以成为走私罪、逃套外汇罪、非法倒买倒卖外汇牟利的投机倒把罪、受贿罪和行贿罪的主体。从此,单位和组织成为我国单行刑事法规中某些犯罪的主体。在1997年刑法中,国家立法机关在总结近十年来同单位犯罪作斗争的经验基础上,充分吸收了我国刑法理论界十多年来在单位犯罪及法人犯罪问题上的学术研究成果,借鉴国际上的经验,在刑法总则中对单位犯罪作了规定。

我国《刑法》第30条规定:"公司、企业、事业单位、机关、团体实施的危害社会的行为,法律规定为单位犯罪的,应当负刑事责任。"根据这个规定,单位犯罪必须具备以下条件:

第一,单位实施的犯罪行为必须是我国刑法明文禁止单位实施的行为。这是罪刑法定原则的要求,单位还不能成为我国刑法规定的所有犯罪的主体。有些单位犯罪可以由任何单位构成,例如非法制造、买卖、运输、邮寄、储存枪支、弹药、爆炸物罪(《刑法》第125条);有些单位犯罪只能由特定的单位构成,例如违规制造、销售枪支、弹药罪(《刑法》第126条)就只能由依法被指定、确定的枪支制造企业、销售企业构成。更多的犯罪还不能由单位构成,例如,伪造货币罪(《刑法》第170条)和盗窃罪(《刑法》第264条)。

---

① 参见周密主编:《美国经济犯罪与经济刑法研究》,北京大学出版社1993年版,第43页以下。

第二,单位犯罪的主体必须是我国刑法明确列明的公司、企业、事业单位、机关和团体。因此,村民委员会就不能构成单位犯罪。根据《村民委员会组织法》第2条的规定,村民委员会是村民自我管理、自我教育、自我服务的基层群众性自治组织,不属于我国《刑法》第30条列举的范围。① 另外,合伙目前也不能构成我国的单位犯罪。虽然根据我国《民法通则》及其他有关法律法规的规定,刑法列明的单位通常都是法人或者具有法人资格,但是,刑法并没有要求构成单位犯罪的主体必须是法人或者具有法人资格,例如,以单位的分支机构或者内设机构、部门的名义实施犯罪,违法所得亦归分支机构或者内设机构、部门所有的,应认定为单位犯罪。不能因为单位的分支机构或者内设机构、部门没有可供执行罚金的财产,就不将其认定为单位犯罪,而按照个人犯罪处理。② 目前,不是法人或者不具有法人资格而能够构成单位犯罪的"单位",只能是法人或者具有法人资格的单位下属的分支机构或者内设机构、部门。

第三,单位犯罪的目的必须是为该单位谋取非法利益,并且单位犯罪行为的实施必须与单位的工作或业务相联系。如果以单位名义进行犯罪,违法所得由实施犯罪的个人私分的,就不是单位犯罪,而是单位内部成员的个人犯罪。如果单位犯罪行为的实施与单位的工作或业务没有关系,就无法认定这种犯罪行为与单位之间的关系。

然而,为了保证正确追究单位犯罪以及法人犯罪的责任,避免在追究单位犯罪或者法人犯罪中留下过于明显的法律漏洞,同时避免因追究国家机关的刑事责任而给国家机关的执法活动和国家声誉带来不良影响,现代刑法学理论甚至宪法学理论也提出了一些限制单位犯罪或者法人犯罪的措施,其主要目的就是为了明确排除单位犯罪的条件与限制国家机关的刑事责任。

第一,在排除单位犯罪的条件方面,已经明确的规则主要有三点:一是个人为进行违法犯罪活动而设立的公司、企业、事业单位实施犯罪的,或者公司、企业、事业单位设立后,以实施犯罪为主要活动的,不以单位犯罪论处③;二是在单位被注销或者宣告破产之后,就不能追究单位的刑事责任,而只能追究直接主管人员和直接责任人员的责任④;三是由一个人建立的企业或者公司所实施的行为,何种情况按个人犯罪处理,何种情况按单位犯罪处理,还有探讨的余地。本书认为,我国公司法承认的个人独资企业和一人有限责任公司,违法行为究竟是为

---

① 参见2007年3月"公安部关于村民委员会可否构成单位犯罪主体问题的批复"。
② 参见《全国法院审理金融犯罪案件工作座谈会纪要》第二部分第1点"关于单位犯罪问题"。
③ 参见1999年《最高人民法院关于审理单位犯罪案件具体应用法律有关问题的解释》第2条。
④ 参见中华人民共和国最高人民法院刑事审判第一、二、三、四、五庭主办:《中国刑事审判指导案例(破坏社会主义市场经济秩序罪)》,法律出版社2009年版,第174页以下。

了单位还是为了个人,违法所得究竟是归个人还是归单位,实际上是一样的。①

▶▶▶ **案例**

原盐城市标新化工有限公司(独资私营公司)董事长胡文标,在明知本公司在生产中产生的钾盐废水含有有毒有害物质,是环保部门规定的废水不外排企业的情况下,指使生产厂长兼车间主任丁月生将大量废水排入公司北侧的五支河内,任其流进盐城市区水源蟒蛇河,污染了两个自来水厂的取水口,造成2009年2月20日盐城市区20多万居民因水源污染导致饮用水供应停止达66小时40分钟,直接经济损失人民币543.21万元。法院认定本案不是单位犯罪,不构成重大环境污染事故罪,而是在明知钾盐废水含有有毒、有害物质的情况下仍然大量排放,构成危害公共安全的"投放危险物质罪"。

▶▶▶ **案例**②

被告人王志强注册成立以其一人为股东和法定代表人的新客派公司,以支付开票费的方式,通过他人让英迈公司为新客派公司虚开增值税专用发票,骗取国家税款82000余元。人民法院鉴于新客派公司、王志强自愿认罪,并已退回全部税款,酌情从轻判处被告单位新客派公司罚金3万元;被告人王志强有期徒刑一年,缓刑一年。

▶▶▶ **案例**③

被告人周敏是一人有限责任公司的法定代表人,与其他公司签订生产或加工合同并收取货款后,把资金转入个人账户,又以未收到货款为由拒不履行合同义务。法院审理期间,周敏积极退赔被害单位大部分经济损失。人民法院认定被告人周敏的行为属于单位犯罪,判决被告人周敏犯合同诈骗罪,判处有期徒刑三年,缓刑五年,并处罚金46万元,追缴犯罪所得发还被害单位。

---

① 在《最高人民法院关于审理单位犯罪案件具体应用法律有关问题的解释》第1条中规定,《刑法》第30条规定的公司、企业、事业单位,包括"具有法人资格的独资、私营等公司、企业、事业单位"。但是,目前有关案例仍存在不一致的情况。

② 参见中华人民共和国最高人民法院刑事审判第一、二、三、四、五庭主办:《刑事审判参考》(2011年第5集),法律出版社2012年版,第1页以下。

③ 参见同上书,第15页以下。

第二，对国家机关构成单位犯罪条件的严格限制。目前，国家作为一个整体的刑事责任问题，在国际法上仍然存在争论。现代刑法学虽然允许追究国家机关的单位犯罪，然而，为了保证法律的执行和维护国家机关的声誉，各国在理论体系和法律制度上都采取了一些措施，限制对国家机关构成单位犯罪的条件。主要的措施有以下三种：

首先是法定限制，也就是通过明确的法律规定排除国家构成单位犯罪的可能性。常见的法定限制的方法有两种：一种是法定完全排除，如德国，刑法没有关于单位犯罪的规定，单位违法的只能由《违反秩序法》处理，受到的处罚是罚款而不是刑罚；另一种是法定部分排除，例如，法国在1994年生效的《刑法典》中，明确规定国家作为一个整体不能成为犯罪主体，但地方行政部门（单位）及其团体（地区、省、市镇行政区）不能完全排除在刑事责任的范围之外，不过，地方行政部门只有在可以委托其他人负责完成的公共服务方面的活动中，才可能被追究刑事责任。[①]

其次是理论限制，也就是通过理论说明排除国家构成单位犯罪的可能性。例如，加拿大宪法学理论就明确指出，国家机关（the Crown）虽然也是一种法人，但是，这种法人与公司不同。国家机关享有公司无法享有的广泛权力，例如，征税，维持军队、警察与法院，同时也承担公司无法承担的责任，例如，执行法律以提供现代社会所需要的各种公共服务。这样，国家就需要享有公司无法享有的许多普通法和制定法意义上的豁免权，其中，与刑事责任关系最大的是国家机关不受刑法的约束并且有权以"可能损害公共利益"为由拒绝为任何法律程序提供证据。[②] 这样，在加拿大，一个国家机关追究另一个国家机关的刑事责任就不可能了。

再次是实践限制，也就是通过在实践中设置条件，在事实上排除国家构成单位犯罪的可能性。其中主要的方式有两种：一是法定权利的限制，例如在美国，美国军队就没有实施那些可以构成美国刑法规定为犯罪的行为的法定权利；二是证据的限制，在美国，虽然在理论和法律上，公司可以触犯谋杀罪和强奸罪，但是，在实践中无法证明这些犯罪是在公司的业务范围内实施的，迄今为止，美国刑事司法实践中都一直没有出现这样的案件。

本书认为，为了保证国家机关履行法律的能力，对国家机关构成单位犯罪的

[①] 参见〔法〕卡斯东·斯特法尼等著：《法国刑法总论精义》，罗结珍译，中国政法大学出版社1998年版，第293—294、696页；法国2000年以后对该法的修改没有涉及这部分，参见《最新法国刑法典》，朱琳译，法律出版社2016年版，第7页。

[②] Peter W. Hogg, *Constitutional Law of Canada*, 5th Edition, Vol. 1, Thomson/Carswell, 2007, pp. 301—306.

限制是必要的。根据国际经验和我国政治法律制度的实际情况,可以以国家机关的工作或者业务范围作为限制标准,即国家机关只有在与其工作或者业务有关的范围内实施我国刑法规定的单位犯罪行为,才能构成单位犯罪。根据这个标准和根据我国宪法、行政法对各种国家机关赋予的职责,可以明确的是,各级立法机关、各级司法机关[①]和军事机关都不可能构成我国刑法规定的单位犯罪。[②] 在行政机关范围内,最高行政机关由于享有行政法规的立法权,因此不可能实施任何需要行政法规来确定行为性质的单位犯罪,也就是说,不可能成为犯罪主体。其他行政机关成为单位犯罪主体的可能性也受到其工作或者业务范围的严格限制,例如,海关总署不可能实施走私罪;中国人民银行不可能实施非法吸收公众存款罪,但是,地方行政机关中的商业局则有可能构成走私罪的单位犯罪。[③]

> ▶▶▶ **案例**
> 被告人厦门海关原关长杨前线及其以下十多名重要干部,分别接受走私分子的贿赂后放弃职守,导致厦门关区走私泛滥,厦门海关是否能够构成单位犯罪?

本书以国家机关的工作或者业务范围为标准限制国家机关单位犯罪的观点,不仅符合我国的司法实践,而且符合目前国际法上的一般原理。

在单位犯罪或者法人犯罪中,一个重要的基本问题是单位犯罪或者法人犯罪的理论根据:为什么单位或者法人这种非自然人可以成为犯罪主体?在这个要点上,现代刑法学形成了两种比较成熟的主要观点。一种以民法上的代理理论为基础,主张根据"仆人过错主人负责"原则,单位工作人员实施的具体犯罪行为所产生的刑事责任应当由单位承担。[④] 另一种以公司法上的拟制理论为基础,主张根据法人理论,单位是法律上拟制的人,既可以实施民法意义上的行为,也可以实施刑法意义上的行为。根据拟制理论,可以由单位承担责任的行为,只能是那些根据单位集体研究决定而实施的,或者是那些由能够代表单位的主管

[①] 关于乌鲁木齐铁路中级人民法院是否构成单位犯罪的讨论,参见《法制日报》2006年7月7日至13日,以及2007年3月25日的有关报道。
[②] 参见我国《宪法》第3章规定的内容,以及1998年《中共中央办公厅、国务院办公厅关于军队、武警部队和政法机关不再从事经商活动的通知》。
[③] 关于"乳山市商业局走私案",见《最高人民法院公报》1994年第2期。
[④] 关于代理理论的完整研究,见周密主编:《美国经济犯罪和经济刑法研究》,北京大学出版社1993年版,第36页以下,第3章,"法人的刑事责任问题"。

人员（包括法定代表人或者主要负责人）所实施的行为，也就是说，行为人在单位中的地位或者行为人是否依据单位的决定对于确定单位犯罪是否成立具有决定性的意义。根据代理理论，单位是否承担刑事责任取决于有关行为是否属于行为人的"职权范围之内"。那些根据单位决策层的意见实施的行为，那些由总裁、总经理、董事长及其副职等决策人物所实施的行为，通常毫无争议地属于单位"职权范围之内"。问题在于，单位中的高级职员或者部门主管，以及由此往下到哪个层级的人员所实施的行为，能够使单位承担刑事责任？一般认为，这里应当采纳的标准应当是有关行为人对单位相关事务的实际控制程度，而不是头衔和职务。对有关行为的实施拥有直接控制权的人员，也就是能够使单位承担责任的人。

本书主张采用代理理论作为说明单位能够成为犯罪主体的根据。主要理由有四：一是根据代理理论，单位的行为其实就是由代表单位行为的人来实施的，因此，把说明自然人犯罪的行为、责任能力等一系列概念和理论适用于单位这种法律上拟制的人时，不会存在重大的理论困难；二是根据代理理论得出的结论，可以包括拟制理论所得出的结论，也就是说，根据代理理论就可以统一解决由单位主管人员实施或者根据单位决策而实施的行为的刑事责任问题；三是根据代理理论，可以在严格遵守罪刑法定原则的前提下，有系统有步骤地确定单位犯罪的范围；四是根据代理理论，可以恰当地确定行为人的范围，避免单位逃避为非决策人员的行为所应当承担的责任，有利于满足刑罚目的所要求的预防目的。

本书的主张反映了我国刑法理论与实践对单位犯罪的最新成果。在1996年12月第八届全国人大常委会第二十三次会议上审议的《中华人民共和国刑法（修订草案）》第31条曾经规定："公司、企业、事业单位、机关、团体为本单位谋取非法利益，经单位集体决定或是由负责人员决定实施犯罪的，是单位犯罪。"[①]这种基本代表拟制说的观点最终并没有为我国立法机关所采纳，但是在1997年刑法颁布之后的一段时间里具有很大的影响，并且对引导我国刑事司法机关开展对单位犯罪的斗争起了一定的积极作用。2001年之后，最高人民法院在"以单位名义实施犯罪，违法所得归单位所有的，是单位犯罪"的大前提下，不仅认为"由单位集体研究决定"的，而且肯定"由单位的负责人或者被授权的其他人员决定、同意"的行为，只要"为单位谋取不正当利益或者违法所得大部分归单位所有"的，都可以构成单位犯罪。单位犯罪中应当承担责任的直接主管人员和其他直接责任人员，不仅包括在单位犯罪中起决定、批准、授意、纵容、指挥等作用的

---

① 参见高铭暄、赵秉志编：《中国刑法立法文献资料精选》，法律出版社2007年版，第609页。

单位主管负责人和法定代表人,而且包括在单位犯罪中具体实施犯罪起较大作用的人员,既可以是单位的经营管理人员,也可以是单位的职工,包括聘任、雇佣的人员。① 我国最高司法机关对单位犯罪的态度,已经清晰地表现了采纳代理理论的方向。

对单位犯罪的惩罚,与对个人犯罪有所不同,因此需要刑法有明确的规定。第31条规定:"单位犯罪的,对单位判处罚金,并对其直接负责的主管人员和其他直接责任人员判处刑罚。本法分则和其他法律另有规定的,依照规定。"因此,我国刑法对单位犯罪规定的惩罚有以下三种类型:

第一,在一般情况中,对单位犯罪实行"双罚制",不仅惩罚单位,而且惩罚个人。但是,对单位的惩罚方式仅仅是罚金,对个人的惩罚方式则有可能是其他刑罚。目前,我国刑法对大多数单位犯罪都规定了双罚制。不过,如同在共同犯罪中处罚两名行为人仍然是处罚同一个犯罪一样,单位犯罪中的单位与个人之间的关系虽然不同于共同犯罪,但是,在处罚单位的同时又处罚个人,也是在处罚同一个犯罪。

第二,根据《刑法》第31条第2句中"另有规定"的说法,对单位犯罪还存在着"单罚制"的可能性,即只处罚个人,不处罚单位。典型的例子是违规披露、不披露重要信息罪(《刑法》第161条)。如果公司向股东和社会公众提供虚假的或者隐瞒重要事实的财务会计报告,严重损害股东或者其他人利益的,不处罚公司,而仅仅处罚对其直接负责的主管人员和其他直接责任人员。

第三,在个别情况下,还存在着在单位犯罪中实行"三罚制"的可能性。在我国刑法"附则""附件二"中规定:"全国人民代表大会常务委员会制定的下列补充规定和决定予以保留,其中,有关行政处罚和行政措施的规定继续有效,有关刑事责任的规定已纳入本法,自本法施行之日起,适用本法规定。"因此,在法律有明文规定的情况下,对于单位犯罪,不仅要追究单位和个人的刑事责任,而且还可以依法对单位作出行政处罚或者采取行政措施,例如吊销有关企业的营业执照、要求公司进行停业整顿等。

当然,在单位犯罪成立时,单位中的全体人员或者涉及犯罪的所有人员,并不一定全部都会受到实际判处的刑事处罚。根据代理理论和我国刑法的规定,单位犯罪的刑事责任,虽然不一定局限在单位的决策人员身上,但是,也不一定由参与犯罪的每一个人承担。对于受单位领导指派或奉命参与实施一定犯罪行为的人员,应当区分具体情况,按照构成犯罪的要求,不一定一律作为直接责任

---

① 参见2001年1月21日《全国法院审理金融犯罪案件工作座谈会纪要》,以及2002年《最高人民法院、最高人民检察院、海关总署关于办理走私刑事案件适用法律若干问题的意见》第18条。

人员来追究刑事责任。即使追究责任,也应当根据案件事实,按照每个人在具体案件中的地位、作用和犯罪情节,分别处以相应的刑罚。法律规定的"应当追究"刑事责任与司法实践判处的"实际承担"刑事责任,依据的是不同的理论根据与事实根据。根据案情,尤其是根据有关犯罪参与人在案件发生之后的各种表现,完全有可能发生只追究单位不追究个人或者只追究个人不追究单位的特殊情况。

第十一章　排除犯罪成立的根据

在现代刑法学中,犯罪的成立不仅必须有犯罪构成要件的齐备,而且还不能存在排除犯罪的根据。现代刑法学的各种理论都在各自的理论位置上,使用一般性的或者具体性的概念,对排除犯罪成立的理论加以说明。我国《刑法》第3条前半句规定的"法律明文规定为犯罪行为的,依照法律定罪处刑",并不意味着我国刑法禁止进行排除犯罪成立的辩护,而是要求全面、严格地执行刑法。

在现代刑法学中,排除犯罪成立的根据由两部分组成。一部分是所谓的违法性理论或者不法理论;另一部分是所谓的罪责理论。在犯罪构成或者行为构成得到满足的情况下,如果违法性的要求也得到满足,也就是在不具有正当化根据的情况下,犯罪就成立。但是,如果具有排除违法性的根据,那么,犯罪就会被排除。在一个行为符合犯罪构成又符合违法性的情况下,就可能还需要进行罪责的判断,也就是考虑是否应当以及如何予以谴责的问题。不过,对于排除罪责的行为是否可以排除犯罪的存在,是刑法理论与刑法制度中一个尚有争论的问题。

第一节　违法性与不法的一般理论

一、违法性与不法概述

违法性是现代刑法理论中的一个重要的基本概念。这个概念,在德文中是"Rechtswidrigkeit",在俄文中是"противоправность"。在英文中,违法性在国内刑法的意义上的最新说法是"wrongfulness",在国际刑法的意义上使用的是"unlawful"这个词,基本含义都是"违反正确的"或者"错误的"。因此,在现代刑法学中,违法性的概念与错误性的概念是同义语。

在现代刑法学中,犯罪所具有的违法性,首先表现在刑法对犯罪构成的规定上。例如,《刑法》第232条对故意杀人罪的规定,就表明了"不允许故意杀人"的禁止性规范。一个通过自己的行为满足了犯罪构成的人,就是符合犯罪构成的行为人。例如,故意杀其他人的,就满足了第232条故意杀人罪的犯罪构成。不过,在犯罪成立的过程中,符合犯罪构成的行为尽管具有重要的社会意义,但还仅仅是完成了犯罪成立第一步的价值评价,还仅仅是在形式上具有了违法性。形式上的违法性还仅仅是一种暂时的标记,还不是对符合犯罪构成的行为具有

"错误"性质的最终认定。

在满足犯罪构成之后仍然不能肯定犯罪的成立,主要是由于在刑法中规定禁止性规范的同时还规定有允许性规范。允许性规范规定了在具有正当化根据时允许做什么。例如,《刑法》第 20 条第 3 款规定,在紧急防卫严重危及人身安全的暴力犯罪时,可以杀人。在紧急防卫时杀死他人的,虽然侵害了法益并且符合犯罪构成,但却是合法的。因此,只有在犯罪成立的第二步价值评价中,才能形成对违法性的最终判断:满足犯罪构成而不具有正当性根据的,是违法的行为!通过正当化根据排除满足犯罪构成所体现的违法性的,是合法的行为!

在现代刑法学中,符合犯罪构成并且不具有正当化根据的行为,就是具有违法性的。也可以说,违法性是指各种违反法律行为所具有的一种属性。

违法性的根据是什么?或者说,在一个行为符合犯罪构成之后,究竟是什么才可以排除行为的违法性?这是现代刑法学一直在探讨的问题。如果用一个单独的原则来概括,那么,目前还只能使用所谓的"社会正确性"原则。社会正确性原则是社会在正确规范相互冲突的利益时实现社会正义所遵循的原则。为了将这个原则具体化,各种刑法理论体系都提出了一些具体的理论。英美刑法理论主要从三个方面提出自己的根据:一是所谓的"公共好处"理论,认为有正当化根据的行为是给社会带来好处的行为;二是所谓的"道德"理论,认为行为人有权保护特定的道德利益或者认为侵害人丧失了道德利益;三是所谓的"优势利益"理论,认为追求优势利益的行为就应当得到正当化。[①] 在德国刑法理论中提出的观点更多,影响较大的有:允许被攻击人采取一切必要手段保护自己的保护原则,允许行为人为了坚持法的社会效力而实施防卫的法保护原则,允许在不超过比例界限的条件下保护自己的比例原则,允许在不严重侵犯自治的情况下实施救援的自治原则和利益权衡原则,甚至主张在相互冲突的利益中选择更高利益的"更高利益理论"。[②] 事实上,所有这些原则都是不够的,因为社会正确性或者违法性都只能根据具体的社会情况才能确定。

在犯罪成立过程中,符合犯罪构成的同时又具有排除违法性的根据,就形成了构成犯罪的规则与排除犯罪的例外之间的关系。这个关系,在我国古代刑法中就已经有了清楚的认识。《周礼》中就有"凡报仇者,书于士,杀之无辜","凡杀人而义者,不同国,令勿仇;仇之则死"等记载,意思是因报仇而杀人,只要在政府机关登记过就无罪;合法杀人者,只要不与被害人家属同住一个城市,被害人就

[①] 参见 Joshua Dressler, *Understanding Criminal Law*, 4th Edition, LexisNexis, 2006, p. 222.
[②] 〔德〕克劳斯·罗克辛著:《德国刑法学总论》(第一卷),王世洲译,法律出版社 2005 年版,第 400 页。

不可以复仇,复仇者构成杀人罪。① 在现代刑法学中,对犯罪构成与违法性之间关系的认识,随着罪刑法定原则的确立和巩固而不断发展。

最早的违法性概念,是德国刑法学者弗朗茨·冯·李斯特提出的"实质违法性"的概念,他指出:"实质的违法是作为危害社会的(反社会或者对社会有害的)举止的行为……违法性的行为是……一种对法益的侵害或者危害……。"②实质违法性的概念与犯罪所具有的危害社会和侵犯法益的属性紧密联系在一起。后来,现代刑法学的发展清晰地证明了形式违法性与犯罪构成符合性是一致的,并且,实质违法性概念就在排除犯罪的意义上,继续发挥着不断明确正当化根据的种类以及确定其内容的作用。

在四要件犯罪构造理论中,违法性主要是在构成犯罪的意义上使用的,"危害社会的行为必须同时是触犯刑法规定的行为,才能构成犯罪"。③ 因此,在四要件犯罪构造理论中的违法性概念,就被称为"刑事违法性",以违反刑法规定为主要含义。刑事违法性的主要作用是提供犯罪(刑事法律对其规定刑事责任的危害社会行为)的"标准特征"。④ 刑事违法性的概念虽然不积极推动正当化根据的确立,但是也不否定这种根据的存在,不过仅仅在构成犯罪之外的意义上才承认这些根据。在确立罪刑法定原则的过程中,刑事违法性的概念起了推动法制发展的历史性意义。

在双层次犯罪构造理论中,"违法性"的概念还没有获得"总则"的地位,但是,在辩护部分承认了自我防卫和紧急避险等正当化根据在排除刑事责任中的作用。

在三阶段犯罪构造理论体系下,围绕着违法性提出的观点林林总总,目前形成了两个基本发展方向:一个方向是仅仅在否定的意义上使用违法性概念,即在违法性概念中仅仅谈论正当化根据及其排除不法的特征。这是现代刑法学的主流,因为在肯定意义上指出的一个行为作为犯罪所应当具有的违法性,已经在犯罪构成中说过了!另一个方向是在肯定加否定的意义上使用违法性概念。这是目前日本刑法学中的一种理论。这种观点在肯定的意义上,根据实质违法性具有区分犯罪等级的属性,主张符合犯罪构成的行为必须在具有"可罚的违法性"之后才能完成犯罪构造;另一方面,这种观点在否定的意义上,也同意正当化根据具有排除不法的意义。在肯定的意义上,有关理论还经常要探讨违法性的实质问题,并提出了所谓的客观违法论和主观违法论的观点。客观违法性主张违

---

① 蔡枢衡著:《中国刑法史》,广西人民出版社1983年版,第175—176页。
② 参见〔德〕克劳斯·罗克辛著:《德国刑法学总论》(第一卷),王世洲译,法律出版社2005年版,第390页。
③ 杨春洗、甘雨沛、杨敦先、杨殿升著:《刑法总论》,北京大学出版社1981年版,第89页。
④ 参见《苏联刑法科学史》,曹子丹、张广贤、马改秀、王扬译,法律出版社1984年版,第22、24、26页。

法性的实质是在客观上违反了法律;主观违法性主张行为人理解了规范并作出了违法的意思决定才是违法性的实质。① 不过,在否定违法性的意义上,对违法性实质的讨论已不再具有重要意义。

不法是对符合犯罪构成并且具有违法性的整个状态的称呼。在现代刑法学发展的阶段中,违法性与不法曾经有过一个可以不加区别地交替使用的时期。现在,现代刑法学通常使用"违法性"来表示符合犯罪构成的行为不具有正当化根据的属性,用"不法"来表示一个行为不仅符合犯罪构成而且具有违法性的整体状态。不法是根据刑法予以谴责的前提,违法性仅仅是犯罪行为成立应当具有的一种属性。在现代刑法学中,是否使用不法的概念来构成"总的行为构成",从而重组刑法学理论,是一种值得重视的理论发展方向。

二、正当化根据概述

在现代刑法学中,正当化根据是违法性或者不法理论的重要内容。

正当化根据是指那些能够排除行为违法性的情节和条件。具有正当化的根据,就能将符合犯罪构成的行为例外地宣布为不具有违法性,或者说,虽然符合犯罪构成,但却是正确的!具有正当化根据就意味着,行为人的行为具有许可性,其他人有义务容忍其行为。例如,在紧急防卫的情况下,防卫权仅仅在攻击违法行为的情况下才能存在,但是,对正当的攻击行为就不允许再进行防卫。刑法中的正当化根据,在整个法律制度中都适用,也就是说,刑法中的正当化根据与行政法和民法等其他部门法中的正当化根据是一致的。这样,在刑法中被正当化的行为,不仅不能受到刑罚的惩罚,而且也不能受到行政法、民法意义上的处罚。例如,我国《民法总则》第181条第1款规定:"因正当防卫造成损害的,不承担责任。"第182条中也规定了紧急避险人不承担责任的条件。

> ▶▶▶ **案例**②
>
> 2003年9月3日,青年女工吴金艳,在李光辉及其同伙半夜三点闯入自己的卧室,殴打自己与同室女友时,持水果刀将其扎伤,致使其失血过多死亡。法院认定吴金艳正当防卫而无罪,但她应当承担李光辉家属提出的民事赔偿责任吗?

---

① 〔日〕西田典之著:《日本刑法总论》,刘明祥、王昭武译,中国人民大学出版社2007年版,第96页以下。

② 中华人民共和国最高人民法院刑事审判第一、二、三、四、五庭主办:《中国刑事审判指导案例(侵犯公民人身权利、民主权利罪)》,法律出版社2009年版,第633页以下。

正当化根据的种类会由于各种不同法律制度的限制而不同。根据正当化根据受到的不同法律制度的限制,可以把正当化根据归纳为以下三大类:

第一类主张正当化根据必须由刑法规定。典型的例子是俄罗斯刑法的规定。在1996年《俄罗斯刑法》第八章"排除行为有罪性质的情节"中,明确规定"正当防卫""在拘捕犯罪人时所造成的损害""紧急避险""正当风险"和"执行命令或指令"等五项情节,不是犯罪,除此之外,不承认其他正当化根据。[①]

第二类主张正当化根据必须由法规定,包括由法律和其他规范加以规定。典型的例子是日本刑法。在日本,排除违法性的根据一定是书面的法律或者规范允许的,不使用不成文的习惯作为正当化的根据。由于违法性根据来自刑法、民法、行政法等不同的部门法,因此形成了所谓的"违法性多元论"。

第三类主张正当化根据应当依据从整个法律体系中得出的整体性判断。这种主张不仅允许使用制定法中的规定,而且允许使用在长期实践中产生出来的习惯性规则,甚至允许在各国法律制度中都存在的法律思想,作为正当化的根据。德国刑法学明确允许这种做法,英美刑法学实际使用这种做法。由于违法性根据的统一性,因此形成了所谓的"违法性一元论"。

正当化根据的种类不仅与犯罪的成立有重要关系,而且与法制的发展水平有重要关系。总的说来,正当化根据的种类越多,对犯罪的认定就越准确;正当化根据的范围越广,对法律体系内部和谐一致的要求就越高! 在一个具体刑法体系中采纳的正当化根据,必须实事求是,根据本国的实际国情确定。目前,在现代刑法学中普遍承认的正当化根据中,最常见的有以下几类:

正当防卫。在我国《刑法》第20条第1款和第3款、《民法总则》第181条第1款等条文中,都规定了正当防卫不承担法律责任的内容。

紧急避险。在我国《刑法》第21条第1款、《民法总则》第182条等条文中,都规定了紧急避险不承担法律责任的内容。

同意,包括推定同意。在我国刑法总则中没有关于同意和推定同意的规定,但是,在分则中规定的"告诉才处理"的犯罪构成(例如,《刑法》第260条虐待罪)和其他一些犯罪构成(例如,《刑法》第236条强奸罪)中,当被攻击人不提出告诉时,可以认为是推定同意。一般认为,同意是以习惯为基础的理由。现代刑法学一般认为,同意是排除违法性的,但是,也有一种很有说服力的意见认为是排除行为构成的。[②] 没有争议的是,同意必须是事前的、有效的并且不是无限制

[①] 参见〔俄〕库兹涅佐娃、佳日科娃主编:《俄罗斯刑法教程(总论)》(上卷·犯罪论),黄道秀译,中国法制出版社2002年版,第441页。

[②] 〔德〕克劳斯·罗克辛著:《德国刑法学总论》(第一卷),王世洲译,法律出版社2005年版,第354页以下。

的。在涉及公共利益、生命以及违反社会伦理时,同意无效。

> ▶▶▶ **案例**
>
> 被害人甲患肝癌晚期,受病痛折磨,疼痛难忍。甲知自己已不可能康复且生命很快就要结束,就再三恳求医生让自己无痛苦地离开人世,并在处方上签字以承担全部责任。被告人医生乙哀其不幸,为其注射大剂量复方冬眠灵,甲平静地离开人世。医生乙可以用甲同意为由排除自己行为的违法性吗?

扭送权。在我国《刑事诉讼法》第82条中规定,任何公民对于正在实行犯罪或者在犯罪后即时被发觉的、通缉在案的、越狱逃跑的、正在被追捕的人,都可以立即扭送司法机关处理。

义务冲突。这个正当化根据不是法律规定的,而是社会公认的。在义务冲突的情况下,行为人处于无论如何也必须违反一种行为义务的境地。但是,行为人也由于自己在这种情况下已经实施了一种正当的行为而不承担法律责任,因此,义务冲突一般被认为是正当化根据而不是免责根据。然而,行为人在义务冲突的情况下,如果没有履行的义务具有更高的价值,那么,对于自己没有履行义务而造成的危害结果,仍然可能承担刑事责任。

利用合理权利。这个正当化根据主要涉及与侮辱罪(《刑法》第246条)有关的行为。行为人在根据《宪法》第47条进行"文学艺术创作",或者根据《宪法》第41条对国家工作人员进行"批评"时,尤其是在采用讽刺或者幽默等方式行使宪法权利时,对他人名誉造成的损害,只有在这种损害是适当地利用一种合理权利不可避免带来的附属结果时,才可以得到正当化。但是,现代刑法学认为,对合理权利的利用必须受到限制。[①] 首先,只能合理地利用权利,不能违反法律和违背善良风俗;其次,只能使用最轻微的手段对权利进行恰当和必要的利用;此外,行为人必须是为了利用合理权利并且必须履行了审查信息的义务,不能为了作弄人或者根据未经谨慎审查的信息而行使该权利。然而,对合理权利的利用也必须符合行业惯例,例如,一方面必须承认艺术自由属于基本自由,另一方面也不能允许艺术损害他人的尊严。

现代刑法学的发展,一方面扩展了正当化根据的范围,另一方面也注意对正

---

① 〔德〕克劳斯·罗克辛著:《德国刑法学总论》(第一卷),王世洲译,法律出版社2005年版,第545页以下。

当化根据的内容予以精确化。最典型的例子是对"执行命令"的修正。

执行命令作为自己无罪的抗辩理由,在第二次世界大战之前,曾经得到世界刑法学界的普遍认可。① 第二次世界大战之后,由于审判法西斯战争罪犯的需要,执行命令的抗辩被放弃了。在东西德合并之后,不承认执行命令作为正当化根据的观点,甚至在联邦德国法院审判民主德国边界哨兵枪击违法越境人员的案件中得到了确认。② 根据 2002 年 7 月 1 日生效的《国际刑事法院规约》第 33 条的规定,执行上级命令的行为,只有在行为人具有服从有关政府或上级命令的法律义务,不知道命令是不法的,并且这项命令的不法性不明显时,才不承担刑事责任。但是,实施灭绝种族罪或危害人类罪的命令是明显不法的。因此,在有关命令甚至规范明显是根本错误的情况下,执行命令在现代刑事审判中,已经公认为不是正当化根据。我国《公务员法》第 54 条规定:"公务员执行明显违法的命令或者决定的,应当依法承担相应的责任。"因此,在我国,执行命令已经不能成为当然的正当化根据了。

正当化根据的种类与内容,一直是随着社会的发展与法学的发展而与时俱进的。

例如,在我国刑法学界曾经得到很多支持的"正当业务行为"是否能够单独成为正当化根据,就最终无法成立。首先,这个概念不清楚。"正当"是评价的结果,在我们今天的社会中,是否存在一种不需要评价的、当然正当的业务,是很可疑的。体育活动③、医生治疗甚至律师的辩护工作,都不存在当然正当的性质。其次,这个概念也不准确。正当化根据是以行为符合犯罪构成为前提的,在"正当"性质成立时,犯罪构成就被排除了,根本就谈不上正当化的问题。本书认为,事实上,任何根据,只要符合"正当"的要求,都应当允许成为正当化根据。

又如,那种在法制发展早期很受青睐的"超法规阻却事由",在正当化根据的意义上,也受着刑法制度的限制。在正当化根据必须由刑法规定的制度中,在刑法之外谈论的"阻却事由"是不能得到承认的;在正当化根据必须由法或者规范规定的制度中,"阻却事由"也无法"超法规";在正当化根据可以依据从整个法律体系中得出的整体性判断予以提出的制度中,问题取决于新提出的正当化根据能否成立,与是否"超法规"也没有什么关系了。本书认为,今天,在现代刑法学

---

① 参见王世洲主编:《现代国际刑法学原理》,中国人民公安大学出版社 2009 年版,第 32、390 页以下。

② 简单的案情见〔美〕乔治·弗莱彻著:《刑法的基本概念》,王世洲主译与校对,蔡爱惠、陈巧燕、江溯译,中国政法大学出版社 2004 年版,第 139 页。

③ 体育腐败中的刑事案件问题,参见王世洲:《关于体育法的若干基本理论问题》,载《北京大学学报(哲学社会科学版)》2006 年第 3 期。

基本概念的意义上,"超法规阻却事由"一般仅仅具有免责的意义。

第二节 正 当 防 卫

一、正当防卫概述

正当防卫的概念,是四要件犯罪构造理论中的说法。在双层次犯罪构造理论中一般称为自我防卫(self-defense),在三阶段犯罪构造理论中称为紧急防卫(Notwehr)。正当防卫作为排除违法性的根据或者作为排除犯罪的根据,在现代刑法学中得到了各种理论的一致承认。

根据我国《刑法》第 20 条的规定,目前我国刑法规定的正当防卫是指,为了使国家、公共利益、本人或者他人的人身、财产和其他权利免受正在进行的不法侵害,而采取的制止不法侵害的行为。正当防卫对不法侵害人造成损害的,不负刑事责任(第 20 条第 1 款)。对正在进行行凶、杀人、抢劫、强奸、绑架以及其他严重危及人身安全的暴力犯罪,采取防卫行为,造成不法侵害人伤亡的,也不负刑事责任(第 20 条第 3 款)。然而,在其他情况下,正当防卫明显超过必要限度造成重大损害的,应当负刑事责任,但是应当减轻或者免除处罚(第 20 条第 2 款)。

为了制止不法侵害而实施的符合犯罪构成的行为,甚至造成他人伤亡的,由于这种防卫行为具有正当性就不负刑事责任,这是正确的。然而,在防卫行为明显超过必要限度造成重大损害应当负刑事责任的情况下,仍然将这种行为称为"正当"的,在概念上就存有容易误解之处。无论怎么说,在我国刑法中,不负刑事责任和承担刑事责任之间,有着罪与非罪的根本区别,更准确地说,存在着正确与错误的根本区别!因此,准确地说,我国刑法规定的正当防卫制度包括三种行为:无罪的正当防卫行为;免除刑罚的防卫行为;承担刑罚的防卫过当行为。其中,只有无罪的正当防卫行为属于正当化根据,免除刑罚的防卫行为应当属于免责,承担刑罚的防卫过当行为是犯罪行为。

我国是世界上最早在法律中规定正当防卫的国家。至少在公元纪年开始前后发现的《周礼》中,就有这样的记载:"凡盗贼军乡邑,及家人,杀之无辠。"大意是将在城市或乡村抓捕居民的盗匪杀死打伤的,都无罪。《汉律》中规定:"无故入人室宅庐舍,上人车船,牵引人欲犯法者,其时格杀之,无罪。"意思是无正当理由进入他人居住的地方,侵犯人身自由的,当时杀死的,无罪。在《唐律》中,不仅规定"诸夜无故入人家,笞四十。主人登时杀者,勿论",而且还规定"诸官私畜产毁食官私之物,登时杀伤者,各减故杀伤三等。……畜产欲觚齧人而杀伤者,不坐不偿"。① 意思是夜晚无正当理由进入他人家庭的,本身就是犯罪行为,应当打40板子,主人当场将其杀死的,无罪;官家私家的牲畜毁食官私物品的,不能杀死或者伤害,否则是犯罪,但是可以减轻处罚,然而,牲畜在攻击人时被杀伤的,不仅无罪而且不赔。《唐律》的规定,不仅包括了对人的侵犯的防卫原则,而且包括了对物的侵犯的防卫原则。西方在《圣经·出埃及记》中,有教义说:"人若遇见贼挖窟窿,把贼打了,以至于死,就不能为他有流血的罪。"西方学者认为这是最早关于正当化的说法。普通法在13世纪到16世纪期间承认了古式防卫:在斗殴中,后撤到所能退却的最后地方之后,才将攻击方杀死的,免除死刑,但必须没收财产。英国议会在1532年承认,自我防卫在特定案件是一种正当化利益,使用致命性暴力的人可以完全无罪。② 德国在1532年的《卡罗琳娜法典》中规定了对身体和生命的攻击可以进行紧急防卫。在近代,在罪刑法定原则的影响下,普通法系和大陆法系的刑法最终使正当的防卫形成了刑法中的一项重要制度。

在现代刑法学中,对正当防卫的说明普遍是从回答正当防卫的根据开始的:究竟是什么使一个人有权在防卫中使用暴力对抗另一个人的暴力?

四要件犯罪构造理论是在犯罪构成之外说明正当防卫的。这种理论以"无社会危害性"为主要根据,辅之以"正当权利"和"制止与预防犯罪"的理由,认为正当防卫本身不具有社会危害性,是对社会有益的行为。正当防卫是我国公民面对犯罪时的合法权利,允许正当防卫,能够及时制止犯罪,并有利于预防犯罪。

双层次犯罪构造理论过去一直以普通法中的做法作为自我防卫的基础。近几十年,一些重要的英美刑法理论家特别重视自我防卫根据的说明,主要从功利主义和非功利主义方面提出自己的观点。功利主义的观点主要有利益冲突说与预防说。利益冲突说认为,假如在死亡的冲突中一定要有人死,那么该死的只能是具有反社会性质的攻击者,否则,他还会再去威胁其他人。预防说认为,允许无辜的人杀人就发挥了对不法攻击加以惩罚的作用,可以使之害怕抵抗而放弃犯罪。非功利主义的观点以道德性思考为基础,提出了各种主张:有的认为,攻击者对无辜人员生命造成的应受谴责的威胁,就使自己丧失了生命的权利,并且这种丧失对社会也没有什么害处;有的认为,攻击者危害了他人的人身权利,引起了破坏个人契约自主的"战争状态",使自卫行为成为正当的;有的认为,在道德上,无辜者的生命高于攻击者,攻击者的死只会减少社会的恶;还有的认为,自

---

① 蔡枢衡著:《中国刑法史》,广西人民出版社1983年版,第176—178页。
② 参见〔美〕乔治·弗莱彻著:《刑法的基本概念》,王世洲主译与校对,蔡爱惠、陈巧燕、江溯译,中国政法大学出版社2004年版,第171、168—169页。

卫是对攻击者的惩罚,可以避免犯罪不受惩罚而造成的不公正!① 在英美刑法中,更重视防卫手段,尤其是致命性武器使用的正当性。

三阶段犯罪构造理论对紧急防卫的根据进行了长期的研究与整理。目前比较一致的观点认为,紧急防卫权应当建立在个人保护原则和法保护原则的基础上。个人保护原则以防卫对个人法益的违法攻击为目的,法保护原则以追求一般预防为目的。个人保护原则强调,个人不需要向不法屈服,不必违背自己的意志受损害,在面对攻击自己的符合行为构成的行为时就具有受到法律信念支持的自我保护权。法保护原则强调,在防卫位置上的国家机关不在场时,也不需要向不法屈服,也应当坚持由法定秩序来对抗不法的攻击,从而可以使正当防卫权有效地阻遏一般人不敢去做不法的事,这不仅表明侵犯法秩序要冒很大的风险,而且也会维护法秩序。② 个人保护原则和法保护原则的区分,虽然在具体案件中对解决防卫行为的正当性会产生影响,但是,例如在德国刑法学中就主张,个人保护和法保护的原则必须同时发挥作用。

在现代刑法学中,在正当防卫的根据上已经可以得出很清晰的四个结论:

第一,正当防卫的作为一项正义的和合理的权利已经在社会和刑法中得到了普遍的承认。

第二,各种正当防卫根据在各种特殊的案件情况下,各自发挥着说明正当性的作用。

第三,还不能使用一种唯一的正当防卫根据为各种具体行为的正当性提供统一的标准。

第四,以道德标准为主,以功利标准为辅,是正当防卫根据的主要发展方向。③

二、正当防卫的成立条件

正当防卫的成立条件,是指实施正当防卫时必须符合的条件。这是确立正当防卫的关键之点。在这个要点上,各种刑法学理论采取了不同的方法。英美刑法基本采用具体标准,即根据防卫手段与防卫对象设定各种具体的正当化标准。在防卫手段中通过区分致命性攻击和非致命性攻击,以及在防卫种类中通过区分防卫自己、防卫他人、防卫住所、防卫其他财产、预防犯罪等不同情况,来

---

① Joshua Dressler, *Understanding Criminal Law*, 4th Edition, LexisNexis, 2006, pp. 251—252.
② 参见〔德〕克劳斯·罗克辛著:《德国刑法学总论》(第一卷),王世洲译,法律出版社2005年版,第424—425页。
③ 本书不否认,在双层次犯罪构造理论中,更多的观点是从功利的角度提出的。然而,无论如何,各种理论都是以行为的正确性为基础的!

确立行为正当性的具体规则。我国刑法学也在不断推进对正当化条件的研究。我国较早使用的正当防卫条件,要求正当防卫必须针对正在进行的不法侵害行为和针对实施不法侵害的人使用,并且不能超过必要限度。① 新近的发展,不仅在条件上发展到对防卫起因、防卫意图、防卫时间、防卫客体(或者防卫对象②)、防卫限度等要件的要求③,而且在内容上,也对可能影响正当性的各种主客观要素都进行了相当彻底的探讨。总的说来,正当防卫的成立标准经历了一个由简单到复杂的过程,已经进入了细密化的时代。

现代刑法学基本上是从客观和主观两个方面来说明正当防卫的条件。在这两个方面之下,主要围绕着正当防卫必须针对正在进行的违法性攻击,只能采取必要的手段来防卫可以加以防卫的法益,以及正当防卫不能超过的界限等问题进行说明。④

(一) 正当防卫必须针对违法性攻击实施

违法性攻击的存在,是正当防卫的前提。

首先,这种攻击必须是自然人的行为实施的。对动物攻击的防卫,一般属于紧急避险。在违法攻击人使用动物进行违法攻击时,例如,有人唆使一条狗去咬别人的,杀死这条狗就会像毁坏攻击手段一样,是针对违法性攻击的。单位的攻击只能由其代表或者雇员实施,因此,不能排除对单位攻击进行防卫的可能性,但是,由于我国刑法规定的单位犯罪几乎全部属于违反经济管理和社会管理的犯罪,因此,对单位攻击的防卫必须符合正当防卫所要求的其他条件。另外,自然人实施的必须是一种攻击行为。无意识或者无意志的动作,都不是刑法上的行为,而是非行为。例如,一个处在癫痫症发作中或者处于睡梦中的人,一个喝醉了在大街上无意识地来回打滚的人,一个由于突然发生昏厥而失去对汽车控制的人,一个被人从窗子上扔出去而砸坏了另一个人的人,甚至一个闲站在自家土地上没有意识到挡住救护严重伤病人小组去路的人,都不是发动攻击的人。对非行为虽然可以防卫,但是必须受到社会道德的严格限制并且一般应当按照防卫性紧急避险的标准进行。

---

① 杨春洗、甘雨沛、杨敦先、杨殿升等:《刑法总论》,北京大学出版社1981年版,第170—175页。
② 参见曲新久著:《刑法学》(第2版),中国政法大学出版社2009年版,第118页。
③ 例如,参见陈兴良著:《本体刑法学》,商务印书馆2001年版,第436页以下。
④ 下文中使用的许多案件和理论,主要参见〔德〕克劳斯·罗克辛著:《德国刑法学总论》(第一卷),王世洲译,法律出版社2005年版,第426页以下。

▶▶▶ **案例**①

　　被告人范尚秀与被害人范尚雨是兄弟。范尚雨患精神病10年,不能辨认和控制自己的行为,经常无故打人。一天,范尚雨先打自己的侄女,又手持木棒、砖头在公路上追打范尚秀。范尚秀跑了几圈跑不动了,就转身抓住范尚雨的头发按到在地,夺下木棒朝持砖欲起身的范尚雨头部打了两棒,范尚雨倒地后,范尚秀回家。一小时后,发现范尚雨死亡。范尚秀是正当防卫吗?

　　其次,这种攻击必须是违法的。违法性攻击必须表现出对法益的侵害,不需要符合犯罪构成或者行为构成,但是至少必须构成民事的侵权。对尚不符合我国刑法的犯罪构成要求的行为,例如,盗窃数额很小,或者不能犯未遂,对这一类轻微的攻击行为,虽然可以正当防卫,但必须受到限制。例如,知道攻击人的手枪没有子弹的,就不允许将其打死。攻击的违法性不是在危害结果产生之后才表现出来的,而是同时表现在危害行为之上。因此,能够得到正当化根据支持的行为,就根本没有违法性,例如,对人民警察依法执行的逮捕,对于扭送被通缉的犯罪嫌疑人、越狱罪犯、正被追捕的人,都不能主张正当防卫。

▶▶▶ **案例**②

　　被告人陈学谷,个体眼镜商,身带万余元外出做生意,途中被便衣民警谢某与阮某拦住检查。阮某表明身份时将工作证在陈面前晃了一下,陈要求去公安局或者派出所才让检查,谢阮不理。陈误以为二人是要抢钱的歹徒,即趁二人不备,抓起随身携带的小刀,将谢某刺成重伤。陈是正当防卫吗?

　　在双方同意的互殴案件中,双方都不具有正当性,也不能主张正当防卫。

---

　　① 中华人民共和国最高人民法院刑事审判第一、二、三、四、五庭主办:《中国刑事审判指导案例(侵犯公民人身权利、民主权利罪)》,法律出版社2009年版,第322页。
　　② 最高人民法院中国应用法学研究所编:《人民法院案例选·刑事卷》(1992—1996年合订本),人民法院出版社1997年版,第352页以下。

▶▶▶ **案例**①

　　被告人周文友听说自己的妹夫李博在与自己妹妹打架中，打了前去劝架的自己的母亲，与李博在电话中发生争执。报警请警察劝解后，周表示，只要李前来认错、道歉及医治，就不再与李争执。李在凌晨1点左右带了三个人坐出租车来到周家。周文友听见汽车声，从厨房拿了一把尖刀从后门出来时被李等人看见。双方在扬言要砍死对方后即持刀打斗。李将周砍成重伤，周将李砍死后到派出所自首。周是正当防卫吗？

　　但是，保护自身正当利益的而与攻击人搏斗的，不是互殴，可以主张正当防卫。

▶▶▶ **案例**②

　　春雷杂技团在文化广场上商业表演时，徐甲与王乙等带人想无票看戏被阻拦后，动手把检票员李丙打倒在地，被告人李丁与靳戊等演员赶来将徐甲拉开，双方即发生厮打。徐王等人找来木棒、钢筋，李靳等人手持鼓架等器具与之对打。李丁见王乙又手持菜刀冲入，急忙抄起"T"型钢管座架，击中王乙头部，致其死亡。李丁等人是正当防卫吗？

　　再次，违法攻击经常是以作为形式进行的，但是，也可以是不作为。在行为人要求下，狗的主人不肯把狗叫回去时，行为人就可以正当地将向自己进攻的狗打死。但是，在不作为可以通过民法或者其他法律手段得到救济或者补偿时，攻击就不存在。对不偿还债务的人，对在租赁关系终止之后不搬出去的原承租人，不允许使用正当防卫的办法，使用暴力要求还债或者把承租人从住房中赶出去。对于纯正不作为，尤其是威胁生命和身体的，例如，遗弃家庭成员（《刑法》第261条），也可以认定为攻击，但是，由于我国刑法在纯正不作为犯罪中规定的法益损害都比较轻微，并且，有的还要求"告诉才处理"，因此，实施正当防卫还必须符合其他条件。

---

　　① 中华人民共和国最高人民法院刑事审判第一、二、三、四、五庭主办：《中国刑事审判指导案例（侵犯公民人身权利、民主权利罪）》，法律出版社2009年版，第115页以下。
　　② 同上注，第292页以下。

（二）正当防卫针对的违法性攻击必须是正在进行的

在现代刑法学中经常认为，当一种攻击处于直接面临、正要发生或者还在继续的时候，这种攻击就是正在进行的。确定攻击是否正在进行，关键在于确定正在进行的开始点和结束点。

攻击的开始点是现代刑法学与刑事司法实践中一个经常有争论的问题，主要的观点有"界限说"与"效果说"。界限说认为，当法益已经直接面临侵害或者这种威胁已经直接转换为一种侵害时，违法性攻击就开始了。效果说认为，当再晚就无法防卫或者只能在很困难的条件下防卫违法攻击时，违法性攻击就开始了。界限说可能因为防卫太晚而使防卫变得没有意义，并且，太晚防卫对攻击人造成的损害经常会大大超过早一点防卫时所必要的损害。效果说可能存在太早防卫的问题，例如，一个在第二天才宣布的攻击，只要现在就能够被防止，就可以由于以后的防止会很困难而被认为是正在进行的。

对界限说和效果说进行折衷的观点是比较恰当的。在攻击开始点的确定上，两种观点都是以犯罪未遂的着手为参照的。现代刑法学倾向于认为，允许正当防卫的违法性攻击的开始点，应当可以扩展到处于未遂开始之前的那个狭长的预备结束阶段。尤其是在暴力性攻击中，正在进行的攻击是与行为人敌意的表现一起存在的，因为正是这种敌意在后来的发展过程中实现了那个暴力犯罪的犯罪构成。例如，当一个人以身体伤害的意图，举起会造成伤害的武器，威胁地朝另一个人靠过去时，就应当允许后者为了防卫而朝他的腿上射击；在行为人把手伸向上衣胸前里面的口袋，去摸放在那里的一支上了膛的手枪时，虽然还不是未遂的杀人（要到拔出手枪时才是），但已经是一个正在进行的攻击；当三个行为人一边说"现在让他见见血吧"一边靠近时，其中一个人还在高举的手上挥舞着一把螺丝刀，受到威胁的人如果警告无效的，可以进行有目的的射击来阻止这种靠近。

不过，折衷说还需要依靠对具体情节进行具体分析的补充。当一名偷猎者不理会口头警告和鸣枪警告，带着自己上了膛的枪逃跑时，执法人员打伤了他的腿，就不能说违法性攻击尚未开始而不是正当防卫，因为这名偷猎者在到达有利的隐蔽位置时就会转身开枪。但是，为了不让一名多次出现的偷窥者不敢再来而将其关起来的，防卫的就不是正在进行的攻击，因为担心偷窥者再来不能成为认定为正在进行攻击的理由。还有，一般来说，在侵害一种法益的意志还没有在外部成为现实时，就不是正在进行的攻击。例如，公共汽车上的扒手，只要没有把手伸进被害人的口袋，即使紧贴着被害人站着，也还不是正在进行的攻击。一种刚刚才计划的或者还没有接近未遂的预备性攻击，从来也不能成为正当防卫的基础。

违法性攻击的结束点，也还处在现代刑法学的探讨之中。一个明显的趋势是，单纯以犯罪既遂为标准的结束观，正在被现代刑法学所放弃。

首先是在状态犯罪中。尽管行为在形式上已经结束，但是，只要行为在实质上尚未结束，这种攻击就还是正在进行的。在小偷把东西偷到后在逃走时，就已经构成既遂的盗窃。但是，只要这名小偷还没有把赃物藏在安全地方，那么，对被盗财产的攻击就是正在进行的。如果财产所有人在追赶这名小偷的过程中，为了夺回自己的财物而打伤他的腿的，那么，财产所有人的行为就是一种正当防卫。我国《刑法》第269条已经直接规定："犯盗窃、诈骗、抢夺罪，为窝藏赃物、抗拒抓捕或者毁灭罪证而当场使用暴力或者以暴力相威胁"，是一种抢劫罪。行为的"实质结束"，取决于刑法在时间、地点、情节上对犯罪构成的安排与规定。例如，在我国《刑法》第269条中，"当场"一般认为是指实施盗窃、诈骗、抢夺的犯罪现场，包括在现场发现犯罪人并随之追赶的过程[①]，虽然这个范围可以扩展到什么程度还可以继续探讨。

> ▶▶▶ **案例**[②]
>
> 被告人贺喜民与同乡在上海南京西路麦当劳快餐店中，趁潘海滨不备，将其挂在椅背上衣服内侧口袋中钱夹子偷走。随即又到新世界商厦肯德基快餐厅内行窃未果。在离开商厦时，被跟踪的警察抓获，其持刀反抗的行为被制服。如果是潘海滨在抓捕时制服贺喜民的，是否构成正当防卫？

其次，在持续犯罪中，"正在进行的攻击"的概念也有了发展。在形式上已经结束，但是在实质上还没有停止的行为，更准确地说，只要违法的实际情况继续维持着，就仍然是正在进行的攻击，就是可以正当防卫的状态。

> ▶▶▶ **案例**[③]
>
> 被告人夏荣荣，17岁中专服装技校毕业后在找工作时，被人贩子骗卖到内蒙古某地给农民王某作妻子。夏荣荣在遭受王某的强奸并且怀孕之后，仍然没有放弃逃离王家的努力。最后，夏荣荣利用晚间王某熟睡之际，用斧头砍死王某以及试图阻挡其逃走的王某的母亲之后，终于逃了出来。夏某是正当防卫吗？

---

① 周道鸾、张军主编：《刑法罪名精粹》（第3版），人民法院出版社2007年版，第498页。
② 中华人民共和国最高人民法院刑事审判第一、二、三、四、五庭主办：《中国刑事审判指导案例（危害国家安全罪、危害公共安全罪、侵犯财产罪、危害国防利益罪）》，法律出版社2009年版，第373页。
③ 参见王世洲著：《从比较刑法到功能刑法》，长安出版社2003年版，第330页以下。

只有当行为在形式上和实质上同时停止的,才不是正在进行的攻击。例如,在一句侮辱或者一个巴掌之后还对方一个巴掌的,就不是正当防卫,因为这种攻击已经不再是正在进行的,并且,可能的新攻击也还没有处于正在进行之中。只有当攻击者还在持续殴打或者不断地说侮辱性脏话时,被攻击者才可以通过正当防卫来使他停止殴打或者闭上嘴巴。

在现代刑法学中有争论的是与敲诈勒索有关的犯罪的结束点。在敲诈性威胁(例如,暴露使人丧失名誉的事情)提出后,是否就存在着一种正在进行的攻击?否定的意见认为,在这种情况下,仅仅对心理的威胁不能算违法攻击,但是对财产的攻击只有在规定期限到期后不支付才开始,或者说,才能够被防卫。肯定的意见认为,在敲诈性威胁说出之后,对被害人心理的威胁就发生了,并且时刻在威胁着被害人,因此,只要敲诈勒索尚未达到既遂,就正好是已经开始的攻击并因此正好是可以进行正当防卫的。另外,那种安装电网、自动触发性射击装置、铁蒺藜和类似的用于防卫的物件,可以在攻击之前很久就安装好了,但是,只要这种防卫是在受到攻击那一刻才被启用的,也可以符合针对正在进行的攻击这个特征。不过,无论如何,对敲诈者的反抗手段以及预防性保护措施的使用,都必须符合对正当防卫的相应限制性要求。

(三)正当防卫针对的必须是可以防卫的法益

我国刑法虽然规定,对"国家、公共利益、本人或者他人的人身、财产和其他权利"都可以进行防卫,但是,这些刑法保护的法益是否都具有同样的可保护性,是需要明确的。

在个人法益方面,对生命、健康、自由等人身权进行攻击的可防卫性是比较清楚的。对于无视民法等其他法律的保护而进行的侵犯,可以进行正当防卫。例如,偷看更衣室里的妇女并因此损害了其隐私(人身权的一种特殊部分)的人,在必要的情况下,可以使用暴力加以驱逐。不过,对于晚上悄悄接近在公园椅子上相互温柔的恋人,是否允许正当防卫是有争论的。一般认为,在公共性的公园里不存在隐私,并且这种侵犯比较轻微,因而不应当使用暴力驱赶,然而,在广阔的大自然里是否应当承认一处个人可以自由使用的僻静地方,还是可以进一步明确的。婚姻虽然是一种法益,但是,不允许使用正当防卫的方法,例如痛打违背婚姻的人,来保护对婚姻的忠诚。但是,对强迫与其结婚的人,可以进行正当防卫。

▶▶▶ **案例**①

被害人李志文要与被告人朱晓红的妹妹朱乙谈恋爱,多次对朱乙进行纠缠和拦截,1993年9月9日晚8时,李竟携刀强行进入朱家,威胁如朱乙不与自己谈恋爱就挑断其脚筋,并与朱母刘振玲口角、厮打,将朱乙踹倒。朱晓红正好进屋,见李正用刀刺向其母,便上前制止,被李用刀扎破右手。朱母用手电筒将李手中的水果刀打落在地,朱晓红抢刀在手。在夺刀、厮打过程中,李被朱刺中胸部和腹部多处,造成血气胸急性失血性休克死亡。朱晓红随后到公安机关自首。朱晓红是正当防卫吗?

对自己的肖像权可以进行防卫,对侵犯肖像权的照相行为,在紧急情况下可以通过取走胶卷来防卫。但是,警察对示威游行中的人照相是可以的,对示威者照相不是违法的攻击,而是一种查明罪犯的取证行为。

在个人法益中的财产权部分,对没有法律上的权利直接拿走他人财产的,可以进行防卫。但是,对于合同权利以及其他民事性要求,只能使用民法手段进行保护。最多在符合紧急避险的情况下,允许进行紧急避险。对共有财产或者共有权利的防卫,只能在不妨碍他人行使该权利的情况下进行。对于恶作剧地挡住他人去路的人,可以将其推开;但是,对于别人先占了公共停车位的,就不能去推开别人以便自己使用。仅仅是打开汽车车门质问开车人的,由于妨碍的时间很短,因此,还不是一种可以进行防卫的攻击。但是,对财产的防卫,应当受到社会道德的限制。

在国家利益、公共利益方面,首先是由国家录用的警察和其他警卫力量来提供保护。《人民警察法》允许警察在"遇有拒捕、暴乱、越狱、抢夺枪支或者其他暴力行为的紧急情况"(第10条)和"为制止严重违法犯罪活动的需要"(第11条)时,依照规定使用武器。正当防卫对于我国警察来说,不仅是权利,而且是义务。如果在必须实行正当防卫行为时,放弃职守,致使公共财产、国家和人民利益遭受严重损失的,必须依法承担刑事责任或者行政处分。② 因此,由个人对国家利益、公共利益的正当防卫就要受到限制。一般来说,个人对国家和公共利益的防卫,应当先向法律保卫部门报告。只有法律保卫部门无法提供及时防卫并且防卫的对象是财产时,个人的防卫才是没有争议的。例如,在有人抢银行或者毁坏

---

① 参见《中华人民共和国最高人民法院公报》1995年版第1期,第35页。
② 1983年最高人民法院、最高人民检察院、公安部、国家安全部、司法部《关于人民警察执行职务中实行正当防卫的具体规定》第4条。

电话亭时,可以允许个人以正当防卫的方式加以制止。但是,对于抽象利益的防卫,只有在同时也是防卫个人利益时才是允许的,否则,在没有个人保护需要之处也允许使用暴力进行防卫,那么,正当防卫给社会和平秩序带来的损害就要大于益处了。例如,酒醉或者无照驾驶很明显是对公共利益的严重威胁,但是,个人只能在自己遭受危险时,才可以采取正当防卫。个人不能自以为是地承担保护并维持一个有秩序的社会生活安全的任务,这个任务只能由受宪法和法律约束的国家机构来履行。

在他人利益方面,可以进行正当防卫的范围应当与个人法益相同。一个人在其他人受到违法性攻击时,可以提供紧急帮助以防卫第三人的违法性攻击。然而,对他人利益的防卫,应当受到被防卫人意愿的限制。在被防卫人以言语或者行动表示同意的情况下,例如,成年妇女在面对男子的性攻击时没有进行认真的抵抗,以及在被防卫人不需要他人的防卫性帮助时,例如,不想对盗窃自己财产的人使用致命性武器的,都应当尊重被防卫人的意愿。然而,只有在有关法益明显不属于被防卫人意志支配的范围之内的,例如,被防卫人要求他人对自己进行安乐死的,才可以阻止准备实施安乐死的人。不过,在对他人利益的防卫方面,由于事情发生在紧急的情况下,因此,对于自己不能进行防卫的老人和其他无抵抗能力的人的防卫,在被防卫人与实际造成的损失之间的均衡关系上,必须符合社会道德的要求。

(四)正当防卫必须是在认识正当化状态中进行

目前,在各种刑法学理论与刑法制度中,都要求正当防卫必须具有主观心理因素,或者称为"主观性的正当化因素"。但是,在现代刑法学的发展过程中,正当防卫到底是否取决于主观心理因素以及如何确定防卫人的主观心理态度,都经历了一个发展过程。争论的关键是围绕着两组相互交织的要点进行的:一是,在防卫性主观心理态度中如何看待防卫目的;二是,防卫性主观心理态度仅仅是指向行为,还是仅仅指向结果,还是同时指向两者。

现代刑法学在早期的发展中,比较容易地明确了,只有在防卫意志支配下的行为才是合法的。在防卫意志中,最早是包含对正当目的的要求的。然而,这种目的不必是支持防卫的唯一心理因素。在抵制违法性攻击时,对于防卫人事先不能预见或者不希望的其他结果,例如,防卫人本来只想用枪敲打,结果却意外开枪了,只要这个结果在客观上是防卫所允许的,就仍然能够包括在防卫意志的范围之内。同时,其他种类的动机,例如仇恨、愤怒、狂热或者对复仇的努力,只要没有排除防卫攻击的目的或者没有使防卫意志被完全放弃,就仍然能够支持正当防卫的建立。这个成果中的一部分,不仅今天已经体现在一些刑法典中,例如,《德国刑法典》第34条规定:"行为人由于惶惑、害怕或者惊吓而超越紧急防卫的界限,不负刑事责任",而且也被我国较新的司法判决所承认:2004年7月29日,在"北京市海淀区人民检察院诉吴金艳故意伤害案"的判决①中指出,年青女工在"夜深人静之时和孤立无援之地遭受了殴打和欺辱,身心处于极大的屈辱和恐慌中",此时,"要求吴金艳慎重选择其他方式制止或避免当时的不法侵害的意见",由于没有充分考虑侵害发生的时间、地点和具体侵害的情节等客观因素而不能被采纳,因此,吴金艳不仅无罪,而且不承担民事赔偿责任。

现代刑法学在正当防卫的主观方面的进一步发展,主要是为了解决行为人的打击意图与最终产生的防卫结果不一致的问题。这些问题与对排除犯罪构成的情形认识错误有着紧密的关系。

> ▶▶▶ **案例**
> 一名暴怒的妻子,在午夜时分,把一名带武器闯入房门的人打倒在地。她错误地认为,这个人是自己又去酒吧喝酒的丈夫回家了。这名妻子是正当防卫吗?

> ▶▶▶ **案例**
> 任某骑着车从后面接近付女士,想在经过她时夺走她的手提包。任某快要接近付女士时,正在散步的史某看不惯任某的样子,就有意将其撞倒了。任某摔成重伤,自行车也摔坏了,但是抢劫付女士的计划也落空了。史某对摔坏任某是故意的,是正当防卫吗?

这一类经常被称为"偶然防卫"的案件,现在正在逐渐从"假想防卫"的概念中分离。② 在偶然防卫的情况下,行为人事先并不知道自己的行为有防卫作用,但是他们的行为又都实际发挥了防卫的作用。对此,现代刑法学提出了两种观点。一种是所谓的客观正当化说,认为只要行为在客观上处于一种正当化情形之中,就是正当的。这种观点最终会实际上放弃主观性正当化因素,从而在各种

---

① 中华人民共和国最高人民法院刑事审判第一、二、三、四、五庭主办:《中国刑事审判指导案例(侵犯公民人身权利、民主权利罪)》,法律出版社2009年版,第633页。

② 参见陈兴良著:《本体刑法学》,商务印书馆2001年版,第438页;张明楷著:《刑法学》(第3版),法律出版社2007年版,第181页;曲新久著:《刑法学》(第2版),中国政法大学出版社2009年版,第118页。

偶然防卫中都得出正当防卫的结论。另一种观点就是所谓的正当化状态认识说,认为只要行为人在客观上处于被正当化的范围之内,主观上是根据这种正当化状况的认识去行为的,就是正当的。根据这种观点,行为人不需要在防卫心理中具有正当目的,只要具有不去做违法事情的故意,就可以排除其行为的违法性以及与之有关的不法。

现代刑法学对正当防卫必须具有的主观心理因素,不仅是从主观内容上考虑的,而且是从客观范围上考虑的;不仅是从行为无价值上考虑的,而且是从结果无价值上考虑的。任何一种行为,只有在行为无价值和结果无价值都同样被取消时,才能是合法的。在上面的两个偶然防卫的案例中,妻子以殴打外出酗酒回来的丈夫的心理所进行的活动,还谈不上违法,然而,她的殴打在实际上阻止了一个深夜带武器闯入的违法行为人,因此,是正当的;史先生撞倒任某的行为,虽然在客观上起到了阻止对付女士犯罪的结果,但是,他故意撞击任某使其受伤却只能属于一种违法行为,因此,是不正当的。正当防卫的成立,以对存在正当化根据的事实状态的认识为条件,是对主观性正当防卫因素的妥当要求。对于正当目的要求的免除,虽然与第 20 条规定正当防卫的刑法条文"为了使……免受……"在字面上有不符合之处,然而,现代刑法学一般认为,这种扩展是有利于被告人的,因此不违反罪刑法定原则。

(五)正当防卫必须是防卫违法攻击所必要的

必要的防卫,是指适当的、在可选择的防卫方法中最轻的、不会给防卫人带来直接损害自身风险的防卫。首先,必要的防卫必须是适当的。报复行为,例如把打我的那个人的汽车轮胎扎破,或者攻击第三人,例如打击攻击人年幼的孩子,都不是正当防卫。其次,必要的防卫必须是最轻的手段。一个人能够用拳头或者脚踢来防卫攻击者,就不能使用刀子或者枪。一个人能够通过威胁使用工具或者武器,或者通过警告性射击来威吓攻击者,就不允许同时进行射击。再次,必要的防卫不要求防卫人必须忍受自己在财产上的损失和身体上的伤害。只要在一般情况下能够预料到一种手段肯定能够消除这种危险的,他就有权使用这种在客观上有效的手段作为防卫的手段。

在正当防卫手段的必要性中,对如何确定最轻手段的要求是最重要的。在英美刑法中,面对致命性攻击时,只要行为人合理地相信自己的生命和身体正在面临当时立即发生的紧迫威胁,尤其是在家里遭到攻击时,就可以使用致命性武力进行防卫。对于非致命性攻击,或者仅仅在防卫财产时,应当服从权衡与恰当性原则,采用合理的必要措施。防卫他人一般不需要防卫人与受益人之间存在诸如家庭、服务或者雇佣关系的存在。警察在执法时,可以对威胁生命、健康以及逃跑行为使用致命性武力;个人行使扭送权时,致命性武力只能在被扭送人实际犯有重罪时使用。个人在知道是警察时,即使逮捕不够规范,一般也认为不得抗拒,等等。①

在现代刑法学中,有关问题仍然还在争论与发展之中,然而,以下结论是比较确定的:

第一,如果被攻击人在警告或者使用较不危险的防卫手段无效之后,还有可能使用另一种更强有力的手段来进行防卫的,就必须先警告或者采用较不危险的防卫手段。只有在警告和较轻的防卫措施会给他带来危险时,被攻击人才可以直接选择更强有力和更有把握的防卫手段。

> ▶▶▶ **案例**②
>
> 一名受过训练的拳击手在面对一名无经验的打架人时,是否只能抵挡对方的打击?是否可以使用自己的拳击手法给对手的面部造成致命伤害?应当如何进行正当防卫?

第二,正当防卫手段的必要性,是以行为为标准的。这同时包括由此产生的典型的、合适的后果。例如,如果打在脸上的拳头是必要的防卫,那么,打落牙齿就被正当化了。

第三,正当防卫手段的必要性,应当以一般人在当时情况下的通常判断为标准。因此,当一伙匪徒使用没有上膛的手枪绑架人质时,一般人在当时情况下通常会认为枪是上了膛的,并且,防卫人不需要承担采用其他防卫手段可能出现的风险。因此,被绑架人就可以认为,将绑架者打死是一种必要的防卫。对正当防卫必要性的这种解释,可以得出一个在刑事政策上很有价值的结论:防卫人对一种防卫措施的必要性产生的认识错误不仅是不可避免的,而且应当由攻击者本人承担后果,也就是说,防卫人对防卫手段必要性的认识错误不会改变防卫行为的性质。

第四,正当防卫的必要性并不依赖于攻击和防卫所造成损害的比例。因此,在只能通过刺死攻击者的方法来面对棍棒殴打时,就是必要的防卫,虽然这种通过杀人所造成的法益损害,比通过棍棒殴打所产生的要严重得多。在完全轻微的攻击中,对这种不依赖于比例性的必要性,应当设定的只有"社会道德限制":

---

① 详见 Joshua Dressler, *Understanding Criminal Law*, 4th Edition, LexisNexis, 2006, pp. 18—21.

② 参见〔德〕克劳斯·罗克辛著:《德国刑法学总论》(第一卷),王世洲译,法律出版社2005年版,第439页。

有权进行正当防卫的人,不能滥用自己的权利。例如,一名行动迟缓的白发老人对一个偷苹果的大男孩,在除了用把他从树上打下来的办法之外无法防卫的情况下,也不能这样做。

第五,正当防卫的必要性不要求防卫人先进行避让。合法不必屈服于不法,是正当防卫的基本准则。如果要求在攻击面前时必须逃跑,那么,坏蛋和好打架的人就能轻易地到处驱赶和平的人民来建立自己的统治。这是与建立正当防卫制度的目的不相一致的。但是,例如,在低头或者跳开就能躲开一个拳头的打击,并且在此之后能够赤手空拳制服对手时,就不允许开枪。如果当时有其他条件可以利用的,就应当加以利用以减低防卫的攻击性。例如,当一个人用棍子攻击另一位身体比较虚弱的人时,只要被打的人可能在其他人的帮助下对付这个攻击者的,就不允许在防卫中把攻击者打死。

第六,正当防卫的必要性可以包括预防措施,例如,安装自我保护的装置(凶猛的狗,自动射击装置,铁蒺藜,毒饵等)。但是,这种保护装置的风险应当由安装人承担,在无害的闲逛人因此受伤时,要由受这种方式保护的人来承担这个结果。另外,在那些本来有一个警报装置、轻微电击,或者充其量一条狗来进行防卫就足够之处,这些防卫手段就会丧失其必要性。

(六)正当防卫不能超过允许的限度

正当化根据所支持的行为,是合法的或者正确的。因此,正当化根据就为防卫人提供了给攻击人造成损害的权利。然而,这种正当防卫权也是有限制的,不能超过所谓的"社会道德限制"的允许限度。现代刑法学在正当防卫的允许限度上,已经完全放弃了通过将防卫行为与侵害行为进行简单比较的"基本相适应说",而是改进了"必要说"[①],主张防卫行为不仅应当是防卫所必要的,而且应当是不为社会道德所禁止的。违反社会道德限制的行为是滥用权利的行为,也是不正当的。

在刑法中,不存在绝对合法或者正确的"正当防卫"。我国《刑法》第20条第3款规定:"对正在进行行凶、杀人、抢劫、强奸、绑架以及其他严重危及人身安全的暴力犯罪,采取防卫行为,造成不法侵害人伤亡的,不属于防卫过当,不负刑事责任。"把这种防卫权称为"无限防卫权"是很容易令人误解的。在这种"特殊防卫"情况下,也应当符合上面的条件并受到下面的限制。

现代刑法学通常同意,社会道德限制适用于以下五种情况:

第一,无罪责人或者有重大减轻罪责人的攻击。

---

① 关于"基本相适应说""必要说"以及两者的"统一说",参见杨春洗、杨敦先主编:《中国刑法论》(第2版),北京大学出版社2001年版,第91—92页。

面对孩子、精神病人、醉酒人、不可避免的错误人等无罪责人或者有重大减轻罪责人的攻击,虽然还可以进行正当防卫,但是,这里受保护的利益通常小于一般案件,因此,防卫必须保持在一种社会道德允许的范围之内。在被攻击人的躲避不会有危险,同时,防卫一定会给攻击人造成更严重的损害时,被攻击人就必须躲避。例如,把正在进行攻击的精神病人撞开就能够无危险地消除这种攻击时,就不应当将其击毙。对于孩子敌视外国人的辱骂,给他一记轻微的耳光就够了,但不允许造成严重的伤害。在通过招呼他人就能够比较小心地对攻击加以防卫时,例如,在面对一群孩子的攻击时,只要能够招呼老师或者警察,就不允许使用刀子进行防卫。在无法消除攻击又不能取得帮助时,才允许为了自身的安全,对无罪责的攻击人采取一切必要的行动。但是,在不会给自己造成重大危险的情况下,必须考虑到自己面对的人与恶意攻击人不同,因此,在从使用拳头向使用武器过渡时,自己必须接受损害较少的风险(例如一些打击)。然而,任何人都不需要让自己被一个精神病人或者被一些在刑法上不负责任的未成年人打坏了。

第二,由防卫人先违法挑起的攻击。

由防卫人先违法挑起的攻击,也就是防卫挑拨,是指一个人先挑动另一个人对自己进行攻击,然后以正当防卫为名打击对方的情况。防卫挑拨只能发生在违法的情况下,挑起防卫挑拨的人实施的防卫必须受到限制。

▶▶▶ **案例**

某甲与某乙的老婆通奸,被某乙当场抓住时痛打,某甲可以在这时对某乙的殴打实施正当防卫吗?

然而,如果引起攻击的行为是合法的、得到正当化的或者在社会道德上无可指责的,那么防卫就不应当受到限制。例如,房屋所有人说自己在必要时要使用暴力进入自己的房子;正在执行职务的警察虽然捉弄了一个人但还没有达到违法的程度;一名债务人对自己的债权人说自己不会及时归还借款而要请第三者来支付,都不能认为是挑拨行为,随后,房屋所有人使用暴力排除阻扰进入自己的房屋,警察制服被自己捉弄过的人袭击自己的行为,或者,债务人使用暴力反击强力逼迫自己还债的,就都是正当防卫。

在实践中有重大意义的有两种情况:首先,挑衅的目的不是为了引起对被挑拨人的攻击以便在防卫中对他加以伤害,而是要引起一种违法攻击的。

第十一章 排除犯罪成立的根据

▶▶▶ **案例**

某甲侮辱某乙,而某乙也正准备去打某甲。因此,某乙就进行了违法的攻击(不是正当防卫,因为某甲的侮辱已经不是正在进行的),在某甲不能通过其他方法躲避打击时,是否可以射杀某乙?

在这样的案件中,某甲虽然不能像在防卫挑拨中那样完全丧失正当防卫权,但是,攻击是在双方都有过错的相互影响中产生的,因此,对被攻击人的保护必须根据社会道德加以限制:对攻击有过错的人必须承担躲避的义务,不允许进行防御性防卫,应当容忍轻微的损害和伤害。然而,这种小心克制的义务也不是无休止地持续的,在防卫人较轻的防卫持续没有效果时,这种克制义务就可以认为已经"消耗"完了,如果他实在无法获得其他手段进行防卫,例如呼叫他人或者警察来帮助,就可以进行正当防卫了。

其次,在先前的争执已经停止后,一方突然进行攻击的,不是防卫挑拨,可以进行正当防卫。

▶▶▶ **案例**[①]

被告人张建国在酒楼与他人喝酒,在卫生间里见到也在该酒楼喝酒的过去邻居徐永和,就说了一句戏言:"待会儿你把我们那桌的账也结了",徐转身对张进行辱骂并质问:"凭什么给你结账?"边说边掐张的脖子,张也抵挡。边上的人急忙将二人劝开。徐回到桌子边,抄起两个空啤酒瓶,将酒瓶磕碎后去找张,见到张时一边说:"扎死你",一边就将碎酒瓶向张面部扎去。张面部与颈部受伤(疤痕长 12 cm)。张将徐拦腰抱住摔倒在地,致使徐被自持的碎酒瓶刺伤左下肢血管,造成失血性休克死亡。张建国是正当防卫吗?

在现代刑法学中,对"挑拨"的定义还不是非常清楚。实施侮辱、打人、侵害住宅安宁、毁坏财产等被法律禁止的行为,属于挑拨。但是,例如,搅扰、影射、失礼、嘲笑等,虽然在法学上也可以处于侮辱或者损害的概念之下,但是,使用这些无法在法律上禁止的方式来激怒他人并且由此来引诱攻击的一切,也应当限制

[①] 中华人民共和国最高人民法院刑事审判第一、二、三、四、五庭主办:《中国刑事审判指导案例(侵犯公民人身权利、民主权利罪)》,法律出版社 2009 年版,第 230 页。

其防卫权吗？目前，比较妥当的认定"挑拨"的标准，是对被侵害人法益的侵害。因此，任何行为，只要不被法律禁止（例如，不具有侮辱性的嘲笑），就只能根据法律加以容忍或者以其人之道还治其人之身，否则，在进行挑衅而构成违法攻击时，防卫者就可以进行正当防卫了。但是，如果先前违法的行为已经过去很长时间，例如，一个侮辱别人的人，当被侮辱者在很久之后才对他进行袭击时，他的正当防卫权是不受限制的。还有，一个对轻微破坏财产犯有过错的人，在一种完全不成比例的攻击性反应中（例如，被侵害人的一种致命性打击），也不需要减弱自己的防卫权力。

第三，轻微攻击。

与通常案件相比，在轻微攻击的案件中，需要保护的法益是很轻微的，因此，对轻微攻击的正当防卫权利也需要限制。

在我国刑事司法制度中，轻微攻击首先是指侵权行为（《侵权责任法》中的规定）、违反治安管理的行为（《治安管理处罚法》中的规定）、告诉才处理（《刑法》中的规定）以及刑事自诉案件（《刑事诉讼法》中的规定）涉及到的行为。从法律规定中也可以看出：我国立法机关并不简单地把通过刑事惩罚的预防看成是不可免除的。在不需要使用刑事惩罚时，还可以使用其他的法律手段，因此，一般来说，可以通过其他法律保护的利益，例如，对财产的攻击，都可以看成是轻微的。

在影响社会秩序的行为中，攻击是否轻微应当考虑社会的容忍界限。纠缠不休的烦扰（不包括与性有关的纠缠），在人群和交通中乱挤，以及其他让人讨厌的行为，由于法益还没有受到值得保护的威胁，一般不存在攻击。因此，在这些情况下的防卫行为，就不能使用给身体造成伤害的手段，就必须在比例上有所保留，例如，可以将其推开，但是，不能因为别人把手搭在你肩膀上就用拳头打他的脸，不能因为别人用手电筒照你就殴打他，等等。

在轻微攻击中，正当防卫的权利不是丧失了，而是受到限制。在自己财产受到侵害时，被害人不需要带着东西逃跑，而是可以通过推开攻击人来进行防卫。在侵害住宅安宁时，被害人也不需要去叫警察，而是可以自己把闯入者赶出去。但是，防卫小额盗窃或者单纯的侵犯住宅时，不允许以造成攻击人严重伤害甚至死亡的方式进行防卫。在一种肯定有效的防卫手段具有很大的伤亡危险性时，就只能使用那些比较缓和但又不那么肯定有效的手段。更清楚地说，对于轻微盗窃，例如，在当时除了有生命危险的射击之外没有其他防卫手段时，就只能让这名小偷逃跑，自己只能采取事后向警察举报的措施。

轻微攻击，当然是在相对的意义上讲的，并且，是限制而不是剥夺正当防卫的权利。因此，在防卫手段上，必然涉及攻击行为与防卫行为的比例关系。对致命性攻击可以使用致命性防卫手段的权利，甚至已经得到了号称对人权提供最严格保护的《欧洲人权公约》的承认。① 在现代刑法学中,一个关键的问题是:在非致命性攻击中,例如,在对财产的侵犯中,是否可以使用致命性防卫手段? 在欧洲,这个问题甚至会涉及是否违反《欧洲人权公约》,因为该公约第2条第1款明确规定:"任何人的生命权应当受到法律的保护,不得故意剥夺任何人的生命……"现代刑法学中一般倾向于同意:在非致命性攻击中不得使用致命性防卫手段,然而,这种观点的准确性是值得商榷的。从刑事政策上说,如果小偷们知道,自己在任何情况下都没有生命危险,那么,这无异于在鼓励最严重的盗窃。从人权公约的用语来说,在这个条款中,"故意"一词在英文中使用的是"intentionally",在德文中使用的是"absichtlich",因此,人权公约禁止的仅仅是"有目的的杀人"。犯罪目的这个概念也许可以包含直接故意,但绝不会是间接故意。实践中,在防卫价值连城的物品时,一种间接故意的杀人在万不得已的情况下会是必要的,但是,以直接故意为条件的杀人,则永远是不必要的。

> ▶▶▶ **案例**②
>
> 2016年4月14日16时许,山东某公司负责人苏某(女)因高利贷债务纠纷,被债权人赵某纠集的11人以在公司盯守、限制离开、扰乱公司秩序等方式索债。讨债人杜某等在公司办公楼门口烧烤饮酒,晚上21时50分许,进入苏某及其子被告人于欢所在的一楼接待室内催要欠款,采取强收手机、弹烟头、辱骂、暴露下体、脱鞋捂嘴、扇拍面颊、揪抓头发、限制人身自由等方式对苏某和于欢实施不法侵害。派出所民警接警后到达,询问情况后到院内进一步了解情况,杜某等人采取卡于欢项部等方法阻止其离开。于欢持刃长15.3cm的单刃尖刀并警告杜某等人不要靠近。杜某出言挑衅并逼近于欢,于欢遂捅刺杜某等4人各一刀,致使杜某于次日2时许死亡,其他二人重伤,一人轻伤。于欢的行为是否具有正当防卫的性质? 杜某如果用下体在苏某的脸上触蹭,于欢捅刺四人造成一死三伤的结果,是否超过正当防卫允许的限度? 民警到院子里了解情况,于欢误以为民警不管此案要离开,对正当防卫的成立有什么影响?

---

① 参见《欧洲人权公约》第2条第2款:"防卫非法暴力行为"造成剥夺生命的,不认为与第1款相矛盾,载董云虎、刘武萍编著:《世界人权约法总览》,四川人民出版社1990年版,第1010页。
② 《山东省高级人民法院刑事附带民事判决书[(2017)鲁刑终151号]》,载"中国司法判例网":http://anli.court.gov.cn/static/web/index.html#/alk/detail/2c8dae03401c4f4684ff4eae7cf97023 访问时间:2011年12月13日。

在现代刑法学中,从轻微攻击的概念中,经常引出"比例性限制"的主张,即不允许通过对攻击人的杀害或者严重伤害来防卫轻微的攻击。然而,不能使用这种主张来否定正当防卫的必要性。单纯主张比例性而放弃必要性的观点,最终会导致社会的是非不分。说到底,对轻微攻击不能过分防卫,就是受社会道德限制的结果。

第四,在保证关系范围内的攻击。

保证关系是在不作为理论中"保证人"基础上形成的。在保证关系中,保证关系参与人就在刑法上负有相互团结和避免损害的义务。在一方攻击另一方时,被攻击人虽然可以通过防卫来保护自己,但是,只要参与这种关系的人还能认为他们之间存在着保证关系,那么,使用的防卫性手段就应当与没有保证关系的人有不同。

在保证关系范围内的攻击主要是与父母和孩子以及夫妻之间的关系有关。对于正当防卫权利的限制,也与保证关系是否被撤销紧密相关。

在保证关系没有被撤销的情况下,例如,在完好的婚姻中,丈夫在殴打妻子时,妻子仍然保留着自己的正当防卫权,然而,她不可以采取杀害或者严重伤害丈夫的方法,即使只有用这种方法才能避免挨打,也就是说,她只能躲避或者只能使用不太危险的防卫手段,并且自己要冒受到轻微损害的危险。夫妻之间的出格行为与外人的袭击,不能同等看待。轻微的错误行为并没有中断保证关系成员之间相互团结的义务。对于夫妻之间的"一时错误",如果不能接受适度的确定的宽容,那么,任何婚姻都难以维持。

但是,现代刑法学已经普遍认为,保证关系在两种情况下应当认为已撤销:一是受到攻击的保证关系参与人在遭受严重伤害的风险时,例如,在丈夫的攻击明显具有给妻子造成我国《刑法》第 95 条规定的"重伤"的危险时。在丈夫举起重物准备击打妻子头部、用武器对她进行攻击、或者正要打断她的骨头等情况下,妻子在必要时就可以使用刀子或者致命性武器来防卫自己丈夫的攻击。二是,妇女持续遭到丈夫的(即使是轻微的)虐待,使自己身心遭受严重损害的。① 婚姻肯定不是虐待的特许状。因此,一名几乎每日遭受丈夫莫名其妙殴打的妇女,就不再对其丈夫负有团结的义务,因为是他的丈夫早就宣布取消这种义务的。在这种被称为"受虐妇女综合症"的情况下,这名妇女如果不可能得到其他人的帮助,在有理由相信受到致命性攻击时可以使用致命性武器加以抵抗。但是,她当然有权利不这样作,并且,她当然不是只能承担离开家的义务。我国《刑

---

① 〔德〕克劳斯·罗克辛著:《德国刑法学总论》(第一卷),王世洲译,法律出版社 2005 年版,第 454 页边码 85;Joshua Dressler, *Understanding Criminal Law*, 4th Edition, LexisNexis, 2006, p. 258.

法》在第 20 条第 3 款中,明显批准了前一种情况。但是,对于后一种情况,我国刑事立法和司法解释都没有明显的批准态度。不过,我国制定反家庭暴力的立法,已经大大减少了后一种情况发生的现实可能性。

应当明确,保证关系与"同一个生活圈子里的人"的概念不同。因此,邻居、熟人、同学、同一个工厂、同一个俱乐部,都不是当然具有保证关系的团体。在这些"生活圈子"里存在的强大竞争和对抗,也说明了仅仅因为这种"生活圈子"就去限制正当防卫权是没有理由的。同时,保证关系是从成员之间的义务上确定的,而不是根据某种形式确定的。例如,婚姻从来不是当然的限制正当防卫的条件。如果婚姻破裂,例如在离婚之后,当然就不能再限制正当防卫;然而,在没有领取结婚证的事实婚状态中,也应当肯定双方对正当防卫都有加以限制的义务。

第五,通过威胁的勒索性攻击。

通过威胁的勒索性攻击,最典型地表现在敲诈勒索上。在实施敲诈勒索之后,被勒索人付钱之前,如果赞同没有限制的正当防卫权,允许被勒索人在不能得到其他补救措施时,就可以秘密地杀掉勒索人,那是明显不适当的。由于公众当然会认为被勒索人是为了隐藏那些见不得人的事情而杀人的,因此,这样做就会损害公众对法治的感情。另外,由于被勒索人应当对公众隐瞒一点什么,因此,这样做也不利于刑法的预防性利益。然而,被勒索人是需要保护的,他可以根据《刑事诉讼法》第 108 条第 2 款,通过报案来避免自己的财产遭受损失的危险。不过,这种方式也会使所威胁的事情暴露出来。因此,在通过威胁的勒索性攻击中,正当防卫仅仅在非常有限的范围内,才可以为被勒索人用来反对勒索人的敲诈行为。虽然限制的范围有多大还有待明确,但是,使用暴力伤害勒索者人身的做法,在任何情况下都是不允许的。目前,虽然有观点主张,可以通过诈骗或者威胁使勒索人交出书面材料、秘密录下勒索人打来的电话,甚至主张可以进一步地把侵害住宅安宁,毁坏财产、盗窃、藏匿证明文书,以及其他类似的轻罪,只要是为了取得或者消除用于勒索的材料服务的,就可以正当化,但是,这种正当化是否能够成功,还需要根据具体案件进行具体分析。

第三节 正当化紧急避险

一、紧急避险概述

紧急避险作为排除违法性的根据或者排除犯罪的根据,目前已经得到了现代刑法学各种理论的承认。不过,在使用紧急避险(Necessity)这个概念时,四要件和双层次的犯罪构造理论目前都还没有正当的和免责的区别。只有在三阶段犯罪构造理论中,才把紧急避险所包括的情形区分为正当化的紧急状态(rechtfertigender Notstand)与免责性的紧急状态(entschuldigender Notstand)。

根据我国《刑法》第21条的规定,目前,我国刑法规定的紧急避险,是指为了使国家、公共利益、本人或者他人的人身、财产和其他权利免受正在发生的危险,不得已采取的行为。紧急避险造成损害的,不负刑事责任(第21条第1款)。紧急避险超过必要限度造成不应有的损害的,应当负刑事责任,但是应当减轻或者免除处罚(第21条第2款)。但是,在职务上、业务上负有特定责任的人,不能使用紧急避险来避免本人的危险(第21条第3款)。因此,我国刑法的紧急避险是由三种行为组成的:无罪的紧急避险行为;免除刑罚的避险行为;承担刑罚的避险过限行为。其中,只有无罪的紧急避险行为属于正当化根据,免除刑罚的避险行为应当属于免责根据,承担刑罚的避险过当行为是犯罪行为。

在刑法制度中,与正当防卫相比,紧急避险出现的时期要晚得多。在我国古代《唐律》中,只有在关于"牲畜在攻击人时被杀伤的"规定中,才勉强与紧急避险有一点关系。在英国普通法中,紧急避险还没有被认为是一种抗辩理由。① 在1871年《德国刑法典》中,紧急状态仅仅是一种免责根据,但还不是无罪的条件。紧急避险的正当化是在罪刑法定原则得以巩固时形成的,是现代法治发展到一定阶段的产物。

现代的正当化紧急避险,最早是为了解决实践中出现的下述问题而产生的:为了抢救危重的伤病员而不得不违反道路交通规定去闯红灯,为了挽救孕妇的生命而不得不杀死胎儿,等等。② 在这些情况下,驾驶员和医生虽然能够主张紧急避险(也就是紧急状态)而被免责,但是,仍然没有法律规定来保证他们的行为是无罪的。为此,现代刑法学先发展出了所谓的超法规正当化紧急状态的概念,主张在书面法律中没有包含正当化紧急状态之处,可以运用超法规的正当化为应当获得无罪的行为提供根据。支持超法规正当化紧急状态概念的有两种理论:一种是所谓的目的理论,认为在侵犯法益的行为作为实现国家所承认的目的的适当手段时,就不是违法的。然而,由于目的理论在实践中无法得到可靠的使用,因而最终没有得到普遍采纳。另一种是所谓的财富权衡理论,主张只有在通过损害或者危害一种低价值的法益才能救援高价值的法益时,才不是违法的。在第二次世界大战爆发之前,在财富权衡理论基础上加以改进的"利益和义务权衡理论"得到了普遍的承认,并且最终导致了在紧急状态中放弃了"统一性理

---

① Joshua Dressler, *Understanding Criminal Law*, 4th Edition, LexisNexis, 2006, p. 311.
② 这里及下文中使用的许多案件和理论,参见〔德〕克劳斯·罗克辛著:《德国刑法学总论》(第一卷),王世洲译,法律出版社2005年版,第467页以下。

论",而采用了"区分性理论",使紧急避险得以区分为正当化根据与免责性根据两种。在更进一步的发展中,"义务权衡"的概念在紧急避险中被放弃了,原因是这种表达的含糊性。例如,在渡船运送一个班级的小同学过河时,由于河水湍急船只漏水,船工只能把几个孩子扔到河里,这几个孩子淹死了,但全班却得救了。现代刑法学基本否定了这种(不扔几个孩子就不能救全班孩子的)义务冲突,认为只有在法定的行为义务之间的冲突,例如,父亲在两个孩子落水只能救一个的情况下,才属于紧急避险中的义务冲突。从此,紧急避险就统一使用"利益权衡"的理论作为自己的基础,认为在不可避免的对抗性利益冲突中,只有在行为人把高价值的利益置于低价值的利益之前,在结果上做了有利于社会的事,才是正当的行为。

在正当化紧急避险确立后,其原来具有的超法规特征也因随后不断制定的立法而丧失,这些新的立法,不仅体现在刑法关于紧急避险的规定中,而且还体现在其他法律的规定中。在我国,与紧急避险有关的法律至少有《民法总则》(第182条规定的紧急避险)、《野生动物保护法》(第29条规定的防止兽害)、《海商法》(第38条规定的船长可以作出弃船决定)等。在英美法系中,紧急避险的抗辩甚至可以在为减轻疾病痛苦而持有和使用大麻、在生命受到紧迫威胁而持有枪支等案件中得到了承认,被称为正当化根据的一种最后的保底手段。[1] 在德国刑法实践中,在为了保住自己的工作职位而遵循雇主的违法指示、辩护人未经允许对法官进行录音以证明其偏见等情况,也被承认为正当化紧急状态。正当化紧急避险成为在不得已面临几种恶的情况下,选择危害最小的恶,从而保存了社会更大利益的一种方法,并因此获得了自己在刑法中的合理性与正义性。

紧急避险,更准确地说是正当化的紧急避险,因此就由于根据的不同而成为不同于正当防卫的另一种正当化根据:正当防卫主要是以正义性权利为依据的正当化根据,正当化的紧急避险主要是以利益权衡为基础的正当化根据。

二、正当化紧急避险的一般条件

紧急避险在什么情况下进行才是正当的?这就涉及正当化紧急避险的一般条件。这些条件是在长期的理论研究和司法实践过程中形成的。目前,现代刑法学认为,正当化紧急避险必须符合下述两个方面的一般条件。

(一)法律所保护的利益正在面临危险

只有在法律所保护的利益正在面临危险时,才能进行紧急避险。法律所保护的利益正在面临危险,是紧急避险的前提条件。

---

[1] Joshua Dressler, *Understanding Criminal Law*, 4th Edition, LexisNexis, 2006, p. 310.

任何一种法益面临的危险，都可以进行紧急避险。不仅行为人自己的生命、健康、自由、财产，而且对他人的利益，都可以进行紧急避险。例如，在一家住房起火时，为了避免火势蔓延，可以将邻家住房拆毁。不过，对遭受危险的国家、公共利益，虽然也可以进行紧急避险，但是从实践的角度出发，这种紧急避险通常仅限于针对财产的避险。实际上，对国家、公共利益的避险是很罕见的，因为在绝大多数情况下，国家和公共利益遭受的危险都是通过其他方式，首先是通过向有关部门报告，就可以避免了。对国家和社会的抽象利益，一般不能主张紧急避险。

▶▶▶ **案例**

平民某甲发现某乙是携带重要情报的间谍，马上就要逃出边界，就将其扭住，是紧急避险吗？

▶▶▶ **案例**

小区保安小张发现张先生严重喝醉了还想开车出去，上前阻止无效，就将张先生关在保安值班室，是紧急避险吗？

紧急避险面临的危险没有等级上的限制。刑法条文对危险等级没有作任何规定。在现代刑法学中，虽然有一种观点主张以"具体的危险犯罪"为标准，认为可以进行紧急避险的危险就是"具体的危险犯罪"中出现的危险，然而，这种观点明显混淆了应当发挥"出罪"功能的紧急避险所采纳的危险标准与应当发挥"入罪"功能的"具体危险犯罪"中的危险标准。明确紧急避险中的危险概念，是为了明确允许救援的条件，同时，从功能与作用上看，紧急避险的正当性是以利益权衡为原则的。因此，只要法益损害的出现并不是完全难以想象时，就应当可以认为危险已经存在。

危险的存在必须是现实的，不能是行为人的主观想象。在判断危险是否存在方面，现代刑法学一般认为，对危险的存在必须采取客观的、事前的观点进行判断。然而，在如何确定"客观的、事前的"标准时，现代刑法学存在着不同意见。一种观点主张"交往圈子论"，认为应当根据来自与行为人同一交往圈子中一般人的判断。只要他们与行为人一样，在当时那种其他人不关心的情况中也会认真考虑所出现的损害，就存在着一种可以紧急避险的危险。另一种观点主张"专家决定"论，认为应当在有火灾危险时由消防员，在有建筑危险时由建筑师，在生病时由医生等,来判断危险的存在。还有一种观点主张"全部客观认识"论,认为应当根据人们在当时作出危险预测时所能够依据的全部知识,来判断危险的存在。"交往圈子论"对危险判断的限制过多,在判断其他人帮助进行的紧急避险时,由于行为人可能来自其他交往圈子,就可能出现一些人认为真的存在危险,另一些人认为仅仅存在假想危险的情况。"专家决定论"是有用的,但仅仅在需要专家进行判断时才可以使用。"全部客观认识论"明显不具有可行性,不仅确定全部认识很困难,而且在很多案件中没有意义。例如,在咆哮的大海中看见一条帆船倾覆,是否要知道落水的人不会游泳时,才能作出救援的决定?因此,本书同意,只要不损害在客观交往中所需要的谨慎,在人们会认真考虑可能出现一种损害之处,例如,只要看到翻船,就必须肯定一种危险的存在。①

紧急避险所避免的危险,可以是各种原因引起的。这些原因可以是由于自然事件、意外事件、野兽攻击,也可以是由于自然人的活动产生的。不过,由自然人引起的危险不能是可以进行正当防卫的违法攻击。

紧急避险所避免的危险必须是正在进行的。与正当防卫中的"正在进行"相比,紧急避险所需要的"正在进行"有两个自身的特点:一是在一种损害的出现虽然还不是直接面临的,但是,如果后来才进行的防卫要么不可能,要么只能冒极大风险时,一种危险就是正在进行了。这种在正当防卫时一般还不能采纳的标准,在紧急避险中可以采纳。这种标准在涉医案件中具有特别的价值。例如,对早期癌肿块做切除术所要防止的癌细胞扩散的危险,经常是在一段(比较长的)时间之后才能出现,并且,一旦真的出现就太晚了。二是在持续性危险中,一种危险就是正在进行了。持续性危险是指损害可能在一段时间后才真正发生,但也可能随时发生的一种有威胁的状态。

▶▶▶ **案例**

某甲多次在晚上戴着面具闯入李某夫妇的住房进行威吓活动。最后一次,某甲在逃跑过程中,被李某打伤了。由于不是在威吓过程中,因此李某的行为不是正当防卫。李某是紧急避险吗?

正当化紧急避险使用的手段必须符合必要性的要求。一方面,正当化紧急避险的手段必须是适合于避免这个危险的,不能或者没有避免危险的,不能主张紧急避险;另一方面,正当化紧急避险的手段还必须是在可以使用的各种手段中

---

① 〔德〕克劳斯·罗克辛著:《德国刑法学总论》(第一卷),王世洲译,法律出版社2005年版,第472页。

最轻微的,也就是说,给他人的法益造成的损害必须是最少的。一名没有驾驶执照的医生,在自己开车去看病时,如果由于自己的醉酒状态而不能进行治疗工作的,就不是紧急避险。另外,他亲自开车也不会是最轻微的手段,只要本来就有出租车能够供他使用! 然而,只要在当时不可能采用另一种更小心的行为的,那么,行为人采取的紧急避险行为就是必要的。

> ▶▶▶ **案例**[①]
>
> 张某是某食品厂保管员。一日,食品厂附近居民陈某家办喜事,厨师误将柴油当食油倒入油锅造成火灾。消防车赶到时,由于道路狭窄难以进入,消防员即指挥拆掉通道煤棚。此时大火已烧毁民房30多间,张某认为火势有可能蔓延到食品厂,为加快消防车的前进速度,指挥食品厂工人将孙某等六户居民的住房拆毁。孙某等人反对,说:"消防队已拆除火道,火能扑灭,能多保一栋是一栋。"张某不听。由于消防队奋力灭火,火势没有蔓延到孙某等人住房处即被扑灭。消防队拆煤棚和张某拆房的行为,是不是紧急避险?

最后,紧急避险只能在危险是没有其他办法可以避免时,才是正当的,不过,紧急避险的方法不包括取得法益受到侵犯的人的同意。同意不属于紧急避险,但是,在紧急避险的具体方法涉及同意时,必须受社会道德的限制。

> ▶▶▶ **案例**
>
> 魏先生因为车祸伤重,抢救无效刚刚死亡。主治医生卫大夫的岳父肝坏死,必须马上进行肝移植才有生存的希望。卫大夫意外发现,魏先生与自己岳父在血型等生化医学指标方面完全吻合,是肝移植的最佳供体。由于时间紧迫,无法与魏先生的家属取得联系,为挽救岳父的生命,卫大夫就从已经死亡的魏先生身上摘取肝脏移植在岳父身上。卫大夫私摘死者器官的行为是紧急避险吗?

(二)受保护的利益明显居于优势地位

正当化紧急避险保护的利益必须明显居于优势地位,这是使紧急避险取得

[①] 参见刘家琛主编:《新刑法案例评析(上)》,人民法院出版社2002年版,第151页以下。

正当化地位的条件。紧急避险保护的利益明显居于优势地位,是指受保护的利益必须明显在价值地位、数量等方面都明显高于、大于或者多于受到损害的利益。"明显优势"的要求,是以"利益权衡"原则为主、同时考虑"目的理论"主张的"侵犯法益的行为作为实现国家所承认的目的的适当手段"中的"适当性",在结合两者的基础上产生的。对"明显优势"的要求,不仅保障了紧急避险"适当性"得到落实,而且保证了紧急避险"正当性"的安全。无论如何,紧急避险是一种通过故意牺牲较小法益来保全较大法益的行为。在保护明确的、无可争辩的优势利益面前,紧急避险行为才有可能站稳自己的正当性地位,才有可能在社会中被认为是正确的!

对于优势利益的保护,只能是权衡的结果。这种权衡必须是行为人有意识的行为,也就是说,必须是在对正当化紧急避险事实的意识和为了保护优势利益的意志中实施的行为。行为人在这种紧急避险的心理中,如果还有其他动机,例如为了出名或者获得奖赏,并不能排除避险心理的正当性。然而,如果一名行为人在完全不知道客观上存在的危险事实时,实施的一个本来是有害的行为,结果却在事实上消除了危险的,那么,这名救援者也不能完全排除由于(不能犯)未遂而受到刑事惩罚的可能性。

在紧急避险中进行利益权衡时,现代刑法学一般是从法益权衡和行为权衡两方面考虑的。

首先,在法益权衡方面,现代刑法学一般认为,紧急避险的利益权衡一般应当遵守法益的价值等级关系:生命和身体属于最高的利益,人格利益优于财产利益。这个价值等级关系可以清楚地从我国刑法对不同法益提供的不同刑罚上表现出来。例如,从第232条(故意杀人罪)和第234条(故意伤害罪)的比较中可以看出,我国立法机关对生命权的保护,是以已出生的生命为标准的:非法剥夺已出生的生命属于侵犯生命权,非法剥夺未出生的生命的行为属于侵犯(母亲的)健康权。另外,比较第232条、第234条与第264条(盗窃罪)、第302条(盗窃尸体罪)也可以看出,保护生命的必要性远远高于对尸体的保护,保护人格也明显高于保护财产。① 不过,这个等级关系不是绝对不可改变的。例如,在火灾中,为了抢救重大的公私财物,就允许对人身造成轻微的伤害。甚至,人的生命也不会毫无例外地处于更高的地位,例如,在恐怖分子绑架一名人质之后,要求对大量重要的国家利益进行粗暴的破坏时,这名人质的生命就不会处于绝对高

---

① 根据我国《刑法》第264条以及2013年最高人民法院、最高人民检察院《关于办理盗窃刑事案件适用法律若干问题的解释》第1条的规定,盗窃公私财物价值1000元至3000元以上的,才能符合盗窃罪"数额较大"的要求。

于国家重要利益的地位。但是,肯定的是,在人的生命之间没有高低贵贱之分,不仅不可以用牺牲一名一文不名的精神病人的生命来拯救一位诺贝尔奖得主的生命,而且不可以用牺牲一个人的生命来拯救一群人的生命。

> ▶▶▶ **案例**
>
> 扳道工某甲发现一列货车在没有司机的状况下失去制动,正在滑向一列满载乘客的火车。为了避免重大人员伤亡,他在最后关头把这列货车引到旁边一股只有一群工人在工作的道岔上去了,但是,这列货车还是压死了几名正在工作的工人。某甲的行为是正当化紧急避险吗?

除了生命之外,在其他同类法益之间是可以考虑紧急避险的。例如,在保护财产时,一般可以根据价值的高低来权衡避险的必要性,不过,被保护财产对受损害财产的价值差别,必须处于绝对明显优势的地位,仅仅高一些是不足以形成正当化紧急避险的。另外,在为了伤病人员的利益而施行手术时,应当尊重伤病人员本人的意愿。伤病人员如果失去意识,医生在缺乏他的同意(因为无法表达)或者其亲属的同意(因为无法联系上)的情况下,可以根据伤病的紧迫性和医疗规范进行保存其生命所必需的手术。但是,如果伤病人员神志清醒并且明确表示拒绝手术的,医生就不能手术。同样道理,器官移植只有在捐献者同意时,才是允许的;医生不得以拯救他人(可能是很多人的)生命为由,强制对拥有极其稀少的血型或者骨髓的人抽血抽骨髓,即使这种抽取对这个人的身体并不会造成任何损害。不过,在自杀的情况下,现代刑法学目前普遍认为,自杀人的意愿是不重要的,使用暴力阻止自杀的行为可以得到正当化。

在危险是由于行为人的过错引起的情况下,以及在行为人处于被他人强制情况下不得已实施的犯罪中,在权衡法益时,行为人的过错、他被强迫的情况,以及他所造成的损害状况,在法益权衡中都应当得到综合的评价。现代刑法学可以同意,不顾警告擅自登山遇见野狼不得已闯入人家躲避的,不构成非法侵入住宅罪(《刑法》第 245 条),但是,不能同意在死亡威胁面前被迫做伪证(《刑法》第 305 条)或者抢劫(《刑法》第 263 条)的,不具有违法的性质。为了保护人质而顺从绑架人的要求释放在押罪犯的,只有经过有权机关的批准和安排,才是正当的。但是,为了避免自己破产而挪用或者贪污公款的行为,或者为了生活所迫而盗窃的行为,从来都不能成为正当化紧急避险的理由。

第十一章　排除犯罪成立的根据

> ▶▶▶ **案例**
>
> 　　某甲由于交通事故造成一人死亡，一人重伤。出事后，某甲发现被害人的亲属手持锄头、镰刀等农具气愤地赶来，担心遭到痛打，就逃离肇事现场，找到电话报警。某甲是紧急避险吗？

　　其次，在行为的权衡方面，现代刑法学根据紧急避险行为人采取的行为性质，把紧急避险分为攻击性紧急避险与防卫性紧急避险，分别予以考虑。攻击性紧急避险是指行为人通过侵犯未参与人的法益来保护自己或者他人的行为，防卫性紧急避险是指行为人防卫自己免受紧急避险受害人引起的危险。

　　在攻击性紧急避险的情况下，紧急避险行为侵犯的都是与危险的发生无关的人。例如，为了将被毒蛇咬伤的人或者车祸中的重伤员送往医院而未经许可使用他人的汽车，在深夜打破已关门的药店玻璃窗以获取救人的急救药品，等等。然而，只要这种必要的避险行为给财产所有人造成的损害，不会不成比例地大于危险正在造成的损害，那么，财产所有人就必须予以容忍。在两种损害之间必须具有"不成比例"的差别，是对"明显优势"的更严格的要求。由于在攻击性紧急避险中受到侵害的人是完全无辜的，只有在保护利益与损害利益之间具有"不成比例"的差别时，才有可能赢得社会对正当性的支持。在这类紧急避险中，常见的案件都是以救人为目的。可以想象，在危险威胁的是财产或者其他利益时，那就只能在非常罕见的情况下，由于要避免的损害是如此巨大，才有可能将侵犯未参与人财产的行为加以正当化。在实践中，对攻击性紧急避险的评价当然必须综合地权衡各种因素，包括危险的等级、行为人自己的过错、避险行为在法律上的意义，等等。

　　在防卫性紧急避险的情况下，危险可以是由自然人造成的，也可以是由物造成的。由物造成的危险比较简单，例如，当一条狗扑过来咬自己时，可以将其击毙。由人造成的危险目前主要发生在下述四种情况之中：一是非行为造成的危险。例如，财产所有人必须用力推开一名癫痫病发作乱打乱闹的人以避免毁坏一个价值连城的瓷器；或者一位摊主必须立即勒住一匹受惊的马以避免踩烂市场上的货摊，但因此造成马车中的乘客受了轻伤。二是受害人自己造成的危险。例如，汽车司机虽然遵守了交通规则，但还是在无法看见时压死了一名违反规则突然窜到马路中间的人。三是所谓的手术风险。例如，在难产时不得不杀死正在出生的胎儿来保住母亲的生命。四是预防性紧急防卫。在以后防卫就不可能或者非常困难时，对刚刚进行准备的攻击，可以采取适当的预防措施加以阻止。

所有这四种危险,由于缺少行为、缺少攻击、缺少违法性,或者缺少正在进行的紧迫性,都是不能进行正当防卫的,只能进行紧急避险。

区分防卫性紧急避险与攻击性紧急避险的重要意义在于,在防卫性紧急避险中,保护利益与损害利益之间不需要具有那么严格的比例关系。在防卫性紧急避险中,保护利益虽然仍然需要明显比损害利益具有优势地位,但是,保护法益经常并不比损害法益具有更明显的价值。例如,在非行为造成的危险中,摊主要保护的财产就不能说比乘客受的伤具有更高的价值;在手术危险中,孩子的生命也不能说就一定不如母亲的生命。因此,在防卫性紧急避险中,保护利益与损害利益之间虽然不必具有像在攻击性紧急避险中那样达到"不成比例"的明显的差别关系,但是,在权衡时需要综合危险的原因、等级、避险受害人的过错,以及救援手段的必要性、帮助的可能性等各方面的因素,更加仔细与小心地进行判断。在狗咬人的危险中,紧急避险可以不管那条狗有多么贵重,但是保护的不能是一块毫无价值的骨头。在非行为造成的危险中,马车乘客可以受轻伤,但是,如果骨折或者脑震荡就太过分了。在受害人自己造成的危险中,虽然紧急避险在最极端的情况下甚至可以杀死受害人,但是,这只能在没有其他手段可以防止危险,例如,无法躲避、无法得到别人的帮助下才能进行。同时,尽管紧急避险人不必为了别人而容忍自己受到严重的身体损害,但是在重伤或者杀死这种受害人之前,还是必须容忍中等程度的伤害风险。在手术危险中,在借助剖腹产就能够比较安全地分娩的,就不允许杀死孩子,并且,如果母亲表示无论如何也要生下孩子的,医生就必须尊重她的意愿。在预防性紧急防卫中,由于攻击还不是正在进行,并且,危险是由防卫措施的受害人产生的,因此,完全禁止采取一种小心的预防性措施,就很不明智了。然而,对于紧急避险行为的适当性应当完整地权衡,尤其是要考虑危险的远近。一个偏远小客栈的老板在听到自己店里的客人商议,在晚上打烊后要袭击他,由于自己无法对付这些人,因此就在饮料里下一些麻醉药,这是可以正当化的,但是,如果下毒就太过分了。另外,在权衡时还要特别考虑取得他人,尤其是警察帮助的可能性,由于预防性地对危险进行防卫在原则上是警察的事情,因此,预防性紧急防卫在原则上只有在其他人不能阻止的危险中才能使用。

在现代刑法学中,在利益权衡中的一个公认的例外是:对处于特定的义务地位的人,不能以紧急避险为由,拒绝履行自己的义务。例如,消防员在火灾面前,不能以紧急避险为由拒绝进入火场实施救援。不过,排除紧急避险权的范围,根据罪刑法定原则,也是由法律规定的。我国《刑法》第21条第3款规定:"第一款中关于避免本人危险的规定,不适用于职务上、业务上负有特定责任的人。"根据这个规定,船员在海难面前,消防员在火灾面前,警察在持枪歹徒面前,民航驾驶员在飞机故障面前,就都不可以以避免本人危险为由,自己逃命而不承担履行职责与保护人民生命财产时所面临的危险。要不是有法律规定的特殊责任地位,在通常情况下,保护生命与健康在面对财产损害时就能够得到正当化。不过,承担危险的义务不是一种牺牲义务,而仅仅是一种风险义务。在死亡或者重伤肯定或者极有可能立即发生时,即使负有特定的责任,躲避这种危险就又可以通过紧急避险得到正当化了。然而,在有可能以其他方式避免危险时,职务上、业务上负有特定责任的人都不能主张紧急避险。例如,法官受到匪徒的威胁,如果客观公正地作出判决就要他的命,那么,法官故意歪曲法律的判决就不是紧急避险,因为法官通过报告和请求警察保护,就可以承担起剩余的风险。不过,我国刑法还没有完整地排除负有特定义务人的紧急避险权。

> ▶▶▶ **案例**
>
> 父亲在有健康危险的情况下,不把自己的孩子从着火的房子里救出来的,可以主张紧急避险吗?

第四节　罪责的一般理论

一、罪责概述

在现代刑法学的犯罪构造理论中,罪责是最新的一个基本概念。罪责在德语中称为"schuld",在英语中,长期以来比较普遍地称为"culpability",但是,德国学者一般认为,"blameworthy"一词会更符合这个概念的现代含义。在俄文中,"罪责"这个概念还没有一般地成为刑法理论中使用的基本概念,但是,由于在"罪过"理论的研究中,"应受谴责性"或者是"(否定性)评价因素"是苏联及俄罗斯学者一直努力确立的概念①,因此,俄文中的罪过一词经常就包含了罪责的基本意思。

在现代刑法学中,虽然对罪责概念的准确定义还存在很多争论,但是,各种刑法理论都同意,罪责是对符合犯罪构成并且具有违法性的行为所作的应当给予刑事惩罚的谴责性评价,或者通俗地说,没有罪责就是对不法行为在具有排除罪责的根据时不予刑事惩罚的评价。排除罪责的根据也称为免责的根据。

---

① 参见《苏联刑法科学史》,曹子丹、张广贤、马改秀、王扬译,法律出版社1984年版,第61页,尤其是第73页以下。

罪责在犯罪构造中的主要意义,在于确定一个行为符合犯罪构成并且具有违法性之后,是否具有"可谴责性",从而应当受到刑事惩罚。不过,目前各种刑法理论对罪责的效力仍然有不同的看法:四要件犯罪构造理论认为是"有罪免罚",三阶段和双层次犯罪构造理论认为是"无罪不罚"。在排除罪责就不受刑事处罚这一点上,各种刑法理论是一致的,只不过在是否保持"犯罪"的评价上还有区别:四要件理论认为"有罪",三阶段和双层次理论认为"无罪"。这种区别,明显反映出不同犯罪构造理论的差别。三阶段和双层次理论认为,没有受到刑事惩罚的"有罪"是没有意义的,四要件理论坚持免责之后的"有罪"具有在量刑上给予法官便利的实践性好处,否则,就必须像三阶段理论的一些观点所主张的那样,在"构成犯罪的罪责"(或者"作为刑罚基础的罪责")与"量刑的罪责"之间再做出区分。各种刑法理论的一个共同点还在于对罪责与违法性基本特征的认识上:排除违法的行为是正确的,但是,排除罪责的行为,虽然不受刑罚,却是不正确的! 根据这个特征,排除违法的行为不仅不受刑罚,而且不受其他处罚;排除罪责的行为虽然不受刑罚,但是却需要根据其他法律来承担相应的责任。我国《刑法》第 37 条规定:"对于犯罪情节轻微不需要判处刑罚的,可以免予刑事处罚,但是可以根据案件的不同情况,予以训诫或者责令具结悔过、赔礼道歉、赔偿损失,或者由主管部门予以行政处罚或者行政处分。"对罪责概念的认识,体现了各种刑法理论对贯彻罪刑法定原则的细致程度与一种刑法制度的发达程度。

　　罪责的概念是刑事司法实践与刑法科学在长期发展中确认的。对本来已经构成犯罪的行为却能在特殊考虑下免除刑罚的做法,可以追溯到遥远的古代。在我国古代刑法中,就有所谓的"三赦"制度,"幼弱""老耄""惷愚",都是赦免刑罚的对象。① 《唐律》中还明确规定了"八议"制度,要求对犯了死罪之人,应当议亲、议故、议贤、议能、议功、议贵、议勤、议宾,考察可以免除刑罚的情节。② 在普通法中,在古代也有对有罪的人,由国王赦免而不承担刑罚的实践。③ 古代的具体做法并不总是符合现代法治精神的,但是,在犯罪构造的思维方式中需要考虑排除罪责或者免除刑罚的要求却形成了。不过,在封建制度下的免责,尤其是由封建帝王行使的免除刑罚,不仅是专制与任意的,而且是对错不分的。早期对严重罪行的赦免刑罚,仅仅免除了被告人的牢狱之灾,而不免除没收财产,后来,在财产也可以归还的情况下,仍旧没有人太关心事情的对错。在现代刑法制度中,

---

① 参见蔡枢衡著:《中国刑法史》,广西人民出版社 1983 年版,第 185 页以下。
② 参见(唐)长孙无忌等撰:《唐律疏议》,刘俊文点校,中华书局 1983 年版,第 16 页以下。
③ 参见〔美〕乔治·弗莱彻著:《刑法的基本概念》,王世洲主译与校对,蔡爱惠、陈巧燕、江溯译,中国政法大学出版社 2004 年版,第 168 页;Joshua Dressler, *Understanding Criminal Law*, 4th Edition, LexisNexis, 2006, p. 221.

第十一章　排除犯罪成立的根据

由于重点是对罪犯的追究与惩罚,因此,审判的结果是有罪、无罪(在双层次和三阶段体系中)还是免除刑罚(在四要件体系中),就成为刑事诉讼有关各方及其支持者所关注的焦点。在很长一段时期内,正当性根据和免责性根据一直可以交替使用,或者说,对错问题并没有得到很多的重视。然而,区分罪责与违法性,或者更准确地说,区分正确与不正确,在社会发展与人权观念的推动下,已经得到现代刑法学的日益重视。①

首先,在社会基本观念方面,刑法作为社会道德的指针,对于人们的行为有着重要的塑造作用。严厉的刑罚手段,绝对不能对正确的行为适用,在对不正确的行为适用时也必须顾及社会情感的评价。明确基本社会道德中正确与不正确的区别,对于犯罪构造的形成更有着重要的基础性作用。在刑事立法与司法解释的制定中,正确的就不能是有罪的;在刑事执法中,不正确的就只能在能够得到社会容忍的情况下,即具有排除罪责根据时,才能免除刑罚。

其次,在刑事程序方面,违法性与罪责的分离,也就是正确与不正确的分离,可以更清晰更合理地改善证明责任的分配。由于控方必须承担证明有罪的责任,因此,证明行为符合犯罪构成以及反驳排除违法根据的证明责任应当全部由控方承担。相反,辩方不仅有提出正当化根据的权利,而且有证明存在着排除罪责根据的义务。当然,在证明程度方面,控方对被告有罪的证明必须达到我国《刑事诉讼法》规定的"对所认定事实已排除合理怀疑"(第53条),然而,辩方证明无罪或者应当免除刑罚的抗辩只需要达到"优势证据"也就是相当能够说服人的程度就够了。

最后,在刑法本身中许多复杂案件与问题的妥善解决,也依赖于罪责概念。例如,在防卫或者避险中,无罪的正当防卫与无罪的紧急避险都是正确的,因此,才能不仅无罪,而且不承担赔偿责任;然而,免除刑罚的防卫与免除刑罚的避险都是不正确的行为,因此,在不受刑罚时也要根据其他法律承担赔偿责任和其他责任。在免责时,共同犯罪中的帮助犯、教唆犯等人,在免责根据对他们不适用时,仍然要承担责任。例如,精神病人某甲使用丁某提供的凶器杀人之后,可以由于精神原因(一种免责原因)而无罪,但丁某仍然会由于提供杀人凶器而有罪。可是,在正当化中,由于实施行为的人无罪,因此也就谈不上帮助犯、教唆犯了。还有,在给连体婴儿做分离手术时必须牺牲"其中一名"婴儿生命的行为为什么不应当受到惩罚?安乐死为什么应当受惩罚?击落被恐怖分子劫持的民航飞机是否应当受惩罚?这些问题,只有运用罪责概念进行说明,才能得出令人满意的答案。

---

① Joshua Dressler, *Understanding Criminal Law*, 4th Edition, LexisNexis, 2006, p. 221.

二、罪责根据概述

在现代刑法学中,免责的根据是指说明一个人在实施了符合犯罪构成并且具有违法性的行为之后,为什么可以免除刑罚的根据。

一般认为,德国大哲学家康德在木板案件中最早提出了这个问题并最先做出了回答;在大海中,遭遇海难的一名船员为了保住自己的生命,把另一个人从唯一的一块木板上推下去的行为,"不应当被判定为可归责的,而只能被判定为不可罚的","因为法律威胁的惩罚不能大于自己生命的丧失"。[①] 在那之后,各种刑法学理论都试图对罪责的根据作出自己的回答。

在四要件犯罪构造理论中,虽然尚未形成罪责的一般概念,但是,罪责所处理的最典型状态,例如防卫或者避险超过必要限度,在四要件理论中也是必须讨论的。与正当防卫与正当化紧急避险相衔接,四要件理论仍然是以"社会危害性"理论为主要根据来证明那些对社会造成较大危害的行为是违反刑法的。

在双层次犯罪构造理论体系中,对罪责根据提出的主张主要有下述几种:威慑理论主张,刑法承认免责,是因为在应当免责的情形下,人是无法被威慑的,例如,惩罚精神病人是无效的;因果理论认为,由一个人控制之外的因素造成的行为,是不能对这个人进行谴责的;品格理论主张一个人的道德品格是应受惩罚的核心,因此认为,当不能从不正确的行为中推导出一种坏的品格时,就应当承认免责。例如,抢劫犯是道德低下的人,但是,如果抢劫是在恐怖分子威胁要杀害其孩子的情况下而被迫实施的,就不能说这个人是道德低下的人;自由选择理论,也称人格理论主张,一个人如果没有自由选择的机会,那么,这个人在行为时就缺乏基本的人格属性,在这种"缺少公正机会"条件下对实施的行为进行谴责就是不公正的。[②]

在三阶段犯罪构造理论体系中,对罪责根据提出的主张,随着时代与理论的进步而不断发展。[③] 在早期将所有客观因素归入不法与将所有主观因素归入罪责的两分法犯罪构造中,形成了所谓的"心理性罪责概念"。根据这个概念,罪责被理解为是行为人在主观上与危害结果的关系,犯罪主观心理态度中的故意和过失就成为罪责的种类,而犯罪主体以及刑事责任能力仅仅是作为"罪责的条件"来理解的。

在20世纪初,心理性罪责概念就被规范性罪责概念代替了。当时,面对需

[①] 参见〔美〕乔治·P.弗莱彻著:《刑法的基本概念》,王世洲主译,蔡爱惠、陈巧燕、江溯译,中国政法大学2004年版,第107页。

[②] Joshua Dressler, *Understanding Criminal Law*, 4th Edition, LexisNexis, 2006, pp. 227—230.

[③] 这里及下文中使用的许多案件和理论,参见〔德〕克劳斯·罗克辛著:《德国刑法学总论》(第一卷),王世洲译,法律出版社2005年版,第636页以下。

要免责的各种紧急防卫或者避险的状态,心理性罪责概念很难对排除罪责作出可靠的说明。由于心理性罪责概念包含的只有故意和过失,同时,故意和过失又是在有意识或者不谨慎地引起危害结果时存在的,因此,罪责怎么就能够被紧急防卫或者紧急避险被排除,就令人无法理解了:一方面,在各种紧急状态下,不能为了排除罪责,就不符合逻辑地说行为人拒绝了故意,因为他在当时完全知道自己在做什么;另一方面,行为人与危害结果的心理关系在无意识过失中是无法被确定的。德国刑法学者弗兰克认为,只有寻找另一种罪责概念,才能解决这些难题,并且,通过对人的精神与行为等具体罪责因素的研究,找到了"可谴责性"这个概念。罪责是一种可谴责性的观点,迅速为现代刑法学所接受。在目的行为理论兴起之后,故意和过失的内容被归入行为构成之中,从此,在罪责中就不再保留心理性罪责概念的内容,而仅仅存在着可谴责性的概念以及支持这个概念的属于刑事责任能力的内容,规范性罪责概念最终形成了。

规范性罪责概念以可谴责性为核心。可谴责性是一种应当给予任何一种符合犯罪构成并且具有违法性的行为的否定性评价。但是,可谴责性是以行为人在实施不法行为时具有可以承担刑事责任的能力为前提的。这样,在不具有可以承担刑事责任的能力时,就不具有可谴责性,或者说,可以排除罪责。可以承担刑事责任的能力也一般地称为归责能力或者可归责性。在目的行为理论把心理性罪责概念改造成规范性罪责概念时,可谴责性由三个"因素"组成:可归责性、不法意识的可能性、以及对符合规范行为的不可过分要求性。不可过分要求性也称期待可能性,是一种超法规的免责根据。这种超法规的免责根据由于容易造成法治的不安全,在故意行为中已经一般地被放弃了,但是,在过失犯罪和不作为犯罪中,直到今天还可以作为一种排除罪责的一般根据使用。不过,超法规的免责根据只能在法律无法解决的不寻常的冲突状态中才能提出,并且,只有在根据符合法律制度要求的有良心、为了救援的人性决定而实施的行为中,才能得到承认。可归责性与不法意识的可能性,在今天已经基本包含在刑事责任能力之中了。因此,可谴责性首先能够被无刑事责任能力或者减轻刑事责任能力的理由所排除。其次,在行为人具有禁止性错误时,也就是他仅仅认识了行为的事实而没有认识行为具有违法性时,可以由于这种错误的不可避免性而排除对不法行为的谴责并予以免责。

规范性罪责概念是依据不法发生的状况作出的评价,而不再是把罪责看成是一种单纯的心理事实,因此,能够比心理性罪责概念更加正当合理。但是,规范性罪责概念对可谴责性的评价,还存在着不充分的情况。尤其是在紧急防卫和紧急避险超过必要限度的情况下,如何才能更进步地说明原本为了防卫或者救援的行为,在造成"重大损害"或者"不应有的损害"时,不应当受到谴责,而应当免除刑事惩罚？现代刑法学进行了积极的研究,其中,"行为人本来能够不这样行为"、"行为人表明了法律反对的态度"、"行为人必须为自身的个性负责"、"行为人的行为必须根据一般预防的要求进行归咎"等观点有着较大的影响。但是,最有影响的是"行为人具有规范的可交谈性"的观点。这个观点主张:一个健康的成年人在行为时,只要在心理上具有支配这个行为的可能性,就是有罪责的。在这个背景下,现代刑法学就出现了将规范性罪责概念向规范的责任概念发展的趋势。规范的责任概念是在罪责的基础上(也就是可谴责性的基础上)加上使用刑罚威胁的预防必要性[①],在全部案件事实的基础上,根据刑罚目的作出是否对行为予以谴责和给予刑罚的决定。

目前,现代刑法学在罪责的根据方面,已经得出了以下两个比较清晰的结论:

第一,虽然对罪责概念的具体表述仍然存在争论,但是,对于一种法律制度所反对的行为,可以根据可谴责性与刑罚预防必要性的考虑而免除刑罚的做法,已经得到了各种犯罪构造理论的普遍同意。

第二,罪责的根据通常不是单纯根据功利主义的考虑作出的,而是具有明显的道德特征和以刑罚目的为内容的刑事政策特征的。

三、免责的主要根据

免责就是排除罪责,或者从法律效力上说,是免除刑罚或者免予刑事处罚。免责的根据就是免除刑罚的根据。由于在排除罪责时不能完全不使用超法规的根据,因此,免责的根据就可能有很多。

在刑法规定与司法实践中,免除刑罚经常是与减轻处罚联系在一起的。但是,免除刑罚与减轻处罚有着很大的区别。免除刑罚是不承担刑罚的,不仅不承担剥夺自由或者限制自由的刑罚,而且不承担剥夺财产或者政治权利的刑罚,尽管免除刑罚是否仍然要承受"犯罪"的污名在理论上有不同的主张。减轻处罚明显还只能是有罪的决定。在现代刑法学中,免除刑罚是免责的结果,减轻处罚是有罪的结果。免除刑罚与减轻处罚之间区别的根据在哪里？这是一个现代刑法学仍然在研究的问题。早期的观点主张,在紧急情况下存在的过分强大的压力,使得行为人只能本能地考虑自我保护,由此产生的违反规范的行为因此是可以免责的。后来提出的观点是建立在一种双重减轻罪责的基础之上:一方面是对心理压力的考虑。一个普通人,在过分强大的心理压力下不能实施合法行为的,

---

[①] 〔德〕克劳斯·罗克辛著:《德国刑法学总论》(第一卷),王世洲译,法律出版社2005年版,第562页以下。

可以因为他不是英雄而得到免责。另一方面是对救援行动的考虑。在紧急状态下的行为,不仅损害了一种法益,而且也是保护了另一种法益,对法益的救援不仅直接地降低了违法性,而且也间接地降低了罪责。然而,这些观点都有不够准确之处,例如,会导致由于经济压力产生的不法行为或者没有实现救援目的的行为都能免责的后果。本书比较赞赏根据规范的责任概念所提出的标准[①]:在需要考虑可谴责性的情况下,根据一般预防和特殊预防的刑罚必要性,即在案件罕见到不具有威慑其他人的一般预防的需要性,或者行为人的表现已经说明不具有特殊预防的需要性时,就可以得出排除刑法责任的结论。

在各种免责根据中,最重要最常用的莫过于"防卫超过必要限度"(防卫过当)与"避险超过必要限度"(避险过当)。这两种免责根据都能够对发生在实施紧急防卫或者紧急避险的过程中的案件适用,但是不能对不符合紧急防卫或者紧急避险的情况适用。例如,不能适用于防卫动机不是"出于正当防卫"或者避险的前提不是"正当"的案件[②];不能适用于尚未开始或者已经结束的紧急状态;不能适用于警察、消防队员等在职务上、业务上负有救援任务的人;不能适用于自己造成的危险,例如,在与他人共同从事有风险的水上运动时,忘记携带救生用具,在风暴中翻船时,通过夺取同伴的救生衣而得救,就是根本违法的;不能适用于可以通过其他例如呼唤警察或者其他人等方式就可以避免的情况下,等等。

然而,由于免责的行为仍然是一种违法行为,因此,对超过必要限度应当承担刑事责任的条件,刑法应当作出规定。我国《刑法》第20条第2款对防卫超过必要限度应当负刑事责任规定的条件是"造成重大损害";第21条第2款对避险超过必要限度应当负刑事责任规定的条件是"造成不应有的损害"。不过,对防卫过当的判断绝不仅仅是一种单纯从客观上对所造成的损害结果进行的比较。我国刑法学界历来主张根据"行为的性质、方法和强度以及防卫人所保护的利益的性质"[③],根据"不法侵害发生的环境、防卫人与不法侵害人的力量对比"[④]等因素,综合进行判断。在司法实践中,更有这样的做法,即在综合考虑过当程度、防卫起因、社会舆论的基础上,"过失心理状态下的防卫过当,一般可以考虑免除处罚,间接故意心理状态下的防卫过当,一般可以考虑减轻处罚","凡保护国家、公共利益和人身财产权利等重大权益而防卫过当的,一般可以考虑免除处罚,对于保护轻微的权益而对不法侵害人造成不应有的重大人身伤亡的,可以考虑减轻

---

① 〔德〕克劳斯·罗克辛著:《德国刑法学总论》(第一卷),王世洲译,法律出版社2005年版,第638页。
② 参见胡康生、郎胜主编:《中华人民共和国刑法释义》(第3版),法律出版社2006年版,第25、27页。
③ 杨春洗、甘雨沛、杨敦先、杨殿升等:《刑法总论》,北京大学出版社1981年版,第174页。
④ 高铭暄主编:《刑法学(新编本)》,北京大学出版社1998年版,第140页。

处罚"。①

> ▶▶▶ **案例**②
>
> 被告人妥么尔 1990 年 2 月 8 日与同乡马十二布去甘肃省永登县收购皮毛。同日傍晚 6 时许,被害人祁玉俊、杨万林两人在东山村边,以"我们有刀有枪,你们是给钱还是要命"等言语相威胁,索要钱财。妥向其求情,要求让路。祁见妥、马不给钱,就突然对妥拳打脚踢,致其鼻子流血。妥在与祁扭打中,顺手掏出随身携带的割皮毛用的单面刃刀,将祁刺倒,接着,又过去帮助正与杨厮打的马十二布,在杨身上连刺数刀。祁、杨二人被刺后,均当场死亡。妥么尔的防卫行为应当被判处免予刑事处罚吗?

我国刑事司法实践在处理防卫过当案件中的做法,正好是与本书所支持的以限制性罪责理论作为处理可以避免的禁止性错误的原则一致的:在排除罪责时免除刑罚,在不能排除罪责时以故意犯罪从轻处罚。另外,关于防卫过当与避险过当的区别,本书认为,不仅需要根据正当防卫与正当化紧急避险的区别,而且需要根据攻击性紧急避险与防卫性紧急避险的区别,考虑在不同情况下的具体免责根据与具体免责标准。

除了防卫过当与避险过当之外,在我国刑法中列明应当免除刑罚的根据还有:没有造成损害的中止犯(第 24 条第 2 款前半句),从犯(第 27 条第 2 款),胁从犯(第 28 条));可以免除刑罚的根据也还有:在外国已经受过刑罚处罚但依照我国刑法应当负刑事责任的(第 10 条),又聋又哑的人或者盲人犯罪(第 19 条),预备犯(第 22 条第 2 款),由于遭遇不能抗拒的灾祸缴纳确实有困难的罚金(第 53 条最后一句),犯罪较轻的自首犯(第 67 条第 1 款),有重大立功表现的自首犯(第 68 条第 1 款),在被追诉前主动交待行贿行为的行贿人、介绍贿赂人(第 164 条第 3 款、第 390 条第 2 款、第 392 条第 2 款),在收获前将非法种植罂粟或者其他毒品原植物自动铲除的(第 351 条第 3 款)。另外,我国《刑法》第 37 条关于"对于犯罪情节轻微不需要判处刑罚的,可以免予刑事处罚"的规定,为免除处罚提供了一个最后的总的法律根据。

目前,在现代刑法学中,罪责理论还是一个需要得到充分发展的领域,免责根据的种类在司法实践中有日益扩展的明显趋势。现代刑法学的这个前沿领域正在受到世界各国刑法学界的高度关注。

---

① 刘家琛主编:《新刑法案例评析(下)》,人民法院出版社 2002 年版,第 804 页。
② 《中华人民共和国最高人民法院公报》1992 年版,第 2 期,第 63—64 页。

第十二章 犯罪的未完成形态

在现代刑法学中,犯罪构造理论通常都是以研究完整犯罪的构造作为标准的,或者说,以研究既遂的犯罪作为标准的。犯罪既遂,是指行为人所实施的行为已经符合了刑法规定的一种具体犯罪的一切构成要件。在现代刑法分则中的条文,都是以犯罪既遂为标准制定的,每一个犯罪构成,都是既遂的构成,例如,第232条规定的故意杀人罪就是既遂的故意杀人罪,第236条规定的强奸罪就是既遂的强奸罪。在犯罪实施过程中由于各种原因无法完成或者无法既遂的状态,就是犯罪的各种未完成形态。根据罪刑法定原则,犯罪的未完成形态必须由刑法规定。我国刑法规定的犯罪未完成形态是犯罪预备、犯罪未遂与犯罪中止。

第一节 犯罪未完成形态概述

在犯罪理论中研究犯罪未完成形态,最初来自阻止犯罪和预防犯罪的愿望。在犯罪发生之后,罪犯会受到应有的惩罚,然而,社会和被害人也会因此遭受损失。为什么不能在犯罪的当时甚至在犯罪正在准备的时候,就阻止和防止犯罪呢?犯罪未遂,以及犯罪预备与中止的思想与制度就逐步发展起来了。

一、故意犯罪的停顿状态

犯罪的未完成形态是犯罪构造的特殊形态,一般认为只存在于故意犯罪之中,因为过失犯罪没有预备问题,没有危害结果的出现就没有过失犯罪。不过,在故意犯罪的范围中,由于间接故意不追求危害结果的发生,因此,现代刑法学认为,犯罪的未完成形态仅仅存在于直接故意犯罪之中。

犯罪的未完成形态只能出现在故意犯罪的发展过程中,是故意犯罪由于特定原因无法继续发展而形成的停顿状态。对于故意犯罪的发展过程应当分为几个阶段来进行考察,主要取决于划分阶段的目的,当然,刑法的规定状态对分段的决定会起基础性的作用。例如,在美国刑法中,目前比较流行的是六阶段划分法:一是实施犯罪的设想阶段,二是对实施这个设想的评价阶段,三是完全形成犯罪故意的阶段,四是实施犯罪的准备阶段,五是犯罪的开始实施阶段,六是完成行动以实现直接犯罪目标的阶段。① 这个划分法主要是为了说明:在前三阶段中,因为没有犯罪意图是不构成犯罪的,在第三阶段之后,只要没有行为,就算行为人有犯罪意图,也还是不能构成犯罪。在前苏联刑法中,长期实行四阶段划分法:一是犯意表示,二是预备行为,三是未遂行为,四是既遂。② 这个划分法一方面是为了强调单纯的犯意表示不是犯罪,另一方面也为预备行为与未遂行为的区别提供了前提。目前,有俄罗斯学者在明确犯意表示不是犯罪的前提下,也主张将犯罪过程分为三阶段:一是实施犯罪的预备阶段,二是执行犯罪构成的客观方面,三是发生危害后果从而完成犯罪。③

为了完整说明故意犯罪的发展过程,特别是为了便于说明有关事实情况在犯罪发展过程中的归属地位及其刑事可罚性,本书采取了将故意犯罪发展过程分为五阶段的主张:一是做出犯罪决定,例如,要去偷电视机;二是进行犯罪预备,例如,携带犯罪工具向电视机仓库走去;三是犯罪着手之后的未遂,例如,动手撬电视仓库的门;四是犯罪完成,例如,把电视机搬出仓库;五是犯罪结束,例如,把电视机放在自己家里。在这个划分法中,可以比较方便地分析,做出犯罪决定是否就是犯罪的开始?进行犯罪预备是否就可以进行刑事处罚?犯罪未遂从何时开始?犯罪是既遂于犯罪完成还是犯罪结束?等等问题。

在实践中,各种犯罪的情况很不相同,有的犯罪发展过程可能很快,例如,一看到别人的财物就伸手去偷从而立刻构成盗窃罪,也可能很慢,复杂的犯罪甚至需要准备几年时间。不过,在犯罪过程中,各种停顿状态一般不能交叉,否则就容易产生概念的混乱。唯一的例外是中止这种停顿状态。不过,中止与其他停顿状态可以如何进行交叉将取决于刑法的规定。例如,在日本刑法中,对"着手实行犯罪而未遂的",并没有限定造成未遂的原因,因此,对"基于自己的意思而中止犯罪的"状态,就有了特别免除刑罚的规定。④ 因此,在日本刑法中,中止就可以在犯罪着手之后而与未遂并存产生"中止未遂"的概念。然而,在我国刑法中,已经着手实行犯罪却未得逞而成为犯罪未遂的,只能是"由于犯罪分子意志以外的原因"(第 23 条),同时,对犯罪预备(第 22 条)的规定,并没有原因上的限制。因此,根据我国刑法,犯罪中止就不能与犯罪未遂并存,但却可以出现在犯罪预备之中。

---

① Joshua Dressler, *Understanding Criminal Law*, 4th Edition, LexisNexis, 2006, p. 405.
② 参见《苏联刑法科学史》,曹子丹、张广贤、马改秀、王扬译,法律出版社 1984 年版,第 91 页。
③ 〔俄〕库兹涅佐娃、佳日科娃著:《俄罗斯刑法教程(总论)》(上卷·犯罪论),黄道秀译,中国法制出版社 2002 年版,第 360 页。
④ 参见〔日〕西田典之著:《日本刑法总论》,刘明祥、王昭武译,中国人民大学出版社 2007 年版,第 242 页。

二、犯罪发展阶段中的基准罪

犯罪发展阶段中的基准罪,是指在犯罪预备、未遂与犯罪既遂之间,以哪一种犯罪为基准。在以犯罪未遂为基准的情况下,犯罪既遂就成为犯罪的加重结果形态;在以犯罪既遂为基准的情况下,犯罪未遂就成为犯罪的减轻形态。基准罪的确定,涉及复杂的历史、社会、政治、法律制度的原因,然而,在现代刑法中,基准罪的位置是由刑法总则对犯罪未遂等状态的规定以及刑法分则对具体犯罪的规定加以确定的。

首先,刑事立法可以把一种本来属于犯罪预备或者未遂的行为单独规定为单独的犯罪,使之成为新的既遂犯罪。例如,非法买卖、储存枪支、弹药、爆炸物的,本来经常属于抢劫、绑架等严重犯罪的预备行为,但是,在刑法专门规定"非法制造、买卖、运输、邮寄、储存枪支、弹药、爆炸物罪"(《刑法》第 125 条第 1 款)之后,这种行为就单独构成犯罪,有了自己独立的既遂犯罪形态。又例如,组织、策划分裂国家、武装叛乱或者武装暴乱,或者颠覆国家政权的,本来就是处于作出犯罪决定或者进行犯罪预备的阶段,但是,刑法在规定了分裂国家罪(《刑法》第 103 条第 1 款)、武装叛乱、暴乱罪(《刑法》第 104 条)和颠覆国家政权罪(《刑法》第 105 条第 1 款)之后,又把这些阴谋活动单独规定为犯罪,以加强对这些犯罪的控制和打击。在现代刑法的发展中,这种把原来的预备行为或者未遂行为通过立法既遂化的做法,不仅是一种重要的刑法发展方法,而且是一种重要的刑法发展趋势。在这种把未遂既遂化的刑事立法扩张中,虽然有些新的既遂犯罪仍然可能保持严厉的刑罚,但是,大部分新的既遂犯罪一般都实现了刑罚的减轻。刑法保护的前置,不仅能大大改善法益的保护状况,而且通过犯罪的轻型化实现了真正对社会有利的轻刑化。

其次,刑事立法也可以把犯罪未遂或者既遂作为基准罪。例如,在法国与美国等国,刑法就把犯罪未遂规定为基准罪。犯罪是否应当受到刑事惩罚,以是否实施法律禁止的行为为条件,至于这种行为是否进行终了,是否产生危害结果,并不是承担刑罚的必要条件,"一种故意犯罪的完成,仅仅是一种机会的问题"。[1] 在这样的制度下,"在未遂罪当受惩罚的情况下,处既遂罪相同之刑罚"。[2] 这种刑事立法安排主要专注的是行为人,以心理性罪责概念及其应受谴责性为基础,以行为人所能控制的行动作为刑事惩罚的根据,而不太注意被害状

---

[1] 〔美〕乔治·弗莱彻著:《刑法的基本概念》,王世洲主译与校对,蔡爱惠、陈巧燕、江溯译,中国政法大学出版社 2004 年版,第 225 页。

[2] 〔法〕卡斯东·斯特法尼等著:《法国刑法总论精义》,罗结珍译,中国政法大学出版社 1998 年版,第 244 页。

态对犯罪的意义。这种制度特别强调在实际危害发生之前就应当使用刑罚加以防止,但同时也对刑事立法和司法提出了更高的要求,例如,立法就大大向持有型犯罪和过失犯罪扩展,司法就有可能在地铁中开枪这样一个行为的案件中,提出轻率地引起危险罪、伤害罪和谋杀未遂罪等三种犯罪。① 在以既遂犯罪为基准罪的制度中,未遂一般会由于没有出现预定的危害结果而成为从轻或者减轻处罚的根据。

我国刑法是以既遂犯罪为基准罪来安排犯罪未遂与其他犯罪的未完成形态的。以犯罪未遂为基准罪的做法,过于激进。相比之下,以犯罪既遂为基准罪的做法,比较容易取得社会常识的支持,同时还具有操作简便的优点。

第二节 犯罪预备

犯罪预备,用通俗的话说,就是准备犯罪。我国《刑法》第 22 条规定:"为了犯罪,准备工具、制造条件的,是犯罪预备。"因此,犯罪预备在刑法上是有特定的含义的。首先,属于犯罪预备的活动必须是为了犯罪进行的,因此,正常的生产、生活、经营活动不属于犯罪预备。其次,犯罪预备仅仅限于着手实施犯罪前的准备活动,即包括为犯罪准备工具和制造条件两大类。

犯罪预备在犯罪发展过程中的意义,主要在于明确单纯的犯意表示不应当成为刑法所禁止的行为。对于犯意表示为什么不能受刑事惩罚的理由,现代刑法学基本上有两种观点。一种是"社会危害性说",认为犯意表示还仅仅是单纯的思想流露,还不会对刑法所保护的客体造成实际威胁,因此,不具有社会危害性,就不应当是犯罪;另一种是"犯罪故意说",认为犯意表示还仅仅是一种思想的表示,还没有形成犯罪故意,更没有实施危害行为,因此,不符合成立犯罪的最基本条件。本书认为,采取"犯罪故意说"来认定犯意表示,是比较有利于法治安全的。在现代刑法学中,犯罪故意的成立,不仅在意识上需要具有对危害行为与危害结果等客观事实的认识,在意志上必须具有直接追求危害结果发生的态度,而且更需要在客观上存在着能够反映这些意识与意志的某种程度的行动。现代刑法学不承认单纯的思想活动就能够构成犯罪故意。因此,犯意表示是行为人在开始犯罪活动以前表露自己犯罪意图的活动,常见的是以口头或书面的方式,例如,没有公开的日记,纯粹的私人信件,等等,这些行为都不可能是刑法所禁止

---

① 参见〔美〕乔治·弗莱彻著:《刑法的基本概念》,王世洲主译与校对,蔡爱惠、陈巧燕、江溯译,中国政法大学出版社 2004 年版,第 226—230 页。

的行为。

然而,犯意表示不会仅仅限制在口头或者书面方式。那种携带作案工具外出寻找目标,在具体目标未确定之时,就只能认定为犯意表示,而不是犯罪预备。当然,这种携带作案工具的行为本身不能是构成犯罪的行为,例如,非法携带枪支、弹药、管制刀具或者爆炸性、易燃性、放射性、毒害性、腐蚀性物品,进入公共场所或者公共交通工具,危及公共安全的,就要构成我国《刑法》第130条非法携带枪支、弹药、管制刀具、危险物品危及公共安全罪。犯罪的未完成阶段只属于直接故意犯罪。在有明确法定犯罪目的的直接故意犯罪中,犯罪目的必须是确定和具体的;在无明确法定犯罪目的的直接故意犯罪中,犯罪也必须要有直接而明确的犯罪指向或者犯罪目标。因此,为了抢钱而携带面罩、手套、刮刀、铁鞭到邻居院子里窥视的,[①]在晚上携带木棒进入白天看好可能有钱的人家院子蹲在窗户底下的[②],携带杀猪刀、绳子、地图、手套租用豪华出租车准备在僻静处抢劫该车的[③],都是犯罪预备,而不仅仅是犯意表示。

另外,以口头或者书面方式表示的,也不会都是犯意表示。在现代刑法中,对思想犯罪的禁止从来就不是仅仅根据是否由口头或者书面形式来实施作为标准的。现代刑法中甚至有一些犯罪就只能以口头或者书面方式才能实施,例如,敲诈勒索罪(《刑法》第274条),诽谤罪(《刑法》第246条),谎报安全事故罪(《刑法》第139条之一)等。口头或者书面方式并没有被绝对地排除出现代刑法的行为范畴之外。

> ▶▶▶ **案例**[④]
>
> 被告人刘某通过互联网,在全国7个省市电子布告栏服务(BBS)上,发表了11篇具有推翻社会主义制度内容的文章,构成煽动颠覆国家政权罪(《刑法》第105条)。

[①] 刘家琛主编:《新刑法案例评析》(上),人民法院出版社2002年版,第163页。
[②] 最高人民法院中国应用法学研究所编:《人民法院案例选 刑事卷》(1992—1996年合订本),人民法院出版社1997年版,第437页以下。
[③] 中华人民共和国最高人民法院刑事审判庭第一、二、三、四、五庭主办:《中国刑事审判指导案例(危害国家安全罪、危害公共安全罪、侵犯财产罪、危害国防利益罪)》,法律出版社2009年版,第289页以下。
[④] 同上注,第3页。

▶▶▶ **案例**①

被告人黄旭因为业务合作不成功而对原合作伙伴肖某不满,在2003年4月北京发生"非典型肺炎"疫情期间,指使他人两次拨打"120"急救电话,编造肖某出现发烧、咳嗽等"非典"症状,致使肖某单位所在大厦内众多单位与人员误以为大厦内出现了非典疫情而造成了恐慌局面,同时严重干扰了"120"急救中心的救护工作。黄旭构成编造虚假恐怖信息罪(《刑法》第291条之一)。

在一些刑法制度中,犯罪预备不仅处于犯罪发展过程中承担刑事责任的起点上,而且处于距离刑法规定的犯罪行为即法律条文控制的最远之处。因此,现代刑法学对犯罪预备都采取了谨慎的约束态度。各种刑法制度主要使用了三种制度来防止犯罪预备被滥用:一是"分则限制型",即不在总则中一般地规定对犯罪预备的惩罚,而仅仅在刑法分则需要惩罚预备的犯罪构成中才明确地规定,例如德国刑法。二是"独立犯罪型",即在刑法中把犯罪预备单独作为一种犯罪构成加以规定,最典型的是美国刑法对"共谋罪"的规定。三是"实践限制型",就是说,虽然在总则中规定了犯罪预备,但是,在司法实践中仅仅对故意杀人、抢劫等少数犯罪单独追究犯罪预备的刑事责任,例如我国刑法。在法制初创的阶段,在总则中规定犯罪预备的做法对于社会安全是有重要意义的。本书认为,在罪刑法定原则确立之后,尤其是通过强调"法律明文规定为犯罪行为的,依照法律定罪处罚"(我国《刑法》第3条)来强化法治的状态下,对犯罪预备进行具体规定的做法,是更有利于法治安全的。

在犯罪预备阶段,一般还没有出现具体的损害结果。因此,与犯罪既遂相比,犯罪预备不仅在犯罪构成上还不完全符合刑法的规定,而且在罪责上也通常是可以减轻谴责或者不谴责的。我国《刑法》第22条第2款因此规定:"对于预备犯,可以比照既遂犯从轻、减轻处罚或者免除处罚。"

第三节 犯罪未遂

犯罪未遂是犯罪发展过程中最重要的一种停顿形式,也是最重要的一种犯

---

① 中华人民共和国最高人民法院刑事审判庭第一、二、三、四、五庭主办:《中国刑事审判指导案例(妨害社会管理秩序罪)》,法律出版社2009年版,第76页。

罪未完成形态。通俗地说,在犯罪未遂时,行为人已经开始实施犯罪,但是,还没有实现自己在犯罪目的中所希望实现的危害结果。我国《刑法》第23条第1款规定:"已经着手实行犯罪,由于犯罪分子意志以外的原因而未得逞的,是犯罪未遂。"因此,犯罪未遂在刑法上是有特殊含义的。"已经着手实行犯罪"的规定,与犯罪预备划清了界限;"由于犯罪分子意志以外的原因"而未得逞的规定,与犯罪中止划清了界限;"未得逞"的规定,与犯罪既遂划清了界限。

现代刑法学普遍认为,犯罪未遂的概念,最早是在1810年《法国刑法典》中加以规定的。在那之前,古代社会中也会遇到杀人没杀着或者没杀死的情况,例如在中国古代刑法中,就发展出了"成伤便是伤害罪,死亡便是杀人罪"[1],"诸斗以兵刃砍射人,不着者,杖一百"[2]等规定。犯罪未遂概念的提出,使得现代刑法学可以有意识地将刑法保护向犯罪发展过程的前沿阶段进行理性的扩展。这种方法有利于提高对法益的保护水平,但是,也提出了对犯罪未遂必须妥善控制以免被滥用的必要性。在现代刑法学中,清理犯罪未遂的理论根据,明确犯罪未遂的"着手"点,说明不能犯未遂的可罚性条件,是避免滥用犯罪未遂的关键之处。

一、犯罪未遂的理论根据概述

犯罪未遂的理论根据,也称对犯罪未遂的惩罚根据,是指未遂为什么应当承担刑罚的理由。现代刑法学中的各种理论都很重视犯罪未遂的理论根据。在判断具体案件事实是否作为未遂来承担刑事责任时,使用不同的理论根据会形成不同的具体标准,从而形成对具体案件事实的不同看法。[3]

最早提出的犯罪未遂的理论根据,是所谓的客观未遂理论。这种理论的主要观点是,犯罪未遂只有在刑法规定的犯罪构成所保护的目标已经受到具体危害和危害结果的出现已经临近时,才能受到刑事惩罚。这种理论在历史发展过程中虽然有一些变化,但是,基本上仍然认为,只有真正出现了有危险性的未遂,才是应受刑事处罚的。根据这种理论,在一般人已经看出行为人的目的或者意图,并且必须认真地把这种结果的发生看成是可能的,这样的未遂才是有危险性的。客观未遂理论受到的主要批评是仅仅考虑了行为的危险性而没有考虑行为人的危险性,因为在实践中,行为人的行为之所以没有出现结果经常是偶然的,例如,他在商店里偷的盒子正好是空的。

在那之后,提出的是主观未遂理论。这种理论主张,犯罪未遂的根据应当存

---

[1] 蔡枢衡著:《中国刑法史》,广西人民出版社1983年版,第159页。
[2] (唐)长孙无忌等撰:《唐律疏议》,刘俊文点校,中华书局1983年版,第385页。
[3] 本节中的理论与案例,除另有注明之外,参见 Claus Roxin, *Strafrecht Allgemainer Teil*, Band II, Verlag C. H. Beck, 2003, S. 333 ff。

在于行为人对法律有敌意的意志性活动之中,行为的不法性即使在结果不出现时也已经存在了。主观未遂理论的主要根据有两个:一是未遂中的意志就是犯罪性的,这种犯罪性意志不仅在犯罪完成时是出现危害后果的源头,而且在客观上实现犯罪之前就已经完全存在了。例如,杀人犯敌视法律的意志在买枪时就表现出来了。二是未遂中的危险性并不重要,因为所有未遂都缺乏与危害结果的因果联系,所以,有危险性的未遂和无危险性的未遂是无法区分的,也可以说,所有的未遂都是无危险性的,因为在具体案件中还没有具体地损害法益。对主观未遂理论的批评主要来自三个方面:一是无法解释为什么对未遂需要判处比既遂更轻的刑罚;二是无法避免把刑事责任扩展到预备领域中去;三是无法解释为什么在未遂时的刑罚根据是意志而在既遂时又成了结果?

主观未遂理论在第二次世界大战前后的很长一段时间里,具有很大的影响力。但是,在今天,现代刑法学中最有影响的理论是印象理论。印象理论主张,行为人在公众中引起动摇法律印象的犯罪性意志,是犯罪未遂的根据。根据这个理论,即使犯罪既遂没有实现,但是,未遂行为也扰乱了社会和平,需要予以刑事惩罚,但同时,也保证了预备行为一律不受刑事处罚,因为预备行为还没有引发动摇法律的印象,或者这种印象短暂得还无法引起刑事责任。对印象理论的批评,主要不是"动摇法律的印象"太不确定,因为这是对所有公众引起的印象,而是公众的法律意识也会被预备行为所动摇,例如,一名有前科的入室盗窃犯在街上被人发现带着一包入室作案工具,也很容易引起公众对社会安全的担心。如果可以这样追究,那么,未遂与预备的界限就容易混淆了。不过,未遂行为越靠近既遂,动摇法律的印象就会越强。如果犯罪预备只能在由刑法特别加以规定时才承担刑事责任,问题就比较容易解决了。

为了提供更完美的犯罪未遂根据,现代刑法学也提出了一些折衷或者联合的理论,其中最有影响的目前有两种:一种是所谓的主客观相结合的理论,主张在直接着手实现犯罪构成中表现出来的犯罪性意志才是应当受到刑事惩罚的。另一种是所谓的联合理论,主张犯罪未遂的根据在于出自一般预防或者特殊预防的刑罚需要,这种需要通常是从故意实施的接近犯罪构成的行为所造成的危害中得出的,在例外情况下,也可以从接近犯罪构成的行为对法律规范的破坏而给公众造成的动摇法律的印象中得出。

现代刑法学在犯罪未遂根据方面,还处在不断发展之中。根据我国目前的情况,本书认为,犯罪未遂的根据,应当以行为人在实施接近犯罪构成的行为中所表现出来的犯罪决心为基础,根据行为造成的危害状态或者给公众造成的动摇法治的印象,依照刑罚目的的要求来决定对犯罪未遂的刑事惩罚。

二、犯罪未遂的着手

现代刑法学普遍同意,犯罪未遂的构成要件与犯罪既遂的构成要件是不一样的。犯罪未遂的构成要件在主观方面与客观方面都具有自己独特的特征:

在主观方面,犯罪未遂具有了实施危害行为的决定,也就是一种指向犯罪构成客观方面的故意,同时也具有了完成这种危害行为的意志。未遂中的故意已经包含了犯罪主观方面的各种基本要素,已经相当于既遂中的故意。

在客观方面,犯罪未遂已经开始实施这种危害行为,也就是已经直接着手完成这个犯罪构成所需要的行为,但是,犯罪构成还没有完全完成。

因此,"着手"是犯罪未遂最显著的特征。"着手"这个概念,通常认为是在《法国刑法典》规定犯罪未遂中最早使用的,并一直为现代刑法学所使用。

各种刑法制度与各种刑法理论,都在试图明确"着手"是否已经开始。现代刑法学的发展证明,所谓的公式法都还不成功,着手还不能通过一个简明的公式性标准得到明确。虽然所谓的"直接危害论"影响很大,主张所有"由于与危害行为必然关联而能够自然地被认为是犯罪构成的一个组成部分"的行为都属于未遂,但是,后来提出的各种改进公式,包括所谓的"在不受干扰的进展中就能直接实现犯罪构成"、"能够直接归入犯罪构成的危害行为"、"与犯罪构成处于紧密的(或者直接的)的时空联系之中"、"主观上已经超越'现在开始干吧'的界限",以及"实现犯罪构成之前的部分动作或者中间动作",等等,都还没有稳定地得到广泛的认可。

着手就表示着行为人已经直接开始完成危害行为。现代刑法学一般同意[①],着手必须在下述方面具有自身的特点。

从空间上说,着手要求行为人已经接近犯罪对象。因此,埋伏等待或者寻找、跟随预期的被害人,还只是犯罪预备而不是未遂。在公共汽车上,小偷紧挨着被害人站着,只要不伸手就不是着手。但是,几名行为人戴上丝袜面罩,持枪按响门铃,想要威胁、捆绑前来开门的人,强迫他交出财物的,尽管按铃后没有人出现,也被认为是犯罪未遂。

从时间上说,着手要求危害行为已经接近了危害结果。因此,引诱预期的被害人前往准备实施犯罪的地点的,属于犯罪预备。非法进入预期实施犯罪的建筑物、车辆或者封闭环境,只有在这种行为本身符合犯罪构成的要求时,例如,盗窃汽车或者能够直接盗窃屋子里的物品时,才能认为是犯罪未遂,否则就只是犯

---

① 例如,除了前注之外,参见 Joshua Dressler, *Understanding Criminal Law*, 4th Edition, Lexis-Nexis, 2006, p. 424.

罪预备。

从过程上说,着手要求危害行为在没有受到干扰时就会直接完成。因此,唆使无辜人员实施构成一个犯罪要素的行为,还不是着手。

从危害上说,受到攻击的目标已经产生了具体的而不是抽象的危害。在预定犯罪地点或其附近持有、收集或者制作用于犯罪的物品,本身还仅仅是预备,只有在开始使用时,才能被认为是未遂。例如,几名行为人为了进入一家商店进行盗窃而决定使用绞盘将窗栅栏拉开,他们提前三天把绞盘藏在窗户前,但是在把绞盘取出准备用其打开窗栅栏时被守卫发现了,被认为是未遂。

从动作构成上说,着手要求危害行为是完成之前的最后动作。因此,勘察预定的犯罪地点,是典型的犯罪预备而不是未遂。另外,根据行为人是否将自己所想象的造成既遂所必需的行动全部实施完毕,可以将未遂分为所谓的"实行终了的未遂"与"未实行终了的未遂"。在实行终了的未遂情况下,结果虽然没有发生,但是行为人已经将想象中造成既遂所必需的行动全部实行完毕,例如,毒酒已经配好并放置在被害人可以拿取的位置,定时炸弹已经安装在汽车上,勒索信已经寄出,都属于犯罪未遂。在未实行终了的情况下,着手就是危害结果发生之前的最后动作,例如,已经把砍刀举起来,已经把抽屉的锁撬开,等等。

当然,着手是以在主观上已经形成对危害行为发展过程的想象为条件的。例如,当甲用一支枪顶住乙的脑门扣动扳机但没有打响时,如果甲知道枪是上膛的,那么,他就是故意杀人未遂;如果他知道枪里没有子弹,那么就没有杀人未遂;如果他不知道枪里有没有子弹,只要他对自己说:"开始!"那就是着手了。同时,客观上实施的行为也必须能够表现出犯罪故意。例如,同样是擦燃火柴,既可以用于点燃香烟,也可以用来放火。只有擦燃火柴的行为在当时当地表现出是为了放火时,才能成为放火罪的"着手"。

着手最重要的实践意义是划清与犯罪预备的界限。我国刑法虽然在总则中规定了为了犯罪而实施的"准备工具"和"制造条件"的行为,是犯罪预备而不是犯罪未遂,但是,由于具体犯罪中所具有的特点各不相同,因此,对"着手"和犯罪未遂的判断,还必须根据刑法分则的规定和具体案件的事实,具体案件具体分析。其中,经常受到现代刑法学关注的有下述一些问题。

不作为犯罪的未遂问题。由于不作为犯罪是以危害结果的发生作为前提的,因此,刑事司法机关很少追究不作为犯罪的未遂责任。然而,不作为犯罪的未遂并没有被完全排除。例如,在偷税罪(《刑法》第 201 条)中,纳税义务人在伪造、变造、隐匿、擅自销毁账簿、记账凭证,在账簿上多列支出或者不列、少列收入的,准备在税务机关通知申报时也不申报的,或者在隐瞒境外存款罪(《刑法》第 395 条第 2 款)中,国家工作人员将数额较大的存款置于境外,加以隐瞒不准备报告的,现代刑法学都没有完全排除这类行为承担刑事责任的可能性。在不作为的犯罪预备与犯罪未遂之间,一般认为以离开不作为人的控制范围和造成直接的危害作为标准比较妥当。因此,当遗弃女婴的父母还在遗弃现场时,就仅仅是犯罪预备,只有在他们离开之后,才是着手的开始。不过,在犯罪未遂的着手点上,现代刑法学有不同的主张。例如,在遗弃孩子的行为中,根据所谓的"第一次可能的侵犯说",是以第一次停止给孩子喂食作为未遂的开始;根据"最后一次可能的侵犯说",未遂必须在还可以行动的最后一秒时才成立;根据所谓的"直接危害说",未遂必须在对法益具有直接危害时才成立,即未遂不是在父母离开婴儿时开始,而是在孩子出现了生命危险情况的那一刻才开始的。目前,这些讨论都还比较抽象,本书认为,比较有实践意义的标准是,在案件事实离开不作为行为人的影响范围之后明显产生了更大风险时,才是着手,才是犯罪未遂。

共同犯罪中的未遂问题。现代刑法学中占主流地位的是所谓的"整体解决方案":如果根据共同犯罪的行动计划应当实施多项行为,那么,只要共同犯罪人中有一人直接着手危害行为的实施,就将使所有的共同犯罪人都进入未遂阶段。例如,某甲和某乙为了共同盗窃银行金库,约好由某甲潜入银行地下室将保险柜割开,某乙在得到信号之后,再使用特殊工具将沉重的金条取出并装运到卡车上。在某甲进入银行大楼被抓住时,根据"整体解决方案",某乙就是盗窃未遂的共同犯罪人了,尽管他还什么也没有做。"整体解决方案"受到的批评主要是,这种做法与未遂的理论和共同犯罪的理论都有不和谐的地方:根据未遂理论,只有直接"着手"的人才是未遂;根据共同犯罪的理论,每一名共同犯罪人都必须对共同犯罪有实质的贡献。因此,现代刑法学正在发展所谓的"个别解决方案",并且正在赢得越来越大的影响。"个人解决方案"主张,应当对每一名共同犯罪人进行审查,以确定其进入未遂阶段的时间点。目前,在这个方向的研究中,最有影响的观点是主张通过与行为控制理论相联系,根据在实施阶段中为共同犯罪作出实质性贡献,来判断每个人是否已经着手实施犯罪了。

结果加重犯罪中的未遂问题。结果加重犯罪是指在刑法分则对具体犯罪构成条件所做的基本规定的基础上,发生了更加严重的结果因而应当判处更重刑罚的情况。结果加重犯罪的未遂有两种:一种是未遂的结果加重,另一种是结果加重的未遂。前一种情况,例如,抢劫银行时当场被擒的,就不是一般的抢劫行为的未遂,应当适用《刑法》第263条第3项对抢劫银行的规定来追究抢劫罪的未遂。[①] 后一种情况正好与其相反,行为人并不想引起加重的结果,但是,加重的结果在实现基本犯罪构成时就发生了,例如,行为人想要强奸妇女某甲,但是

---

① 参见2005年最高人民法院《关于审理抢劫、抢夺刑事案件适用法律若干问题的意见》第10条。

在防止某甲喊叫时就造成其死亡,或者说,行为人对基本犯罪构成(强奸)是未遂,但是加重结果(致人死亡)却发生了。在未遂的结果加重情况下,只要行为人是故意并且加重的结果也可以由这种故意引起的,行为人未遂的结果加重就可以成立,现代刑法学并且普遍认为,未遂的结果加重不需要以基本犯罪的既遂为条件。由于未遂只能发生在直接故意犯罪中,因此,过失犯罪甚至间接故意犯罪都不可能出现未遂的结果加重问题,例如,在行为人想打击的是甲,击中的却是站在旁边的乙,就不能算未遂的结果加重。但是,在结果加重的未遂情况下如何处理,存在着两种观点:一种观点主张所谓的"危害行为危险论",认为已经实施的危害行为是独立于基本犯罪的结果的,因此,已经实施的危害行为就可以在不需要考虑基本犯罪的情况下,本身就直接说明适用加重的犯罪构成是正确的,也就是说,不必考虑基本犯罪的未遂就可以直接适用对结果加重的刑罚。另一种观点主张所谓的"危害结果危险论",主张基本犯罪是加重犯罪的基础,因此,没有基本犯罪的既遂就没有加重犯罪。在这两种观点中,前者不考虑不同的犯罪具有不同的行为特点,后者不考虑不同的犯罪对结果有不同的要求,显然都具有片面性。本书所支持的观点是,应当根据引导加重结果发生的基本犯罪构成,在各种犯罪结构中所具有的典型危险性是危害结果还是危害行为,来判断结果加重的未遂是否能够成立。例如,在故意伤害(《刑法》第234条)和放火(《刑法》第114条、第115条)的情况下,危害行为本身就意味着人员的伤亡,因此,结果加重犯罪构成的出现就是基本犯罪构成的满足。但是,在强奸(《刑法》第236条)和抢劫(《刑法》第263条)的情况下,危害行为本身一般不直接表明人员的伤亡,只有在使用暴力和现实暴力危险而造成人员伤亡时,才可以适用对结果加重的惩罚。不过,绑架(《刑法》第239条)是一种行为与伴随状态同时发生的情况,虽然一般认为造成人员伤亡的应当适用结果加重的惩罚,但是,的确也存在着许多需要在分则中详细研究的不同情况。

三、不能犯未遂

犯罪未遂是一种"未得逞"的犯罪。现代刑法学普遍同意,未得逞是指还没有发生符合犯罪构成的结果。一旦符合犯罪构成的结果出现了,就是既遂。现代刑法学普遍同意,犯罪完成就是既遂了,不需要等到犯罪结束。例如,在盗窃电视机时,只要把电视机搬出仓库,使财物所有人或者保管人丧失了对财物的控制的,就是既遂,不需要等到把电视机搬回自己家里。然而,在犯罪未遂中,还存在着一种不可能发生既遂的情况,这就是所谓的"不能犯未遂"。

不能犯未遂也称不适当未遂、不可能未遂,一般是指行为人由于对某种构成犯罪的要素有错误认识,从而使所实施的未遂完全不能完成犯罪构成的情况。

在现代刑法学中,不能犯未遂的重要性主要不是在于其与能犯未遂的分类上,而是在于说明其是否能够成为不承担刑事责任的抗辩理由,或者反过来说,在于说明是否仍然应当承担刑事责任。早期的一些学者,包括德国学者费尔巴哈都主张,"不能犯"不能视为未遂,因为不能犯没有给社会造成扰乱或者仅仅造成了很小的扰乱,因为不能犯是不可能实施的,所以不可能有"着手"。后来,主观未遂论主张对未遂的惩罚不再以危害结果为条件,而是以行为人的犯罪意志为根据,因此,对不能犯未遂应当进行惩处。① 于是,不能犯未遂就成为犯罪未遂理论中需要解决的一个重要问题。

各种刑法理论由于自身体系的原因,对不能犯未遂的种类存在着不同的说法。例如,美国刑法理论主张"事实不可能"与"法律不可能",俄罗斯刑法理论主张"客体不能"与"手段不能",法国刑法理论主张"绝对不能"与"相对不能",日本刑法理论主张"方法不能"与"客体不能"。不过,经过长期研究与实践,各国刑法理论都有一些发展。目前,美国刑法理论承认,"法律不可能",即行为人由于法律上的认识错误而导致未遂不能完成的情况,是否能够成为一种抗辩理由,在理论与实践领域存在着很大的争论。② 法国刑法理论认为,"绝对不能"与"相对不能"以行为当时当地是否可能为标准,"在'不能犯'之间设立起实际上并不应当存在的不同等级",同时存在着不根据犯罪意志而可能使对社会有危险的人逃脱惩罚的明显弊病。③ 俄罗斯刑法理论也主张,"'客体不能未遂'的提法是错误的"。④ 日本刑法理论主张的"客体不能"不仅"至今尚无判例作为不能犯而认定不可罚",而且这里所说的"客体"其实就是本书所说的犯罪对象。⑤ 从目前现代刑法学的发展来看,把不能犯未遂划分为对象不能犯、工具不能犯与主体不能犯等三类,是比较具有实践意义的。

因此,本书中所说的不能犯未遂,就是指行为人由于严重无知,对本人的身份、犯罪对象、犯罪工具有错误理解,从而使所实施的未遂完全不能完成犯罪构成的情况。经过长期的理论研究与实践检验,现代刑法学关于不能犯未遂的观点可以概括为以下三个方面。

---

① 参见〔法〕卡斯东·斯特法尼等著:《法国刑法总论精义》,罗结珍译,中国政法大学出版社1998年版,第240页以下。
② Joshua Dressler, *Understanding Criminal Law*, 4th Edition, LexisNexis, 2006, p. 432.
③ 参见〔法〕卡斯东·斯特法尼等著:《法国刑法总论精义》,罗结珍译,中国政法大学出版社1998年版,第242页以下。
④ 〔俄〕库兹涅佐娃、佳日科娃著:《俄罗斯刑法教程(总论)》(上卷·犯罪论),黄道秀译,中国法制出版社2002年版,第371页。
⑤ 〔日〕西田典之著:《日本刑法总论》,刘明祥、王昭武译,中国人民大学出版社2007年版,第255页。

首先，在对象不能犯和工具不能犯的情况下，原则上应当承担犯罪未遂的责任。对象不能犯的典型例子是以杀人的故意向尸体射击，工具不能犯的典型例子是用白糖当成砒霜去投毒。不过，在采纳主观未遂理论或者印象理论等不同理论的情况下，也存在着各种不构成未遂或者排除未遂责任的标准与主张。

其次，对于主体不能犯是否承担刑事责任的问题，现代刑法学还存在着比较大的争论。主体不能犯是指行为人错误地认为自己属于法律规定的负有特定义务的人并实施了只能由特定主体才能构成的犯罪，例如，在国家机关工作的清洁工认为自己是国家工作人员而收受他人"贿赂"，答应为他人谋取不正当利益的情况。在现代刑法学中没有争论的是，将特定的犯罪构成中的主体资格错误地加以扩展，从而错误地认为自己具有合适的行为人主体的，是臆想犯罪，不承担刑事责任。臆想犯罪就是错误地把合法的行为当成违法的行为，是颠倒了的禁止性错误，是无罪的。在有些刑法理论中，这个问题是置于法律上的认识错误下面的，但是，结论也一样：自己以为是犯罪，但是，实际上不能构成犯罪的，不是犯罪。争论之点主要在于：行为人在主体资格上的不适当是由于犯罪对象的不适当引起的，能否构成犯罪或者未遂？例如，行为人在没有纳税义务的时候实施偷税的行为，或者，行为人的主体资格是在其不知情时已经丧失了，例如，合同制警察在由于违规执法被终止合同但本人还不知道时索取他人财物。本书认为，在现代刑法学对主体不能犯存在争论的情况下，这类案件还不能统一以未遂或者无罪来处理，而只能根据具体案件事实是否给公众产生动摇法治的印象加以具体处理。

再次，不能犯未遂与迷信未遂或者不现实未遂不同。迷信未遂是指行为人试图使用超自然的手段来达到犯罪目的的做法，例如，通过祈祷死亡、使用咒语、符咒、感应手段来使人死亡。不现实未遂是指行为人试图使用根本不能产生危害结果的方法来实施犯罪的做法，例如，希望通过一天给对方吃一个苹果来达到杀死对方的做法。不能犯未遂的行为人在主观上虽然严重无知，但是，仍然想利用自然规律来实现自己的犯罪目的，只不过对自然规律的效果产生了认识错误。迷信未遂与不现实未遂都完全不是在利用自然规律，而是利用迷信方法或者不现实的手段，试图借用超自然的或者根本不能的方法来实现自己的意图。现代刑法学一致认为，迷信未遂与不现实未遂都不是犯罪。

四、犯罪未遂的处罚

由于犯罪未遂还没有出现符合犯罪构成的结果，因此，在危害程度和危险程度上都还没有达到犯罪既遂的程度，因此，我国《刑法》第 23 条第 2 款规定："对于未遂犯，可以比照既遂犯从轻或者减轻处罚。"

我国刑法规定的犯罪未遂,是一种"由于犯罪分子意志以外的原因"而停顿的犯罪未完成形态,因此,其所具有的罪责还不能像犯罪中止那样,可以全部予以免除。然而,本书认为,对于不能犯未遂是可以适用免除刑罚的。在我国刑法没有规定对不能犯未遂能够免除惩罚的情况下,在实践中对于不需要判处哪怕是最轻微刑罚的不能犯未遂的案件,就只能直接采取"情节显著轻微危害不大"(《刑法》第13条)的规定来使其无罪了。不过,我国刑法制度由此在预防犯罪和严格执法方面存在的缺陷,可能需要根据时代的发展而予以进一步完善。

第四节 犯罪中止

犯罪在开始准备甚至着手之后,除了自己意志以外的原因,还有可能由于自己的原因而使犯罪停顿。我国《刑法》第24条第1款规定:"在犯罪过程中,自动放弃犯罪或者自动有效地防止犯罪结果发生的,是犯罪中止。"因此,这种停顿状态也具有刑法上的特定含义。在现代刑法中,犯罪中止最重要的意义是作为一种免除处罚的理由。在刑法规定对犯罪中止可以减轻处罚时,免除处罚的理由也仍然是犯罪中止成立的基础。在刑法发展的历史中,犯罪中止是晚近才得到承认的一种犯罪停顿状态。在现代国际刑法中,犯罪中止甚至还没有获得独立的地位,虽然根据《国际刑事法院规约》第25条第3款第6项的规定,"完全和自愿""放弃实施犯罪的努力或以其他方式防止犯罪完成的人"就不会受到犯罪未遂的处罚。不过,在现代刑法学中,犯罪中止的理论根据以及其成立条件,一直得到各种理论的特别重视。

一、犯罪中止的理论根据概述

犯罪中止的理论根据,是指对犯罪中止为什么可以免除处罚的根据性说明。犯罪中止,是在各种犯罪停顿状态中,唯一一种由于行为人自己自愿放弃犯罪而造成的。现代刑法学特别鼓励这种停止犯罪的方式,因此,提出了许多理论。其中,最重要的理论根据有下述三种。

第一种是所谓的"刑事政策理论"。这是最早支持犯罪中止的理论,目前还有影响。在这种理论之前虽然曾经提出过"合法理论",认为中止就使得犯罪构成本身得以取消,因此就排除了违法性,但是,这种理论最终不能得到承认,例如,总不能因为行为人救了受伤的被害人就认为根本不曾存在过违法的杀害未遂吧?"刑事政策理论"也被称为"金桥理论"。这种理论主张,为了阻止行为人把危害行为推向既遂,应当为他提供一座回头的金桥:在他自愿放弃犯罪时就免除刑事责任。在犯罪中止时,根据"金桥理论",已经着手的犯罪不是消除了,而是被免除处罚了。在主张积极改造罪犯的德国刑法学者李斯特的影响下,这种金桥理论曾经取得很大的影响,但是,今天已经不具有重要的影响。最主要的原因是:在实际案件中,行为人并不是因为想得到免除刑事责任才中止的。另外,金桥理论也无法解释行为人在还没有被人发现时就放弃犯罪的情况,或者,无法运用于被人发现后虽然还可以进行但最后还是放弃了犯罪的情况。

第二种是所谓的宽恕理论或者奖赏理论。这种理论目前仍然有很大影响。这种理论主张,行为人通过中止就弥补了着手行为产生的不法和罪责,就消除了自己行为给公众造成的负面影响,就是值得宽恕和奖赏的。对犯罪中止免除处罚就是对行为人的宽恕与奖赏。然而,这种理论没有清楚地说明为什么要使用免除处罚来奖赏中止,同时,也没有清楚地说明在犯罪既遂之后又恢复原状的,例如,在盗窃别人的照相机后由于害怕处罚又放回的,为什么就不能得到这种奖赏?根据宽恕理论或者奖赏理论,犯罪中止就成为一种"消除刑罚的个人性根据"。行为在具有得到认可的价值时,就失去了刑罚的需要,行为人的罪责不是通过中止排除的,而是被补偿的。

第三种是所谓的刑罚目的理论。这是现代刑法学中目前最有影响的一种理论。这种理论主张,在行为人通过中止表现出自己并不具有很强的犯罪意志和自己已经回归到尊重法律的状态之后,特殊预防和一般预防都失去了意义。因此,法律应当放弃对尚未既遂的行为进行制裁。无论是出于阻止行为人将来的犯罪,为了对其他人起威吓作用,还是为了重新建立被损害的法律秩序的刑罚,对行为人来说都是没有必要的。根据刑罚目的理论,犯罪中止就成为一种"排除罪责的根据"。通过行为人认可的中止行为,罪责就会像免责根据一样,得到了排除。

本书认为,对于说明刑法为什么应当鼓励犯罪中止来说,刑罚目的的理论不仅简明易懂,而且能够恰当地说明不进行惩罚的必要性。根据刑罚目的的理论,犯罪中止作为一种"排除罪责的根据",不仅能够有力地支持对犯罪中止免除刑罚,而且与犯罪构造以及刑法理论体系的其他范畴形成了很好的整体。

二、犯罪中止的条件概述

犯罪中止具有排除刑罚的作用,因此,在什么情况下成立以及在什么情况下不成立犯罪中止,就受到各种刑法理论的特别重视。犯罪中止的条件也经历了一个由简单到详细的发展过程。我国刑法学长期采用时间性、自动性与彻底性作为中止的条件,主张犯罪中止只能在犯罪既遂之前,由行为人自动地、彻底地放弃。一般地说,这些条件是正确的,但是,需要根据司法实践与刑法学的发展得到进一步清晰的调整与补充。

第一，犯罪中止不能在行为人已经实现自己的目标时成立。关于这一点，在长期的发展过程中，现代刑法的实践曾经有过许多相互矛盾的做法。例如，把为了"教训一下"被害人而以放任死亡的故意将锋利的厨房"使劲"插入被害人背部但不继续杀害的行为认定为中止，但是，把为了发泄愤怒而以放任死亡的心理将刀子刺入被害人肚子后让其逃走的行为不认定为中止；把为了拿回自己打扑克输掉的钱而使用捡到的被害人催泪瓦斯熏倒被害人后拿走自己的钱离开的行为认定为中止，但是，把抢劫后朝追赶的被害人开枪，在被害人停止追击时也放弃继续射击的，不认定为是中止。[①] 现代刑法学目前普遍认为，在行为人实现自己的目标时，他的行为决定就不能被放弃。如果在这种情况下还对行为人进行"宽恕""奖赏"，那在刑事政策上是荒谬的。由于这个道理，对于盗窃别人的照相机之后，由于害怕受到处罚而放回的，就不能主张犯罪中止，现代刑法学认为，这种"自动恢复原状的行为"不是中止。不过，犯罪目标是否实现与犯罪中止是否成立，会受到危害行为实施状态的影响。在犯罪着手之后，如果危害行为尚未实施终了，例如，枪举起了但尚未击发，潜入屋内但还没有搬东西，那么，行为人的犯罪目标就没有实现。这时，只要行为人自动放弃继续行为，就不会发生危害结果，就可以成立犯罪中止。但是，如果危害行为已经实施终了，例如，定时炸弹已经安好并启动，毒药已经投入杯中，那么，行为人即使什么都不做，犯罪目标也能实现。这时，行为人就必须自动有效地防止危害结果的发生，才能成立犯罪中止。

第二，犯罪中止不能在犯罪未遂之后出现。例如，一名小偷不能在把手伸到他人口袋里乱翻但什么也没有找到时说："现在我中止"。但是，在所谓"落空的未遂"的情况下，可能存在着一些例外情况。落空的未遂是指行为人认识到或者至少相信自己的目标在具体犯罪构成的范围内已经不可实现的情况。例如，行为人打出唯一一发子弹后，手边再没有其它杀害工具，那么，他的未遂就落空了。落空的未遂可以是不能犯未遂，也可以是能犯未遂，关键在于行为人的主观估计。在行为人看出不可能性时，例如，知道枪里没有子弹的，落空的未遂就是不能犯未遂；在行为人没有看出可能性时，例如，行为人端起子弹上了膛的枪，第三个人机智地喊说那枪没有子弹，行为人因此沮丧地放下武器的，这种落空的未遂就是一个能犯的未遂。在不能犯的情况下，如果行为人没有认识不可能性的，仍然可以进行中止，在可以放弃的情况下放弃犯罪的，就是中止而不算是落空的未遂。但是，在可能犯的情况下，如果行为人不知道继续行为的可能性而放弃的，就不是中止。

[①] 参见 Claus Roxin, *Strafrecht Allgemainer Teil*, Band II, Verlag C. H. Beck, 2003, S. 493 ff.

▶▶▶ **案例**

某甲急需 1 万元,情急之下去抢一家小超市,打开钱柜一看,里面只有 200 元零钱,大失所望地空手离开了。某甲是犯罪未遂还是犯罪中止?

第三,犯罪中止必须是彻底的中止,不能是暂时地放弃。犯罪中止虽然不要求行为人从此不再犯罪,但是,也不能允许等待时机再干。如果不是彻底的中止,那么,行为就还在进行,就没有停顿阶段的存在。彻底中止的条件,在不同的犯罪形式中有不同的要求。在着手后危害行为尚未实施终了时,只要行为人完全放弃进一步行为,不按照自己原来的设想去继续完成造成既遂所需要的一切的,就可以成立犯罪中止。

▶▶▶ **案例**

丁某计划用一个酒瓶砸死陈某,如果不成功,就上手掐死他,但是,在用酒瓶打倒陈某之后,丁某虽然知道陈某还活着,但没有继续上手掐,而是自愿放弃了计划。丁某是犯罪中止还是犯罪未遂?

在着手后危害行为已经实施终了时,由于行为人已经按照自己的设想完成了危害行为所需要的一切,因此,他只有通过积极阻止危害结果的出现,才能使犯罪中止成立。

▶▶▶ **案例**

张某以杀人故意把韩某刺倒在地,韩某流血不止,张某见状改变了主意并叫来救护车。如果车到医院,韩某肯定能够得到救治,但是,救护车在去往医院的路上翻车,韩某在事故中死亡了。张某是犯罪中止吗?

在有多名行为人共同参加的犯罪中,无论危害行为尚未实施终了还是已经实施终了,行为人都必须主动阻止危害后果的出现,无论危害结果的出现是否依赖于自己的进一步行为,行为人都必须努力阻止危害行为的完成,例如,在仅仅提供鼓励时应当撤销鼓励,在提供物质性帮助时应当使之失去效力,才有可能成立犯罪中止。

> ▶▶▶ **案例**①
>
> 被告人施某与冯某、张某等人,挟持被害人曹某(女,21岁)到某宾馆,使用暴力、威胁等手段强迫曹某脱衣服。张某对曹某进行强奸时,发现曹某来月经后停止奸淫。施见状也没有对曹强奸,而是对曹进行猥亵,以满足自己的性欲。施某没有强奸曹某的行为,应当构成犯罪中止吗?

然而,犯罪中止的彻底性是否能够单独存在与单独判断,是值得反思的。在判断中止是否彻底时,在司法实践中,永远是在这一次中止结束而下一次犯罪尚未开始(最多也只能是考察与这一次中止无关的其他犯罪)时进行的。因此,犯罪中止彻底性的要求,其实是对这个犯罪不可再犯的要求。这个要求,实际上只能结合其他条件,尤其是中止的自动性条件,一并考察。

第四,犯罪中止必须是自动的。自动性被认为是犯罪中止的最重要标志,是支持犯罪中止应当免除处罚的最基本的条件。因此,本书应当专门加以说明。

三、犯罪中止的自动性

犯罪中止只能自动中止。因此,"自动性"被认为是中止的本质特征。

"自动性"的说法,是我国刑法的规定,也是四要件犯罪构造理论中的提法。在三阶段与两层次理论体系中,使用的是"自愿性"。虽然"自动性"用语的准确性可以讨论,但是,其意思与自愿性的说法,并不具有重大的内容上的差别,都是主张以行为人意志上的原因为根据的。

在如何确定自动性或者自愿性的问题上,现代刑法学仍然在进行着激烈的争论。俄罗斯刑法理论主张"行为人自由作出的选择"②;美国刑法理论主张"完全和自愿的放弃",并且,不包括由于增加了恐惧的可能性和犯罪的实现更为困难而产生的放弃③,等等。德国刑法理论是最早系统讨论犯罪中止的,提出的各种理论很多,目前,基本形成了心理学理论与规范性理论两派观点。

心理学理论是较早提出的理论,典型代表是所谓的弗兰克公式。心理学理论认为,判断自愿性的关键在于,行为人是否在情况发生变化时仍然认为自己能

---

① 中华人民共和国最高人民法院刑事审判第一、二、三、四、五庭主办:《中国刑事审判指导案例(侵犯公民人身权利、民主权利罪)》,法律出版社2009年版,第379页以下。
② 〔俄〕库兹涅佐娃、佳日科娃著:《俄罗斯刑法教程(总论)》(上卷·犯罪论),黄道秀译,中国法制出版社2002年版,第374页。
③ 〔美〕乔治·弗莱彻著:《刑法的基本概念》,王世洲主译与校对,蔡爱惠、陈巧燕、江溯译,中国政法大学出版社2004年版,第240页。

够完成犯罪计划。只有在没有心理强迫下行动的,"虽然我能,但是我不想"时,才是自愿的;相反,如果情况对行为人造成了巨大的精神压力,使他除了中止不再有其他可能性时,"虽然我想,但是我不能",那就是非自愿的。

规范性理论是新近很有影响的理论,典型代表是所谓的罗克辛公式。规范性理论认为,尽管危害行为在客观上还能实施,或者,行为人至少(在不能犯和落空的着手之后)认为自己还能够实施这个危害行为,然而,在情况发生变化(尤其是使行为难以实施)或者与其他不利状态联系在一起时,如果从一名普通的理性罪犯的眼光看来(也就是在所谓的罪犯理性的意义上),再去干这种行为是很不明智的,那么,这种中止就是非自愿的。只有在行为人的行为表现为从犯罪的道路上"回转",体现为"对合法性的回归"时,才能被评判为是自愿的。

目前,在我国司法实践中,心理学理论的影响仍然十分强大。"能为而不为"是犯罪中止,"欲为而不能为"是犯罪未遂①,仍然是判断犯罪中止的基本公式。

> ▶▶▶ **案例**②
>
> 被告人王元帅与邵文喜在抢劫杨某的小客车后,谋划用挖坑掩埋的方法将杨杀人灭口。杨某趁王去寻找挖坑工具之际,哀求邵放其逃走。邵同意掩埋杨时采用挖浅坑、少埋土的方法,并告知杨将脸朝下。邵没有将此事告知王,就自己一人去把杨埋了。等王与邵离开后,杨爬出土坑获救。邵文喜是自动中止吗?

在一般情况下,在心理学的理论与规范性理论支持下的自愿性,对犯罪中止的认定不会产生重大的差异。例如,在行为人认为自己被发现了,继续行为有可能被抓住而停止的案件中,心理学理论认为,行为人处在心理受强迫的环境中,当时除了停止就没有别的选择,因此,不是自愿的;规范性理论也认为,停止不是依据行为人变化了的态度,而是行为人为了适应违法行为当时所处的情况,因此,不是自愿中止并且不能免除处罚。但是,在下述三类案件中,两种理论的对立就清楚地表现出来③,规范性理论在现代刑法学的研究中正日益受到重视。

第一类案件,行为人虽然没有完全实现自己的犯罪计划,但是已经实现了主要目标。例如,被告人某甲想要杀害他的前妻某乙及其新男友某丙。他在停车

---

① 参见刘家琛主编:《新刑法案例评析》(上),人民法院出版社 2002 年版,第 179 页以下。
② 中华人民共和国最高人民法院刑事审判第一、二、三、四、五庭主办:《中国刑事审判指导案例(侵犯公民人身权利、民主权利罪)》,法律出版社 2009 年版,第 91 页以下。
③ 参见 Claus Roxin,*Strafrecht Allgemainer Teil*,Band II,Verlag C. H. Beck,2003,S. 590 ff.

场边首先重伤了某丙,使其不能动弹,然后冲向想转身逃跑的某乙并杀死了她,但是,没有继续杀某丙。对于某甲对某丙是否属于中止？心理学理论持肯定态度,不仅因为某甲本来可以杀害某丙,而且因为他是在"自由选择"中选择杀害"更重要的"某乙,这个选择不是外在强迫的结果。然而,规范性理论却会拒绝中止的自愿性,因为仅仅由于在自己的计划中,那一个谋杀对自己更加重要而没有把这一个谋杀进行到底,就不存在对犯罪目标的回转和对合法性的回归!

第二类案件,行为人是想通过其他方式更好、更无危险地实现所追求的目标而停止的。例如,被告人钱男将被害人林女抱住后推倒在地,意图强奸。林女在体力上处于弱势,就对钱男说,他不应该使用暴力,应当先休息一下,如果的确想发生关系,不用通过暴力也可以如愿。钱男放开了她。林女争取到了时间,在发现可以救助的人时大声呼救而得救。对于钱男是否属于中止,心理学理论持肯定态度,因为行为人不是被迫放弃立刻发生性关系的,但是,规范性理论不能把钱男评判为自愿中止,因为其中不存在回转,不存在态度的改变,而只有犯罪人想选择另外一种基于暴力行为而出现的、更加舒适的途径来实现自己的目标。

第三类案件,行为人无法战胜良心困境、同情、羞耻等内心障碍而停止。例如,关某以杀害的故意持刀刺向妻子。这时,他们的两个被厮打吵醒的儿子突然出现在卧室里。关某在情感上和心理上都无法当着孩子面继续自己的行为,因此放开了妻子并且敦促孩子离开了房间。但是,当他回来时,就无法在孩子们近在咫尺的状态下再继续刺杀他的妻子了。对于关某是否自愿中止,心理学的观点持否定态度,因为孩子的出现对关某产生的心理震撼在他们离开后仍然继续存在,并且使他没有能力完成犯罪行为了。规范性理论认为,应当肯定中止的自愿性,因为孩子的注视使他改变了态度,使他不再继续犯罪行为并且重新回归了合法性。

心理学理论面临着来自两个方面的批评:一是只考虑行为人的心理压力,而不考虑其是否在内心具有"回转"和"向合法性的回归",与犯罪中止的理论基础不相一致。二是难以在实践中做到前后一致地贯彻。例如,在犯罪中止只能存在于行为人认为自己还能完成犯罪行为的情况下,他怎么还能由于内在的心理强迫而被阻碍？在行为人担心被捕而放弃继续时,究竟是受到了强迫性心理的阻碍还是在进行机遇和风险的权衡？无论是自愿中止还是非自愿中止时,行为人的心理都存在着压力,例如,无理由的害怕、迷信的担心或者被同情心所征服,如何测定心理压力的强度并以此来区分"非自愿"和"自愿"？等等。尤其是在与精神震撼有关的案件中,使用心理学理论进行犯罪中止的判断,就更难保持各种案件评判标准的一致性。例如,某甲以杀害的故意致命伤害了被害人,流血妇女的样子使其无法再继续,他喊来了一个医生,医生救了被害人。如果在这个案件中认定了某甲的中止是自愿的,那么,这个案件与前面关某杀妻被孩子们的出现所打断的案件,有什么不同?为什么会出现两种截然不同的结论?事实上,在实践中也已经采纳了规范性理论来判断自愿性。例如,林某为了达到强奸的目的,从背后袭击一名妇女并把她按倒在地,然后才发现这名被害人是自己的一个熟人,在她向他保证不会指控他之后,他放开了这名妇女。对于林某的中止不是自愿的正确认定,只能根据规范性理论才有可能作出。熟人是否产生心理压迫是难以断定的,但是,从普通罪犯的眼光看来,攻击熟人是很容易被抓住的,也就是很不明智的,因此,是很容易判断为非自愿的!

规范性理论受到的批评主要来自对"罪犯理性"的怀疑。由于难以找到"典型的"杀人犯、强奸犯、诈骗犯等罪犯,因此,这种标准的确定性就一直受到质疑。但是,规范性理论强调从犯罪"回转"和对"合法性的回归",也减弱了很多的批评。

为了减少争论和增强实用性,现代刑法学开始尝试分类的方法,划分自愿中止与非自愿中止的类别。

属于自愿中止的案件有以下一些情况:

第一,在外部情况没有发生变化时由于内在原因而中止的案件。在外部情况没有变化时自己改变行为决定的中止,是最没有争议的。这种中止可以是由于值得赞许的动机而发生的:良心受到谴责、对自己实施的行为感到羞愧、从最初的愤怒中明白过来、同情被害人,等等,但是,也可以出于中性的动机:在关键时刻失去决断力、被莫名其妙的恐惧感攫住、对犯罪行为失去兴趣、对整个事件过程感到懊怒、情绪变坏或者不满,等等。只要行为人违背了原先的计划,出于与原先的犯罪动机不相符的动机,不管他是否处于或大或小的内在压力下,就始终是自愿的。

第二,在外部情况没有发生变化时由于自己身体无能力而中止的案件。这类案件是否属于中止,存在着一些争议。行为人的身体变得无能力的情况,例如,由于激动和紧张导致衰竭,从而不能完成犯罪,或者,强奸者在关键时刻变得没有性能力。一般说来,这样的案件是落空的未遂,只有在身体无能力是一种内心回转的结果时,中止才会是自愿的。然而,这种生理和心理之间的相互影响应当考虑,例如,当行为人是由于良心压力而导致神经性休克,从而使自己在生理上也不能再继续行为时,那么,他就还是自愿中止的;在强奸时,由于羞愧和悔恨而在生理上不能够完成性行为的,就应当得到免除处罚的对待。身体和精神都从犯罪中避开的,不应当比单独在精神上避开的得到更少!

第三,在外部发生不重要的变化而中止的案件。所谓的不重要的外部变化,是指那些不能提高或者只能无关紧要地提高不成功或者事后受罚风险的情况。

例如,在杀害自己妻子时,孩子突然出现的,或者,在数下重击被害人头部时,看到受伤者昏迷涌血的样子而意识到行为后果的。类似的情况还有,受伤的被害人出现了让行为人吃惊或者害怕的样子,受到行为人攻击的孩子轻轻地哭泣,被害人用恐惧的声音问行为人想对自己做什么,等等。在这些情况下的中止都是自愿的。在这些案件中的中止不符合犯罪计划,中止是那些坚决想既遂的行为人所不愿意看到的。同时,由于被害人的痛苦已经包含在犯罪计划之中了,因此,就不能再成为阻碍实现犯罪目标的因素。这些在行为人内心中与犯罪计划不一致而导致中止的情况,正好证明了"对合法性的回归",也正好证明了刑罚应当消除。

第四,由于信仰、迷信因素所引起的中止也完全是自愿的。例如,看到菩萨神像、基督造像或者黑猫从路上跑过,听到寺庙、教堂的钟声或者猫头鹰的叫声,这些引起行为人内心回转的情况,就像那些有利于过度害怕的行为人的原因,应当导致有利于行为人的中止。

第五,由于被害人、证人或者朋友的劝说而中止的,也是自愿的。不过,这种说服不能包括面对认真的刑事指控的威胁。在被抓住的概率大大提高的情况下,"理性"的罪犯就不会再继续行为了,自愿的中止就会被排除。不过,在刑事指控的威胁提高的不是从行为一开始就已经出现的风险时,中止又会是自愿的。例如,当甲决定要痛打乙时,他就已经面临着事后被控告,因此,当乙在甲动手时指出打成重伤的严重后果时,中止就会与原先的动机不相符合,甲根据乙的劝告或者威胁而中止,就不是理性罪犯的行为,所以是自愿的。

第六,在犯罪行为的实施比原先更困难时,只要风险没有明显提高的,中止就还是自愿的。例如,行为人发现了报警装置,只要他可以运用自己的技术不费力地让其不起作用的,就还是属于自愿中止。一个"理性的"入室盗窃犯不会让自己被这种可以轻易克服的困难所阻止。但是,在犯罪困难加大时,情况就不同,例如,必须用力去打坏本以为是开着的门,必须先杀死一条院子里的狗,或者,必须麻醉并且绑住突然出现的守夜人。这些变故给计划的成功带来的风险如此之大,使得犯罪必须停止,因此是非自愿的。当行为的性质在克服障碍时发生了改变,例如,必须把原计划偷偷进行的盗窃转变为使用暴力的抢劫时,中止的不可能性就已经显示出来了:原来计划的比较不严重的犯罪行为已经落空了。

属于非自愿中止的案件有以下一些情况:

第一,由于外部情况发生变化,害怕不能既遂而中止的,是非自愿的。例如,看到警察或者援助被害人的人出现了,警报响起或者狗叫起来了。在这些情况下,如果行为人是由于自己认为犯罪已经不可能实现,那么就构成落空的未遂。但是,在行为人并不肯定自己的行为是否还可以实施下去,这些情况就还不是落空的未遂而是中止。只不过,根据行为人自己设想的图景,只要当时放弃犯罪是一个"理性的"罪犯会作出的符合当时情况的决定,那么这个中止就是非自愿的。在这种情况下,在理论和实践中经常争论:行为人作出决定的自由,是否已经受到严重影响,从而使得他除了放弃之外就根本没有别的选择了?然而,这种情况下的中止尽管可以是行为人冷静权衡和自由决定的结果,但是,无论如何也不是基于他回归合法性的态度,而是基于他在调整自己的行为与犯罪目的相符合的恰当性,这就可以让刑事惩罚的需要性产生了。

第二,由于被害人的抵抗或者呼救而产生了很大的风险,使那些想继续行为的行为人在客观上会认为应当理性地放弃时,中止就应当是非自愿的。不过,在被害人的反抗很弱并且很容易被克服,或者,在荒凉地带或者在封闭的空间中,外界根本听不到被害人的呼救时,情况就不一样了。在这些情况中的中止,从行为人的犯罪计划看来,就是不理性的,并且因此是自愿的。同样道理,在被害人发现的情况下,例如,在小偷意外遇到房主,担心房主会成功地阻止他把东西拿走而中止的,那就是非自愿的,相反,如果房主由于害怕而自己把小偷想找的钱交出来,小偷这时放弃犯罪的,这样的中止就是自愿的。

第三,由于外部情况发生变化,害怕在犯罪后被捕受处罚或者担心丧失赃物而中止的,是非自愿的。在行为人由于外部情况变化而害怕被逮捕或者赃物重新被抢劫时,只要这种担心在客观上是合理的,那么,中止就是为了适应情况变化进行的,并且,从一名有经验的罪犯的角度出发,就是理性的,所以是非自愿的。然而,如果根据心理学理论,认为行为人在这时没有别的选择,那就经常会有问题,因为行为人的确可能并且有一些就敢非常不聪明地继续做下去。另外,在行为人担心自己逃跑的道路被封锁,或者为了避免有人到警察那里去举报自己的情况下,如果认为行为人是自愿中止的,在刑事政策上会是荒谬的,因为不管行为人是否根本就不能达到既遂,或者在那之后就会马上被抓或者必须放弃赃物,继续行为对他来说本来就都已经是没有意义的。在刑事政策上奖励这种对继续行为的不作为,对于这些被犯罪动机推动的行为人来说,也是没有意义的。另外,行为人害怕犯罪不能成功与害怕自己被抓,经常是相互联系的,并且,行为人自己也不知道,他是否必须担心在犯罪之前或者之后被抓,因此,如果对这些情况区分不同的法律后果,也是难以执行的。

第四,由于发现犯罪成本大于犯罪收益而中止的。例如,专业的伪造者发现,自己的耗费比原先以为的要大得多,从而使所投入的努力与委托人的奖励不成比例。在这种情况下,行为人由于在犯罪工作上和时间上的耗费或者需要筹措的资金太多而作出中止的决定,是前后一致的并且是"理性的",因此,从刑罚目的的角度看,也不存在以免除处罚作为奖赏的理由。因此,在要求他人做伪证时，如果应当支付给行为人的资金比通过伪证所能获得的还要多时，中止就只能是非自愿的。相反，只有在从行为人的犯罪目标看来，在客观上总是可以把既遂评价为值得的时候，中止才能是自愿的。

第五，由于没有预料到会发生自己无法容忍的紧迫伴随结果而中止。例如，行为人在点燃自己安置的炸药时，突然发现自己的父母出现在现场，因而放弃爆炸的。这类案件虽然在实践中几乎不可能发生，但是，由于其具有界限作用，因此在刑法学中受到重视。主张自愿中止的观点认为，行为人放弃犯罪，说明社会认可的价值观在他身上至少部分发挥了作用。反对自愿中止的观点认为，这是一种紧急避险，而立法者已经把援救家属的行为评定为不得已的，也就是非自愿进行的。从规范性理论出发，可以简明地证明非自愿的中止：引爆炸弹但不想谋杀父母的罪犯，在自己的计划只能通过杀害父母来实现时，中止就是根据当时情境所做的调整，不是自愿的。行为人保护自己父母这一点，不能排除他在未遂爆炸中应受刑事惩罚的性质。另外，杀害父母将大大提高行为人的不法和罪责并且可能大大增加他的刑罚，也能说明这种中止是非自愿的。在犯罪由于目标只能借助谋杀才能实现而被放弃时，这种中止与紧急避险无关。同样，在入室盗窃者为了扑救自己着火的房子而放弃盗窃的，虽然有人主张自愿性，有人主张非自愿性，但是，正确的应当是赞成非自愿的中止。然而，如果行为人中止是由于继续行为会错过自己很感兴趣的电视足球赛转播，那么，他的行为就是自愿的，这种中止就是一种从入室盗窃目的角度看来非常不理性的，就是出自与原来计划根本不相符的动机。

第六，由于澄清误会导致犯罪动机消失而中止的。误会与错误认识不同。错误认识主要发生在犯罪对象不是犯罪计划所指向的情况。例如，甲想杀乙，可是在靠近之后才发现，自己瞄准的人原来不是乙；行为人原来想偷的是一份机密文件，可是，在打开手提包之后，才发现其中的材料都是没有意义的其他文书。错误认识的案件，一般都是作为落空的未遂来处理的。由于澄清误会而消除犯罪动机，会发生在行为人对犯罪对象没有认识错误的情况下。例如，行为人要杀的人，就是他自己认为的杀害孩子的谋杀犯，或者破坏自己婚姻的妻子的情人，无耻卑鄙的告密者等等。在行为人突然发现这一切都是基于某种误会，并且被害人是无辜的，从而中止的，是非自愿的，因为行为人是在搞清了自己的错误之后才取消犯罪动机的，也就是在继续行为已经没有意义时才中止的，那就不应当得到免除处罚的奖励。

总的来说，根据规范性理论对自愿性与非自愿性的分类，对于决定中止的成立，能够取得清楚实用的结论。目前，在现代刑法学中，在犯罪中止问题上，虽然在心理学理论与规范性理论之间还存在着争论，但是，规范性理论的适用规则正处在进一步扩大与发展之中。规范性理论的发展方向体现了罪刑法定原则发展的要求,已经成为现代刑法学在中止问题上的主要发展方向。

四、犯罪中止的处罚

犯罪中止,由于是"自动"或者"自愿"放弃犯罪,不仅在内心表现出从犯罪的道路上"回转"和"对合法性的回归",而且一般在客观上也还没有造成具体的损害,因此,缺乏使用刑事惩罚对行为人进行特殊预防与一般预防的需要性。这样,现代刑法对犯罪中止的处罚都是以免除处罚为原则的。我国《刑法》第24条第2款前半句规定:"对于中止犯,没有造成损害的,应当免除处罚"。

犯罪中止造成损害的情况,是指在以直接故意追求一个犯罪目的的过程中,对犯罪对象或者其他法益造成的尚未满足犯罪目的的损害。从我国司法实践的情况看,这种损害一般是指物质性损害,例如,为了杀害被害人,在仅仅造成伤害的情况下中止的;为了盗窃博物馆的珍宝,在仅仅破坏防护系统的情况下中止的,等等。我国司法实践对于非物质性损害,传统上采取不追究的做法。例如,盗走枪支弹药准备杀人,在中止后枪弹完整无缺的,免除处罚,也就是不算造成损害。[①] 对犯罪中止造成损害时,我国刑法规定应当受到处罚,但是,"应当减轻处罚"(第24条第2款后半句)。

我国刑法在规定对犯罪中止的处罚时,是以免除处罚为第一情节,以减轻处罚为第二情节。因此,在目前刑法规定的现状下,对犯罪中止适用刑事惩罚,一定必须严格根据刑法进行。

[①] 刘家琛主编:《新刑法案例评析》(上),人民法院出版社2002年版,第177、181页。

第十三章 共同犯罪

用通俗的话说,共同犯罪就是两个以上行为人在一起进行的犯罪,参与共同犯罪的人就是共同犯罪人。自古以来,共同犯罪就一直在刑法中受到特别的重视。从政治上说,共同犯罪经常是一种很多人共同进行的犯罪,破坏性大,需要特别予以遏制。从法律上说,对于在犯罪过程中卷入其中的那些人,应当如何确认他们是否每一个人都属于共同犯罪人,以及应当给予什么处罚,需要专门安排与说明。我国是世界上最早规定与研究共同犯罪的国家之一。早在公元前的秦律中就有对"五人盗""甲谋遣乙盗杀人"等共同犯罪如何处罚的规定,我国晋代法学家张斐就作出了"唱首先言谓之造意,二人对议谓之谋,制众建计谓之率"的精彩总结。[①] 在现代刑法学中,如何认识共同犯罪,对于贯彻罪刑法定原则、惩罚犯罪与保护人民都具有十分重要的意义,因此,受到各种刑法理论的高度重视。

第一节 共同犯罪概述

在现代刑法中,除了英美法国家规定的共谋罪之外,共同犯罪都不是作为一种独立的犯罪,而是作为犯罪的一种特殊形式来规定的。为什么需要在刑法中对共同犯罪专门作出规定以及如何处理共同犯罪中的参与人,是研究共同犯罪时需要首先回答的问题。根据罪刑法定原则的要求,现代刑法学已经把对共同犯罪的关注重点,从共同犯罪的整体转移到参与共同犯罪的每一名行为人应负的刑事责任上了。

一、共同犯罪的必要性

在现代刑法学中,需要对共同犯罪进行专门说明,不仅是由于共同犯罪可能具有比单个人犯罪更大的危害性,而且是由于贯彻罪刑法定原则的需要性。在坚持罪刑法定原则的前提下,如果不对共同犯罪的一些特殊问题加以专门说明,就存在着难以追究某些共同犯罪参与人的情况。

在共同犯罪中,参与犯罪的必须有二人以上。有时,这些犯罪参与人全部直

---

① 参见北京大学法学百科全书编委会:《北京大学法学百科全书:中国法律思想史·中国法制史·外国法律思想史·外国法制史》,北京大学出版社2000年版,第270页。

接实施了刑法明确禁止的同样犯罪行为,有时却只有一人或者几人直接实施了犯罪。根据参与犯罪的人是否全部实施了刑法分则所规定的犯罪构成的行为,可以把共同犯罪分为实行人共同犯罪与参与人共同犯罪。

实行人共同犯罪是指全体参与犯罪人都实施了刑法分则所规定的具体犯罪行为的情况。例如,每个人都持刀刺杀了被害人。在这些共同犯罪人中,每个人都是实行人,没有帮助人,没有教唆人,每个人都是用自己的头带着自己的手实施了犯罪行为。在这种实行人共同犯罪中,根据罪刑法定原则和适用刑法人人平等原则,每个人都应当承担相同的刑事责任。这种共同犯罪,可以看成是单个人犯罪的倍加。只不过,与单个人犯罪不同,几个行为人是一起共同实施犯罪的,因此,应当共同承担责任。假如在共同犯罪中,只存在实行人共同犯罪而不存在参与人共同犯罪,那么,在刑法中专门规定共同犯罪的必要性甚至可以取消,因为根据现有的对个人犯罪适用的一切原则与条件,本来就已经可以解决实行人共同犯罪中各个行为人的刑事责任了。

参与人共同犯罪是指,在参与犯罪的两个以上行为人中,只有一名或者几名犯罪参与人是直接实施犯罪的实行人,而其他人并没有直接实施犯罪,而仅仅是参加了犯罪,提供了帮助性或者教唆性的支持。假如刑法没有对共同犯罪作出专门的规定,那么,在承担刑事责任时,这些没有直接实施犯罪的参加人,实际上就是在为其他与自己有关联的犯罪实行人所实施的行为承担刑事责任。如果刑法对这些没有实施刑法分则所规定的犯罪行为的人作出专门的明确规定,那么,罪刑法定原则就会受到威胁。

因此,在现代刑法中,对共同犯罪作出专门的规定,就具有了非常现实的必要性。我国刑法对共同故意犯罪(第 25 条第 1 款),共同过失犯罪(第 25 条第 2 款),主犯、首要分子(第 26 条,第 97 条),从犯(第 27 条),胁从犯(第 28 条),教唆犯(第 29 条)都做了明确的规定,完整地为处理实行人共同犯罪与参与人共同犯罪的各种情况,提供了刑法依据。

二、对共同犯罪的处理模式

关于如何处理参与犯罪人,现代刑法学在是否应当区分犯罪参与人的不同种类并加以区别对待的问题上,形成了两种不同的思路,提出了所谓的一元性理论与二元性理论。

一元性理论也称一元性实行人理论或者统一实行人理论,主张不区分犯罪参与人的不同种类,也不根据不同犯罪人(主犯或从犯)所实施的不同行为来规定不同的惩罚,一律把参与犯罪的每一个人都看成同一类人,并且,都根据同样的处罚标准判处刑罚,因此,一元性理论也被称为"扩张性实行人理论"。根据一元性理论,认定犯罪参与人的主要标准,是一个人对实现犯罪是否作出了原因性贡献,而不考虑贡献的种类与大小。虽然,参与犯罪的行为经常也被区分为实行行为、帮助行为和教唆行为,并且相应地被称为主犯与从犯,但是,法律并没有对不同行为和不同共同犯罪人规定不同的处罚,尽管法官在量刑过程中经常会对实行犯、帮助犯、教唆犯进行区分。一元性理论认为,从犯必须承担主犯的刑事责任的理论基础有两点:一是所谓的代理理论。这种说法与民法很相似:从犯同意受其代理人(即主犯)的约束,表明他认可了这名代理人有目的的行动,因此,这名从犯就必须为他人实施的行为承担责任。在故意帮助主犯中,这名从犯就自愿地将自己与主犯等同起来了。二是所谓的剥夺个人身份理论。选择帮助犯罪的人就失去了把自己作为一个个人对待的权利。从犯认可了主犯的行为:"你的行为就是我的行为",法律就把从犯看成是主犯的影子!① 在采取一元性理论的国家(如美国、意大利等)中,刑法通常明确规定:参与犯罪的每一个人,不管参与程度如何,一律作为主犯处理并处以相同的处罚。

二元性理论也称二元性参与人理论,主张区分犯罪参与人的种类,根据不同的犯罪人种类适用不同的刑罚。这种犯罪参与人的分类首先是二分法的,通常分为实行人与参加人,也有的分为主犯与从犯。在这个基础上,再区分组织犯、实行犯、帮助犯与教唆犯(如俄罗斯)或者主犯、从犯、胁从犯、教唆犯(如我国)。采取二元性理论的国家刑法一般规定,对犯罪参加人或者从犯必须判处相对较轻的刑罚,对主犯尤其是组织犯,必须处以相对较重的刑罚。二元性理论认为,实行人与参加人不同,因此被称为"限制性实行人理论"。二元性理论主张参加人应当承担与实行人不一样的刑事责任,主要的理论基础是所谓的参加人从属性理论。② 从属性理论主张,共同犯罪中的任何参加人,包括教唆犯和帮助犯,都必须以实行人的犯罪行为为前提。例如,借给小偷万能钥匙使其成功完成犯罪的人,是既遂盗窃的帮助人;如果小偷在未遂阶段被抓住,就只存在盗窃未遂的帮助行为;如果小偷没有去偷的,那么,小偷不构成犯罪,小偷的帮助人也不构成犯罪。实行人的行为如果根本不是犯罪的,那么,帮助人也根本不能成为罪犯。例如,在许多国家中,自杀不是犯罪,因此,帮助自杀的人就不具有刑事可罚性。当然,这里说的实行人的犯罪行为,只需要满足犯罪构成与具有违法性,还不需要具有罪责。

一个国家采取什么样的共同犯罪理论与制度,有着非常复杂的历史、文化、

---

① Joshua Dressler, *Understanding Criminal Law*, 4th Edition, LexisNexis, 2006, pp. 499—500.
② "参加人从属性理论"也称"共犯从属说",用语变化的原因详见下文。"共犯独立说"在罪刑法定原则盛行的时代已经失去了在现代刑法学中独立存在的地位。

社会、政治原因。在任何一个国家中,目前已经无法找到完全采纳一元性或者二元性理论的共同犯罪制度了。在我国古代唐律中,在规定"诸共犯罪者,以造意为首,随从者减一等"、"诸同谋共殴伤人者,各以下手者为重罪,元谋减一等,从者又减一等"、"若乱殴伤,不知先后轻重者,以谋首及初斗者为重罪,余各减二等"时,似乎符合的是二元性理论,但是,在规定"诸谋反及大逆者,皆斩;父子年十六以上者皆绞"①时,符合的似乎又是一元性理论了。在现代欧洲各国的刑法中,虽然二元性理论仍然占据主流地位,然而,在有组织犯罪与经济刑法领域中,也存在着"向单一实行人发展的倾向"。②例如,在《德国刑法典》第129条"建立犯罪组织罪"中,仅仅是支持或者宣传这种组织的人,就会像这种组织的成员一样受到处罚,也就是会作为实行人被处罚。在《德国刑法典》第265条"保险滥用罪"中,那种隐匿投保物品以帮助投保人进行保险诈骗的人,不是作为诈骗罪的帮助犯,而是作为保险滥用的实行人被处罚。在这一类情况中,实行人、帮助人与教唆人之间的区分就都消除了。

本书认为,鉴于我国《刑法》第27条规定:"在共同犯罪中起次要或者辅助作用的,是从犯。对于从犯,应当从轻、减轻处罚或者免除处罚";第28条规定:"对于被胁迫参加犯罪的,应当按照他的犯罪情节减轻处罚或者免除处罚",因此,我国刑法采纳的明显是共同犯罪二元性理论。我国目前采纳共同犯罪二元性理论具有以下优点:

第一,有利于坚持罪刑法定原则。在我国,"共同犯罪"不是一个独立的罪名,几名行为人一起实施的行为是否构成共同犯罪,必须至少以其中一名实施的行为符合刑法规定的犯罪构成为前提。我国刑法不承认没有亲自或者以其他方式参与一个犯罪的行为,可以单独地构成犯罪。

第二,有利于贯彻罪责相适应原则。在共同犯罪中,不同的犯罪参与人在完成犯罪的过程中可能发挥大小不等的作用。同等看待犯罪参与人,不仅不符合罪责相适应原则,而且也不利于在与犯罪进行的斗争中分化瓦解犯罪人。对犯罪参与人区别对待,能够克服量刑标准粗糙,可以有效地合理地限制刑罚的适用,切实落实个人刑事责任的罪责原则。

第三,符合我国的历史传统,有利于我国刑法的进一步发展。在我国的刑法传统中,就有"造意为首""首恶必办"的说法。在共同犯罪参与人中区分主犯与从犯并且区别对待,不仅符合与犯罪作斗争的需要,而且也能得到社会与人民的普遍支持。在新的法治环境下,这种区分也有利于在根据罪刑法定原则的要求需要对主犯与从犯的标准作出调整时,最大限度地避免给刑事法律制度造成不

---

① (唐)长孙无忌等撰:《唐律疏议》,刘俊文点校,中华书局1983年版,第115、390—391、321页。
② 参见 Claus Roxin, *Strafrecht Allgemainer Teil*, Band II, Verlag C. H. Beck, 2003, S. 8。

必要的震动。

第二节 共同犯罪的概念与意义

在现代刑法学中,明确共同犯罪概念的意义,主要在于确定共同犯罪参与人的范围。不过,在我国刑法规定中,"共犯"一词既可能指共同犯罪,也可能指共同犯罪人。例如,第 156 条规定:"与走私罪犯通谋,为其提供贷款、资金、账号、发票、证明,或者为其提供运输、保管、邮寄或者其他方便的,以走私罪的共犯论处。"在德国刑法学中,共同犯罪的概念被认为是重复与不必要的,因此,共同犯罪参与人(Beteiligung)的概念更加受到重视。在德国的共同犯罪参与人中,强调的是实行人(Täterschaft)与参加人(Teilnahme)之间的区别。在日本刑法学中,"共犯"一词有广义与狭义之分。广义的共犯是指共同犯罪,包括实行人("正犯")、帮助犯("从犯")与教唆犯;狭义的共犯仅仅指帮助犯与教唆犯。

本书认为,用语的准确是正确表述的基础。为了避免在共同犯罪的表述方面产生不必要的混乱与困难,本书不使用"正犯"与"共犯"的概念来表示实行人与参加人的概念。"共犯"一词,除了在我国刑法规定中之外,一般不予使用,而代之以共同犯罪或者共同犯罪的各种参与人的完整名称。

在现代刑法中,根据罪刑法定原则,对共同犯罪概念的规定,只能由刑法加以规定。我国刑法为共同犯罪规定了清楚的定义:"共同犯罪是指二人以上共同故意犯罪"(第 25 条第 1 款)。因此,根据我国刑法的规定,共同犯罪就具有两个特点:一是二人以上的犯罪;二是共同故意犯罪。这两个特点也规定了参与共同犯罪的各种人都必须具有的一般条件。

一、共同犯罪是二人以上的犯罪

共同犯罪是二人以上的犯罪。人数多于两人,是共同犯罪相对于个人犯罪的最鲜明的特点。

共同犯罪在人数上的要求,虽然强调共同犯罪人必须与其他人一起实施犯罪,但是,并没有改变每个参与共同犯罪的人都必须符合犯罪主体的要求。不符合犯罪主体要求的人,例如,没有达到刑事责任年龄或者不具有刑事责任能力的人,即使参与了犯罪,也不能成为共同犯罪人。那些与符合犯罪主体要求的人一起参与犯罪的未成年人与精神病人,只能作为被合格犯罪主体利用的工具来看待。另外,现代刑法学普遍同意,不是刑法分则对具体犯罪主体所特别要求的身份,就不能阻碍共同犯罪的成立。例如夫妻关系,在刑法发展的早期曾经认为不能构成共同犯罪,但是,今天已经不存在这种限制了。

不过,从犯罪主体方面看,共同犯罪人的资格仍然要受到刑法规定的限制。

第一,在特殊主体方面的限制。在刑法分则对具体犯罪要求具有特殊主体资格时,不具有特殊主体身份的几个人,不能单独构成这种犯罪,但是,可以与具有特殊主体身份的人一起构成该罪的共同犯罪。例如,不具有国家工作人员身份的人不能单独构成贪污罪的共同犯罪,但是,可以与国家工作人员一起共同构成贪污罪。强奸罪一般是男性才能实施的犯罪,但是,女性可以通过帮助男性实行强奸行为而成为强奸罪的共同犯罪人。

第二,在单位犯罪方面的限制。现代刑法学普遍认为,一个单位与其本单位的职员之间,不能构成共同犯罪。但是,单位与单位之间①,甚至单位与个人之间②,都可以构成共同犯罪。

第三,在被害人方面的限制。在特定条款中受保护的人不能构成相应犯罪的共同犯罪,例如,被拐卖的妇女不能成为拐卖妇女罪(《刑法》第 240 条)的共同犯罪人。

第四,在犯罪人数方面的限制。刑法分则规定必须由多人才能构成的犯罪,是所谓的必要共同犯罪。例如,我国《刑法》第 258 条规定的有配偶的人与明知对方有配偶的人结婚的"重婚罪",以及第 290 条第 1 款规定的"聚众扰乱社会秩序罪",第 2 款规定的"聚众冲击国家机关罪",第 291 条规定的"聚众扰乱公共场所秩序、交通秩序罪",第 292 条第 1 款规定的"聚众斗殴罪"等聚众性共同犯罪,第 294 条第 1 款规定的"组织、领导、参加黑社会性质组织罪",第 317 条第 1 款规定的"组织越狱罪"等集团性共同犯罪。与所谓的任意共同犯罪不同,这一类犯罪不能由一个人构成,只能由多人参加才能成立。由于这个特点,刑法分则对这一类犯罪一般都明确规定了对"首要分子"和"其他积极参加的"人适用的特定刑罚,因此,在适用刑法时,即使在有几名首要分子的情况下,也应当直接适用刑法分则的规定,不需要再确定共同犯罪是否成立的问题。

在共同犯罪中,由多人组成的犯罪集团,相对于二人构成的普通共同犯罪,具有更大的危险性。因此,刑法当然可以对这种特殊的共同犯罪专门加以规定。我国《刑法》第 26 条第 2 款规定:"三人以上为共同实施犯罪而组成的较为固定的犯罪组织,是犯罪集团。"在刑法分则中还规定了特殊的犯罪集团,例如第 294 条"黑社会性质的组织"。但是,各种犯罪集团的成员都必须首先符合共同犯罪人的一般条件。

---

① 2001 年《全国法院审理金融犯罪案件工作座谈会纪要》规定:"两个以上单位以共同故意实施的犯罪,应根据各单位在共同犯罪中的地位、作用大小,确定犯罪单位的主、从犯。"

② 参见《马汝方等贷款诈骗、违法发放贷款、挪用资金案——单位与自然人共同实施贷款诈骗行为的罪名适用》,载中华人民共和国最高人民法院刑事审判庭第一、二、三、四、五庭主办:《中国刑事审判指导案例(破坏社会主义市场经济秩序罪)》,法律出版社 2009 年版,第 206 页以下。

二、共同犯罪是共同故意犯罪

共同犯罪的成立必须以共同故意为条件,是刑法的传统做法。目前,在法律上,日本等国家的刑法已经没有在共同犯罪中限定主观心理态度的种类,例如,《日本刑法典》第 60 条规定:"两人以上在共同行动中实施犯罪的,都是实行人",也就是允许共同过失犯罪的可能性;在理论上,无论是苏联刑法学界[①],还是当代德国刑法学界[②],也都出现了主张共同过失犯罪的强大意见。然而,共同过失犯罪,需要非常精致的整体法律制度的支持,对于幅员辽阔人口众多的国家来说,是不容易采纳的。因此,在现代刑法学中,共同犯罪以共同故意为条件,在现代刑事立法与司法中,仍然是主流的观点和做法。我国《刑法》第 25 条第 2 款规定:"二人以上共同过失犯罪,不以共同犯罪论处;应当负刑事责任的,按照他们所犯的罪分别处罚。"我国刑法的规定,符合现代刑法的主流,也符合我国目前的社会发展与法治状况。

> ▶▶▶ **案例**[③]
>
> 被告人梁应金、周守金、梁如兵等 7 人,均为"榕建号"私家客轮上的驾驶人员,违反规定改造船舶,在核定准载 70 人(洪水期)的船上搭载乘客 218 人,致使在河面起雾能见度不良的情况下,造成客船倾覆,死亡 130 人。梁应金等 7 人构成交通肇事罪吗?为什么不构成共同犯罪?

> ▶▶▶ **案例**[④]
>
> 张某是某厂司机,某日送厂长钱某、车队队长梁某外出应酬回来,因醉酒驾车,将行人陈某撞倒在地。钱某、梁某害怕受到法律追究,告诉张某"快走!"致使陈某因得不到救助而死亡。张某构成交通肇事罪,钱某、梁某为什么是交通肇事罪的共同犯罪人?

---

① 例如,特拉伊宁的意见,见《苏联刑法科学史》,曹子丹、张广贤、马改秀、王扬译,法律出版社 1984 年版,第 87 页。
② 例如,Claus Roxin, *Strafrecht Allgemainer Teil*, Band II, Verlag C. H. Beck, 2003, S. 97.
③ 中华人民共和国最高人民法院刑事审判庭第一、二、三、四、五庭主办:《中国刑事审判指导案例(危害国家安全罪、危害公共安全罪、侵犯财产罪、危害国防利益罪)》,法律出版社 2009 年版,第 92 页以下。
④ 2000 年最高人民法院《关于审理交通肇事刑事案件具体应用法律若干问题的解释》第 5 条规定:"交通肇事后,单位主管人员、机动车辆所有人、承包人或者乘车人指使肇事人逃逸,致使被害人因得不到救助而死亡的,以交通肇事罪的共犯论处。"

共同犯罪以共同故意为条件,完整地说,包含着两层意思:一是几名犯罪参与人共同实施的行为必须是刑法分则规定的故意犯罪;二是每一名共同犯罪人必须具有与其他参与人一起实施犯罪的决定。前者指向个人犯罪中的犯罪故意;后者说的是共同犯罪中的共同故意。

共同犯罪中的共同故意,是指各个共同犯罪人都有意识和有意志地与其他人一起共同实施故意犯罪行为时所持的故意性决定。从意识因素上说,各个共同犯罪人都知道不是自己一个人在犯罪,而是与其他人一起共同实施犯罪,并且,各个共同犯罪人都知道他们将共同造成某种危害社会的结果。从意志因素上说,各个共同犯罪人都希望或者放任这种结果的发生。

共同犯罪中的共同故意主要具有两方面的意义:

首先,共同故意为全体共同犯罪人必须对彼此实施的行为承担责任提供了一个正当性根据。在共同犯罪中,不仅共同实行人,而且共同参加人,通过共同故意而将彼此的行为连接成一个整体,每个人实施的行为都是其他人行为的补充,因此,全体共同犯罪人都有意识与有意志地把其他人的行为看成是自己的行为。在共同故意的情况下,全体共同犯罪人共同造成的结果当然就应当看成是他们共同的成果,也就是说,他们必须共同为造成的犯罪承担责任。如果不具有共同故意,那么,虽然有二人以上故意参与犯罪的,也不能形成一个犯罪整体,有关参与人就不是共同犯罪人。例如,在贿赂犯罪中的行贿人与受贿人,由于具有不同的(犯罪)故意,因此,这种所谓的对向犯就不能构成共同犯罪。

其次,共同故意也确定了每个共同犯罪人在共同犯罪中的角色分工。在实行人共同犯罪的情况下,全体参与人都直接实施了刑法分则规定的犯罪构成中的行为,每个人都是有意识和有意志地与其他实行人一起共同实施了犯罪行为。在大型的经济性或者黑社会性质的犯罪组织中,不同的实行人可能处于犯罪组织的等级体系中,根据犯罪组织或者其中头目的安排进行行为。这种一头多手连体多胎式的共同犯罪形态,也表现在参与人共同犯罪中。没有直接实施行为的共同犯罪参加人,例如,帮助人,也是从各自的地位与角度在故意地支持他人的故意犯罪行为。例如,乙递给甲一根棍子,使其能够如己所愿地用这根棍子痛打丙。在共同故意下,每一个共同犯罪人可能干着形态各异的行为,但却一起共同形成了共同犯罪。

共同故意的形成,通常是在行为之前就确定了,但是,也可以在行为实施终了之前确定。在行为之前确定共同故意的犯罪,是所谓的"事先有通谋的共同犯罪";在犯罪着手以后的行动过程中才形成共同故意的,是所谓的"事先无通谋的共同犯罪"。在现代刑法中,除了英美刑法之外,一般都不把事先通谋单独作为一种犯罪规定,但是,刑法在必要时,会明确事先通谋在特定犯罪中的意义。例

第十三章 共同犯罪

如,我国刑法第 310 条规定:有窝藏、包庇行为,"事前通谋的,以共同犯罪论处。"在这种情况下,就应当遵守刑法的规定。例如,妻子为丈夫保存盗窃的赃物,事前通谋的,构成共同盗窃罪,否则,只是窝藏罪。共同故意的形成,可以是明示的,也可以是默示的,但不能从正常的行为过程中推断出来,例如,某甲向某乙买汽油要烧房子,如果乙是合法的汽油销售商,就不能仅仅因为其卖出汽油就成为某甲纵火的共同犯罪人。各个共同犯罪人之间不需要彼此认识,只要他们都知道自己是在与其他人一起共同活动就足够了。

> ▶▶▶ **案例**①
>
> 被告人余大贵想盗窃某工艺品公司仓库的工艺玻璃珠出售牟利,与马俊共谋后,先找到该公司保安陶军了解公司内部情况,又找到另外一家公司仓库保管员王伟环,告知其准备盗窃之事,并提出盗窃得手后将赃物出售给王。王同意,但因现金不足,即自己去找同场的陈小灵,告知余等人要盗窃工艺玻璃珠出售,问其是否要买,陈表示同意。余、马等人根据陶提供的信息,盗得成品工艺玻璃珠 72 箱(价值 45 万余元),即与王联系,王叫上陈,带钱接货。王从余等人手中取得赃物,转手交给陈,陈先付 4 万元给王,王付给余等人 3 万。3 天后,陈将约定的剩余款项全部交付给王,王也按照约定再付给余等人。在本案中,陶军为什么能够构成盗窃罪(《刑法》第 264 条)?王伟环为什么也能够构成盗窃罪?陈小灵为什么只能构成隐瞒犯罪所得罪(《刑法》第 312 条)?

但是,共同故意不要求各个共同犯罪人的犯罪故意内容完全一致。在一个具体的共同犯罪中,组织人的组织故意、教唆人的教唆故意、帮助人的帮助故意、实行人的实行故意,有着各自不同的特点,因此,不能要求每一名共同犯罪人都单独具备了实施具体犯罪的共同故意的全部内容。在实际中,帮助人在被帮助的实行人不知时故意提供帮助的,就构成所谓的"片面参加人(片面共犯)",也属于共同犯罪人。各个共同犯罪人在实施犯罪行为时所各自具有的故意,相互支持,有意识和有意志地与其他实行人一起形成了一个完整的共同故意。

---

① 中华人民共和国最高人民法院刑事审判第一、二、三、四、五庭主办:《中国刑事审判指导案例(危害国家安全罪、危害公共安全罪、侵犯财产罪、危害国防利益罪)》,法律出版社 2009 年版,第 595 页以下。

▶▶▶ **案例**①

被告人刘岗（某公司经理），与王小军（某信用社负责人）和庄志德（某银行办事处主任）合谋，由刘提供高额贴息，王与庄在开具存单时故意拉开字距，使刘能够在存单第二联上添字变造成巨额存单后交给储户，用这种方法骗取钱财。三人采用存款 50 元，将存单变造成 50 万元加高额贴息等方法，先后作案 10 起，实际骗得赃物约 860 万元。王、庄二人虽然个人没有非法占有他人钱款的目的，但是积极配合刘的诈骗活动，帮助刘实现了非法占有他人存款的后果，能否与刘岗一起构成金融凭证诈骗罪？

因此，根据共同故意的要求，下列几种情况中的实行人都不能成为共同犯罪人。

首先，并行实行人，也称同时实行人，不能成为共同犯罪人。并行实行人是指独立于其他实行人但却在同一时间、同一地点对同一个犯罪对象实施同一种类犯罪行为的实行人。例如，甲与乙在同一所房子里盗窃，互相之间不知道。并行行为人之间没有共同故意，就像两个分离的头脑用各自的手在行为，虽然是实行人，但不是参与同一共同犯罪的实行人。

其次，被人作为工具使用的人，不能成为共同犯罪人。被人作为工具使用的人，本身不能成为犯罪主体或者没有犯罪故意，前者如没有达到刑事责任年龄的未成年人或者不具有刑事责任能力的精神病人，后者如被他人利用的人。医生某甲发现住院的患者某乙是自己的杀父仇人，就将给某乙的药替换成毒药，值班护士某丙在不知情的状态下，帮助某乙服药后致乙死亡。某丙在这里就是被某甲利用的工具，而不是共同犯罪的参与人。

再次，在共同犯罪中，超出共同故意实施其他行为的人，不再属于原共同犯罪中的参与人。例如，甲乙两人合谋盗窃，乙帮助甲把盗得的赃物送出窗户后，自己又回来在屋内插上电炉，纵火灭迹。乙的纵火行为超出了犯罪计划，这种"实行过限行为"就不属于与甲的共同故意的范围，不能归责于甲。类似的情形也存在于教唆人与实行人的关系中，实行人实施的行为超出教唆内容的，教唆人就不能对其负责。

---

① 中华人民共和国最高人民法院刑事审判第一、二、三、四、五庭主办：《中国刑事审判指导案例（破坏社会主义市场经济秩序罪）》，法律出版社 2009 年版，第 204 页以下。

第三节 共同犯罪人的种类与意义

在二人以上共同故意犯罪中,区分共同犯罪人的种类,具有多方面的意义。首先,有利于贯彻罪刑法定原则,对不同的共同犯罪人种类可以作出不同的规定,执行不同的刑罚;其次,有利于在执法时贯彻区别对待共同犯罪人的策略,分化瓦解共同犯罪人;再次,有利于认识不同共同犯罪人的不同特点,深入研究共同犯罪与共同犯罪人。

在现代刑法学中,对共同犯罪人的分类,基本是围绕着两个标准进行的:一是作用,二是分工。根据共同犯罪人在犯罪中的作用进行的典型分类是所谓的二分法,即把共同犯罪人分为主犯与从犯,或者实行人与参加人。根据共同犯罪人在犯罪中的分工进行的典型分类是所谓的三分法,即把共同犯罪人分为实行犯(正犯)、教唆犯与帮助犯或者从犯。根据作用与分工双重标准进行的分类有所谓的四分法,即把共同犯罪人分为实行犯、组织犯、教唆犯与帮助犯。在这些分类中,区分实行人与参加人,或者区分主犯与从犯,是最基本的两种分类法。

一、实行人与参加人的分类及意义

实行人与参加人的分类,是大陆法系刑法学中对共同犯罪人最重要、最有影响的分类。这种分类法是罪刑法定原则的直接产物。实行人指的是直接实施刑法分则规定的犯罪构成中的行为的人;参加人指的是参与犯罪,虽然没有直接实施犯罪构成中的行为,但由于通过教唆或者帮助而对犯罪构成的实现做出了贡献,因而应当承担刑事责任的人。参加人因此也根据分工可以被进一步区分为教唆人与帮助人,从而使这种实行人与参加人的二分法被称为实行人、教唆人与帮助人的三分法。这种二分法(其实是三分法)的分类,最早规定在1810年《法国刑法典》中,后来被大陆法系的各国刑法普遍采纳。不过,现代刑法学已经普遍同意了"间接实行人"的概念。间接实行人是指那种自己不亲自直接实施犯罪,而是通过把其他人当成工具的方法来实施犯罪行为的人。这种由一个头脑带着两只他人的手的犯罪形式,已经一般地属于"实行人"的范畴。

实行人与参加人的分类,一般认为,仅仅适用于普通刑事犯罪。对于叛国罪或者危害国家安全罪,世界各国刑法普遍采取实行人共同犯罪的观点,统一按照实行人或者刑法的特殊规定处理。

在实行人与参加人的分类中,关键是如何认定参加人。在这个问题上,现代刑法学进行了长期的研究与实践,提出了下述主要的理论。

(一) 客观的参加人理论

客观的参加人理论是一类理论,在共同犯罪的范围内,也经常被简称为客观理论。在这类理论中,首先提出的是所谓的"形式—客观"的参加人理论。"形式—客观"的理论主张,严格以刑法分则对具体犯罪构成规定的行为描述的文本为标准来认定实行人与参加人,不考虑行为人在整个犯罪范围内所起作用的重要性。实施了完全满足在犯罪构成中所规定的行为的人,就是实行人;在原因上对犯罪行为作出其他贡献的人,就只能被看成是参加人。与客观的参加人相对应的实行人,被称为所谓的限制性实行人。

客观理论在旧时代中曾经流行过,对罪刑法定原则的巩固与宣传发挥过积极的作用。但是,这种理论的缺陷在于实行人的范围太窄,无法包括通过别人实施犯罪的间接实行人的概念。例如,盗窃集团中瘫痪的头领,就会由于缺乏完成符合犯罪构成的行为而不能作为实行人,而只能作为帮助人来看待。

为了克服这种缺陷,在这一类理论中又提出了所谓的"实质—客观"的参加人理论,主张对犯罪构成行为的完成提供了必不可少的或者危险的贡献的人,是实行人。然而,"必不可少和危险的标准",不仅还是太狭窄,而且也太不明确。

今天,这两种"客观"理论都被认为已经过时。

(二) 主观的参加人理论

主观的参加人理论也可以简称为主观理论,是为了解决客观的参加人理论的漏洞提出的,在相当长的一段时间内为司法实践所广泛接受。主观理论主张,实行人的标准是犯罪构成所要求的结果,而不是在犯罪构成中规定的行为。因此,教唆人与帮助人都对犯罪结果的产生发挥了原因性作用,因此也都是实行人,只不过由于刑法的特殊规定,才使得教唆人与帮助人应当受到与实行人不同的惩罚。根据主观理论,那些限制刑罚的事由并没有把教唆人与帮助人排除出实行人的范畴,而共同犯罪人必须与结果的产生相联系的原因性要求,又把那些让别人为自己犯罪的间接实行人纳入了实行人的范畴。在这个基础上,主观理论认为,实行人与参加人的区别是在意志方面:以实行人的意志行为的人是实行人;以参加人的意志行为的人是参加人。例如,在强奸案件中,未实施强奸行为但对被害人实施暴力以帮助强奸实行人的,就只是帮助人。与主观的参加人相对应的实行人,被称为所谓的扩展性实行人。

对主观理论的批评主要是,从主观上区分实行人与参加人的标准强调的是意志,不符合现代刑法规定的犯罪结构,不是一个可靠的区分标准。现代刑法规定的犯罪结构,是以在客观上描述并加以限制的犯罪构成作为组成部分的。如果因为一个行为与犯罪结果的发生有因果性贡献就使这个有罪责的行为承担刑事责任,那么,这种刑事责任的扩张就会从根本上破坏刑法规定的犯罪结构。另外,这种理论依靠的意志标准,不能提供理性的和可以检验的基础,而是在事实上把问题留给法官裁量。在实践中,一名犯罪参与人的"意图"经常能够被任意地解释为实行人的意志或者帮助人的意志。例如,某女妹在生下非婚生孩子时,某女姐立即根据约定将婴儿溺死在澡盆中。在这个案件中,就似乎既可以说某女姐是亲手杀死孩子的实行人,也可以说她是妹妹杀孩子的帮助人。

今天,主观理论在现代刑事司法中仍然具有广泛影响,不过,由于行为支配理论的发展,这个理论已经受到很大的限制。

(三) 行为控制理论

行为控制理论是今天现代刑法学中"具有领导地位"[①]的主流理论。行为控制理论是为了克服客观理论与主观理论的片面性提出来的,是在综合两种理论正确性的背景下发展起来的。现代刑法学公认,在行为控制理论的发展中,德国刑法学者罗克辛发展的理论是目前最完善的。

行为控制理论的基本观点是:实行人是有控制犯罪过程能力的人;对犯罪过程的控制是指行为人能够在自己的故意中掌握着犯罪构成的实现过程。行为控制理论的关键标准在于:参加共同行为的人是否有能力根据主客观情况,以自己的意志阻止或者允许该事件的发生。与客观理论相似而与主观理论不同,行为控制理论认为,实行人是由于实施了犯罪构成中的行为才成立的,而不是作为引起犯罪构成中的结果的原因成立的;与主观理论相似而与客观理论不同,行为控制理论认为,不能把犯罪构成中的行为理解成仅仅是一种特定态度或者仅仅是一种纯粹的外部表现,而应当理解成一种在主客观上都具有各自意义的统一体。

根据行为控制理论,行为控制的种类有下述三种:一是行为控制,表现在实行人自己实施行为的情况下,这时的实行人是直接实行人;二是意志控制或者意识控制,表现在实行人通过其他依赖于其意志或者由于认识错误而依赖于其意识的人,这时的实行人是所谓的间接实行人;三是功能性行为控制,表现在实行人与其他行为人一起,根据"分工"实施行为,这时的实行人是所谓的共同实行人。

目前,对行为控制理论虽然还有批评,例如,盗窃时在外面车里等候的人,能够因为自己有能力提前把车开走而阻止盗窃就成为实行人吗?但是,行为控制理论已经成为现代刑法学中最有影响的区分实行人与参加人的主流理论。

在区分实行人与参加人方面,本书认为,应当以行为控制理论为基础,在考察具体案件的全部事实时,在客观方面特别考虑各个共同犯罪人对实现犯罪构

---

① 〔德〕汉斯·海因里希·耶赛克、托马斯·魏根特著:《德国刑法教科书(总论)》,徐久生译,中国法制出版社2001年版,第788页。

成所作贡献的分量、各个行为与犯罪既遂的距离、各个共同犯罪人对行为控制的程度、所做贡献的危险性;在主观方面特别考虑各个共同犯罪人对行为计划的参与程度、对其他参与人的控制程度、对犯罪既遂以及对赃物的兴趣程度。各种理论在特定的案件事实中可能会具有各自独特的价值,各种理论的发展都会丰富现代现代刑法学对共同犯罪的认识,只有通过运用各种理论成果进行综合考察,才能作出正确的判断。

二、主犯与从犯的分类及意义

主犯与从犯的分类,是普通法系刑法学中对共同犯罪人最重要、最有影响的分类。这种分类法具有悠久的历史,在现代刑法中也取得了新的发展。在普通法系刑法中,由二人以上共同进行的犯罪,可能出现在共谋(conspiracy)与共同犯罪(complicity)两种情况中。共谋是一种刑法特别规定的不完整的单独罪名,参与这种犯罪的人就都构成这种犯罪,没有主犯与从犯之分。主犯与从犯的分类,只存在于共同犯罪之中。

主犯与从犯的发展,主要经历了早期普通法与现代刑法[①]的两个阶段。

(一)早期普通法的分类

在早期普通法中,参与犯罪的人被仔细地分入不同的类别。从原本的意义上说,这种分类是为了程序上的意义:主犯没有定罪的,从犯不能定罪;如果主犯已经被陪审团认定为有罪,那么,在共同审判中,从犯就可以被认定为有罪。不过,一旦定罪,主犯与从犯都要受到同样的刑罚惩罚。

早期普通法对参与犯罪的人进行分类的做法,只适用于普通的严重犯罪,对于叛国罪和较轻的犯罪是不需要进行分类的。早期普通法在把共同犯罪人分为主犯与从犯的基础上,又进一步把主犯分为一级主犯与二级主犯,把从犯分为事前从犯与事后从犯。

一级主犯是指那些自己亲自实施犯罪行为的人,以及那些利用无辜人员或者其他工具实施犯罪的人。例如,那些利用未成年孩子使用假币的人,那些训练动物盗窃他人财产的人,都是传统上的一级主犯。对这个分类的批评主要针对所谓的"不可代理"的犯罪。例如,某甲伪造事实,使某乙在不知情的情况下对法庭作了伪证,或者,某女帮助某男强奸了其他女子,某甲的伪证罪与某女的强奸罪,难道可以在不是自己亲自实施的情况下构成吗?面对这种质疑,法院只能要

[①] 本书对普通法系国家刑法的说明,如果不特别说明,是以美国刑法为例的,因为美国刑法是普通法系刑法得到最充分发展的典型代表。

么进行扩大解释,要么宣告无罪。①

二级主犯是指那些鼓动或者帮助实施犯罪的人和那些事实上出现在犯罪现场的人。那些在实施犯罪时在一定距离之外帮助一级主犯的人,虽然没有在事实上出现在犯罪现场,也认为是二级主犯。例如,陈某与张某、李某共谋抢劫,张李二人埋伏在街道的拐弯处,陈某在前面观察,在发现有合适的目标过来时,即发信号给张李。陈某虽然不是亲身处在张李抢劫的现场,但也被推定为就在现场,是抢劫罪的二级主犯。

事前从犯是指鼓动或者帮助他人实施犯罪,但是在事实上没有出现在犯罪现场的人。这样,那些为犯罪的实施提供事前帮助或者鼓励的人,就是事前从犯。例如,丁某帮助白某把钱某骗到某旅馆,使钱某在那里遭到白某的强奸。丁某虽然在白某强奸时不在旅馆,但是,他因为提供了事前帮助而成为事前从犯。在普通法中,教唆是一个单独的罪名。如果被教唆人实施教唆之罪的,教唆人就成为所犯之罪的共同犯罪人。因此,事前从犯与教唆人的概念存在着交叉。

事后从犯是指在知道他人已经实施了严重犯罪时,为了使其免受逮捕、起诉或者定罪而接受、安慰或者帮助这名罪犯的人。事后从犯与二级主犯之间的区别很小。例如,在抢银行的案件中,只有在一级主犯取得他人的财产并且将其安置于暂时安全之处时,犯罪才算完成。这样,对于运载主犯逃跑的司机来说,在财产到达安全之处之前的司机,就更属于二级主犯而不是事后从犯,在财产到达安全之处之后的司机,就只应当属于事后从犯而不是二级主犯了。

(二)现代刑法学的分类

在普通法系国家刑法中,早期普通法的分类,在现代刑法的发展中,已经发生了重大变化。例如,在美国,这种变化明显地受到来自立法、实践与法学多方面的推动。在立法方面,例如,美国刑事立法普遍采纳了将全部犯罪参与人都看成主犯的做法。在司法方面,现代刑事司法已经放弃了对从犯定罪以对主犯定罪为前提的要求。即使主犯逃避了逮捕,或者在审判后被宣告无罪,从犯仍然可以被定罪。在法学方面,主要是美国法学会主持编订的《模范刑法典》,为现代美国刑法乃至整个英美法系刑法的发展,发挥了重要的示范作用。

目前,现代刑法学在整合早期普通法分类的基础上,结合新的实践经验与法学研究成果,提出了新的主犯与从犯的分类。例如,在美国刑法中,虽然许多刑事立法把鼓动人(inciter)与帮助人(abettor)规定为主犯,但是,在刑法学中,通过美国《模范刑法典》,鼓动人与帮助人被规定为从犯。现在,根据美国《模范刑法典》,主犯是早期普通法所说的一级主犯,从犯是由原来的二级主犯与事前从

---

① Joshua Dressler, *Understanding Criminal Law*, 4th Edition, LexisNexis, 2006, p. 503.

犯合并而成。原来的事后从犯不再作为共同犯罪人，而是成为一种新的单独的犯罪类别。

在现代普通法系刑法学中，由于主犯继承了早期普通法中一级主犯与二级主犯的概念，包括了通过自己的行为实施犯罪的人，与通过其他人实施犯罪、但自己应当在法律上对之负责的人，因此，现代普通法系刑法学研究的重点是明确从犯的责任。

现代的从犯是指那些以促进或者便利犯罪为目的，教唆或者以各种形式帮助他人计划或者实施该犯罪的人。有义务防止犯罪发生的人，在没有作出适当的防止性努力以帮助他人实施犯罪的，也被认为是从犯。从根本上说，从犯需要具备三个条件：一是实施必要的鼓动或者帮助行为；二是具有必要的意图；三是被鼓动或者被帮助人实际上实施了犯罪。

在犯罪行为方面，从犯必须直接或者间接地鼓励他人实施犯罪或者为犯罪的实施提供了便利。从犯的行为应当是有重要意义的，但是也不必达到没有该行为就无法实施犯罪的地步。例如，某甲想杀与自己的女儿住在一起的某乙，某丙就将某乙的女儿引开，使某甲杀了某乙，某丙的行为就是帮助，某丙就是从犯。然而，从犯不必使主犯知道，自己在帮助他，但是，从犯的行为一般必须对主犯产生可见的影响。从犯的鼓励不一定需要有身体性动作，但必须是主犯知道的。从犯出现在现场，没有做任何事，不会当然就构成鼓动犯罪。然而，如果从犯的出场是事先说好的并且是一种必要的帮助，那么，这种出场就足以构成鼓励犯罪。

在犯罪意图方面，从犯的主观心理态度是由两部分构成的：一是实施该犯罪的故意；二是实施具有鼓励或者帮助意义的行动的故意。

一般说来，从犯必须具有实施该犯罪的故意，是现代刑法学普遍同意的。

▶▶▶ **案例**

某甲因为某乙不承认偷了自己的手表，就假装自己愿意帮助某乙进入一家商店偷东西。在某乙进入商店偷东西时，某甲在外面偷偷给警察打了电话，再回来接某乙递出的东西，但是，两人在逃离之前被捕了。某甲为什么不是某乙的从犯？

然而，在从犯是否必须具有帮助或者鼓励他人的故意，在现代刑法学中却存在着争论。肯定说主张从犯必须有帮助或者鼓励的犯罪目的，因为从犯的责任是在允许对自己没有实际实施犯罪的人定罪，所以，就必须保证这个人在事实上是有危险与有罪责的,否则,就不足以支持定罪了。因此,只有在一个人表现出肯定希望自己的行动具有帮助或者鼓励的效果时,才能可靠地证明他的危险性与罪责性都达到了足以保证刑事定罪的程度。肯定说甚至提出只要"知道"自己在"便利"他人实施犯罪就可以定罪。否定说主张从犯只要知道自己的行动会鼓励或者帮助犯罪的实施就能定罪,因为只有在这种情况下就能表现出行为人对社会的危险性和在道德上的有罪责。不过,否定说甚至主张"轻率"(即可以是过失)就足以定罪了。折衷说主张,对严重犯罪应当要求犯罪目的才能构成,但是,对其他犯罪只需要知道就足够了。例如,甲向乙买一桶汽油去烧丙的房子,乙卖给了甲,甲烧了房子。乙是放火罪的从犯吗?只要乙卖汽油给甲不犯法,或者他没有趁机向甲索要双倍以上的价钱,乙就不是从犯。

在被鼓动或者被帮助人实际实施了犯罪方面,一般来说,从犯的定罪必须以有关犯罪得到实施为条件。但是,现代刑法不要求被鼓动或者被帮助人实际上被定罪。然而,从犯是否可以主张实施犯罪的人是精神病人或者自己的行为是受警察圈套的陷害还不很清楚。从主犯的定罪不是从犯定罪的条件上说,从犯主张实施人是精神病人的辩护是站不住脚的;但是,从反对警察不当行为上说,警察圈套的辩护似乎又应当得到支持。没有争论的是,只要符合法定条件,从犯本身也可以成立未遂,在事先有协议的情况下就可以成立共谋罪。在从犯可以使用的辩护理由中,除了刑法没有明文规定的人不能成为从犯之外,例如,购买毒品的人不是贩卖毒品罪的从犯,常见的是犯罪中止。在主犯实际实施犯罪之前,从犯可以中止。但是,中止的有效性取决于他先前行为的性质:仅仅对犯罪提供鼓励的,必须向犯罪人说明自己反对这种犯罪;提供物资帮助的,必须至少努力使所提供的东西不发生作用,例如,取回、报告当局,并且应当在事情发生前进行。

在现代普通法系刑法学中,从犯的刑事责任范围在传统上包括了其行为的所有可能的(也就是可以预见的)后果。因此,从犯的刑事责任就不仅包括了其鼓励或者帮助的犯罪,而且包括了实行人实施的其他犯罪,只要那是所计划犯罪可以合理预见的结果。例如,甲帮助乙抢劫丙,乙就将抢劫计划付诸实施,但是,在抢劫过程中,丙进行了反抗,乙就将丙打死了,甲需要对丙死亡的结果负责吗?要!因为这种杀人是抢劫中可以合理预见到的结果!相比较而言,如果张某帮助陈某盗窃某公司的保险箱,陈某自己又去强奸值班的女职员,那这种行为就是无法合理预见的,张某就不需要对这种结果负责!目前,这种传统的观点是现代刑法学中的主流观点。但是,以《模范刑法典》为代表的少数派观点也很强大。少数派观点认为,传统派观点不仅范围过宽,而且不符合主观心理态度的情况,因此主张,从犯仅仅为自己实际预期的并且是故意提供鼓励或者帮助的犯罪负责。例如,丁某参加皮某伪造公司财务会计报告,构成提供虚假财会报告罪,但是,皮某又利用这个虚假的财会报告,进行虚假的纳税申报,构成偷税罪,但是,即使虚假的公司财务会计报告在可以合理预见的情况下会被用于虚假的纳税申报,丁某也不能构成偷税罪的从犯,因为没有证据证明丁某在实际上也期待着偷税罪。

那种在早期普通法中被称为事后从犯的人,在现代刑法中成为单独一类犯罪了。在早期普通法中,只有在严重的犯罪已经实施,这个人知道自己所帮助的是严重的犯罪,并且他是在有目的地帮助实施严重犯罪的人逃避法律的制裁,事后从犯才能成立。今天,现代刑法大都把这种过去的事后从犯规定为"妨碍起诉罪",并且,行为人所帮助的人也不需要实际上实施了犯罪。然而,现代刑法普遍为家庭成员,例如配偶与近亲属,规定了例外,他们不能构成这种妨碍逮捕、起诉、审判或者惩罚的罪行。

在区分主犯与从犯方面,本书认为,现代普通法系刑法学也已经逐渐脱离了通过确定共同犯罪来确定共同犯罪人的思路,主犯与从犯的区分,尤其是在现代的意义上,已经转向严格以刑法分则对具体犯罪的规定为标准。这样,现代刑法学在主犯与从犯的区分上,同实行人与参加人的区分也具有了许多相同之处。只不过,由于现代普通法系刑法对从犯规定了与主犯一样的刑罚,因此,在确定主犯与从犯的区别方面,在理论观点上或许就不必像现代大陆法系刑法学那么细致了。

第四节 我国刑法中共同犯罪人的种类

我国刑法对共同犯罪人的种类作出了规定,这符合罪刑法定原则的要求。根据我国刑法的规定,共同犯罪人包括主犯、从犯、胁从犯与教唆犯四种人。主犯、从犯与胁从犯的种类是根据共同犯罪人在犯罪中所起的作用和地位作出的分类,教唆犯是根据分工作出的分类,其作用和地位有可能是主犯,也可能是从犯,在极其特殊的情况下才可能想象是胁从犯。

一、主犯

我国《刑法》第26条第1款规定:"组织、领导犯罪集团进行犯罪活动的或者在共同犯罪中起主要作用的,是主犯。"另外,我国《刑法》第97条对刑法分则中提到的首要分子,也提供了解释:"本法所称首要分子,是指在犯罪集团或者聚众犯罪中起组织、策划、指挥作用的犯罪分子。"

根据我国刑法的规定,我国刑法中所说的主犯包括了以下三种人:

第一,在犯罪集团中起组织、领导、指挥、策划作用的首要分子,也称为集团性首要分子。

第二,在聚众犯罪中起组织、策划、指挥作用的犯罪分子,也称为聚众性首要分子。

第三,其他在一般共同犯罪,以及在犯罪集团中起主要作用的或罪恶重大的犯罪分子,也称为普通主犯。

在我国刑法规定中,犯罪集团与聚众犯罪都是主犯存在的重要共同犯罪形式,但是,两者有着重要区别。

犯罪集团是我国刑法重点打击对象。我国刑法不仅在总则中对犯罪集团规定了一般概念,而且在分则中对犯罪集团作出特别规定。《刑法》第26条第2款规定:"三人以上为共同实施犯罪而组成的较为固定的犯罪组织,是犯罪集团。"在刑法分则中,明确提到的犯罪集团有伪造货币集团(第170条),拐卖妇女、儿童集团(第240条)、组织他人偷越国(边)境集团(第318条),盗掘古文化遗址、古墓葬集团(第328条)与走私、贩卖、运输、制造毒品集团(第347条)。另外,恐怖活动组织(第120条)与黑社会性质的组织(第294条)被普遍认为是特殊的犯罪集团,但是,对会道门、邪教组织(第300条)是否当然属于犯罪集团尚不十分清楚。对于其他没有提到犯罪集团或者犯罪组织的罪名,可以根据《刑法》第26条的一般规定来认定犯罪集团。但是,对于特殊的犯罪集团,仅仅使用一般规定有时就不够了。因此,对于"黑社会性质的组织"的认定,我国立法机关在总结经验的基础上,在2011年初通过的《刑法修正案(八)》第43条中明确规定:"黑社会性质的组织应当同时具备以下特征:(1)形成较稳定的犯罪组织,人数较多,有明确的组织者、领导者,骨干成员基本固定;(2)有组织地通过违法犯罪活动或者其他手段获取经济利益,具有一定的经济实力,以支持该组织的活动;(3)以暴力、威胁或者其他手段,有组织地多次进行违法犯罪活动,为非作恶,欺压、残害群众;(4)通过实施违法犯罪活动,或者利用国家工作人员的包庇或者纵容,称霸一方,在一定区域或者行业内,形成非法控制或者重大影响,严重破坏经济、社会生活秩序。"

聚众犯罪在我国刑法中没有一般性概念,只是在刑法分则中规定了聚众阻碍解救被收买的妇女、儿童罪(第242条第2款),聚众哄抢罪(第268条),聚众扰乱社会秩序罪(第290条第1款),聚众冲击国家机关罪(第290条第2款),聚众扰乱公共场所秩序、交通秩序罪(第291条),聚众斗殴罪(第292条第1款),聚众淫乱罪(第301条第1款),引诱未成年人聚众淫乱罪(第301条第2款),聚众持械劫狱罪(第317条第2款),聚众冲击军事禁区罪(第371条第1款),聚众扰乱军事管理区秩序罪(第371条第2款)等犯罪。

我国刑法中的主犯,具有以下特征:

第一,我国刑法对主犯还做了进一步的分类。根据主犯对共同犯罪的控制程度,分为集团性首要分子、聚众性首要分子与普通主犯。首要分子对犯罪集团或者聚众犯罪具有整体的控制权,即必须对整个犯罪发挥"组织、领导、指挥、策划"的作用。普通主犯对其参与或者组织的犯罪发挥着主要作用或者在犯罪中造成了重大罪恶。根据主犯对共同犯罪的控制程度对主犯进行进一步的分类,是我国共同犯罪理论的重要特点。

第二,我国刑法对主犯的规定采取了独特的标准。从直接实行人的标准看来,不是所有直接实施刑法分则规定的犯罪构成的行为人都是我国刑法的主犯,只有那些对犯罪的完成发挥了主要作用或者在犯罪中造成了重大罪恶的人才能成为我国刑法的主犯;从间接实行人的标准看来,不是所有通过其他根据其意志行为的人都能成为我国刑法的主犯,只有对整个犯罪发挥"组织、领导、指挥、策划"作用的人才能成为我国刑法的主犯;从共同犯罪参加人的标准看来,不是所有没有直接实施刑法分则规定的犯罪构成的行为人都不可能成为我国刑法的主犯,那些对整个犯罪具有控制力以及那些对具体犯罪结果的发生具有主要控制力的人也能成为我国刑法的主犯。

第三,我国刑法的主犯承担着专门的刑事责任。我国《刑法》第26条第3款规定:"对组织、领导犯罪集团的首要分子,按照集团所犯的全部罪行处罚。"第4款规定:"对于第三款规定以外的主犯,应当按照其所参与的或者组织、指挥的全部犯罪处罚。"我国刑法对主犯刑事责任的一般规定,已经转向符合罪刑法定原则的要求。在1979年《刑法》第23条第2款中规定:"对于主犯,除本法分则已有规定的以外,应当从重处罚。"在1997年《刑法》第26条对主犯的刑事责任,取消了"从重处罚"的规定,表现出依照罪刑法定原则,根据其实际实施的罪行定罪的态度。这样,对主犯应当判处的刑罚,应当在刑法分则条文规定的法定刑幅度之内,根据完整的具体罪行决定刑罚。对于刑法分则条文已经为集团犯罪或者聚众犯罪的首要分子单独规定了较重刑罚的,也只能在这个法定刑幅度内,根据首要分子、其他参与者或者积极参加的人所实施的不同具体罪行分别进行惩罚,不能再把主犯作为一个从重处罚的情节加码处罚。

我国刑法对主犯进行的分类以及对不同主犯规定不同刑事责任,符合我国的历史传统与社会认识,保障了罪刑法定原则的贯彻,是我国刑事司法实践经验的总结。

第十三章 共同犯罪

▶▶▶ **案例**①

在最高人民法院特别法庭对"林彪、江青反革命集团"的审判中,原南京部队空军政委江腾蛟参与策划部署杀害毛主席,担任武装政变上海地区第一线指挥,罪恶重大,虽然他的职务与其他主犯相比是最低的,但是,仍然被定为主犯。

二、从犯

我国《刑法》第27条第1款规定:"在共同犯罪中起次要或者辅助作用的,是从犯。"

我国刑法中的从犯,具有以下特征:

第一,我国刑法中的从犯,只能是那些对犯罪没有主要控制力或者没有重要控制力的人。从犯在共同犯罪中只能起次要作用的要求,规定了从犯对犯罪不能具有主要控制力;从犯只能具有辅助作用的要求,规定了从犯对犯罪不能具有重要控制力。没有主要控制力或者没有重要控制力,说明从犯不具有发动或者阻止犯罪的能力。

▶▶▶ **案例**②

张某纠集周某去某市抢劫,并借来钢剑一把、匕首两把,后又纠集魏某同行。张某出钱购买车票,到达某市后安排休息与吃饭。晚上1时许,三人见一对夫妇抱孩子去看病,张某即带领周、魏二人上前准备抢劫。民警高某正好路过,予以制止。周某见状慌忙逃跑。魏某见高某行至张某面前,就喊"上!"张某用剑刺高某不着,反被高某擒住,但魏某乘机用匕首猛刺高某后肋两刀,张某顺势挣脱,又砍了高某一刀。随后赶到的民警将魏某抓住。张、周二人也被追捕落网。张、魏二人都是本案的主犯吗?周某为什么是从犯?

第二,我国刑法对从犯的规定采取了独特的标准。从直接实行人的标准看,

---

① 参见本书编辑组编:《历史的审判》,群众出版社1981年版,第47页。
② 刘家琛主编:《新刑法案例评析(上)》,人民法院出版社2002年版,第207页。

我国刑法的从犯可能是直接实施刑法分则规定的犯罪构成的行为人；从间接实行人的标准看，我国刑法的从犯可以是利用他人实施犯罪的人；从共同犯罪参加人的标准看，我国刑法的从犯通常是那些没有直接实施刑法分则规定的犯罪构成的人。但是，我国刑法规定的从犯不适用于刑法对特定的帮助行为已经做出单独规定的犯罪。例如，《刑法》第 307 条第 2 款"帮助毁灭、伪造证据罪"，以及由《刑法修正案（三）》增加的《刑法》第 120 条之一"帮助恐怖活动罪"，在整个犯罪活动中可能属于帮助行为，但是，在该罪中就属于实行行为了。

第三，我国刑法在从犯标准上，不使用"帮助"的概念，而是使用"辅助"的概念。"辅助"是指作用，"帮助"是指分工。起辅助作用的行为人往往在犯罪中是帮助人，例如，提供犯罪工具、查看犯罪地点、帮助销毁罪证等。但是，帮助人不一定只起辅助作用。如果行为人提供的帮助在整个犯罪中起了关键作用，那么，这种帮助的作用就不是辅助作用，而是主要作用了。因此，在我国刑法分则中，关于走私罪的共犯（第 156 条），保险诈骗罪的共犯（第 198 条），走私、贩卖、运输、制造毒品罪的共犯（第 349 条），制造毒品罪的共犯（第 350 条），以及贪污罪的共犯（第 382 条）的规定，在"以共犯论处"时，都不是指只能按照从犯论处。

> ▶▶▶ **案例**①
>
> 被告人陈贵杰（无业人员）曾经与被告人钟国华、卢欣阳（均为工商银行某办事处出纳员、临时工）共谋窃取银行公款。某日，陈得知钟、卢二人值班，即带着行李袋及小刀到银行，由钟打开钱柜装钱，在卢的指示下由陈切断了报警线。在钟、卢二人的配合下，陈共拿走银行公款 27 万余元。陈贵杰是贪污罪的主犯。钟国华应当是贪污罪的主犯吗？卢欣阳是从犯吗？

第四，我国刑法对从犯规定了较轻的处罚原则。《刑法》第 27 条第 2 款规定："对于从犯，应当从轻、减轻处罚或者免除处罚。"对从犯判处较轻的处罚，在我国刑法中是"应当"的。这个规定符合从犯在共同犯罪中的作用与地位。我国 1997 年刑法删除了 1979 年刑法"比照主犯"的不清楚规定。对从犯应当判处较轻的处罚，是以主犯实施的犯罪行为本身应当判处的刑罚为基准的，而不是以主

---

① 中华人民共和国最高人民法院刑事审判庭第一、二、三、四、五庭主办：《中国刑事审判指导案例（贪污贿赂罪、渎职罪、军人违反职责罪）》，法律出版社 2009 年版，第 3 页以下。本案根据 1979 年刑法定为侵占罪，根据 1997 年刑法应当定为贪污罪。

犯可能由于自首、累犯等罪责方面的影响而增减后的刑罚为基准的。对从犯应当在全面考虑其所实施行为的性质、参与共同犯罪的情节与程度之后,依据相关刑法条文的规定判处较轻的处罚或者免除处罚。

三、胁从犯

我国《刑法》第 28 条规定:"对于被胁迫参加犯罪的,应当按照他的犯罪情节减轻处罚或者免除处罚。"根据这条规定,我国刑法学界普遍认为,胁从犯是我国共同犯罪人的一个类别。不过,从刑法条文的规定上看,虽然在共同犯罪中应当对"被胁迫参加犯罪的"人的具体情节予以考虑,但是,关于胁从犯是我国刑法规定的一种共同犯罪人的主张,在刑法规定上的根据方面,并不是无懈可击的。无论如何,我国刑法并没有像规定"主犯"与"从犯"那样清楚地规定:"被胁迫参加犯罪的,是胁从犯。"

本书认为,我国刑法对"被胁迫参加犯罪的"人所作的规定,具有以下特点:

第一,"被胁迫参加犯罪的"人,是我国刑法要求在共同犯罪中应当予以特别考虑的一种情节。在与共同犯罪进行的斗争中特别考虑参加犯罪人是"被胁迫"的情节,并且予以减轻或者免除处罚,是我国与犯罪作斗争的成功经验。

第二,胁从犯虽然有可能直接参加犯罪的实施而处于实行人的位置,但是不具有坚决的犯罪意志,并且不能造成重大的危害结果。通常,胁从犯经常仅仅处在参加人的位置上。在我国 1997 年刑法修订之后,胁从犯已经不包括"被诱骗参加犯罪"的情况。一般认为,"被胁迫参加犯罪的"是指行为人在他人对其施加精神强制而处于恐惧状态下,不敢不参加犯罪的情况①,也就是说,已经不包括被诱骗参加犯罪时对所实施行为的性质一无所知的情况。

第三,被胁迫参加犯罪并不是我国刑法中当然排除刑事责任的一种根据,而是紧急避险的一种特殊形式。我国刑法对被胁迫参加犯罪人规定的处罚原则与紧急避险是一样的,即都是"应当""减轻"处罚或者"免除处罚"。但是,行为人只有在自己的生命或者重大人身权受到严重威胁的情况下,并且,只有在其被迫实施的行为没有"超过必要限度造成不应有的损害"的情况下,被胁迫参加犯罪人的刑事责任才有可能被免除,否则,仍然要承担刑事责任,不过应当"按照他的犯罪情节""减轻处罚"。

四、教唆犯

我国《刑法》第 29 条第 1 句规定:"教唆他人犯罪的,应当按照他在共同犯罪

---

① 胡康生、郎胜主编:《中华人民共和国刑法释义》(第 3 版),法律出版社 2006 年版,第 34 页。

中所起的作用处罚。"虽然在刑法根据上,教唆人或者教唆犯作为一种法定的共同犯罪人类别并不像"主犯"与"从犯"那么清楚,但是,教唆犯作为一种共同犯罪人的类别,自古以来就在刑法与社会中得到了广泛的认可。

在共同犯罪中,教唆犯具有以下特征:

第一,教唆犯是一种特殊的参与共同犯罪的模式。在教唆模式中,教唆犯在教唆行为方面,是通过建议、劝诱、威胁等各种精神上的联系,对被教唆人进行意志上的影响,使之产生犯罪意图并进而实施犯罪。教唆犯在共同犯罪中具有明显的从属性,他不是由于自己亲自动手实施刑法分则规定的犯罪构成,而是由于受其教唆的人实施了犯罪,才与之一起承担刑事责任的。教唆犯在教唆故意上,具有双重性:一方面故意教唆被教唆人作出实施犯罪行为的决定,另一方面推动或者引起被教唆人故意实施被教唆行为以实现符合犯罪构成要求的结果。被教唆人正是在教唆犯的教唆行为与教唆故意影响下,才去实施向其指明的应受刑事惩罚的行为。在现代刑法学中,处罚教唆犯的根据是所谓的推动理论或者引起理论,也就是说,教唆犯通过向被教唆人显示犯罪图景,推动、促使或者引起被教唆人的具体实施,从而在实际上予以实现的。

第二,教唆犯在共同犯罪中所起的作用,在不同的案件中有不同。教唆犯在共同犯罪中经常起主要作用。例如,教唆犯使没有犯罪意图的人产生了犯罪意图,并且经常在这种产生犯罪意图的过程中发挥着策划、指挥、组织、领导的作用。但是,教唆犯也可能在共同犯罪中起次要作用。例如,实行人已经有了犯罪意图,不过尚在犹豫不决,教唆犯对之进行鼓励或者精神上的帮助,促其下定了犯罪决心。教唆犯在共同犯罪中起胁从犯的作用在极其特殊的情况下也是可以想象的。然而,教唆对象是不满18周岁的人时,出于保护青少年的考虑,我国《刑法》第29条第2句规定应当对教唆犯从重处罚。其中,教唆不满14周岁的人犯罪的,教唆犯本人就要作为实行人来处罚;教唆已满14周岁不满18周岁的人犯罪,应当从重处罚。如果被教唆的人没有犯被教唆的罪,也就是教唆未遂时,根据刑法第29条第2款,对于教唆犯,可以从轻或者减轻处罚。

由于教唆犯在特征上具有的复杂性,因此,现代刑法学特别强调以下一些情况:

第一,教唆行为的具体性。这是指教唆必须针对具体的人与具体的行为。如果教唆的对象是难以确定人员范围的不特定多数人,教唆犯一般不能成立。但是,在刑法对特定的煽动行为做了明确规定时,例如,煽动民族仇恨、民族歧视罪(《刑法》第249条),煽动暴力抗拒法律实施罪(《刑法》第278条)等,就应当根据有关条文定罪处罚。教唆必须有确定的内容,必须是他人可以认识的。教唆虽然没有时间、地点以及方法上的限制,但是,不可能通过不作为产生,并且,在使用暗示、眼色、比喻等手段进行教唆时,教唆内容应当是在当时当地能够明确地为他人所知的。教唆的内容以被教唆人实施的由刑法规定的犯罪行为为限,不需要包括例如参与共同犯罪的人数与姓名等其他内容。

第二,教唆故意的具体性。这是指教唆犯必须具有明知自己的教唆行为会引起他人的犯罪意图并导致实施犯罪,希望或者放任对方实施犯罪的心理态度。过失不能构成教唆。俗话说的"说者无心,听者有意",不能认为是教唆犯。由于教唆故意具有双重性,因此,被教唆人实施的犯罪行为如果不是教唆人所教唆的,也就是在所谓的实行过限的情况下,教唆人对其教唆以外的犯罪不负责任。例如,甲教唆乙去抢劫,乙抢劫后又强奸,甲只对教唆抢劫罪负责,对强奸罪不负责。教唆人不想让被教唆人去实施犯罪的,教唆犯也不成立。

第三,特别规定的教唆性犯罪,不再构成教唆犯。这是指在刑法分则中已经把特定的教唆行为单独规定为专门的犯罪之后,这些行为就不再属于刑法总则中所说的教唆犯了。例如,策动武装叛乱罪(《刑法》第104条)、传授犯罪方法罪(《刑法》第295条),都是特殊的教唆性犯罪,在刑法已经将其单独规定为新的犯罪之后,对实施这种犯罪的人,就不再作为教唆犯在共同犯罪中处理,而应当根据刑法的特别规定单独地定罪判刑。

第四,教唆他人犯罪后又自己直接参与共同实施犯罪的,应当依法作为实行人来处理。教唆行为只应当作为情节在量刑时考虑。

第十四章 刑罚的概念与体系

刑罚是犯罪的法律后果。根据罪刑法定原则,刑罚也必须根据刑法确定。确定的刑罚不仅形成了对滥用刑罚权的约束,而且为正确使用刑罚权提供了保障。刑罚的体系,完整地规范着刑罚的种类与适用,为社会与公民的安全提供着可靠的保障。

第一节 刑罚的概念

刑罚是国家通过法律确定的,由法院通过刑事诉讼程序对有罪的人适用的各种强制性惩罚措施的总称。刑罚是犯罪的法律后果,是行为人犯罪后应当承担的法律责任。犯罪给社会与他人造成了严重的损害,因此,从行为人应当承担偿还或者赎罪的义务上说,刑罚就是犯罪人应当承担的刑事责任。

现代刑法学一般认为,刑罚具有以下基本特征:

第一,刑罚具有法定性,只能由国家使用法律的形式加以规定。这是罪刑法定原则的要求。我国《立法法》第 8 条规定,犯罪和刑罚的事项只能制定法律;第 9 条规定,国务院制定的行政法规不得制定有关犯罪和刑罚的事项。

第二,刑罚具有惩罚性。惩罚性甚至被普遍地认为是刑罚应当具有的本质属性。刑罚的惩罚性是通过使人痛苦或者其他通常被认为会令人不舒服的后果表现出来的。在现代刑法中,刑罚的痛苦是通过剥夺生命、自由、财产以及特定的资格造成的。随着文明的发展,通过残害肢体与毁伤身体所造成的痛苦,已经被普遍认为是不人道的。

第三,刑罚具有严格性,只能对被认定为犯罪的罪犯适用。在现代法治社会中,只有法院才有资格认定犯罪,只有经过刑事诉讼程序才能认定犯罪并确定应当承担刑罚的人,只有这样的人才能成为刑罚适用的对象。刑罚适用的严格性,表明刑罚是国家与社会对特定行为——犯罪所作出的最强烈的谴责与最严厉的否定评价。

第四,刑罚具有强制性,只能由国家专门的机关予以执行。在我国,目前执行刑罚的机关是监狱、公安机关、人民法院,以及社区矫正机关。其中,监狱主要负责有期徒刑、无期徒刑、死刑缓期二年执行等长期剥夺自由刑罚的执行,公安机关主要负责拘役这种短期剥夺自由刑罚与剥夺政治权利这种剥夺资格刑罚的执行，同时协助管制这种不剥夺自由刑罚的执行以及协助其他机关执行有关刑罚，人民法院主要负责罚金与没收财产等剥夺财产刑罚的执行，社区矫正机关主要负责不剥夺自由的刑罚的执行。国家通过专门机关强制执行刑罚，保证实现制定与执行刑罚所追求的目的。

刑罚与保安处分不同。在现代刑法制度中，许多都采纳了所谓的二元制惩罚制度，即在刑罚之外还规定保安处分。保安处分是指为了矫正行为人与防卫社会，将具有再次实施符合犯罪构成的行为危险的无刑事责任能力人与限制刑事责任能力人以及特定种类的犯罪人，安置于教育、医疗或者安全环境之中的各种措施。常见的保安处分措施有安置在精神病医院、强制戒毒、吊销驾驶执照。刑罚与保安处分的区别主要有以下几点：在适用对象方面，刑罚对实施了符合犯罪构成、具有违法性与罪责的罪犯适用，而保安处分仅仅对实施了符合犯罪构成的不法行为人适用；在适用条件方面，刑罚以构成犯罪为条件，针对的是已经实施的犯罪，而保安处分以行为人将来的危险状态为条件，针对的是尚未实施的危害行为；在适用目的方面，刑罚与保安处分虽然都是以预防为目的的，但是，刑罚预防的是行为人的再犯罪，保安处分预防的是行为人对社会的持续性危险。我国刑法没有明确规定保安处分制度，但是，因不满16周岁不予刑事处罚，责令家长或者监护人管教，以及在必要时由政府强制收容（第17条第4款）的规定，精神病人在必要时由政府强制医疗（第18条第1款）的规定，是具有保安处分性质的规定。

刑罚与治安管理处罚不同。两者之间的区别主要表现在基本性质上：治安管理处罚是一种行政处罚，而刑罚是一种刑事处罚。治安管理处罚的法律根据是《治安管理处罚法》及其相关法律，处罚的对象是比较轻微的违法行为，也就是"尚不够刑事处罚的"行为（第2条）。适用的程序也是比刑事程序简单得多的行政处罚程序，例如，没有律师辩护，没有上诉程序。治安管理处罚的严厉程度也远远比不上刑罚。然而，目前我国的治安管理处罚中仍然包含剥夺人身自由的处罚，这与现代法治的观念是否相符合，是否容易混淆治安管理处罚与刑罚的界限，是值得注意的。不过，在剥夺财产的处罚对象方面，刑罚处罚的犯罪与治安管理处罚对象的违法行为之间，主要在于危害程度的不同。例如，盗窃罪的起刑点是盗窃1000元至3000元以上财物的行为，治安管理处罚只能适用于盗窃起刑点以下财物的行为。

刑罚与纪律处分不同。纪律处分是特定的国家组织机构，例如党与国家机关、军队和警察部门，以及特定的职业团体，例如律师协会和医师协会，为了维护自身机构或团体的功能与信誉，对其成员违反有关规定给予的处罚措施。例如，我国《公务员法》第56条规定，公务员违法违纪应当承担纪律责任的，应当受到警告、记过、记大过、降级、撤职、开除等处分。《中国人民解放军纪律条令》(简称《纪律条令》)第 79 条、第 80 条规定,对违反军队纪律的应当给予警告、严重警告、记过、记大过、降(级)职或者降衔、撤职、除名、开除军籍等处分。《中国共产党纪律处分条例》(简称《纪律处分条例》)第 7 条规定,对党员的纪律处分种类有警告、严重警告、撤销党内职务、留党察看、开除党籍。纪律处分与刑罚之间的区别主要有以下几点:在严厉程度上,纪律处分都不包括剥夺人身自由的措施;在适用条件上,纪律处分处罚的违纪行为可以不如犯罪构成那么准确,认定违纪行为的程序也不如刑事程序那么严格;在适用对象上,纪律处分是以行为人为导向的,即纪律处分维持的道德水平与行为准则都只有特定的人才能具有资格,远远高于刑罚所要维持的水平。例如,《公务员法》是为了"建设高素质的公务员队伍"(第 1 条),《纪律条令》是为了"保证军队的高度集中统一"(第 1 条),《纪律处分条例》是"为维护党的章程和其他党内法规,严肃党的纪律,纯洁党的组织,保障党员民主权利,教育党员遵纪守法,维护党的团结统一,保证党的路线、方针、政策、决议和国家法律法规的贯彻执行"(第 1 条)。

刑罚的基本特征以及与其他处罚措施的区别说明:刑罚的基本特征是惩罚性;刑罚的惩罚性是最严厉的;刑罚除了内容上的特征之外,还需要从适用主体和适用程序上才能得到确定。

从刑法的发展历史来看,刑罚的种类正在随着人类文明的进步而不断进步。在社会不断要求提高法律保护等级的历史趋势下,随着刑法保护的前沿不断扩展,犯罪的类型出现了日益轻型化的趋势,从而影响了刑罚发展也出现了不断轻刑化的局面。新的更文明的刑罚方式,也正在随着社会与文明的发展而出现。例如,我国《刑事诉讼法》已经规定了"当事人和解"的程序(第 277 条以下),使赔偿和和解成为新的刑事结案形式。经过多年实践,社区矫正已经成为我国刑罚体系中的一种实施方式。当然,在新的刑事结案形式中如何体现刑事惩罚性,以及刑罚体系应当如何进一步发展,是现代刑法学新的重要研究领域。

第二节 刑罚的体系

一、刑罚体系的一般概念与特征

刑罚的体系,是指刑法规定的刑罚方法有顺序排列形成的制度性整体。在人类文明开始以来,对犯罪的惩罚就几乎从来没有采用过单一形式的。即使在

第十四章　刑罚的概念与体系

中国古代三皇五帝时期，对违反风俗习惯行为的惩罚方法也是两种：笞打与放逐。① 刑罚必须有种类的区别或者轻重的区别，是为了适应对不同程度犯罪加以惩罚的需要。把不同种类的刑罚安排成有秩序的完整体系，是文明思想与刑法制度高度发展的表现。

中国古代很早就认识到"刑称罪则治，不称罪则乱"（《荀子·正论》）的道理。为了保障刑罚的准确适用，中国古代刑法很早就发展出了统一完整、轻重有序的刑罚体系。至少在商周时期，就已经形成完整的墨、劓、剕、宫、大辟的旧五刑制度，在西汉初废除残伤肢体的肉刑之后，最晚在唐代就已经形成了笞、杖、徒、流、死的新五刑制度。② 中国古代完整成熟的刑罚体系，是古代中华文明的重要组成部分。在现代刑法中，世界各国也发展出了各具特色的刑罚体系。纵观现代刑法的发展趋势，现代刑罚体系具有以下明显的特征：

第一，刑罚体系体现文明性。由古至今，刑罚体系大致经历了以死刑为中心、以肉刑为中心、以自由刑为中心的几个阶段，现在已经出现了以缓刑与财产刑为经常适用的刑种的新趋势。今天，在刑罚体系中完全放弃肉刑，开始放弃死刑或者严格限制死刑，清晰地表现出人类社会文明的进步。现代的刑罚体系早已将盲目的报应观念视为文明落后的表现，在预防性目的的引导下，现代刑罚体系已经普遍转向遵从理性的有目的的刑罚观念。现代刑法学与犯罪学都已经认识到，刑罚的威力在于惩罚的准确性与及时性，而不在于惩罚的更大痛苦性。给人身带来更大痛苦的刑罚，并不具有更大的威慑力或者预防效果。刑罚的文明特别在于帮助犯罪人重新回归社会，而不是将犯罪人从社会上消灭或者永远隔绝。在我国实施的强迫劳动改造，已经开始逐步向生产性劳动与习艺性劳动相结合的模式转变。

第二，刑罚体系具有完整性。为了适应惩罚与预防各种犯罪以及改造各种犯罪人的需要，现代刑法都发展出一个包含多种刑罚方法的体系。为了准确适用刑罚，恰如其分地表现犯罪的法律后果，避免各种刑罚之间出现体系性空隙，各种刑罚就需要前后衔接，按照由轻到重或者由重到轻的顺序进行排列。现代刑罚已经形成了生命刑（死刑）、自由刑（包括剥夺自由的无期徒刑、有期徒刑、拘役与不剥夺自由的管制、社区服务）、财产刑（追缴、罚金与没收财产）、资格刑（剥夺政治权利、禁止驾驶机动车、驱逐出境）等基本刑罚种类。为了保证刑罚的有序适用，现代刑罚体系普遍采用了主刑与附加刑的制度。主刑又称基本刑或者

---

① 蔡枢衡著：《中国刑法史》，广西人民出版社1983年版，第55页以下。
② 北京大学法学百科全书编委会：《北京大学法学百科全书：中国法律思想史·中国法制史·外国法律思想史·外国法制史》，北京大学出版社2000年版，第867页。

单独刑,对于法院依法确定的一个犯罪,只能独立适用一个主刑,不能附加适用。对于犯了几个罪的犯罪人,最后决定执行的主刑一般也只能一个,具体方法根据刑法对数罪并罚确定的原则决定。附加刑又称从刑,是补充主刑适用的,既可以附加适用,也可以在法律有规定时独立适用。对于一个犯罪人,可以根据罪行,判处并执行几个附加刑。

第三,刑罚体系趋向轻缓性。刑罚体系的轻缓性,从刑罚发展的总趋势来看具有绝对性,从刑罚适用的对象来看则具有相对性。刑罚体系的绝对轻缓性,不仅表现在肉刑的消失与对死刑的废除和限制上,而且表现在自由刑中不再包括严格隔离的堡垒监禁与长期佩带刑具的禁闭式关押。刑罚体系的相对轻缓性,则体现在刑罚适用对象——犯罪,在刑法保护前置的运动中形成的相对轻型化,从而在客观上使严厉的刑罚成为没有必要。刑罚的轻刑化是以犯罪的轻型化为前提的。刑罚的轻缓性不能表现在对严重的犯罪不适用严厉的刑罚上,那样就违反了罪刑相适应原则。刑罚的轻缓性可以不仅表现在对严重犯罪适用严厉刑罚的数量的减少上,而且表现在轻缓的刑罚在全部刑罚适用的比例的增加上。刑罚的轻缓性,体现了现代社会法治水平的提高与文明社会防卫自身信心的增强。因此,刑罚体系的轻缓化,是文明进步的产物,更是社会发展的产物。

二、我国的刑罚体系

我国刑法对刑罚种类的规定,已经形成了一个完整的刑罚体系,不仅包括了生命刑、自由刑、财产刑与资格刑,而且区分为主刑与附加刑。

根据我国《刑法》第33条与第34条的规定,我国的主刑有五种:管制、拘役、有期徒刑、无期徒刑、死刑;附加刑有三种:罚金、剥夺政治权利、没收财产。除此之外,《刑法》第35条规定:"对于犯罪的外国人,可以独立适用或者附加适用驱逐出境。"这种处罚措施仅仅适用于犯罪的外国人,虽然刑法没有明确将其列入附加刑,但是,刑法学界一致认为其属于附加刑。

除此之外,我国刑法中没有规定其他刑罚的种类。在1981年颁布的《惩治军人违反职责罪暂行条例》第24条规定:"对于危害重大的犯罪军人,可以附加剥夺勋章奖章和荣誉称号。"这种处罚措施,在当时也属于一种附加刑,但是在1997年修改刑法时被立法机关取消了,因为勋章、奖章和荣誉称号,根据《宪法》的相关规定,应当由国家权力机关决定,需要剥夺的,也应当由国家权力机关决定,不宜由法院判处剥夺。①

我国《刑法》在第 36 条、第 37 条、第 37 条之一对刑事案件的其他结案方式作了规定。这种非刑罚处理方法一共有四类:

第一,附带性民事责任。这是指犯罪人在受到刑事处罚的同时,应当同时承担的民事责任。《刑法》第 36 条规定:"由于犯罪行为而使被害人遭受经济损失的,对犯罪分子除依法给予刑事处罚外,并应根据情况判处赔偿经济损失。承担民事赔偿责任的犯罪分子,同时被判处罚金,其财产不足以全部支付的,或者被判处没收财产的,应当先承担对被害人的民事赔偿责任。"

第二,训诫、具结悔过、赔礼道歉或者赔偿损失。这是《刑法》第 37 条的规定。在行为人的犯罪情节轻微不需要判处刑罚时,人民法院在判决免予刑事处罚的同时,可以根据案件的不同情况,予以训诫或者责令具结悔过、赔礼道歉、赔偿损失。

第三,行政处罚或者行政处分。这也是《刑法》第 37 条的规定,是指人民法院在对行为人判处免予刑事处罚时,将行为人交由主管部门予以行政处罚或者行政处分。主管部门包括对案件有管辖权的公安机关和其他行政执法机关,以及犯罪人所在单位或者基层组织。行政处罚包括行政执法机关依照行政法律、法规的规定,给予行为人以经济处罚或者限制人身自由的处罚,例如罚款、行政拘留。行政处分是指行为人所在单位或者基层组织依照规定、制度,给予行为人以行政纪律处分,例如警告、记过或者开除。

第四,从业禁止,也称执业禁止。这是《刑法修正案(九)》中增加的《刑法》第 37 条之一的内容。对于那些"因利用职业便利实施犯罪,或者实施违背职业要求的特定义务的犯罪被判处刑罚的,人民法院可以根据犯罪情况和预防再犯罪的需要,禁止其自刑罚执行完毕之日或者假释之日起从事相关职业"。这个规定对于保护特定行业或者领域的秩序和安全,例如、食品生产、加工、销售部门,证券业、银行业、保险业部门等,有着重要的意义。被禁止从事相关职业的人违反人民法院决定的,由公安机关依法给予处罚;情节严重的,依照《刑法》第 313 条"拒不执行判决、裁定罪"定罪处罚。从业禁止的期限"为三年至五年"。然而,我国目前有 20 多部法律和有关法律问题的决定,对禁止或者限制从业的条件和期限有不同②:有的规定禁止或者限制担任一定公职,有的禁止或者限制从事特定职业,有的禁止或者限制从事特定活动;有的只适用于特定犯罪,有的只适用于

---

① 参见全国人大法律委员会主任委员薛驹所作的《第八届全国人民代表大会法律委员会关于〈中华人民共和国刑法(修订草案)〉〈中华人民共和国国防法(草案)〉和〈中华人民共和国香港特别行政区选举第九届全国人民代表大会代表的办法(草案)〉审议结果的报告》。

② 参见郎胜主编:《中华人民共和国刑法释义》(第 6 版),法律出版社 2015 年版,第 39 页。

被判处特定刑罚的人,有的规定禁止或者限制的期限是终身,有的规定了一定的期限。为此,《刑法》明确规定:"其他法律、行政法规对其从事相关职业另有禁止或者限制性规定的,从其规定。"

非刑罚处罚方式不是刑种,因此,不具有刑罚的性质和作用。但是,这些非刑罚处理方式是保证刑事案件得到公正解决的必要手段,因此也可以说,它们是对我国刑罚体系的补充。

第三节 主 刑

主刑是对犯罪人适用的主要刑罚方法。在我国刑法规定主刑中,有不剥夺自由的刑罚:管制;剥夺自由的刑罚:拘役、有期徒刑、无期徒刑;剥夺生命的刑罚:死刑。我国没有规定资格刑作为主刑。

一、管制

管制是我国刑罚体系中最轻的主刑。根据刑法总则第三章第二节的规定,管制是指由人民法院判决,对犯罪分子不实行关押,但限制其一定自由,交由公安机关管束和群众监督改造的一种刑罚方法。

管制是我国在与犯罪作斗争中创设的一种刑罚。管制具有两个明显的优点:一是对犯罪人不剥夺自由;二是犯罪人参加劳动应当同工同酬。不剥夺自由,使犯罪较轻的罪犯可以不入监狱或者其他执行场所,避免了与其他严重罪犯接触而感染其他恶习的机会。同时,管制犯在公安机关与社会的监督下可以得到改造,通过劳动又可以获取正当报酬,不至于影响家庭生活。这样,管制刑对犯罪人的改造和社会秩序的安定都有很积极的意义。然而,管制的有效性完全有赖于对管制犯的监管。如果对管制犯无法进行切实有效的监管,管制刑罚的惩罚性就难以得到体现。我国刑法对管制的规定,具有以下特点:

第一,管制虽然不剥夺自由,但也是有期限的。管制的期限,是3个月以上2年以下,数罪并罚最高不能超过3年。管制的刑期从判决执行之日起计算;判决执行之前先行羁押的,羁押一日折抵刑期二日。管制期满,执行机关应即向本人和其所在单位或者居住地的群众宣布解除管制。

第二,管制虽然不剥夺自由,但仍然是限制自由的。对于管制犯,《刑法修正案(八)》规定了禁止令。根据犯罪情况,可以禁止管制犯在管制期间从事特定活动,进入特定区域、场所,接触特定的人。在管制期间,管制犯应当遵守下列规定:(1)遵守法律、行政法规,服从监督;(2)未经执行机关批准,不得行使言论、出版、集会、结社、游行、示威自由的权利;(3)按照执行机关规定报告自己的活动情况;(4)遵守执行机关关于会客的规定;(5)离开所居住的市、县或者迁居,应当报经执行机关批准。但是,管制犯在管制期间劳动的,应当同工同酬。

第三,对管制犯不剥夺自由但限制自由的惩罚,是强制性的。对判处管制的犯罪分子,依法实行社区矫正。社区矫正通过《刑法修正案(八)》明确规定在《刑法》第38条第3款之中。目前,社区矫正作为一种非监禁刑罚执行方式,是指将符合法定条件的罪犯置于社区内,由专门的国家机关在相关社会团体、民间组织和社会志愿者的协助下,在判决、裁定或决定确定的期限内,矫正其犯罪心理和行为恶习,促进其顺利回归社会的非监禁刑罚执行活动。[①] 另外,管制犯在管制执行期间违反禁止从事特定活动,进入特定区域、场所,接触特定人的规定的,由公安机关依照《治安管理处罚法》的规定处罚。

由于管制具有不剥夺自由的特点,因此,在我国刑法分则规定的犯罪中,以及在刑事司法实践中,管制适用的对象一般都是罪行较轻的罪犯,不是任何一种犯罪都可以判处管制的。

二、拘役

拘役是剥夺自由的刑罚中最轻的一种,在理论上被称为轻徒刑,以区别于有期徒刑的重徒刑。根据《刑法》第三章第三节的规定,拘役是短期剥夺犯罪分子的人身自由,由公安机关就近执行的刑罚方法。

在我国刑罚体系中,拘役具有两个明显的优点:一是,拘役可以避免不必要的司法麻烦。拘役的执行期限短,因此,如果在判决确定之后还需要转交监狱执行,那么,拘役犯很难获得监狱改造的好处。拘役就近执行,可以避免繁琐严格的罪犯转运交接中可能产生的诸多问题。二是,拘役可以有效避免轻罪犯与重罪犯之间可能发生的交叉感染恶习的情况。拘役犯是罪行较轻的罪犯,加上在离家较近的地方执行短期刑罚,比较容易管理与改造,能够有效地避免现代犯罪学特别希望避免的罪犯之间的交叉感染。

我国刑法对拘役的规定,具有以下特点:

第一,拘役是剥夺自由期限最短的刑罚。拘役的期限是1个月以上6个月以下,数罪并罚不能超过1年。拘役的刑期,从判决执行之日起计算;判决以前先行羁押的,羁押一日折抵刑期一日。拘役的刑罚期限短,只能适用于罪行较轻,需要短期关押的犯罪分子。在刑罚体系中,拘役属于轻刑,带有明显的警戒性质,能够起到使一时不注意法律权威的罪犯猛醒的作用。

[①] 参见2009年最高人民法院、最高人民检察院、公安部、司法部《关于在全国试行社区矫正工作的意见》。

第二,拘役是由公安机关就近执行的刑罚。根据现行规定,拘役由公安机关在看守所中执行。① 在执行期间,被判处拘役的犯罪分子每月可以回家一天至两天;参加劳动的,可以酌量发给报酬。

目前,由于行政拘留等行政处罚措施的存在,使得拘役的使用受到了很大的限制。但是,随着我国法律制度的进一步完善,尤其是随着刑法加强对民生的保护,拘役可能发挥更大的作用。

三、有期徒刑

有期徒刑是现代刑事惩罚中最经常使用的一种刑罚。根据刑法总则第三章第四节的规定,有期徒刑是指在一定时间内剥夺犯罪分子人身自由,实行强制劳动改造的刑罚方法。

我国有期徒刑的优点主要是强调教育改造。在有期徒刑执行期间,监狱对罪犯实行惩罚和改造相结合、教育和劳动相结合的原则,将罪犯改造成为守法公民(《监狱法》第3条)。我国监狱在执行有期徒刑时,实行依法监管,根据改造罪犯的需要,在组织罪犯从事生产劳动的同时,注重对罪犯进行思想教育、文化教育、技术教育以及习艺性劳动,取得了很好的效果。

我国刑法对有期徒刑的规定,具有以下特点:

第一,有期徒刑适用的范围广泛。有期徒刑不仅是刑事司法判决中最经常使用的刑罚,也是刑法分则中适用最广泛的刑种,几乎每一种犯罪都规定了有期徒刑。

第二,有期徒刑的期限幅度很大。有期徒刑的期限,一般为6个月以上15年以下。但是,判处死刑缓期执行的,在死刑缓期执行期间,如果确有重大立功表现,2年期满以后,减为25年有期徒刑;另外,在数罪并罚时,有期徒刑总和刑期不满35年的,决定执行的刑期最高不能超过20年,总和刑期在35年以上的,最高不能超过25年。有期徒刑的刑期,从判决执行之日起计算;判决执行以前先行羁押的,羁押一日折抵刑期一日。

第三,有期徒刑是我国刑法改造罪犯的重要手段。被判处有期徒刑的罪犯,一般在监狱里执行。只有那些在交付执行刑罚前,剩余刑期在1年以下的,由看守所代为执行(《监狱法》第15条);另外,未成年犯在未成年犯管教所执行刑罚(《监狱法》第74条)。凡有劳动能力的,都应当参加劳动,接受教育和改造。

---

① 参见2013年《看守所留所执行刑罚罪犯管理办法》第2条。

四、无期徒刑

无期徒刑是剥夺自由的刑罚中最严厉的一种。根据《刑法》第三章第四节的规定,无期徒刑是剥夺犯罪分子终身自由,实行强制劳动改造的刑罚。

无期徒刑受到的批评主要有两点:一是正当性问题,认为无期徒刑是无限期地关押罪犯,断绝了罪犯的自新之路,使他们丧失了重新回归社会的希望,因此很不人道;二是公平性问题,认为同样判处无期徒刑的罪犯,由于生命有长有短,长寿的罪犯比短命的罪犯实际执行的期限相差很大,因此很不合理。

我国刑法规定的无期徒刑,具有以下特点:

第一,无期徒刑是剥夺罪犯终身自由的刑罚。我国并不强调无期徒刑具有更强的威慑力,而是从防卫社会与改造罪犯的角度,根据无期徒刑犯对社会所具有的危险性质,强调将其与社会隔绝的必要性。在我国刑法中,无期徒刑经常是与死刑并列规定的,在刑事司法实践中,无期徒刑也经常被用作死刑的替代刑,是限制死刑的重要措施。

第二,我国刑法规定的减刑与假释制度一般都可以对无期徒刑罪犯适用。无期徒刑犯与有期徒刑犯一样,在刑罚执行期间都必须接受教育改造,悔罪表现好以及有立功表现的,无期徒刑犯有可能获得减刑与假释的机会,即获得重新回归社会的机会。因此,在我国刑罚体系中,无期徒刑不是一种绝对隔绝罪犯复归社会的刑罚。目前,我国刑法的确对无期徒刑犯规定了两种严格的限制措施:一是对累犯以及因故意杀人、强奸、抢劫、绑架、放火、爆炸、投放危险物质或者有组织的暴力性犯罪被判处10年以上有期徒刑、无期徒刑的犯罪分子,规定了不得假释(第81条第2款);二是犯贪污罪被判处死刑缓期执行的,人民法院根据犯罪情节等情况可以同时决定在其死刑缓期执行二年期满依法减为无期徒刑后,终身监禁,不得减刑、假释(第383条第4款)。第一种限制措施不包括减刑;第二种限制措施不是绝对的。这些非常严厉的措施是同目前相应犯罪作斗争的严峻形势所要求的。

五、死刑

死刑是剥夺犯罪分子生命的刑罚,是我国刑罚中最严厉的一种刑罚方法。我国刑法在总则第三章第五节对死刑做了规定。另外,我国《刑事诉讼法》第252条第2款规定:"死刑采用枪决或者注射等方法执行。"我国于1997年11月4日首次在昆明市中级人民法院通过对4名罪犯注射麻醉及致死性药物的方法执行死刑。①

（一）我国的死刑政策

我国《刑法》第48条明确规定："死刑只适用于罪行极其严重的犯罪分子。"这个规定体现了我国现阶段的死刑政策：保留死刑，但是严格限制死刑。

我国目前采纳保留死刑政策的主要原因有两点②：一是我国在社会治安方面仍然存在着无法完全遏制严重犯罪的严峻情况，仍然不得不依靠死刑可能产生的威慑力来承担保卫社会的任务。"目前社会治安状况严峻，经济犯罪的情况严重"③，是我国保留死刑的主要理由。二是我国的历史传统和社会观念认为，死刑本身是一种手段，可以用来减少和消灭犯罪，也可以满足社会的"正义"和"公正"的要求。不仅我国古代思想家们提出的"以刑去刑""以杀去杀"④的主张，即用剥夺犯罪人生命的方法来防止他同时阻遏其他人犯罪的思想，至今在我国仍然被认为是合理的，而且死刑的合理性还典型地表现在"杀人偿命，天经地义"这个几乎被认为是常识的我国社会观念之中。

我国目前必须严格限制死刑的主要理由也有两点：一是死刑不能被滥用。不能滥用死刑的思想，能够得到我国历史中"明德慎罚""德主刑辅""恤刑慎杀"⑤等一整套系统学说的支持。死刑不得滥用，不仅包括不能对无罪的人适用死刑，而且包括不能对已经犯了罪，但是罪不该死的人适用死刑的意思。我国几千年历史说明，滥用死刑必然导致刑法规范界限的模糊和社会公平正义观念的混乱，从而导致社会矛盾的激化，造成统治秩序的崩溃。二是，限制死刑有利于争取社会的最大利益。这些利益包括：人权利益，因为人死不能复生，杀错不能改正，"与其杀不辜，宁失不经"（《尚书·大禹谟》），即宁肯不依常规办事也不要杀错人，是我国千古传诵的著名原则；证据利益，即保留一些活证据，为历史研究提供史料⑥和为犯罪侦查保留证人；工作利益，即保存劳动力，使他们能够有机会为社会创造各种财富。

（二）我国死刑制度概述

我国死刑制度，实际上就是严格控制死刑适用的制度。可以适用死刑的罪

---

① 参见《法制日报》1997年11月4日。
② 参见王世洲：《论中国死刑的保留与限制及其对故意杀人罪的适用》，载《政法论坛》2001年第6期。
③ 全国人民代表大会常务委员会副委员长王汉斌：《关于〈中华人民共和国刑法（修订草案）〉的说明》，1997年3月6日。
④ 《商君书·画策》，转引自周密著：《中国刑法史纲》，北京大学出版社，1998年版，第331页。
⑤ 参见张国华、饶鑫贤主编：《中国法律思想史纲》（上），甘肃人民出版社1984年版，第40,52页。
⑥ 例如，中国在50年代对于许多伪满洲国、日本战犯和国民党战犯就没有执行死刑。他们后来写的回忆录已经成为研究中国近现代历史的重要资料。

犯,不仅必须符合《刑法》第 48 条"罪行极其严重"的要求,而且必须符合刑法分则在具体条文中的规定。"罪行极其严重"的要求,在 1979 年刑法中被称为"罪大恶极",现在的要求严格地符合了《国际人权公约》的要求,是指具有对国家和人民利益危害特别严重和情节特别恶劣的犯罪情节。我国刑法分则中的许多犯罪,对可以判处死刑的特定情节都有明确的要求。例如,《刑法》第 263 条抢劫罪规定,可以判处死刑的情节是:(1)入户抢劫的;(2)在公共交通工具上抢劫的;(3)抢劫银行或者其他金融机构的;(4)多次抢劫或者抢劫数额巨大的;(5)抢劫致人重伤、死亡的;(6)冒充军警人员抢劫的;(7)持枪抢劫的;(8)抢劫军用物资或者抢险、救灾、救济物资的。仅仅在形式上具有这些情节之一,并不当然被判处死刑。例如,仅仅是入户抢劫,没有其他诸如造成重伤、死亡、抢劫数额巨大等情节的,就难以达到"罪行极其严重"的程度,即不应被判处死刑。不言而喻,在具体犯罪的死刑规定被废除之后,对于该罪就不能再适用死刑。

在我国刑法中,严格控制死刑的制度,除了死缓制度之外,还明显地体现在严格禁止对特定的犯罪主体适用死刑,严格限制对特定的犯罪主体适用死刑,以及在刑事程序上严格控制死刑等方面。

第一,严格禁止与严格限制对特定的犯罪主体适用死刑。

我国刑法严格禁止对特定的犯罪主体适用死刑。《刑法》第 49 条规定:"犯罪的时候不满 18 周岁的人和审判的时候怀孕的妇女,不适用死刑。"对"犯罪的时候不满 18 周岁的人"不适用死刑,不仅包括不能判处死刑立即执行,而且不能判处死刑缓期执行,更不能等犯罪分子年满 18 周岁以后再执行死刑。我国刑法目前的规定,修改了 1979 年刑法关于"已满 16 岁不满 18 岁的,如果所犯罪行特别严重,可以判处死刑缓期二年执行"的规定,明确了年龄按公历计算,以日为单位计算实足年龄,从而使禁止死刑适用于未成年犯的规定更加严格。对"审判的时候怀孕的妇女"不适用死刑,也包括不能判处死刑立即执行和不能判处死刑缓期二年执行,以及不能等分娩以后再判处死刑或者执行死刑。"审判的时候",不仅包括在人民法院审判的时候,而且包括在审判前羁押受审时已经怀孕的妇女。怀孕妇女在羁押或受审期间,自然流产或者人工流产的,应视同审判时怀孕的妇女,不能适用死刑。

我国刑法严格限制对特定的犯罪主体适用死刑。这体现在明示和默示两个方面。明示的限制性规定体现在我国《刑法》第 49 条第 2 款的规定中:"审判的时候已满 75 周岁的人,不适用死刑,但以特别残忍手段致人死亡的除外。"这是我国《刑法修正案(八)》在严格限制死刑方面采取的重要措施。"以特别残忍手段致人死亡的"情节,应当是比"罪行极其严重"更恶劣的情节,是完全无法使社会对这名老年犯产生一丝宽恕心理的情节,例如以肢解、残酷折磨、毁人容貌等令人发指的手段致使被害人死亡。默示的限制性规定典型地体现在《刑法》第 18 条第 3 款:"尚未完全丧失辨认或者控制自己行为能力的精神病人犯罪的,应当负刑事责任,但是可以从轻或者减轻处罚。"尚未完全丧失辨认或者控制自己行为能力的精神病人也是精神病人,一经认定,也一般不能适用死刑立即执行。

第二,通过严格核准死刑的程序防止死刑的滥用。

我国《刑法》第 48 条第 2 款第 1 句规定:"死刑除依法由最高人民法院判决的以外,都应当报请最高人民法院核准。"由最高人民法院统一核准死刑案件,最重要的好处是能够实现适用死刑标准的全国统一,从而使国家在涉及生命的法律标准上维护了法制的统一。这个规定在 1979 年刑法中就有了,但是,由于我国改革开放时期社会激烈变动造成一段时间内死刑适用大增,使得最高人民法院不得不在 1980 年之后,根据当时的《人民法院组织法》第 13 条,将本该由自己行使的死刑核准权下放给部分高级人民法院和解放军军事法院行使。随着我国政治、经济、社会的日益稳定和进步,尤其是"依法治国,建设社会主义法治国家"写入《宪法》,全国人大常委会修改了《人民法院组织法》,不再允许最高人民法院下放死刑核准权,因此,最高人民法院在 2006 年发出《关于统一行使死刑案件核准权有关问题的决定》,收回了死刑核准权,保证了死刑适用面不至于扩大化。

我国《刑法》第 48 条第 2 款第 2 句规定:"死刑缓期执行的,可以由高级人民法院判决或者核准。"

(三)我国的死缓制度

死缓制度,是对判处死刑但是缓期二年执行制度的简称。死缓制度是我国严格控制死刑适用制度的组成部分。我国《刑法》第 48 条第 1 款第 2 句规定:"对于应当判处死刑的犯罪分子,如果不是必须立即执行的,可以判处死刑同时宣告缓期二年执行。"死缓不是我国刑罚体系中的一种独立的刑种,而是死刑的一种特殊执行制度。

我国的死缓制度是在继承我国优秀法学遗产与总结成功司法实践经验的基础上创造出来的。我国古代在适用死刑时,就有所谓的"斩立决"与"斩监候"之分,其中,"斩监候"是指对判处死刑的罪犯,暂时监禁,等候再次审理后依具体情况分别处理的制度。[①] 在新中国建立之初进行的镇压反革命运动中,毛泽东主席就提出:"对于没有血债、民愤不大和虽然严重地损害国家利益但尚未达到最严重的程度、而又罪该处死者,应当采取判处死刑,缓期二年执行,强迫劳动,以

---

① 北京大学法学百科全书编委会:《北京大学法学百科全书:中国法律思想史·中国法制史·外国法律思想史·外国法制史》,北京大学出版社 2000 年版,第 374 页。

观后效的政策。"①这个政策在当时是对反革命分子适用的,后来也对贪污分子以及各种类型的罪犯适用。在1979年刑法颁布时,正式成为我国死刑的一个执行制度。

我国的死缓制度基本上由适用死缓的条件和死缓期满的处理两部分组成。

首先,在适用死缓的条件方面,适用死缓必须具备两个条件:一是罪该处死。这是适用死缓的前提。如果罪犯所触犯的罪名不能判处死刑,或者其所实施的罪行严重程度不该判处死刑,就根本不能适用死缓。二是不是必须立即执行。这是区分死刑立即执行与死刑缓期执行的界限。"不是必须立即执行"的情况是什么?我国刑法并没有对之作出具体的规定。根据我国刑法的规定与刑事司法的经验,本书认为,"不是必须立即执行"是指所犯罪行极其严重,但是,在犯罪起因、行为过程、事后悔罪等方面,具有至少一种可以使社会减轻对其谴责性的情节,从而使这名死刑犯还可以被评价为不是绝对为社会所不能容忍的。因此,一名死刑犯是否属于"不是必须立即执行",关键就在于是否具有可以被认定为"不是必须立即执行"的犯罪情节。在我国的刑事司法实践中,常用的"不是必须立即执行的"情节有:罪行虽然极其严重,但是民愤不是极大的;犯罪分子投案自首的或者有立功表现的;共同犯罪中有多名主犯,其中的首要分子或者最严重的主犯已判死刑立即执行,其他主犯不具有最严重罪行的;犯罪分子智力发育不全,属于有限定责任能力的;被害人在犯罪发生前或者发生过程中有明显过错,引起罪犯一时激愤而杀人的;其他应当留有余地情况的;等等。

其次,在死缓期满的处理方面,根据《刑法修正案(八)》修改后的《刑法》第50条第1款,有三种处理办法:"判处死刑缓期执行的,在死刑缓期执行期间,如果没有故意犯罪,二年期满以后,减为无期徒刑;如果确有重大立功表现,二年期满以后,减为二十五年有期徒刑;如果故意犯罪,查证属实的,由最高人民法院核准,执行死刑。"死缓期间,只要没有故意犯罪,即使没有悔改表现,也应当减为无期徒刑;如果故意犯罪,必须"查证属实",也就是必须由人民法院依法确定,一旦确定,就可以依法执行死刑,不一定要等到"二年期满以后"。对于"确有重大立功表现"的,应当在二年期满以后才减为有期徒刑,并且不是一定必须减为有期徒刑。《刑法》第50条第2款规定:"对被判处死刑缓期执行的累犯以及因故意杀人、强奸、抢劫、绑架、放火、爆炸、投放危险物质或者有组织的暴力性犯罪被判处死刑缓期执行的犯罪分子,人民法院根据犯罪情节等情况可以同时决定对其限制减刑。"《刑法》第51条同时规定:"死刑缓期执行的期间,从判决确定之日起计算。死刑缓期执行减为有期徒刑的刑期,从死刑缓期执行期满之日起计

---

① 《毛泽东选集》(第5卷),人民出版社1977年版,第40页。

算。"这样就明确了死缓期满减刑之后的刑期计算问题。

(四) 废除死刑的世界性趋势与我国的努力

死刑在古时也称极刑,是一种最古老的刑罚。在世界各国的刑法史中,死刑都在很早的古代就出现了。然而,在今天,废除死刑已经不再仅仅是一种思想,而已经成为一股强大的世界性潮流。一般认为,是意大利刑法学者切萨雷·贝卡里亚最早提出废除死刑的主张。他在1764年出版的《论犯罪与刑罚》一书中提出:"滥施极刑从来没有使人改恶从善。这促使我去研究,在一个组织优良的管理体制中,死刑是否真的有益和公正？"[1]从那时以来,保留死刑与废除死刑的争论,就不仅在刑法学中,甚至在整个人文社会科学领域中都激烈地开展起来了。经过两百多年的争论[2],当代最重要的论点主要集中在以下几点:死刑是否具有最大的威慑力？通过剥夺杀人者的生命进行报应是否正当？如何避免死刑可能造成的错判与错杀？如何克服在适用死刑标准上的不公正？[3] 其中,死刑在适用中可能造成错杀的观点,以及不断被揭露的被错杀的案件,在世界范围内都给死刑的保留论观点以严重打击。在现代人权观念高涨的时代里,废除死刑已经逐步在国际人权法律文件中得到确立。在联合国1966年《公民权利和政治权利国际公约》中要求:"在尚未废除死刑的国家,死刑只可适用于最严重的犯罪";在联合国经济与社会理事会1984年《保证面临死刑者权利的保护的保障措施》中,把"最严重的犯罪"定义为"具有致人死亡或者其他极其严重的后果的故意犯罪";1989年,联合国又通过了《旨在废除死刑的〈公民权利和政治权利国际公约〉第二任择议定书》,明确规定:"在本议定书缔约国管辖范围内,任何人不得被处死刑。"自2007年以来,联合国通过大会决议等方式,一直在号召成员国暂停执行死刑。死刑已经成为现代人权观念力图摒弃的一种刑罚方法。在现代废除死刑的潮流中,"废除死刑"的概念也得到了发展。目前,国际社会普遍承认的废除死刑的方式有三种:第一,在法律上全部废除死刑,也称完全废除;第二,在法律上废除部分犯罪的死刑,同时保留另一部分犯罪(原则上是军事犯罪)的死刑,也称部分废除;第三,在司法实践中不适用死刑,也称事实废除。[4] 在这个意义上,世界上废除死刑的国家已经超过了仍然保留死刑的国家。

---

[1] 〔意〕切萨雷·贝卡里亚著:《论犯罪与刑罚》,黄风译,北京大学出版社2008年版,第65页。

[2] 早期争论的情况,参见甘雨沛、何鹏著:《外国刑法学》(上册),北京大学出版社1984年版,第484页以下。

[3] 有关讨论的详细情况,参见王世洲:《关于中国死刑制度的反思》,载《北京大学学报(哲学社会科学版)》2004年第3期;《论中国死刑的保留与限制及其对故意杀人罪的适用》,载《政法论坛》2001年第6期。

[4] 目前国际对废除死刑国家的统计,都是采取这个标准。参见王世洲:《我国刑法人身权保护现状和问题》,载《河北法学》2006年第11期。

我国由于现代法治发展的历史比较短,近30年来经济发展造成的社会变动比较剧烈,因此,我国刑法中对死刑的规定与适用都还比较多。目前,在我国立即、全面、彻底地废除死刑还不现实,然而,我国刑法也不谋求永远保留死刑。我国刑法最终当然是要完全废除死刑的,并且,已经以此为目标积极稳妥地开展工作。刘少奇同志在1956年9月代表中国共产党在第八次全国代表大会上所作的政治报告中就提出"逐步地达到完全废除死刑的目的"。[1] 2013年11月12日在中国共产党十八届三中全会上通过的《关于全面深化改革若干重大问题的决定》中,作出了"逐步减少适用死刑罪名"(第34条)的重要决定。事实上,我国目前严格限制死刑的态度,与废除死刑的主张有一点是不矛盾的,即对适用死刑最严格限制的结果就是不适用死刑。为了推动我国社会、政治与法治方面的进一步发展,我国在废除死刑与不适用死刑方面,一直进行着不懈的巨大努力。

首先,在刑事司法方面,我国人民法院充分运用我国死刑缓期二年执行制度,通过稳妥、理性地扩展"不是必须立即执行"的情节,实际减少了死刑立即执行的死刑犯数量。"不是必须立即执行"的情节的扩展,特别鲜明地体现在对犯罪事实更加完整的认定上。在认定死刑案件中的犯罪事实时,不仅需要确实、充分的证据证明,而且必须查明罪犯是否具有影响量刑的其他情节。现在,案件起因,被害人的过错,被告人的近亲属是否协助抓获被告人,被告人平时表现及有无悔罪态度,被告人是否取得被害人或者被害人近亲属谅解,以及其他影响量刑的情节等,已经成为我国死刑判决时应当慎重考虑的重要情节。[2] 死刑犯具有有关的从轻、减轻处罚情节,对不判处死刑会产生重要的影响。我国仍然在慎重、稳妥地拓展"不是必须立即执行"情节的范围。

其次,在刑事立法方面,我国在2011年颁布的《刑法修正案(八)》中,废除了走私文物罪,走私贵重金属罪,走私珍贵动物、珍贵动物制品罪,走私普通货物、物品罪,票据诈骗罪,金融凭证诈骗罪,信用证诈骗罪,虚开增值税专用发票、用于骗取出口退税、抵扣税款发票罪,伪造、出售伪造的增值税专用发票罪,盗窃罪,传授犯罪方法罪,盗掘古文化遗址、古墓葬罪,盗掘古人类化石、古脊椎动物化石罪等13种非暴力犯罪的死刑,同时,严格限制了对75周岁以上老年罪犯适用死刑。在2015年颁布的《刑法修正案(九)》中,废除了走私武器、弹药罪,走私核材料罪,走私假币罪,伪造货币罪,集资诈骗罪,组织卖淫罪,强迫卖淫罪,阻碍执行军事职务罪,战时造谣惑众罪等9种犯罪的死刑,其中,强迫卖淫罪和阻碍

---

[1] 刘少奇:《在中国共产党第八次全国代表大会上的政治报告》,载《刘少奇选集》(下卷),人民出版社1985年版,第255页。
[2] 2010年最高人民法院、最高人民检察院、公安部、国家安全部、司法部《关于办理死刑案件审查判断证据若干问题的规定》第36条。

执行军事职务罪已经不是纯粹的非暴力犯罪了。我国刑法近年来的新进步在我国刑法发展史上具有重大意义,扭转了我国刑事立法在死刑规定上只增加不减少的趋势,开始了我国在刑事立法上废除死刑的新步伐。

我国目前实践的通过严格限制死刑,逐步达到事实废除死刑的道路,是符合我国实际的废除死刑之路。

第四节　附　加　刑

附加刑是补充主刑对犯罪人适用的刑罚方法。在我国刑法分则有规定时,附加刑也可以独立适用。在我国刑法规定的附加刑中,有剥夺财产的刑罚:罚金与没收财产,以及资格刑:剥夺政治权利。我国刑法基本按照刑罚的轻重,规定我国的附加刑是罚金、剥夺政治权利与没收财产。

一、罚金

一般认为,罚金是最轻的一种附加刑。根据我国刑法总则第三章第六节的规定,罚金是指人民法院强制罪犯向国家交纳一定数额金钱的刑罚方法。严格地说,我国刑法规定的罚金,是结合了追缴这种刑罚方法的。追缴是为了排除罪犯从犯罪中获得财产性利益的一种刑罚方法。我国《刑法》第53条第3句规定:"对于不能全部缴纳罚金的,人民法院在任何时候发现被执行人有可以执行的财产,应当随时追缴。"在我国刑法中,追缴保证了罚金刑得到执行。

罚金是一种刑事处罚,与罚款有着法律性质的区别。我国在工商、治安、税收管理活动中使用的罚款,属于行政处罚。

罚金属于剥夺财产的一种刑罚。罚金的优点是仅仅给罪犯造成丧失财产的痛苦,因此,对贪利性犯罪具有明显的惩罚性并能够产生较好的教育与改造效果。我国刑法主要在经济性犯罪与违反社会管理秩序犯罪中使用罚金。

罚金受到的批评主要是公正性问题。同等数量的财产,对于贫富不同的人来说,经常具有不同的意义。1000元罚金对于一名刚参加工作的初级技工与对于一名薪水丰厚的大公司主管来说,所产生的财产损失性痛苦会有很大的差别。为了纠正这种差别,现代刑法学发展出了"日罚金制度",即根据被执行人收入情况先确定对其一日应罚金款项的数量,然后确定应罚的天数,每日应罚金款数与应罚天数之积,就是罚金总数。"日罚金制度"的好处是非常公平。例如,在对醉酒驾车判处罚金时,初级技工由于工资很低,每日应罚金款数就低,公司主管由于工资很高,每日应罚金款数就高,这样,在判处应罚天数一样的情况下,技工与主管应缴的罚金数量仍然是不一样的,但却很公平。但是,这种罚金制度需要依靠完整严密的社会、工资、税收制度的支持。

对罚金的一个质疑来自对刑罚的一般质疑,即刑法对罚金,尤其是罚金的适用没有作出准确的规定。现代刑法制度一般通过所谓的"罚金指南"制度予以解决。在我国,最高人民法院在2000年发布了《关于适用财产刑若干问题的规定》,对罚金的适用作出了具体的规定。根据我国刑法和最高人民法院的规定,我国的罚金具有以下特点:

第一,罚金数额应当根据犯罪情节决定。《刑法》第50条规定:"判处罚金,应当根据犯罪情节决定罚金数额。"根据最高人民法院的规定,"犯罪情节"包括违法所得数额、造成损失的大小等,并综合考虑犯罪分子缴纳罚金的能力。决定罚金数额应当根据刑法的规定。刑法规定"并处"罚金的犯罪,在对罪犯判处主刑的同时就必须依法判处罚金;刑法规定"可以并处"罚金的犯罪,人民法院应当根据案件具体情况及犯罪分子的财产状况,决定是否适用财产刑。单处罚金适用于犯罪情节较轻,适用单处罚金不致再危害社会的偶犯或者初犯,自首或者有立功表现的,犯罪时不满18周岁的,犯罪预备、中止或者未遂的,被胁迫参加犯罪,全部退赃并有悔罪表现的罪犯,以及其他可以依法单处罚金的情形。我国刑法在一些犯罪中规定了罚款的数额幅度或者比例。例如,《刑法》第140条生产、销售伪劣产品罪规定了"销售金额百分之五十以上二倍以下罚金"的比例;《刑法修正案(八)》删除了《刑法》第141条生产、销售假药罪中"销售金额百分之五十以上二倍以下罚金"的比例规定,但2014年最高人民法院、最高人民检察院《关于办理危害药品安全刑事案件适用法律若干问题的解释》第12条规定:犯本罪的,"一般应当判处生产、销售金额2倍以上的罚金"。《刑法修正案(九)》在《刑法》第383条中为贪污罪、受贿罪增加规定了罚金刑,2016年最高人民法院、最高人民检察院《关于办理贪污贿赂刑事案件适用法律若干问题的解释》第19条第1款规定:"对贪污罪、受贿罪判处3年以下有期徒刑或者拘役的,应当并处10万元以上50万元以下的罚金;判处3年以上10年以下有期徒刑的,应当并处20万元以上犯罪数额2倍以下的罚金或者没收财产;……",其中前一句规定了罚金的数额幅度,后一句规定了罚金的比例。目前,对于刑法没有明确规定罚金数额标准的犯罪,罚金的最低数额不能少于1000元。对未成年人犯罪应当从轻或者减轻判处罚金,但罚金的最低数额不能少于500元。

第二,罚金刑应当严肃地得到执行。《刑法》第53条规定:"罚金在判决指定的期限内一次或者分期缴纳。期满不缴纳的,强制缴纳。对于不能全部缴纳罚金的,人民法院在任何时候发现被执行人有可以执行的财产,应当随时追缴。如果由于遭遇不能抗拒的灾祸缴纳确实有困难的,可以酌情减少或者免除。"根据最高人民法院的规定,罚金刑的数额应当以人民币为计算单位。"判决指定的期限"应当在判决书中予以确定,从判决发生法律效力第二日起最长不超过3个月。"由于遭遇不能抗拒的灾祸缴纳确实有困难的",主要是指因遭受火灾、水灾、地震等灾祸而丧失财产,罪犯因重病、伤残等而丧失劳动能力,或者需要罪犯抚养的近亲属患有重病,需支付巨额医药费等,确实没有财产可供执行的情形。作为"可以酌情减少或者免除"事由,应当由罪犯本人、亲属或者犯罪单位向负责执行的人民法院提出书面申请,并提供相应的证明材料。人民法院审查以后,根据实际情况,裁定减少或者免除应当缴纳的罚金数额。在案件审理过程中,人民法院认为依法应当判处被告人财产刑的,可以决定扣押或者冻结被告人的财产。自判决指定的期限届满第二日起,人民法院对于没有法定减免事由不缴纳罚金的,应当强制其缴纳。对于隐藏、转移、变卖、损毁已被扣押、冻结财产情节严重的,依照《刑法》第314条非法处置查封、扣押、冻结的财产罪的规定追究刑事责任。

二、剥夺政治权利

剥夺政治权利是我国刑法目前规定的唯一一种资格刑。根据《刑法》第三章第七节的规定,剥夺政治权利是指剥夺犯罪分子参加国家管理和政治活动的权利。剥夺政治权利虽然是附加刑,但却是比较重的刑罚,只适用于罪行较重的罪犯。

根据我国刑法的规定,我国的剥夺政治权利具有以下特点:

第一,我国剥夺政治权利的刑罚具有特定的内容。《刑法》第54条明确规定:剥夺政治权利是剥夺下列权利:(1)选举权和被选举权;(2)言论、出版、集会、结社、游行、示威自由的权利;(3)担任国家机关职务的权利;(4)担任国有公司、企业、事业单位和人民团体领导职务的权利。除此以外,其他权利,例如,担任集体、私营公司、企业和事业单位领导职务的权利,不再属于剥夺政治权利的范围。剥夺政治权利的惩罚性主要体现在两个方面。一是剥夺政治权利的内容涉及公民参加国家管理与政治活动的最重要权利。例如,《刑法》第54条第1项与第2项的内容,就是目前《宪法》第34、35条规定的内容。剥夺政治权利,就是将罪犯排除出参与国家管理与政治活动的范围。二是剥夺政治权利的内容涉及公民最重要的基本权利。其中,特别重要的是言论与出版自由的权利。如果这种权利不予剥夺,罪犯在服刑期间甚至死亡之后,都仍然可能通过出版其著作继续危害社会。剥夺政治权利,就是禁止罪犯传播自己的思想,禁止其通过公开方式表达自己的意愿。

第二,我国剥夺政治权利的刑罚具有特定的对象。剥夺政治权利可以独立适用,也可以附加适用。独立适用剥夺政治权利,必须"依照本法分则的规定"

(《刑法》第 56 条第 2 款),刑法分则条文没有规定使用剥夺政治权利处罚的,不得独立适用剥夺政治权利。根据我国刑法规定,附加适用剥夺政治权利是主要的方式。附加适用剥夺政治权利适用于四种对象:(1) 对于危害国家安全的罪犯应当剥夺政治权利(第 56 条前半句);(2) 对于被判处死刑、无期徒刑的犯罪分子,应当剥夺政治权利(第 57 条第 1 款);(3) 对于故意杀人、强奸、放火、爆炸、投毒、抢劫等严重破坏社会秩序的犯罪分子,可以剥夺政治权利(第 56 条后半句);(4) 判处管制的,也可以剥夺政治权利(第 55 条第 2 款)。

第三,我国剥夺政治权利的刑罚具有法定的期限。在附加判处时,对管制犯剥夺政治权利的,期限与管制的期限相等,同时执行(第 55 条第 2 款);对死刑犯与无期徒刑犯剥夺政治权利的,应当剥夺政治权利终身(第 57 条第 1 款);在死刑缓期执行减为有期徒刑或者无期徒刑减为有期徒刑的时候,应当把附加剥夺政治权利的期限改为 3 年以上 10 年以下(第 57 条第 2 款);对其他罪犯剥夺政治权利的,为 1 年以上 5 年以下(第 55 条第 1 款)。我国《刑法》第 58 条第 1 款规定:"附加剥夺政治权利的刑期,从徒刑、拘役执行完毕之日或者从假释之日起计算。剥夺政治权利的效力当然施用于主刑执行期间。"根据 1983 年《全国人大常委会关于县级以下人民代表大会代表直接选举的若干规定》第 5 条的规定,被判处有期徒刑、拘役、管制而没有附加剥夺政治权利的罪犯,"准予行使选举权利"。但是,没有附加剥夺政治权利的罪犯,由于处于服刑期间没有人身自由或者限制人身自由状态,因此,他们的其他政治权利也应当停止行使,例如,不能行使被选举权,不能行使游行、示威的权利。被剥夺政治权利的犯罪分子,在执行期间,应当遵守法律、行政法规和国务院公安部门有关监督管理的规定,服从监督;不得行使依据《刑法》第 54 条规定的各项权利(第 58 条第 2 款)。

对于单独判处剥夺政治权利的期限计算,我国刑法与司法解释尚无明确规定,刑法学界有判决执行之日说与判决确定之日说两种观点。判决执行之日说的主要根据是所谓的"执行判决的一般原则"[①],认为我国刑法对管制、拘役、有期徒刑的刑期起算都是"判决执行之日",因此,剥夺政治权利的期限也应当从判决执行之日起算。本书同意判决确定之日。理由主要有两点:一是我国刑法对判决之前先行羁押的刑罚可以进行折抵的,才采取判决执行之日的计算方法。在无法折抵的情况下,例如,死刑缓期执行期间的计算,无期徒刑减为有期徒刑的计算,都是采用判决(或者裁定)确定之日。所谓"执行判决的一般原则"的说法是不准确的。二是如果采纳判决执行之日说,就会产生法律漏洞,即在判决确定之后执行之前的这段时间里,罪犯仍然还享有已经被依法剥夺的政治权利的

---

① 参见张明楷著:《刑法学》(第 3 版),法律出版社 2007 年版,第 423 页。

矛盾情况。

三、没收财产

没收财产是最严厉的财产刑,我国刑法也仅仅对严重犯罪才规定可以适用没收财产。根据《刑法》第三章第八节的规定,没收财产是指将犯罪分子个人所有财产的一部或全部,强制无偿地收归国家所有的刑罚。在现代刑法的形成和发展过程中,没收财产采取了两种形式:一是所谓的一般没收;二是所谓的特别没收。一般没收是指没收全部或部分财产。在中国古代,这主要是以"沒官""沒籍"等形式对严重犯罪适用,例如,《唐律》在对谋反及大逆犯罪者判处死刑的同时,还规定"……十五(岁)以下(儿子)及母女、妻妾、祖孙、兄弟、姊妹若部曲、资产、田宅并没官……",即中国古代法律中的"没收",不仅限于财产,而且可以及于人身①。在西方古代,没收主要与死刑紧密相关:"(法庭)没收了生命也就没收了财产。"(Qui confisque le corps confisque les biens)在现代刑法产生的早期,一般没收成为一种经常与死刑一起适用的附加刑。特别没收是指没收在犯罪中使用的或者从犯罪中获得的财产。法律就经常规定,危险和有害的财产必须没收,例如,《唐律》中就有"犯禁之物,俱沒官"的规定。② 目前,在保护人权的世界趋势下,一般没收的适用范围处于缩减的趋势,例如,英国刑法只没收犯罪收益中的"可收回部分"③,在《法国刑法典》中,一般没收只适用于严重的国际犯罪、恐怖主义犯罪、毒品犯罪、洗钱和伪造货币等少数犯罪。

没收财产,尤其是没收罪犯的全部财产,能够完整地剥夺罪犯的犯罪所得并且摧毁罪犯重新犯罪的经济基础。另外,在罪犯已经形成犯罪性生活方式的情况下,在基本上或者完全是犯罪所得中再去区分合法财产与非法财产经常是很困难的,没收财产可以避免这种困难。财产被没收,给罪犯在家庭、社会影响以及财富本身等方面造成的惩罚性打击都会很大。因此,没收财产也属于一种严厉的附加刑,只能对罪行严重的罪犯适用。对没收财产的批评,主要是不加区分地没收财产有可能殃及无辜,影响与犯罪无关的罪犯家属的生活。

在我国刑法中,不仅规定了没收财产,而且还规定了没收犯罪关联物品。前者属于一般没收,后者属于特别没收。没收财产是一种刑罚方法,没收的可以是

---

① 见(唐)长孙无忌等撰:《唐律疏议》,刘俊文点校,中华书局1983年版,第321页。此外,中国古代还有非强制性地向国家交付个人或者财产的行为,这一般与"赎罪"相联系,著名的"缇萦上书"就是自愿没为官婢,以赎父刑。相关论述参见(唐)长孙无忌等撰:《唐律疏议》,刘俊文点校,中华书局1983年版,第3页。

② 同上书,第86页。

③ 参见 Peter Murphy, *Blackstone's Criminal Practice*, Oxford University, 2003, p. 1915.

罪犯的合法财物。没收犯罪关联物品在我国刑法中还没有承认为是一种刑罚，根据《刑法》第 64 条的规定，只能没收违禁品和供犯罪所用的本人财物。

根据我国刑法规定，我国的没收财产具有以下特点：

第一，没收财产，只能没收犯罪分子个人所有财产的一部或者全部，不得没收属于犯罪分子家属所有或者应有的财产。在没收全部财产时，也应当对犯罪分子个人及其扶养的家属保留必需的生活费用（《刑法》第 59 条）。在决定没收财产时，应当根据犯罪的性质、情节和案件具体情况确定，可以是没收一部财产，也可以是全部财产。

第二，没收财产是最严厉的附加刑，不能与不够严厉的主刑并处。我国最高人民法院认为，对法律规定主刑有死刑、无期徒刑和有期徒刑，同时规定并处没收财产或罚金的，如果决定判处死刑，只能并处没收财产；判处无期徒刑的，可以并处没收财产，也可以并处罚金；判处有期徒刑的，只能并处罚金。[①]

第三，没收财产以前犯罪分子所负的正当债务，需要以没收的财产偿还的，经债权人请求，应当偿还（《刑法》第 60 条）。根据最高人民法院 2000 年《关于适用财产刑若干问题的规定》第 7 条的规定，这种正当债务是指犯罪分子在判决生效前所负他人的合法债务。其中，最常见的应当是支付给律师的正当费用。

---

① 参见 1999 年《全国法院维护农村稳定刑事审判工作座谈会纪要》。

第十五章　量刑的概念与制度

量刑是刑法中的重要内容。在刑法中确定犯罪与刑罚之后,量刑是在确认案件事实符合了刑法规定的犯罪标准的基础上,也就是在确认案件事实符合犯罪构成并且具有违法性以及罪责的基础上,确定对这样的犯罪事实应当如何适用刑罚。量刑是完整实现罪刑法定原则的活动。量刑制度保障着这种重要的审判活动符合刑法的规定与要求。

第一节　量刑的概念与原则

量刑是一种确定犯罪行为应当承担具体刑法后果的审判活动。这种确定刑罚的审判活动当然是有前提条件的。首先,量刑只能由审判机关在刑事诉讼中进行。在我国,量刑只能由人民法院在刑事诉讼程序中进行,不能由其他司法机关进行,也不能由人民法院未经刑事诉讼程序进行。其次,量刑只能在刑事归类之后进行。经过刑事归类,在特定的犯罪事实已经被认定为属于特定刑法条文规定的特定犯罪之后,在此基础上才能进行量刑。尚未经过审判确定的犯罪事实,不能量刑。再次,量刑只能依法进行。确定犯罪行为应当承担的刑法后果,包括确定其应当承担的刑罚种类(例如是管制还是有期徒刑)、刑罚幅度(例如是1年有期徒刑还是3年有期徒刑)、刑罚条件(例如是否可以缓刑)。量刑不能违反刑法对犯罪可以适用的刑罚种类、幅度、条件的限制。

量刑这种对特定犯罪确定具体刑罚的审判活动之所以必要,最主要的有下述两个原因。

首先,在刑法规定中,为了适应复杂的犯罪情况和维护必要的法律稳定性,大多数刑法分则条文规定的刑法后果都不是绝对确定的,而是有着一个幅度。例如,在我国刑法中,只有以暴力、胁迫或者其他方法劫持航空器具有致人重伤、死亡或者使航空器遭受严重破坏后果的(《刑法》第121条),拐卖妇女儿童情节特别严重的等极少数几个条文,规定了所谓的绝对死刑。绝大多数条文都规定了一个刑罚幅度。《刑法修正案(九)》施行之前,《刑法》第239条曾经对以勒索财物为目的绑架他人或者绑架他人作为人质具有致使被绑架人死亡或者杀害被绑架人情节的规定了绝对死刑,但经《刑法修正案(九)》修改,犯绑架罪,"杀害被绑架人的,或者故意伤害被绑架人,致人重伤、死亡的,处无期徒刑或者死刑……",也就是,从绝对死刑规定修改成了具有刑罚幅度的规定。一般来说,我国刑法分则中规定的刑罚幅度是采取由轻到重的顺序排列的。例如,《刑法》第264条对盗窃罪规定:"盗窃公私财物,数额较大的,或者多次盗窃、入户盗窃、携带凶器盗窃、扒窃的,处三年以下有期徒刑、拘役或者管制,并处或者单处罚金;数额巨大或者有其他严重情节的,处三年以上十年以下有期徒刑,并处罚金;数额特别巨大或者有其他特别严重情节的,处十年以上有期徒刑或者无期徒刑,并处罚金或者没收财产。"唯一的例外是对故意杀人罪的规定,采取的是由重到轻的顺序排列。刑法确定的刑罚幅度,既可以对严重犯罪适用,也可以对轻微犯罪适用。因此,负责审理案件的法官,就应当在其审理的案件中,决定对犯罪人适用的具体刑罚。

其次,在现代刑法中,刑罚的适用必须符合刑罚的目的。在现代人权保护观念下,无论采取什么刑罚目的,对一名犯罪人判处的刑罚都应当以报应作为惩罚的最大界限,超过罪犯应得的刑罚是不正义的。同时,具体判处的刑罚应当以一般预防的要求作为惩罚的最低要求,在不能避免其他人模仿犯罪可能性的情况下放弃刑罚,也是不正义的。因此,在现代刑法中的一种比较先进的做法,就是规定量刑原则,以指导与规范法官的量刑活动。例如,《德国刑法典》第46条第1款规定:"行为人的罪责是量刑的基础。刑罚对于行为人未来社会生活中的影响,应当予以考虑。"《美国模范刑法典》第1.02节也规定,量刑是为了"防止犯罪"和"促进罪犯的改正与复归(社会)",因此,量刑应当"以公正的个别化对待的观点区分罪犯"。[①] 在报应与一般预防之间选择特殊预防的位置,是现代刑法必须对量刑确定的总原则。因此,有目的的量刑,符合刑罚目的的量刑,是现代刑法量刑原则的核心。

量刑这种审判活动应当受到刑法的制约,主要也有以下两方面的原因:一方面,法官的量刑裁量权应当有所约束,以避免司法腐败与专横;另一方面,法官的量刑裁量权应当有所规范,以保证国家法制的统一。目前,现代刑法学已经高度发展,但是仍然无法在刑法条文中对全部犯罪事实一一对应地规定相应的刑罚后果。现代刑法学对法官的量刑裁量权保持着高度的警惕性,对量刑方法的研究是最近几十年刑法科学的热门课题。在理论上,针对具体案件的量刑方法,主要提出了所谓的裁量范围理论(Die Spielraumtheorie)与所谓的点刑罚理论(Die Theorie der Punktstrafe)[②]。前者主张在一个刑罚范围内,允许法官根据刑罚对

[①] 参见 Joshua Dressler, *Understanding Criminal Law*, 4th Edition, LexisNexis, 2006, p. 25.
[②] 参见〔德〕汉斯·海因里希·耶赛克、托马斯·魏根特著:《德国刑法教科书(总论)》,徐久生译,中国法制出版社2001年版,第1051页。

犯罪人重新社会化的期望,裁量量刑,实现刑罚抵偿罪责的任务。后者则认为,各种犯罪有其特定的罪责,必须使各种犯罪行为符合特定的刑罚。点刑罚理论太过僵化,无法获得现代刑法学的普遍支持。裁量范围理论允许对同一种犯罪行为,在同一地区的不同时期或者不同地区之间,在一定范围的上限与下限之内,判处不同严厉程度的惩罚。然而,为了防止量刑产生过分悬殊的差别,现代刑法学还一直在进行各种具体量刑方法的探讨。其中,已经取得的有实践意义的主要成果是所谓的量刑指南。量刑指南对不同的犯罪规定了不同的基本犯罪等级,在各种犯罪中规定了不同的从重或从轻处罚的情节与幅度,同时,规定了根据受害人、犯罪分子在犯罪中的地位与作用、数罪情况、认罪情况、犯罪历史等因素调整刑罚轻重的方法。[①] 这种方法在美国运用了大约 20 年。今天,美国的量刑指南虽然不像过去那样具有法律拘束力,但是,仍然具有很大的影响力。此外,使用电脑作为辅助工具进行量刑的研究工作,在国内外也都很令人瞩目,但是,还没有产生出可供司法实践使用的成果。今天,量刑仍然是一种在刑罚幅度之内允许法官行使量刑裁量权的审判活动,仍然高度依靠法官的个人能力,但是,量刑绝不是一种法官个人的任意活动。

在我国刑法中,传统上认为,量刑是指人民法院依法对犯罪分子判处适当刑罚的一种审判活动。[②] 对于量刑所包括的内容,我国刑法学界对于量刑是指依法决定对犯罪分子适用刑罚、确定刑罚的种类与期限,以及决定是否立即执行该刑罚等方面,基本上没有争论。但是,对于量刑是否包括依法对犯罪分子不判处刑罚的内容,尚需要进一步明确。本书主张,在目前刑法规定与刑法理论研究的状况下,应当将不判处刑罚或者免予处罚作为一个相对独立的领域,置于定罪阶段之末或者量刑阶段之初。一方面,不判处刑罚或者免予处罚可以是在犯罪构造过程中排除罪责的结果,另一方面,不判处刑罚或者免予处罚也可以是在量刑过程中控诉方与辩护方双方达成妥协的结果。在我国目前司法改革中,为了进一步规范量刑活动与促进量刑公开和公正,人民法院在审理刑事案件时,应当保障量刑活动的相对独立性。[③] 在定罪阶段之末与量刑阶段之初,先明确考虑是否对犯罪人不判处刑罚或者免除刑罚,在实践中具有将在构成犯罪时应当考虑的罪责(犯罪基础的罪责)与在量刑时应当考虑的罪责(量刑基础的罪责)合并考虑的好处,在理论上则仍然可以保留对两种罪责各自进一步探讨的可能。本书相信,将"免除处罚"情节单独考虑,无论从何种角度来说,都是有利于我国刑法

[①] 参见美国量刑委员会编撰:《美国量刑指南》,北大翻译组译,北京大学出版社 1995 年版。
[②] 参见杨春洗、甘雨沛、杨敦先、杨殿升等:《刑法总论》,北京大学出版社 1981 年版,第 243 页。
[③] 参见 2010 年 9 月 13 日最高人民法院、最高人民检察院、公安部、国家安全部、司法部《关于规范量刑程序若干问题的意见(试行)》。

的运用与发展的,都是有利于我国法治建设的根本利益的。

为了保证正确量刑,我国《刑法》第61条规定:"对于犯罪分子决定刑罚的时候,应当根据犯罪的事实、犯罪的性质、情节和对于社会的危害程度,依照本法的有关规定判处。"这是我国的量刑原则。为了具体落实刑法规定,最高人民法院颁布了一系列与量刑有关的指导意见[①],不断改进量刑指导工作。根据刑法规定以及最高人民法院2017年发布的《最高人民法院关于常见犯罪的量刑指导意见》,我国的量刑原则具有以下特点:

第一,在量刑的指导原则方面,坚持"以事实为根据,以法律为准绳","实现惩罚和预防犯罪的目的",贯彻宽严相济的刑事政策,确保刑法任务的实现和对同一地区同一时期案情相似的案件所判刑罚基本均衡,实现裁判法律效果和社会效果的统一。

第二,在量刑的基本方法方面,采用以定性分析为主,定量分析为辅,依次确定量刑起点、基准刑和宣告刑。量刑起点以基本犯罪构成事实为根据在相应的法定刑幅度内确定;基准刑根据影响犯罪构成的犯罪数额、犯罪次数、犯罪后果等犯罪事实,在量刑起点的基础上通过增加刑罚量确定;宣告刑在综合考虑全案情况基础上,在调节基准刑之后依法确定。

第三,对常用的犯罪情节规定了可以根据案情增减调节的幅度。例如,已满14周岁不满16周岁的未成年人犯罪,减少基准刑的30%—60%;对于从犯,犯罪较轻的,减少基准刑的50%以上或者依法免除处罚;等等。对常用的犯罪规定了比较细致的增减指导,既解决当前司法实践的需要,也为量刑指导适用范围的扩大积累经验。

我国刑法规定的量刑原则,为我国人民法院的量刑活动提供了总的指导与准则。

第二节 量刑的情节与种类

量刑的情节,简称量刑情节,是指在对犯罪人量刑时可能影响刑罚轻重的各种情况。量刑情节的种类,对于理解量刑情节的作用有重要意义。

一、量刑情节概述

量刑情节是决定刑罚轻重的。量刑情节与定罪情节不同。定罪情节是决定

[①] 例如,最高人民法院2010年发布的《人民法院量刑指导意见(试行)》,2017年修订的《关于常见犯罪的量刑指导意见》等。

犯罪是否成立的,也就是指符合犯罪构成并且不排除违法性与罪责的各种情况。由于我国刑法中对犯罪的成立有起刑点的要求,因此,在刑法分则中存在着大量的"情节严重""情节恶劣"的规定。在这些犯罪中,符合犯罪成立所要求的"情节严重""情节恶劣"的情况,属于定罪情节。高于定罪情节所要求的各种情况,属于量刑情节。例如,在《刑法》第264条盗窃罪中,盗窃数额较大、多次盗窃、入户盗窃、携带凶器盗窃、扒窃等情节,属于定罪情节。其中,数额较大的要求,根据有关司法解释,目前是指盗窃数额在1000元至3000元的财物。在此之上,也就是在盗窃1000元至3000元以上数额的财物、盗窃数额巨大或者有其他严重情节、数额特别巨大或者有其他特别严重情节,都属于量刑情节,有的是决定在3年以下有期徒刑、拘役或者管制中确定具体刑罚的因素,有的是决定在3年以上10年以下有期徒刑,或者在10年以上有期徒刑或者无期徒刑之间确定具体刑罚的因素。由于刑法可能在不同犯罪构成中赋予同一事实不同的法律意义,因此,同一事实在不同的犯罪中,就可能表现为不同情节。例如,被害人的死亡,在过失杀人罪(《刑法》第233条)中是定罪情节,但是在强奸罪(《刑法》第236条)、抢劫罪(《刑法》第263条)、暴力干涉婚姻自由罪(《刑法》第257条)、虐待罪(《刑法》第260条)等许多犯罪中,是量刑情节。

量刑情节是反映罪责的。对罪责的评价,不仅需要考虑犯罪的客观要件、主观方面和主体状态,而且需要考虑刑罚目的的要求。在犯罪成立的基础上,也就是在需要对犯罪人判处刑罚的情况下,量刑情节是决定刑罚轻重的根据。在我国刑法中,量刑情节经常是由刑法规定与司法认定的。在刑法中的规定,最典型的是《刑法》第383条对贪污罪处罚的规定:"对犯贪污罪的,根据情节轻重,分别依照下列规定处罚:(1)贪污数额较大或者有其他较重情节的,处3年以下有期徒刑或者拘役,并处罚金。(2)贪污数额巨大或者有其他严重情节的,处3年以上10年以下有期徒刑,并处罚金或者没收财产。(3)贪污数额特别巨大或者有其他特别严重情节的,处10年以上有期徒刑或者无期徒刑,并处罚金或者没收财产;数额特别巨大,并使国家和人民利益遭受特别重大损失的,处无期徒刑或者死刑,并处没收财产。""对多次贪污未经处理的,按照累计贪污数额处罚。""犯第一款罪,在提起公诉前如实供述自己罪行、真诚悔罪、积极退赃,避免、减少损害结果的发生,有第一项规定情形的,可以从轻、减轻或者免除处罚;有第二项、第三项规定情形的,可以从轻处罚。"司法认定的量刑情节,主要规定在司法解释之中。例如,最高人民法院、最高人民检察院在2013年《关于办理盗窃刑事案件适用法律若干问题的解释》中规定:"盗窃公私财物价值1000元至3000元以上、3万元至10万元以上、30万元至50万元以上的,应当分别认定为《刑法》第264条规定的'数额较大''数额巨大''数额特别巨大'。"

根据量刑情节对刑法规定的刑罚幅度所产生的轻重影响,可以将量刑情节分为从重情节、从轻情节与减轻情节。根据量刑情节是由刑法明确规定还是由法官自己酌情确定,可以将量刑情节分为法定情节与酌定情节。

二、从重情节、从轻情节与减轻情节

从重情节、从轻情节与减轻情节是指那些根据刑法规定能够对法定刑幅度发生从重、从轻或者减轻处罚影响的情节。

在我国刑法中,根据量刑情节的强制性效力,可以区分为应当情节与可以情节。应当情节是指量刑时必须充分考虑与必须执行的情节,可以情节是指在量刑时允许斟酌考虑的情节。虽然应当情节是义务性规范,可以情节是允许性规范,①但是,可以情节不是可以任意执行或不执行的情节,而是在有理由时才可以不执行的情节。不遵守可以情节的判决,必须说明理由,是法治的要求。在我国刑法规定中,应当情节一般都会在有关情节前注明"应当"。例如,《刑法》第65条规定,"累犯,应当从重处罚";第17条第3款规定,"已满14周岁不满18周岁的人犯罪,应当从轻或者减轻处罚"。对于没有注明"应当"或者"可以"的情节,应当理解为"应当情节"。例如,第236条第2款规定,"奸淫不满十四周岁的幼女的,以强奸论,从重处罚",就是指对奸淫幼女的,应当从重处罚。在我国刑法中,从重情节都是应当情节;从轻情节与减轻情节,有的是应当情节,有的是可以情节。

我国刑法对从重情节、从轻情节与减轻情节如何发挥影响刑罚幅度的作用,有着明确的规定。《刑法》第62条规定:"犯罪分子具有本法规定的从重处罚、从轻处罚情节的,应当在法定刑的限度以内判处刑罚。"第63条第1款规定:"犯罪分子具有本法规定的减轻处罚情节的,应当在法定刑以下判处刑罚;本法规定有数个量刑幅度的,应当在法定量刑幅度的下一个量刑幅度内判处刑罚。"第2款规定:"犯罪分子虽然不具有本法规定的减轻处罚情节,但是根据案件的特殊情况,经最高人民法院核准,也可以在法定刑以下判处刑罚。"

根据我国刑法的规定,从重处罚与从轻处罚,都只能在法定刑的限度之内判处刑罚。在法定刑限度以上判处刑罚的,是加重处罚。我国刑法曾经在1981年《关于处理逃跑或者重新犯罪的劳改犯和劳教人员的决定》与1983年《关于严惩严重危害社会治安的犯罪分子的决定》中,对"劳改犯逃跑后又犯罪的"、"劳教人员、劳改罪犯对检举人、被害人和有关的司法工作人员以及制止违法犯罪行为的干部、群众行凶报复的",明确规定了加重处罚;对特别列明的流氓犯罪集团的首

---

① 参见陈兴良著:《本体刑法学》,商务印书馆2001年版,第773页。

要分子、拐卖人口集团的首要分子等一些罪行特别严重的犯罪分子,"可以在刑法规定的最高刑以上处刑,直至判处死刑"。但是,在1997年刑法修改时,这些规定没有再纳入新刑法之中。

从重处罚,是指在法定刑的范围内,对犯罪分子适用相对较重的刑种或者相对较长的刑期。从轻处罚,是指在法定刑的范围内,对犯罪分子适用相对较轻的刑种或者相对较短的刑期。无论是从重处罚还是从轻处罚,都是与犯罪分子没有这个情节时应当受到的处罚相对而言的,因此,不能认为从重处罚就一定只能判处法定最高刑,也不能认为从轻处罚就一定要判处法定最低刑。在确定从重或者从轻的"基准刑"时,不能采取划"中间线"的方法。一方面,对于应当从重处罚的较轻的犯罪或者应当从轻处罚的较重的犯罪来说,在法定刑罚幅度的中间线之上或者之下确定的具体刑罚,都会是不恰当;另一方面,如果在法定刑范围内有无期徒刑或者死刑,这条中间线也无法确定。在目前我国人民法院中开展的量刑制度改革中,基准刑主要依据两个步骤确定。第一步,先根据基本犯罪构成事实在相应的法定刑幅度内确定量刑起点。例如,仅仅是构成数额较大的盗窃罪,可以在一年以下有期徒刑、拘役幅度内确定量刑起点。第二步,在量刑起点的基础上,再根据盗窃数额、次数、手段等其他影响犯罪构成的犯罪事实增加刑罚量,确定基准刑。例如,盗窃超过三次的次数就可以作为增加刑罚量的事实。本书认为,我国量刑制度的改革,对我国法治建设会发挥积极的推动作用。不过,本书强调,对可能影响刑罚轻重的因素不应当作封闭性的规定与僵化性的理解。虽然目前最高人民法院《关于常见犯罪的量刑指导意见》对常见的一些量刑情节及其影响程度作出规定,例如,对累犯可以增加基准刑的10%—40%,对自首可以减少40%,但是,应当允许控辩双方对新的量刑情节以及超出规定的影响程度提出意见。新的有说服力的意见,不仅是刑法学研究的新成果,而且是刑法新规定的催产婆。

减轻处罚,是指在法定刑以下判处刑罚。根据我国刑法,一般认为,减轻处罚包括法定减轻处罚与酌定减轻处罚两种。法定减轻处罚是指根据刑法规定的减轻处罚情节的,在法定刑以下对犯罪人判处刑罚的情况。酌定减轻处罚是指犯罪人虽然不具有刑法规定的减轻处罚情节,但是根据案件的特殊情况,经最高人民法院核准,也可以在法定刑以下判处刑罚。在适用减轻处罚量刑时,是否应当有限制,可否减轻到最低从而形成免予处罚?我国刑法学界一般不同意在减轻处罚时形成实际的免予处罚,主张减轻处罚应当有限度。《刑法修正案(八)》因此对此作出规定:"本法规定有数个量刑幅度的,应当在法定量刑幅度的下一个量刑幅度内判处刑罚。"不过,在我国刑法中,减轻处罚经常是与免除处罚同时规定的。例如,第27条第2款规定,"对于从犯,应当从轻、减轻或者免除处罚"。

在这种情况下的免除处罚,其实已经不是减轻处罚的结果,而是免除处罚的运用了。酌定减轻处罚,在1979年刑法中,曾经只需要经过人民法院审判委员会决定即可,在1997年修改刑法时,为了避免酌定减轻处罚的滥用,改由最高人民法院核准,保证了国家法制的统一。然而,在我国法治发展的新阶段中,正确使用酌定减轻处罚,保证准确量刑,罚当其罪,是应当认真思考的。

目前,在我国刑法中列明的从重处罚情节有:教唆不满18周岁的人犯罪的(第29条第1款第2句);累犯(第65条第1款);策动、胁迫、勾引、收买国家机关工作人员、武装部队人员、人民警察、民兵进行武装叛乱或者武装暴乱的(第104条第2款);与境外机构、组织、个人相勾结,实施《刑法》第103条、第104条、第105条规定之罪的(第106条);掌握国家秘密的国家工作人员叛逃境外或者在境外叛逃的(第109条第2款);武装掩护走私的(第157条第1款);国有公司、企业、事业单位的工作人员,徇私舞弊,犯国有公司、企业、事业单位人员失职罪或者国有公司、企业、事业单位人员滥用职权罪的(第168条第3款);伪造货币并出售或者运输伪造的货币的(第171条第3款);银行或者其他金融机构的工作人员利用职务上的便利犯窃取、收买、非法提供信用卡信息罪的(第177条之一第3款);银行或者其他金融机构的工作人员违反国家规定,向关系人发放贷款的(第186条第2款);奸淫不满十四周岁的幼女的(第236条第2款);猥亵儿童的(第237条第3款);非法拘禁他人或者以其他方法非法剥夺他人人身自由,具有殴打、侮辱情节的(第238条第1款第2句);国家机关工作人员利用职权犯《刑法》第238条前三款之罪的(第238条第4款);国家机关工作人员犯诬告陷害罪的(第243条第2款);司法工作人员滥用职权,犯非法搜查罪或者非法侵入住宅罪的(第245条第2款);司法工作人员刑讯逼供或者暴力取证致人伤残、死亡的(第247条);监狱、拘留所、看守所等监管机构的监管人员对被监管人进行殴打或者体罚虐待,致人伤残、死亡的(第248条第1款);监管人员指使被监管人殴打或者体罚虐待其他被监管人的(第248条第2款);邮政工作人员私自开拆或者隐匿、毁弃邮件、电报而窃取财物的(第253条第2款);违反国家有关规定,将在履行职责或者提供服务过程中获得的公民个人信息,出售或者提供给他人的(第253条之一第2款);暴力袭击正在依法执行职务的人民警察的(第277条第5款);冒充人民警察招摇撞骗的(第279条第2款);引诱未成年人参加聚众淫乱活动的(第301条第2款);司法工作人员以暴力、威胁、贿买等方法阻止证人作证或者指使他人作伪证,或者帮助当事人毁灭、伪造证据的(第307条第3款);以捏造的事实提起民事诉讼,非法占有他人财产或者逃避合法债务,又构成其他犯罪的,依照处罚较重的规定定罪从重处罚(第307条之一第3款);司法工作人员利用职权,与他人共同实施虚假诉讼罪的,从重处罚;同时构成其他犯罪的，依照处罚较重的规定定罪从重处罚(第 307 条之一第 4 款)；盗伐、滥伐国家级自然保护区内的森林或者其他林木的(第 345 条第 4 款)；利用、教唆未成年人走私、贩卖、运输、制造毒品，或者向未成年人出售毒品的(第 347 条第 6 款)；缉毒人员或者其他国家机关工作人员掩护、包庇走私、贩卖、运输、制造毒品的犯罪分子的(第 349 条第 2 款)；引诱、教唆、欺骗或者强迫未成年人吸食、注射毒品的(第 353 条第 3 款)；因走私、贩卖、运输、制造、非法持有毒品罪被判过刑，又犯刑法分则第六章第七节规定的毒品犯罪的(第 356 条)；组织、强迫未成年人卖淫的(第 358 条第 2 款)；旅馆业、饮食服务业、文化娱乐业、出租汽车业等单位的主要负责人，利用本单位的条件，组织、强迫、引诱、容留、介绍他人卖淫的(第 361 条第 2 款)；制作、复制淫秽的电影、录像等音像制品组织播放的(第 364 条第 3 款)；向不满 18 周岁的未成年人传播淫秽物品的(第 364 条第 4 款)；战时破坏武器装备、军事设施、军事通信的(第 369 条第 3 款)；挪用用于救灾、抢险、防汛、优抚、扶贫、移民、救济款物归个人使用的(第 384 条第 2 款)；索贿的(第 386 条)；负有食品安全监督管理职责的国家机关工作人员，徇私舞弊，导致发生重大食品安全事故或者造成其他严重后果的(第 408 条之一第 2 款)；战时以暴力、威胁方法，阻碍指挥人员或者值班、值勤人员执行职务的(第 426 条)。

在我国刑法中也有关于从轻处罚与减轻处罚的规定。其中，应当从轻或者减轻处罚的情节是已满 14 周岁不满 18 周岁的人犯罪(第 17 条第 3 款)；已满 75 周岁的人过失犯罪的(第 17 条第 5 款)；从犯(第 27 条第 2 款)；收买被拐卖的妇女，按照被买妇女的意愿，不阻碍其返回原居住地的(第 241 条第 6 款)。应当减轻处罚的情节是正当防卫明显超过必要限度造成重大损害的(第 20 条第 2 款)；紧急避险超过必要限度造成不应有的损害的(第 21 条第 2 款)；造成损害的中止犯(第 24 条第 2 款第 2 分句)；被胁迫参加犯罪的(第 28 条)。可以从轻、减轻或者免除处罚的是犯贪污罪，贪污数额较大或者具有其他较重情节，在提起公诉前如实供述自己罪行、真诚悔罪、积极退赃，避免、减少损害结果的发生的；贪污数额巨大或者特别巨大及相关情节的，可以从轻处罚。可以减轻或者免除处罚的是对非国家工作人员行贿人在被追诉前主动交代行贿行为的(第 164 条第 4 款)；犯行贿罪较轻的，对侦破重大案件起关键作用的，或者有重大立功表现的(第 390 条第 2 款第 2 句)。可以从轻或者减轻处罚的情节是已满 75 周岁的人故意犯罪的(第 17 条第 5 款)；尚未完全丧失辨认或者控制自己行为能力的精神病人犯罪的(第 18 条第 3 款)；又聋又哑的人或者盲人犯罪(第 19 条)；预备犯(第 22 条第 2 款)；未遂犯(第 23 条第 2 款)；教唆未遂的(第 29 条第 2 款)；自首犯(第 67 条第 1 款)；立功的(第 68 条第 1 分句)；行贿人在被追诉前主动交待行贿行为的(第 390 条第 2 款)。可以从轻处罚的情节是不具有自首情节的犯罪人如实供述自己罪行的(第 67 条第 3 款第 1 分句);收买被拐卖的儿童,对被买儿童没有虐待行为,不阻碍对其进行解救的(第 241 条第 6 款)。可以减轻处罚的情节是在外国已经受过刑罚处罚的(第 10 条);不具有自首情节的犯罪人如实供述自己罪行而避免特别严重后果发生的(第 67 条第 3 款第 2 分句);拒不支付劳动者报酬尚未造成严重后果,在提起公诉前支付劳动者的劳动报酬,并依法承担相应赔偿责任的(第 276 条之一第 3 款);介绍贿赂人在被追诉前主动交待介绍贿赂行为的(第 392 条第 2 款)。

在一个刑事案件中,经常会出现从重情节与从轻、减轻甚至免除情节并存的情况,从而会产生各种情节的加减合并问题。现代刑法学普遍同意,几个同样性质的情节在合并之后不应当改变情节的性质,例如,不能把两个减轻情节合并成免除情节,也不能把两个从重情节合并成加重情节;性质正好相反的情节也不能绝对导致相互抵消,例如,不能因为在案件中有一个从重情节与一个从轻情节,就完全不再考虑有关情节的影响。另外,同一种情节在不同的案件中可能发挥不同等级的作用,例如,一个自首情节,并不是在任何一个案件中都只能导致从轻判处 2 年有期徒刑。然而,目前我国人民法院正在试行的情节百分比制度,是一个值得赞赏的方法。根据这个制度,每一种情节在案件中发挥的作用,可以用百分比来标记。① 例如,当庭认罪的可以减少基准刑的 10%,有前科劣迹的可以增加 10%。这个办法,对于保持法制的统一与照顾具体情节在不同案件中意义上的差别,是有积极意义和值得尝试的。

三、法定情节与酌定情节

法定情节与酌定情节的分类,在我国刑法学界,在传统上是根据有关情节由刑法明确规定还是由法官自己酌情确定作为标准的。这是一个关于量刑情节的重要分类。在我国刑法发展的时代中,法定情节与酌定情节的分类,更准确地说,是以有关情节对法官是否具有法律上的约束力为标准的。法官在面对法定情节时,负有遵守刑法规定的义务,如果不遵守,就有可能构成违法或者适用法律不当。法官在面对酌定情节时,享有法律赋予其审判案件时享有的司法裁量权,对酌定情节的认定与不认定,反映的不是违法与适用法律不当的问题,而一般是法官个人能力与水平的高低程度问题。

在区分法定情节与酌定情节的分类标准时,有必要明确这里的"刑法规定"的概念。主张狭义理解刑法的观点认为,这里的刑法规定只能包括我国刑法总则与分则条文;主张根据效力理解刑法的观点认为,这里的刑法规定不仅包括我

---

① 详见 2013 年颁布的最高人民法院《关于常见犯罪的量刑指导意见》。

国刑法的条文,而且包括我国司法解释中的规定。

本书主张第二种观点,也就是说,法定情节是指我国刑法与司法解释中明确规定的具有法律拘束力的情节。我国的司法解释,是最高人民法院经过审判委员会讨论通过后发布的法律文件,是法官必须遵守的具有司法拘束力的文件。例如,2013年最高人民法院、最高人民检察院在《关于办理盗窃刑事案件适用法律若干问题的解释》第2条规定:盗窃公私财物,具有下列情形之一的,"数额较大"的标准可以按照一般标准的50%确定:(1)曾因盗窃受过刑事处罚的;(2)一年内曾因盗窃受过行政处罚的;(3)组织、控制未成年人盗窃的;(4)自然灾害、事故灾害、社会安全事件等突发事件期间,在事件发生地盗窃的;(5)盗窃残疾人、孤寡老人、丧失劳动能力人的财物的;(6)在医院盗窃病人或者其亲友财物的;(7)盗窃救灾、抢险、防汛、优抚、扶贫、移民、救济款物的;(8)因盗窃造成严重后果的。这些情节都是法官在盗窃罪量刑中必须考虑的有司法拘束力的法定情节。与之相对,酌定情节是指刑法与司法解释在具体犯罪种类中没有明确规定,允许法官根据具体案情斟酌确定刑罚的情况。然而,酌定情节与可以情节不同。可以情节包括一些法定情节,因此,在不适用法定的可以情节时,必须说明不适用的理由;酌定情节是非法定的可以情节,在适用酌定情节时,必须说明适用的理由。

关于法定情节,本书在前面关于量刑情节的分类中,已经列明了我国刑法目前明文规定的全部量刑情节,包括从重、从轻与减轻处罚的情节。在司法解释中列明的具有司法拘束力的量刑情节,在本书中无法也没有必要一一列明。不过,我国司法解释中列明的量刑情节,也是分别发挥着从重、从轻、减轻处罚的作用的。

酌定情节作为允许法官根据案情自行斟酌的情节,其存在的必要性在于:这一类情节在不同案件中可能具有不同的意义。法官绝不会在不同的案件中对同一条伤疤持相同的态度,而不考虑这条伤疤是在抢劫银行时留下的还是在家庭内部的争斗中留下的。酌定情节作为反映罪责的情节,自然需要反映具体犯罪人在具体犯罪案件中应当受到的谴责程度。因此,酌定情节作为法定情节的补充,允许法官根据千差万别的案件事实情况,对具体判处的刑罚幅度尽可能准确地根据罪责与刑罚目的的要求进行调整。酌定情节虽然受着法定情节的限制,不得突破法定情节设定的刑罚幅度,然而,稳定的、经常被使用的酌定情节,通过法定或者司法认定,也在不断地被刑事立法吸收到法定情节的行列之中。社会在进步,刑法在发展。严格地说,酌定情节的种类就处于不断被发现的过程之中,其数量也处在不断增长的过程之中。酌定情节与法定情节一样,也在从重、从轻与减轻处罚方面,对刑罚的最后确定发挥着影响与作用。

在现代刑法学中,对酌定情节的考察经常在三个领域中进行:犯罪构成与违法性,罪责与人格,以及犯罪人在事后的表现。

(一)犯罪构成与违法性中的酌定情节

犯罪构成与违法性的酌定情节,是指那些与犯罪构成的成立有关,或者与违法性的具备有关,但是不属于定罪情节,而应当在量刑决定刑罚轻重时考虑的情节。这样的情节主要有以下一些:

犯罪手段。犯罪手段是指在实施犯罪构成过程中所使用的具体方式与方法。现代刑法学在考察犯罪手段时,经常特别注意犯罪的方式、侵害的对象、犯罪的时间与地点。例如,在犯罪的方式方面,"多次盗窃"属于我国盗窃罪成立所要求的犯罪手段。司法解释①规定,二年内盗窃三次以上的,应当认定为"多次盗窃",构成盗窃罪。这样,仅仅从次数上说,三次盗窃属于定罪情节,第四次以上才算量刑情节。不过,在三次盗窃中,是否使用危险工具、是否给被害人造成轻微伤害,以及造成损失尚未达到数额巨大和尚未构成严重情节之前的情况,也属于量刑情节。在犯罪侵害的对象方面,侵害病人、残疾人、未成年人、老人、孕妇的行为,通常都被认为是更加恶劣的,而亲属之间的犯罪一般认为应当从轻处罚。在犯罪的时间与地点方面,发生在繁华地区、灾害地区、对社会与公民有特殊意义时刻的犯罪,例如节日或者庆典,明显对社会和公民可能造成更大的损害性影响,因此,一般被我国刑法学界认为是应当酌情从重处罚的情节。因此,犯罪手段是否残酷、是否使用诡计或者伪装、是否经过长期谋划、是否攻击社会弱势人士,一定是法官在案件审理中需要查明并且可以在量刑中权衡考虑的情节。

犯罪的损害后果。犯罪直接造成的财产损失与直接给被害人的身体造成的伤亡,是毫无疑问地包括在这个种类之中。我国刑法与司法解释在可能的情况下,一般都会使用这种可以计量的损害后果来设定基本的刑罚幅度。例如,"数额较大""数额巨大""数额特别巨大",以及"致人重伤或者死亡"的规定。在"数额较大"与"数额巨大"有法定情节的限定时,情节范围之中的情况就是酌定情节。例如,在盗窃罪"数额较大"的 1000 元至 3000 元之间或者"数额巨大"的 3 万元至 10 万元之间,就属于酌定情节。在直接财产损失与直接身体伤亡之外,还有非物质性损害结果。在法定的非物质性损害结果之中,也可能存在酌定情节。例如,在第 294 条第 3 款包庇、纵容黑社会性质组织罪中,最高人民法院认为,"致使某一区域或者行业的经济、社会生活秩序遭受黑社会性质组织特别严重破坏的","致使黑社会性质组织的组织者、领导者逃匿,或者致使对黑社会性

---

① 参见 2013 年最高人民法院、最高人民检察院颁布的《关于办理盗窃刑事案件适用法律若干问题的解释》。

质组织的查禁工作严重受阻的",也属于应当判处 5 年以上有期徒刑的严重情节。① 其中,"破坏"的具体程度与"受阻"的具体情况,就属于酌定情节。对于犯罪造成的非直接的财产损失与人身伤亡,以及非法定的非物质性损害后果,对量刑产生的影响是客观存在的。一般说来,一个严重犯罪对社会造成的严重影响,要想不影响法官的个人情感,是非常困难或者干脆就不可能。但是,只要对具体案件判处的具体刑罚幅度,不超过法定情节的限定范围,并且,法官能够说明自己基于犯罪所造成的非直接损失与非法定理由判处犯罪人较重或者较轻处罚的合理理由,那就还是可以容忍的判决。

犯罪的动机、目的与情绪。犯罪的动机能够表现犯罪人心理状态的卑鄙程度或者良心程度,因此,虽然刑法条文与司法解释极少对犯罪动机作出规定,但是,犯罪动机是刑法学传统上没有争议的酌定情节。例如,盗窃犯是因为没钱给重病的亲人买药而盗窃,还是为了自己的无耻生活方式而盗窃,在犯罪动机上就有巨大的差别。在刑法规定的犯罪条文中没有犯罪目的要求时,犯罪目的的状况就与犯罪动机一样,也能反映犯罪人心理状态的应受谴责的程度。例如,犯罪人因为在被害人重病不治的情况下接受其请求下而杀人的,几乎已经成为量刑时必须考虑的酌定情节。情绪对于说明犯罪应受谴责程度或者应受宽恕的程度,也经常起作用。经典的例子是在突然发现妻子与他人通奸的现场而发生的杀人。犯罪人在当时难以抑制的愤怒情绪中杀人的,几乎已经成为从轻处罚的经典酌定情节了。

(二)罪责与人格中的酌定情节

罪责与人格中的酌定情节,是指能够说明犯罪人减轻罪责状态,以及能够说明根据刑罚目的与犯罪人特定的人格特征,需要对其适用较重刑罚或者较轻刑罚的各种情况。罪责与人格很难绝对区分,因此,这方面的酌定情节通常是在犯罪人的生理状态、家境状况、文化修养与一贯表现四个方面加以说明的。

犯罪人的生理状态,通常是指犯罪人尚未达到不承担刑事责任的精神病的程度、醉酒的程度以及智力发育水平等因素。在现代刑法学中,犯罪人的生理状态对刑罚轻重的影响有减弱的趋势,但是,对刑罚期间改造与救治手段的使用会具有较大的意义。

犯罪人的家境情况,主要是指罪犯家庭是否有人需要赡养、是否有人能够承担起管束犯罪人的责任等因素。这些情况,特别在依法可以考虑管制或者缓刑时,有可能发挥重要的作用。但是,我国现代刑法学普遍认为,犯罪人由于犯罪

---

① 参见 2000 年最高人民法院颁布的《关于审理黑社会性质组织犯罪的案件具体应用法律若干问题的解释》第 6 条。

与刑罚而给自己带来刑法之外的不利后果,例如,国家公务员身份、律师身份、医生身份的丧失,乃至个人的公司倒闭、企业破产等等,都不能作为酌情从轻、减轻处罚的根据。"刑罚的罪责抵偿效果与行为人的社会关系与经济关系无关"。①中国古代唐律中实行的"官当"制度,即国家官员在犯罪时可以放弃自己的官职以折抵刑罚的做法,在现代仍然被认为是不可接受的。

犯罪人的文化修养,主要是指犯罪人的文化程度、特别是犯罪人对刑罚的敏感性等因素。这些因素在很大程度上是从改造效果方面考虑的。因此,这个因素在不同的犯罪类型中有不同程度的运用。在经济犯罪与腐败犯罪中,由于犯罪人具有文化程度高、智商高的特点,同时,由于犯罪人在受到刑罚的同时,基本上就丧失了自己多年来甚至一辈子积累起来的专业知识、社会地位与经济基础,因此,这类犯罪人对刑罚有着较高的敏感性,他们几乎不可能再次实行同种类的犯罪。因此,对这一类犯罪人的量刑,一方面应当特别注重财产刑与资格刑的使用,另一方面,在剥夺自由刑方面,除了考虑巩固教育改造效果之外,还需要特别考虑一般预防的要求。本书认为,量刑对家境情况与文化修养方面的全面考虑,有利于避免导致歧视性的"阶级司法",也就是不会使刑罚主要对"没有什么东西可以失去"和对刑罚"不敏感"的普通人适用,从而使处于社会上层的犯罪人总是承担较轻的刑罚。

犯罪人的一贯表现绝对不属于定罪因素,但早已成为量刑时经常会考虑的酌定因素了。对于一贯表现好的人来说,犯罪比较容易被看成是一种"偶然的""一时糊涂"的行为,或者说,可以作为行为人不太可能再次犯罪的理由,因此成为从轻处罚的酌定情节。不过,对于以前一贯表现不好,尤其是以前有过犯罪的人,如果符合刑法明确规定的"累犯",就只能根据法定情节从重处罚。对于尚未达到累犯标准的,过去的不良表现也会对量刑产生影响。在法定情节范围内,对过去表现不好的犯罪人判处较重刑罚的做法,几乎成为每个法官的本能。但是,在我国刑法中,超出法定情节范围,加重判处过去有劣迹的人,包括累犯,是不能允许的。

(三)犯罪人在事后表现中的酌定情节

行为人在事后的表现,可能影响对罪责与预防需要性的评价。在现代刑法学中,由于危害结果的出现或者犯罪构成的完成并不当然是犯罪的成立或者结束,因此,现代刑法已经开始把事后表现明确地作为犯罪构成的一种组成形态加以规定。例如,交通肇事罪中在交通肇事后逃逸的(《刑法》第133条第2情节),

---

① 〔德〕汉斯·海因里希·耶赛克、托马斯·魏根特著:《德国刑法教科书(总论)》,徐久生译,中国法制出版社2001年版,第1062页。

拐卖妇女罪中在拐卖妇女之后又诱骗、强迫被拐卖妇女卖淫的(《刑法》第 240 条第 1 款第 4 项),等等,都是法定的从重处罚的情节。

在法定情节之外,犯罪人在事后的表现还可以反映出其对犯罪的态度,从而表现出接受刑罚之后的再犯可能性,因此对预防的需要性也就是量刑,发生着影响。犯罪后,犯罪人坦白悔罪、积极退赃、主动赔偿损失、取得被害人家属的谅解,已经几乎成为传统的酌定从轻处罚的情节;相反,订立攻守同盟、隐匿赃物、要挟被害人、毁灭罪证,是酌定的从重处罚情节。不过,犯罪人不承认自己的罪行,尤其是对所指控的罪行保持沉默的,不能成为当然从重处罚的情节。在刑事诉讼中,犯罪嫌疑人或者被告人应当如实回答侦查人员的提问,然而,他们不仅对与案件无关的问题有拒绝回答的权利(《刑事诉讼法》第 118 条),而且在不回答其他问题时也不是就当然受到刑事惩罚,否则,就难以保障犯罪嫌疑人或者被告人的正当诉讼权利。

酌定情节不仅在普通的刑事案件量刑活动中具有意义,在我国目前的死刑制度中,对于控制死刑立即执行的数量,更有着重要的意义。由于死刑缓期二年执行不是一个单独的刑种而只是一种执行死刑的制度,因此,在应当判处死刑的案件中,如果判处死刑缓期二年执行,就不构成对法定刑罚幅度的突破。这样,在死刑案件中,选择与论证在目前的具体案件中使用已经使用过的酌定情节,发现与证明应当使用新的酌定情节,使之成为这个具体案件中支持从轻处罚的酌定情节,即支持判处死刑缓期二年执行的根据,从而达到不适用死刑的目的,是我国目前可以选择的通过最严格限制死刑以达到事实上废除死刑的现实道路。

第三节 累犯、自首与立功

累犯、自首与立功,是我国刑法特别规定的三种量刑情节。这三种量刑情节由于在刑事司法实践中经常得到使用,并且一旦得到认定,在刑事司法实践中会对量刑产生重大影响,因此,一直受到我国刑法学的特别关注。

一、累犯

概括地说,累犯是指判处一定刑罚的犯罪分子在刑罚执行完毕或者赦免以后,在法定期限内又犯一定之罪的犯罪分子。在现代刑法学中,累犯是作为量刑中的从重情节使用的。我国《刑法》第 65 条第 1 款规定:累犯,应当从重处罚。

对累犯应当从重处罚,主要的根据是过去适用过的刑罚失败了。犯罪人虽然曾经受过刑事惩罚,但是,刑事惩罚对这名罪犯没有发挥应有的积极预防作用,没有能够防止犯罪人再次犯罪。因此,对于累犯,应当通过从重处罚的方法,增强刑罚的教育矫正作用。

在现代刑法中,对累犯从重处罚的规定,有两种主要的发展方向。一是取消,例如《德国刑法典》在1975年以后,就取消了对累犯从重处罚的规定。这是坚持罪责原则的结果。犯罪人不能为过去已经受过刑事处罚的行为再承担刑罚。二是强化,例如美国《加利福尼亚刑法典》等一些刑法,在1990年以后,甚至采取了所谓的"三振出局"的做法,规定第三次犯可以被判处一年以上监禁的重罪的人,就应当判处25年以上或者终身监禁。这是在社会防卫思想下强化一般预防与报应的结果。过分强化对累犯从重处罚的做法,在理论上与现代刑法学中的预防思想不相符合,在实践中也造成了监狱人满为患的恶果,受到了现代刑法学的严重质疑。

本书认为,我国刑法对累犯规定应当从重处罚,是以犯罪人的犯罪事实与法定刑幅度作为根据的。我国刑法仅仅允许对累犯从重处罚,不允许突破法定刑的限制在法定刑以上加重处罚。

在确定累犯的成立条件时,现代刑法基本上是在犯罪的种类、刑罚的种类以及前罪与后罪的间隔时间等三个要点上进行规定的。根据有关规定,可以把累犯分为一般累犯与特殊累犯。

(一)一般累犯

一般累犯是指对普通犯罪适用的累犯。在犯罪种类、刑罚种类与前后罪时间间隔上,现代刑法学以及现代刑法,对于一般累犯的成立条件,会提出不同的主张与规定。

在我国刑法的发展过程中,1979年刑法第61条对累犯的成立条件作出的规定是,犯罪种类仅仅限于故意犯罪,刑罚种类仅仅限于有期徒刑以上刑罚,前后罪的间隔时间是3年。

在1997年刑法中,第65条对1979年刑法规定的累犯成立条件作出了修改。与1979年的规定相比,1997年刑法在累犯的成立条件中,没有变化的是犯罪种类与刑罚种类,有变化的是前后罪的间隔时间从3年提高到了5年。前后罪间隔时间越长,对累犯的限制越严厉。

在2011年通过的《刑法修正案(八)》中,我国刑法对累犯的成立条件又作出新的修改。修改后的《刑法》第65条是:"被判处有期徒刑以上刑罚的犯罪分子,刑罚执行完毕或者赦免以后,在五年以内再犯应当判处有期徒刑以上刑罚之罪的,是累犯,应当从重处罚,但是过失犯罪和不满十八周岁的人犯罪的除外。"也就是说,目前我国一般累犯的成立条件,是由以下三个要点组成的:

第一,前罪和后罪都必须是故意犯罪,如果其中有一个罪是过失犯罪,则不构成累犯。同时,实施犯罪的主体,必须年满18周岁,如果其中有一个罪是由

18周岁以下的人实施的,也不构成累犯。根据 2011 年最高人民法院《关于《中华人民共和国刑法修正案(八)》时间效力问题的解释》的规定,即使在《刑法修正案(八)》生效之前,即 2011 年 4 月 30 日以前,"前罪实施时不满十八周岁的,是否构成累犯,适用修正后《刑法》第 65 条的规定"。

第二,前罪和后罪必须都是判处有期徒刑以上刑罚,如果其中有一个罪是被判处有期徒刑以下刑罚的,也不构成累犯。

第三,前后罪间隔的时间,必须是在前罪的刑罚执行完毕或者赦免以后 5 年以内。如果后罪发生在前罪的刑罚执行期间或者在假释考验期限内,则不构成累犯,而是数罪了。如果 5 年以后又犯新罪的,也不构成累犯。前后罪间隔的期限,对于被假释的犯罪分子,从假释期满之日起计算。刑罚执行完毕,仅仅指主刑执行完毕,不包括附加刑。

(二)特殊累犯

特殊累犯是指对特殊犯罪适用的累犯。在我国 1979 年刑法中,特殊累犯指的是反革命罪累犯。1997 年刑法把反革命罪改为危害国家安全罪。第 66 条规定:"危害国家安全的犯罪分子在刑罚执行完毕或者赦免以后,在任何时候再犯危害国家安全罪的,都以累犯论处。"因此,反革命罪累犯也就相应地改为危害国家安全罪累犯。

《刑法修正案(八)》对我国刑法对危害国家安全罪累犯的成立条件又作出新的重大修改:"危害国家安全犯罪、恐怖活动犯罪、黑社会性质的组织犯罪的犯罪分子,在刑罚执行完毕或者赦免以后,在任何时候再犯上述任一类罪的,都以累犯论处。"根据现行的刑法规定,应当把危害国家安全罪累犯改称为特殊累犯才是恰当的。

目前我国特殊累犯的成立条件,具有以下三个与一般累犯有着重大区别的要点:

第一,特殊累犯的前后罪,必须都是危害国家安全罪、恐怖活动犯罪、黑社会性质的组织犯罪中的任何一类罪,如果有一个罪是其他刑事犯罪,就只能按照一般累犯的条件予以考虑。

第二,特殊累犯没有刑罚种类及轻重的限制,只要前罪判处过刑罚并且后罪也应当判处刑罚就符合条件。

第三,前后罪之间没有时间间隔的限制。

不过,根据 2011 年最高人民法院《关于〈中华人民共和国刑法修正案(八)〉时间效力问题的解释》,在 2011 年 4 月 30 日《刑法修正案(八)》生效之前,曾犯危害国家安全犯罪的人,在刑罚执行完毕或者赦免以后再犯危害国家安全犯罪的,是否构成累犯,适用修正前《刑法》第 66 条的规定。但是,在 2011 年 5 月 1

日《刑法修正案（八）》生效之后，曾被判处有期徒刑以上刑罚，或者曾犯危害国家安全犯罪、恐怖活动犯罪、黑社会性质的组织犯罪又再犯罪的，是否构成累犯，适用修正后《刑法》第 65 条、第 66 条的规定。

我国刑法在特殊累犯适用对象方面，从危害国家安全罪扩展到恐怖活动犯罪与黑社会性质的组织犯罪，体现了对这些对我国社会特别危险的犯罪从严惩处的态度。

对累犯从重处罚的规定，不仅适用于一般累犯，而且适用于特殊累犯。对累犯的从重处罚，不仅体现在刑罚的从重处罚上，而且体现在严格掌握适用缓刑、减刑、假释等有关条件上。

另外，在我国《刑法》第 356 条中，有所谓毒品再犯的规定：因走私、贩卖、运输、制造、非法持有毒品罪被判过刑，又犯我国刑法分则第六章第七节规定的毒品犯罪的，从重处罚。我国刑法对毒品再犯的成立条件，与特殊累犯基本一致，不仅没有刑罚种类与前后罪时间间隔的限制，而且在前后罪的种类上，只需要是"走私、贩卖、运输、制造毒品罪"一节中规定的毒品犯罪就可以。毒品再犯是比一般累犯更严重的犯罪情节，因此，在犯罪人同时符合毒品再犯与一般累犯条件时，对同时构成累犯和毒品再犯的被告人，应当同时引用刑法关于累犯和毒品再犯的条款从重处罚。①

二、自首

自首是我国刑法中的一项重要法律制度，第 67 条第 1 句规定："犯罪以后自动投案，如实供述自己的罪行的，是自首。"这是我国传统刑法思想与现代刑事政策在量刑方面的具体体现。在中国古代刑法中，至少在汉律中就有"先自告，除其罪"的实践，至少在《唐律·名例律》中就已经出现了"诸犯罪未发而自首者，原其罪"的规定，实践了或规定了犯罪后自首的可以减免刑罚。在我国长期的革命斗争中，中国共产党领导的革命政权也长期执行"惩办与宽大相结合"的刑事政策，对犯罪人实行"坦白从宽、抗拒从严、立功折罪、立大功受奖"。我国现代刑法中的自首，是作为一项从轻、减轻甚至免除处罚的情节使用的。

我国的自首制度具有独特的刑法价值。我国的自首制度与其他法律制度中"认罪减刑"或者"认罪免刑"等各种制度的最大区别，在于其多功能性。不过，我国的自首制度在感召犯罪人主动投案、鼓励犯罪人悔过自新、分化瓦解犯罪力量、减少社会不安定因素、及时侦破案件与惩治犯罪等方面的重要功能之中，最

---

① 参见 2008 年最高人民法院印发的《〈全国部分法院审理毒品犯罪案件工作座谈会纪要〉的通知》中第八个问题。

基本的是鼓励犯罪人真诚悔过与减少案件侦破难度。

自首的概念在我国刑法中经历了一个不断发展完善的过程。根据目前我国刑法的规定,自首概念是由以下三部分构成的:

第一,一般自首。这是指犯罪以后自动投案,如实供述自己的罪行的情况。这种自首在1979年刑法中虽然没有明确规定,但是,一直得到我国刑法学界的支持与刑事司法机关的实践。在1997年刑法中,这个自首的概念得到了明确的规定。

第二,特殊自首。这是指"被采取强制措施的犯罪嫌疑人、被告人和正在服刑的罪犯,如实供述司法机关还未掌握的本人其他罪行的,以自首论。"这种自首在1997年刑法中得到了确认。

第三,坦白。坦白就是指犯罪人在不具有一般自首与特殊自首的条件下如实供述自己罪行的情况。[①] 这是2011年《刑法修正案(八)》对自首的概念的补充。坦白虽然不是一般自首与特殊自首,但是与自首有重要关系。"犯罪嫌疑人虽不具有前两款规定的自首情节,但是如实供述自己罪行的,可以从轻处罚;因其如实供述自己罪行,避免特别严重后果发生的,可以减轻处罚。"

根据目前我国刑法与司法解释的规定,自首应当具备下列两个条件:

第一,犯罪分子必须自动投案。自动投案通常是指犯罪事实或者犯罪嫌疑人未被司法机关发觉,或者虽被发觉,但犯罪嫌疑人尚未受到讯问、未被采取强制措施时,主动、直接向公安机关、人民检察院或者人民法院投案的行为。自动投案是犯罪人自愿认罪的主动表现。在我国司法实践中,对自动投案有以下要求与认定:

投案要求向公安、检察或者法院投案。犯罪人向纪检、监察等部门,或者向其所在单位、城乡基层组织或者其他有关负责人员投案的,视为自动投案。

投案要求犯罪人本人到案。然而,犯罪人因病、伤或者为了减轻犯罪后果,委托他人先代为投案,或者先以信电投案的,只要随后到案的,视为自动投案。但在自动投案后,又隐匿或者潜逃,或者仅仅以电讯或书信交代自己的罪行,或者仅仅交出赃物,但不肯到案或者不肯说明自己姓名的,不是投案。投案时应当表明自己是作案人。但是,犯罪后主动报案,虽未表明自己是作案人,但没有逃离现场,或者明知他人报案而在现场等待,抓捕时无拒捕行为,在司法机关询问时交代自己罪行的,视为自动投案。

投案必须在被抓获之前进行。罪行尚未被有关部门、司法机关发觉,仅因形迹可疑被盘问、教育后,犯罪人即主动交代犯罪事实的,应当视为自动投案。但

[①] 参见郎胜主编:《中华人民共和国刑法释义》(第5版),法律出版社2011年版,第76页。

有关部门、司法机关在其身上、随身携带的物品、驾乘的交通工具等处发现与犯罪有关的物品的,不能认定为自动投案。在司法机关未确定犯罪嫌疑人,尚在一般性排查询问时主动交代自己罪行的,视为自动投案。犯罪后逃跑,在被通缉、追捕过程中,主动投案的,视为自动投案。但被群众扭送归案的,被人民群众、司法公安武装人员尾追、包围、堵截、走投无路、当场投案的,以及经司法机关传讯、采取强制措施后归案的,都不是自动投案。被公安机关捕获后查实确已准备去投案,或者正在投案途中的,视为自动投案。但是,在自动投案后又逃跑的,不能认定为自首。交通肇事逃逸后自动投案,如实供述自己罪行的,应认定为自首,但应依法以较重法定刑为基准决定从宽处罚的幅度。

投案必须是自动的。虽然不是出于犯罪人主动,而是经亲友规劝、陪同投案的,以及在公安机关通知犯罪人的亲友,或者在亲友主动报案后,将犯罪人送去投案的,视为自动投案。犯罪人可以是出于真诚悔罪,为了争取宽大处理,或者慑于专政机关的威力而投案,动机不影响自动投案的成立。故意犯罪人可以自首,过失犯罪人也可以自首。但是,在交通肇事后保护现场、抢救伤者,并向公安机关报告的,虽然应认定为自动投案,但是,因为犯罪人实施的这些行为是当时其应当履行的法定义务,因此,在构成自首后的从宽处罚应当从严掌握。

第二,如实供述自己的罪行。这要求犯罪人自动投案后,如实交代自己的主要犯罪事实,包括姓名、年龄、职业、住址、前科等情况。犯罪人多次实施同种罪行的,应当如实供述主要犯罪事实。在投案后没有交代全部犯罪事实,但如实交代的犯罪情节重于未交代的犯罪情节,或者如实交代的犯罪数额多于未交代的犯罪数额,一般应认定为如实供述罪行。无法区分已交代的与未交代的犯罪情节的严重程度,或者已交代的犯罪数额与未交代的犯罪数额相当,一般不认定为如实供述罪行。共同犯罪案件中的犯罪嫌疑人,不仅应当如实供述自己的罪行,还应当供述所知的同案犯,主犯应当供述所知其他同案犯的共同犯罪事实,才能认定为自首。如实供述罪行是犯罪人愿意悔罪的实际表现。

在我国司法实践中,一般自首中的"如实供述罪行"要求,犯罪人供述的身份等情况应当与真实情况一致,如果有差别的,在不影响定罪量刑的情况下应认定为如实供述罪行,但对于影响定罪量刑的就不能认定为如实供述罪行。犯罪嫌疑人自动投案时虽然没有交代自己的主要犯罪事实,但在司法机关掌握其主要犯罪事实之前主动交代的,应认定为如实供述罪行。犯有数罪的犯罪人仅如实供述所犯数罪中部分犯罪的,只能对如实供述部分犯罪的行为认定为自首。犯罪人如实供述自己的罪行后又翻供的,不能认定为自首,但在一审判决前又能如实供述的,应当认定为自首。犯罪人自动投案并如实交代罪行后,为自己进行辩护、提出上诉、或者更正和补充事实的,是依法行使自己应有的诉讼权利,不能以此否定如实供述罪行的成立。

在一般自首中,如实供述罪行是以自动投案为条件的。不过,在特殊自首的情况下,则以司法机关是否掌握所供述的罪行为条件。特殊自首的适用对象,不仅包括被采取强制措施的犯罪嫌疑人、被告人和正在服刑的罪犯,而且包括因为特定违法行为被采取劳动教养、行政拘留、司法拘留、强制隔离戒毒等行政、司法强制措施的人。这些人在被采取强制措施期间,向司法机关的供述能否认定为司法机关已经掌握,应当根据不同情形区别对待:被通缉的罪行,一般以通缉令的范围为标准,在通缉令范围之内的,视为已经掌握;该罪行已录入全国公安信息网络在逃人员信息数据库的,视为已经掌握。一项罪行未被通缉、也未录入全国公安信息网络在逃人员信息数据库的,则以执行强制措施的司法机关是否已经实际掌握该罪行为标准。

目前,我国司法机关在特殊自首的情况下判断犯罪人所供述的罪行是否属于自己所掌握的,一般是以罪名区分的。只有在所供述的罪行属于与自己所掌握的不同种的罪行,才认定自首。例如,司法机关在掌握两起盗窃事实时,犯罪人又交代第三起盗窃的,不是自首,只有交代诸如抢劫或者故意伤害的罪行,才能算自首。甚至,在如实供述的其他罪行的罪名与司法机关已掌握犯罪的罪名不同,只要如实供述的其他犯罪与司法机关已掌握的犯罪同属一条刑法分则条文或者在法律、事实上存在密切的关联,例如因受贿被采取强制措施后,又交代因受贿为他人谋取利益行为,构成滥用职权罪的,也仍然应认定为同种罪行。但是,这些已经被采取强制措施的犯罪嫌疑人、被告人或者已经宣判的罪犯,如实供述司法机关尚未掌握的罪行,与司法机关已掌握的或者判决确定的罪行属同种罪行的,仍然可以酌情从轻处罚;如实供述的同种罪行较重的,一般应当从轻处罚。在共同犯罪中,如实交待司法机关尚未掌握的其他共同犯罪人的情况,不应认定为特殊自首,但是仍然可以酌情予以从轻处罚,所作供述符合立功条件的,构成立功。

根据《刑法修正案(八)》的补充规定,在不具有一般自首与特殊自首的条件下,犯罪人如实供述自己罪行的,是坦白。坦白从宽是我国刑事政策的一贯内容,但是,在《刑法修正案(八)》之前,坦白仅仅是一种酌定情节。实践证明,犯罪人在到案之后,能够如实供述罪行的,就在很明显的程度上表现了自己认罪悔过的心理。这种罪犯的改造比较易于改造,因此,从轻或者减轻处罚就有实践上的根据。① 《刑法修正案(八)》对坦白的规定,保障了坦白从宽政策的落实。

根据目前我国《刑法》第67条的规定,对于自首和坦白的处罚原则是从宽处

---

① 参见郎胜主编:《中华人民共和国刑法释义》(第5版),法律出版社2011年版,第78页。

理。一般来说,在案件事实相似的情况下,对具有自首情节的被告人的从宽幅度应当适当宽于具有自首情节的被告人。具体说,应当区分四种情况。

第一,对于自首的犯罪人,可以从轻或者减轻处罚。

第二,对于犯罪较轻的自首犯,可以免除处罚。犯罪较轻情节的判断,应当根据犯罪轻重,并考虑自首的具体情节,包括犯罪事实、犯罪性质、犯罪情节、危害后果、社会影响、被告人的主观恶性和人身危险性等,以及投案的主动性、供述的及时性和稳定性等。

第三,对于坦白的犯罪人,可以从轻处罚。

第四,对于坦白的犯罪人,由于其如实供述自己罪行,避免特别严重后果发生的,可以减轻处罚。在这种情况下,犯罪人其实是已经实施或者已经知道犯罪行为已经实施,但是犯罪结果还没有发生或者没有全部发生。如果由于犯罪人的如实供述,使得有关方面能够采取措施避免特别严重后果发生的,对犯罪人减轻处罚,是坦白从宽政策的准确体现。

对于自首和坦白的处罚原则是从宽处理,根据我国的司法实践经验,不从宽处罚的情况主要有以下几种情况:

第一,犯罪情节特别严重,罪责特别严重的,可以不从宽。具有自首情节,但犯罪情节特别恶劣、犯罪后果特别严重、被告人主观恶性深、人身危险性大,或者在犯罪前即为规避法律、逃避处罚而准备自首、立功的,可以不从宽处罚。

第二,对累犯的从宽应当严格掌握。具有自首情节的累犯和毒品再犯等法定从重处罚情节的,从宽的条件一般应当是,累犯的前罪为非暴力犯罪或者不同类犯罪。

第三,对共同犯罪人的从宽应当注意量刑平衡。对具有自首情节的共同犯罪人,在处罚时应当注意共同犯罪人之间以及首要分子、主犯、从犯之间的量刑平衡。犯罪集团的首要分子、共同犯罪的主犯检举揭发或者协助司法机关抓捕在同案中地位或者作用比较次要的犯罪分子的,应当从严掌握从宽处罚的适用,如果从轻处罚可能导致全案量刑失衡的,一般不从轻处罚;如果检举揭发或者协助司法机关抓捕的是其他案件中罪行同样严重的犯罪分子,一般应当依法从宽处罚。对于犯罪集团的一般成员、共同犯罪的从犯立功的,特别是协助抓捕首要分子、主犯的,应当依法从宽处罚。

三、立功

立功是我国坦白从宽刑事政策中的一项重要内容,是有中国特色的一项制度。立功在我国刑法中经历一个发展完善的过程。早在1951年《惩治反革命条例》第14条中就规定,犯该条例之罪"真诚悔过立功赎罪者","得酌情从轻、减轻或免予处刑"。在1997年刑法中,对立功的规定形成了基本的体系。第68条第1款规定:"犯罪分子有揭发他人犯罪行为,查证属实的,或者提供重要线索,从而得以侦破其他案件等立功表现的,可以从轻或者减轻处罚;有重大立功表现的,可以减轻或者免除处罚。"第2款规定:"犯罪后自首又有重大立功表现的,应当减轻或者免除处罚。"《刑法修正案(八)》已经删除了《刑法》第68条第2款,完善了对立功的规定。

根据我国刑法目前的规定,立功是指犯罪分子揭发他人犯罪行为,查证属实的,或者提供重要线索,从而得以侦破其他案件的,以及其他突出的有利于国家和社会的表现。根据我国刑法与有关司法解释的规定[①],立功是指以下三种情况:

第一,犯罪分子揭发他人犯罪行为,查证属实的。这是指犯罪人到案后有检举、揭发他人犯罪行为,包括共同犯罪案件中的犯罪分子揭发同案犯共同犯罪以外的其他犯罪,经查证属实的。查证属实是指经过司法机关查证,证明犯罪人所揭发的事实属实。犯罪人揭发之后,检察机关与公安机关应当进行依法处理,如果在三个月内不能查证并抓获被检举揭发的人,或者不能查实的,根据所出具的证明,人民法院审理案件可不再等待查证结果。对于查证不属实的,犯罪人又重复提供同一线索,且没有提出新的证据材料的,可以不再查证。根据犯罪人检举揭发破获的他人犯罪案件,如果已有审判结果,应当依据判决确认的事实认定是否查证属实;如果被检举揭发的他人犯罪案件尚未进入审判程序,可以依据侦查机关提供的书面查证情况认定是否查证属实。犯罪人检举揭发或者协助抓获的人的行为构成犯罪,但因法定事由不追究刑事责任、不起诉、终止审理的,不影响对被告人立功表现的认定。

第二,犯罪分子提供重要线索,从而得以侦破其他案件的。重要线索是指犯罪分子向司法机关提供尚未被司法机关掌握的重要犯罪线索,例如,证明犯罪行为或者提供有关证人,从而使司法机关根据这些线索,查清犯罪事实,侦破其他案件。但是,犯罪分子通过贿买、暴力、胁迫等非法手段,或者被羁押后与律师、亲友会见过程中违反监管规定,获取他人犯罪线索并"检举揭发"的,不能认定为有立功表现。犯罪分子将本人以往查办犯罪职务活动中掌握的,或者从负有查办犯罪、监管职责的国家工作人员处获取的他人犯罪线索予以检举揭发的,不能认定为有立功表现。犯罪分子亲友为使犯罪分子"立功",向司法机关提供他人犯罪线索、协助抓捕犯罪嫌疑人的,不能认定为犯罪分子有立功表现。

[①] 主要是最高人民法院2010年发布的《关于处理自首和立功若干具体问题的意见》与1998年发布的《关于处理自首和立功具体应用法律若干问题的解释》。

第三,其他突出的有利于国家与社会的表现。这包括揭发他人犯罪行为与提供重要线索以外的各种有利于国家与社会的突出表现,常见的有阻止他人违法犯罪活动,积极救灾抢险,协助司法机关抓捕其他犯罪嫌疑人(包括同案犯),对国家和社会有其他重大贡献等。其中,协助司法机关抓捕其他犯罪嫌疑人的表现,包括按照司法机关的安排,以打电话、发信息等方式将其他犯罪嫌疑人(包括同案犯)约至指定地点;按照司法机关的安排,当场指认、辨认其他犯罪嫌疑人(包括同案犯);带领侦查人员抓获其他犯罪嫌疑人(包括同案犯)的;提供司法机关尚未掌握的其他案件犯罪嫌疑人的联络方式、藏匿地址的,等等。但是,犯罪分子提供同案犯姓名、住址、体貌特征等基本情况,或者提供犯罪前、犯罪中掌握、使用的同案犯联络方式、藏匿地址,司法机关据此抓捕同案犯的,不能认定为协助司法机关抓捕同案犯。

根据我国刑法与有关司法解释的规定,重大立功是指犯罪人检举、揭发的是他人的重大犯罪行为,提供其他重大案件的重要线索的,阻止他人重大犯罪活动的,协助司法机关抓捕其他重大犯罪嫌疑人的,或者对国家和社会作出了重大贡献的各种表现。重大立功一般是指揭发的犯罪嫌疑人、被告人可能被判处无期徒刑以上刑罚或者案件在本省、自治区、直辖市或者全国范围内有较大影响等情形。犯罪人检举揭发的线索经查确有犯罪发生,或者确定了犯罪嫌疑人,可能构成重大立功,只是未能将犯罪嫌疑人抓获归案的,对可能判处死刑的被告人一般要留有余地,对其他被告人原则上应酌情从轻处罚。被告人检举揭发或者协助抓获的人的行为应判处无期徒刑以上刑罚,但因具有法定、酌定从宽情节,宣告刑为有期徒刑或者更轻刑罚的,不影响对被告人重大立功表现的认定。

目前我国《刑法》第68条第1情节规定,有立功表现的,"可以从轻或者减轻处罚";第2情节规定:"有重大立功表现的,可以减轻或者免除处罚"。《刑法修正案(八)》删除了《刑法》第68条第2款关于"犯罪后自首又有重大立功表现的,应当减轻或者免除处罚"的规定。根据原有的规定,在适用刑法分则最高一档法定刑为"十年以上有期徒刑或者无期徒刑"的规定时,犯罪人在自首又有重大立功表现时,减轻处罚就必须一律判处十年以下有期徒刑。这样就可能威胁罪刑相适应原则的安全。尤其是在共同犯罪案件中,在那些没有自首又有重大立功表现的犯罪人可能判处10年以上有期徒刑或者无期徒刑甚至死刑的情况下,有此情节的犯罪人就只能判处9年以下有期徒刑,刑罚差距太大。取消《刑法》第68条第2款的"应当情节",使用现有的对重大立功表现"可以减轻或者免除处罚"的规定,仍然可以恰当地处理可能出现的不寻常的案件,发挥鼓励犯罪人积极自首、立大功的重要作用。

根据目前我国刑法的规定,自首与立功属于两个从宽情节。因此,在对有关犯罪事实进行评价时,不得对一个犯罪事实进行两次评价。例如,行贿人向司法机关如实供述自己的犯罪事实构成自首的,不因为其中涉及受贿人因此构成受贿罪而同时构成立功。然而,运输、贩卖毒品的犯罪人如实供述自己的犯罪事实构成自首的,在其中交代了毒品的供应人或者购买人并查证属实的,构成立功。在行贿案件中,不查明受贿人,行贿罪就无法成立,在运输、贩卖毒品案件中,不查明毒品的供应人或者购买人,运输、贩卖毒品罪也可以成立。在一个犯罪人同时具有自首与立功或者重大立功的情况下,从宽处罚的幅度当然要更大一些。

第十六章 数罪并罚

数罪并罚是指一个人犯了几个罪，在对所犯各罪分别定罪量刑之后，按照法定的原则和方法确定应当执行刑罚的一种制度。在现代刑法学中，数罪并罚是一个综合性问题。确定一个人犯了几个罪，属于犯罪个数的计算问题，因此与一般的犯罪学说有密切的关系；确定对这个人所犯的各罪应当判处什么刑罚，属于刑罚的适用问题，因此应当在量刑中加以研究。触犯一个刑法条文构成一个犯罪，承担一个刑罚，这是罪刑法定原则的当然之意，也是罪刑相适应原则的要求。因此，确定一个案件中的犯罪事实属于几个罪，以及对犯了几个罪的犯罪人如何适用刑罚，在现代刑法学中具有重要的意义。

第一节 行为竞合理论概述

在现代刑法学中，数罪并罚是以行为竞合理论为基础的。行为竞合理论也简称为竞合理论。"竞合"一词，在德语中是"Konkurrenz"，在英语中是"competition"，原意是共同竞争，或者在竞争中胜出，在刑法学中是指对几个行为或者条文进行选择。在现代刑法学中，行为竞合与共同犯罪所要解决的问题正好相反。共同犯罪解决的是几个人实现一个犯罪构成时的刑事责任问题，行为竞合解决的是一个人满足了几个犯罪构成时的刑事责任问题。行为竞合理论需要解决两个问题，一是确定什么是一个行为，什么是多个行为，或者说，是行为单数还是行为多数；二是确定存在着一个犯罪构成还是存在着多个犯罪构成，或者说，按照一罪处理还是按照数罪处理。

在行为单数与行为多数方面，现代刑法学面临的问题是如何确立行为个数的标准。现代刑法学曾经提出过许多主张，其中，影响很大的有所谓的犯意说、行为说与法益说。犯意说主张以犯罪人的犯意个数为标准，出于一个犯意的为一罪，出于数个犯意的为数罪。行为说主张以行为的个数为标准，实施一个行为的为一罪，实施数个行为的为数罪。法益说主张以行为所侵害的法益为标准，侵犯一个法益的为一罪，侵犯数个法益的为数罪。这些主张基本上是在犯罪构造理论的发展过程中，通过强调犯罪构成的某一个要件提出来的。经过长期的发展，现代刑法学目前已经把行为个数的标准问题，基本集中在两种观点之上：一种是所谓的自然意义上的行为说，另一种是所谓的法律意义上的行为说。自然意义上的行为说主张,根据出自行为人意愿的身体性动作来确定行为的个数。根据这种主张,行为的个数可以使用自然科学的方法加以检验,一个单独的动作就是一个行为,两个动作同时发生的,例如,两手双枪同时向两个人射击的,就是两个行为。法律意义上的行为说主张,行为的个数不能使用自然科学的检验方法来解决,只能借助价值评价加以解决,也就是说,法律意义上的一个行为可以包括多个自然意义上的行为,多个自然意义上的行为可以评价为一个法律意义上的行为。例如,拔刀威胁加上拿走财物的,只是一个抢劫行为。在现代刑法学中,尤其是在罪刑法定原则确定之后,法律意义上的行为是决定犯罪成立的要件。然而,自然意义上的行为并没有完全丧失意义,不仅因为法律意义上的行为离不开自然意义上的行为,而且因为自然意义上的行为的存在形态、相互关系以及其他特征,对于法律意义上的行为的确立也具有重要的意义。

在究竟存在着一个犯罪构成还是多个犯罪构成方面,现代刑法学已经普通同意:根据罪刑法定原则与一事不再理原则,不能对一个行为进行两次处罚,因此,一个行为不可能构成多个犯罪构成。同时,根据法律意义上的行为说,多个行为在一起有可能仅仅符合一个犯罪构成。不过,在英美法系的现代刑法中,仍然普遍主张以犯罪构成为标准,行为人的行为符合一个犯罪构成的就构成一个罪,符合两个犯罪构成的就构成两个罪。例如,持枪抢劫银行的犯罪人,在抢劫过程中又殴打银行职员的,那就构成非法持有枪支、抢劫与殴打等三个犯罪,应当合并处罚。在大陆法系的现代刑法学中,在这个方面发展出来的主要有想象竞合,法条竞合以及真正竞合等理论,分别不同情况来确定成立一个犯罪构成还是多个犯罪构成。

想象竞合是指一个行为触犯多个刑法条文或者多次触犯同一个刑法条文的情况。一个行为触犯多个刑法条文的例子:某甲在公开场合打伤了某乙。这时,一个行为不仅满足了故意伤害罪的犯罪构成,而且满足了侮辱罪的犯罪构成。某甲在公开场合打伤某乙的行为,只有在共同使用两个犯罪构成时才能充分说明其所具有的不法内容与罪责内容。一个行为多次触犯同一个刑法条文的例子:钱某一枪打死了陈某与赵某。这时,钱某的行为两次满足了故意杀人罪的犯罪构成。在现代刑法学中,前一种想象竞合因为涉及不同的犯罪构成而可以被称为不同种类的想象竞合;后一种因为仅仅涉及一个犯罪构成,因而可以称为同种类的想象竞合。现代刑法学普遍主张,对想象竞合不按照数罪进行处罚,而是采取吸收原则,从一重处断,即只按照最重的犯罪判处一个刑罚,其他没有得到直接适用的刑罚则应当具有限制作用,即所判处的刑罚不得低于最轻犯罪应当判处的刑罚。不过,对于附加刑应当采取并罚原则,应当全部执行。

法条竞合是指一个行为或者多个行为同时触犯多个刑法条文,但是,由于刑法条文之间存在的相互排斥作用而最终只能适用一个刑法条文的情况。一个行为触犯多个刑法条文形成法条竞合的例子有：某甲用棍子重伤了乙。这种伤害不仅符合我国《刑法》第234条第1款（轻伤害），而且符合第2款（重伤害），不过，由于第2款（重伤害）已经完全包括了某甲的伤害行为，因此，第1款就不再适用。多个行为触犯多个刑法条文形成法条竞合的例子有：某甲偷了一个收音机，又将其摔坏。在盗窃罪（第264条）面前，故意毁坏财产罪（第275条）是同时受到惩罚的事后构成行为，并且没有表示出比财产损失更多的不法内容与罪责内容，因此，故意毁坏财产罪就不再适用。现代刑法学对法条竞合也不按照数罪进行处理，但是，在采取从一重处断的根据上，存在着三种区别。第一，在一个行为满足多个犯罪构成时，其中一个犯罪构成不仅包括了其他犯罪构成的特征，而且还至少包含有另外一个特征的，那就应当适用特别法的规定。例如，滥伐林木的，第345条第2款滥伐林木罪不仅包括了第264条盗窃罪的犯罪构成特征，而且具有盗窃罪所没有的"滥伐"特征，因此，只需要按照滥伐林木罪处罚。第二，在一个行为满足多个犯罪构成时，几个犯罪构成是同时发生的，并且，最重的犯罪构成能够包括或者"消耗"其他犯罪构成的不法与罪责内容的，适用这个最重的犯罪构成。例如，某甲打破一扇玻璃，入室偷走了一台高级手机，其中涉及的非法侵入他人住宅（第245条）和故意毁坏公私财物（第275条）的不法与罪责内容，都可以被盗窃（第264条）所包括，因此，不再需要其他刑法惩罚。第三，在一个行为满足了多个犯罪构成时，其中一个犯罪构成只有在其他犯罪构成不能得到使用时才发挥作用。例如，醉酒驾驶机动车的危险驾驶罪（第133条之一），如果同时构成其他犯罪时，只有在不能按照其他罪进行处罚时才能适用（第133条之一第3款）。

真正竞合也称事实上的竞合，是指多个行为触犯了多个刑法条文或者多个行为多次触犯了同一个刑法条文的情况。前者的例子：某甲抢劫了某乙，又强奸了某丙；后者的例子：某甲在周一杀了某乙，在周二杀了某丙。

在现代刑法学中，对于多个行为触犯多个刑法条文的真正竞合，采取以数罪并罚为基础，按一罪处理为例外的处理原则。对多个行为触犯多个刑法条文，构成数罪的，进行数罪并罚。在数罪并罚时，对于附加刑应当采取并罚原则，对于剥夺自由和不剥夺自由的主刑一般也是采取并罚原则的；对数罪判处的刑罚中包含有死刑或者无期徒刑时，实际上只可能采取吸收原则，即只执行一个死刑或者无期徒刑，另外，对于数罪并罚中同时有重徒刑（有期徒刑）和轻徒刑（拘役）的，也经常采用吸收原则，执行重徒刑后不再执行轻徒刑。对于其他刑罚的并罚，除了有些国家（例如美国）主张简单相加的并罚原则之外，现代刑法学普遍主张限制加重原则：先对每一种行为各自判处单独的刑罚；然后，在最高的单独刑罚以上,各个单独刑罚的总和刑罚以下,确定应当执行的刑罚。

对多个行为触犯多个刑法条文的真正竞合按照一罪处理的例外情况,是指行为人实施的两个独立行为,可以通过与其关联的第三个行为而全部被包含在一个行为之中的情况。① 例如,某甲将某乙非法关押10天,在第2天对其侮辱,在最后一天将其打成重伤。我国《刑法》第238条第2款第1句规定:"犯前款罪,致人重伤的,处三年以上十年以下有期徒刑;致人死亡的,处十年以上有期徒刑。"这样的规定,就是把侮辱罪(第246条)与故意伤害罪(第234条)包含在一起了。不过,如果被包含的几个行为比包含行为更严重时,那么,这种例外就不能成立。例如,某甲将妇女某丙非法关押,在第2天对其强奸,在第3天将其故意杀害,那么,《刑法》第238条第2款第1句就不能将比自己更严重的强奸罪(第236条)与故意杀人罪(第232条)包含在一起了。

在现代刑法学中,对多个行为多次触犯同一个刑法条文的真正竞合,都是将多个行为造成的多个结果累积计算一并处罚的,虽然,在刑事诉讼中,可以按照几个同种类的犯罪进行处理,或者按照一个犯罪中的几个事实进行处理。在现代刑法学中,经常使用同种数罪与连续犯的概念来说明这两种情况。同种数罪是对每一个行为都定罪,例如,几次盗窃就定几个盗窃罪,故意杀了几个人就定几个故意杀人罪。连续犯一般是指行为人出于一个犯罪故意,连续多次实施同一种类的危害行为,触犯一个罪名的情况,例如,几次盗窃就定一个盗窃罪,故意杀了几个人也定一个故意杀人罪。目前,现代刑法学普遍同意,同种数罪只有在法律规定的条件下才进行并罚。在法律规定之外,严格区分同种数罪与连续犯,已经没有重大的理论意义与实践意义了。

在现代刑法中,多个行为,不仅是自然意义上的,而且还有法律意义上的,应当构成一个犯罪还是几个犯罪,经常是由刑法规定的。这种规定,可以采用所谓的结合犯的形式,也可以采用明确说明按照一罪处理还是按照数罪并罚处理的方式。结合犯是指行为人在一个故意中,以多个意志性控制所实施的多个动作(或者自然意义上的行为),被刑法包括在一个犯罪构成之中的情况。例如,我国《刑法》第263条抢劫罪,就是把暴力或者胁迫加上拿走财产,包括在一个犯罪构成之中的。又如《刑法》第238条非法拘禁罪,就是把所有服务于非法剥夺他人

---

① 本书放弃了那种曾经广泛使用的牵连犯的概念。本书认为,行为人以实施一个犯罪为目的,而其犯罪的方法或结果又触犯其他罪名的情况,在行为人只使用一个行为时,属于法条竞合,在存在多个行为时,则可能属于真正竞合的某种情况。另外,牵连犯要求有牵连的各种犯罪之间存在手段与目的、原因与结果的密切关系,但是然而在现代刑法学中一直无法发展出明确的判断标准,因此,在实践上难以保证判决的一致与统一。因此,参见〔日〕山口厚著:《刑法总论》(第2版),付立庆译,中国人民大学出版社2011年版,第384页;日本刑法甚至已经开始取消这个概念了。参见陈子平著:《刑法总论》,台湾元照出版公司2008年版,第670页。

自由的动作,都包括在一个犯罪构成之中的。我国刑法对特种行为是按照一罪处理还是数罪并罚的例子,规定在第 157 条第 2 款之中:"以暴力、威胁方法抗拒缉私的",应当以走私罪和第 277 条规定的妨碍公务罪进行数罪并罚(第 2 款)。然而,在刑法中的规定,并不能解决全部行为竞合问题。因此,在法律与司法解释没有规定的情况下,现代刑法学仍然需要根据行为竞合的理论,说明在一个案件中究竟存在着一个行为还是多个行为,应当构成一罪还是数罪。

第二节 我国的数罪并罚概述

我国现行刑法在总则第四章"刑罚的具体运用"中,在第四节对数罪并罚做了完整的规定。

根据我国刑法的规定,数罪并罚的任务,是解决判决宣告以前一人犯数罪,或者判决宣告以后,刑罚没有执行完毕以前发现漏罪,或者在刑罚执行过程中又犯新罪。严格地说,一个人不是在这三种情况下犯数罪的,就不属于我国数罪并罚中需要解决的问题。

数罪并罚与累犯是两个不同的概念。数罪并罚解决的是如何对一个人犯的几个罪进行处罚的问题,累犯是解决一个人在判处特定刑罚之后的确定时期之内又犯特定之罪的从重处罚条件问题。数罪并罚与累犯有着各自的法定条件。

根据行为竞合的理论,我国刑法学界普遍采取了法律意义上的行为说,主张以刑法规定的犯罪构成为标准,而不是以犯意、行为或者法益等犯罪构成的要素或者要件为标准,来区分一罪与数罪。根据犯罪构成的标准,行为人以一个故意或者过失,实施了一个行为,符合刑法规定的一个犯罪构成的,就是一罪;行为人以两个以上故意或者过失,实施了两个以上行为,符合刑法规定的两个以上犯罪构成的,就是数罪。

我国刑法所说的数罪,没有种类上的限制,包括故意犯罪与过失犯罪,也没有形式上的限制,包括犯罪预备、犯罪未遂和犯罪中止行为,但是,对于罪名的限制存在着一些争论。根据犯罪是否触犯同一罪名,我国刑法学界将数罪区分为不同种数罪与同种数罪。不同种数罪是指行为人的行为触犯了刑法规定的不同罪名的数罪。不同种数罪由于条文不同、法定刑不同,因此,我国刑法学界一致认为应当进行并罚。同种数罪是指行为人的行为触犯了刑法规定的同一个罪名的数罪。例如,在一段时间里实施的几次盗窃,几次抢劫,或者几次强奸犯罪。对于同种数罪是否需要并罚,我国刑法学界存在着争论。不过,我国刑法学界普遍同意,对判决宣告之后,刑罚执行完毕之前,发现被判刑的犯罪分子还有其他罪没有判决的,或者刑罚还没有执行完毕前,犯罪分子又犯新罪的,不分同种犯罪还是不同种犯罪,都应当进行数罪并罚。有争论的仅仅在于,对判决宣告以前的同种数罪,是否应当进行并罚。目前,在我国刑法实践中,基本是采取不并罚的做法,即对全部犯罪事实以一个罪名起诉,把几次行为及其结果作为该罪中的几个犯罪事实合并处理。本书认为,根据我国刑法目前在分则中对各种犯罪普遍规定"情节严重"的情况下,我国刑事司法实践将犯罪的个数转变为犯罪事实的个数进行处理,在理论上符合行为竞合理论关于连续犯的原理,在法律上也不违背罪刑相适应原则对一罪一刑的基本要求,在实践中还具有操作便利的优点。对判决宣告之前的数罪进行并罚的必要性,还有待于我国刑法进一步精确化带来的新发展。

我国刑法界在对判决宣告以前犯数罪进行并罚时,已经摒弃了不对各罪分别定罪量刑而是笼统综合应执行刑罚的"估堆法",而基本上采纳了根据行为竞合理论发展起来的"吸收""并罚"与"限制加重"等三种原则,根据我国刑法的具体规定,综合发展出了折衷原则,即以限制加重原则为主,同时兼采吸收原则与并罚原则中的合理因素。具体说,我国数罪并罚原则具有如下基本内容:

第一,在行为人所犯数罪中,如果判处的是两个以上有期徒刑、拘役或者管制刑罚的,应当在总和刑期以下,数刑中最高刑期以上,酌情决定应执行的刑期,但是管制最高不能超过 3 年,拘役最高不能超过 1 年,有期徒刑总和刑期不满 35 年的,最高不能超过 20 年,总和刑期在 35 年以上的,最高不能超过 25 年。这体现了限制加重原则。

第二,在行为人所犯数罪中,如果有一个罪判处了无期徒刑或者死刑,那么,其他各罪虽然仍然要判处刑罚,但是所判的主刑就不再执行,只执行一个无期徒刑或者死刑。另外,数罪中有判处有期徒刑和拘役的,执行有期徒刑。这体现了吸收原则。

第三,在行为人所犯数罪中,如果有判处附加刑的,附加刑仍须执行。其中,附加刑种类相同的,合并执行,种类不同的,分别执行。数罪中有判处有期徒刑和管制,或者拘役和管制的,有期徒刑、拘役执行完毕后,管制仍须执行。这体现了并罚原则。

第三节 我国的数罪并罚方法

根据我国刑法在数罪并罚方面的规定,我国对于数罪发生在判决宣告前、判决宣告后和刑罚执行过程中的不同情况,规定了不同的数罪并罚方法。

一、对于判决宣告前犯数罪的并罚方法

对于判决宣告前犯数罪的并罚方法,规定在我国《刑法》第 69 条之中。也就是说,对于在判决宣告前犯数罪的,应当根据所判处的刑罚种类,采纳不同的并罚原则来进行并罚。

对于在数罪中有一个罪被判处无期徒刑或者死刑的,采用吸收原则,执行该项无期徒刑或者死刑的判决。对于数罪中有判处有期徒刑和拘役的,也采用吸收原则,执行有期徒刑。

对于在数罪中,各罪所判处的主刑都是同种类的,采用限制加重原则,在各罪总和刑期以下,数刑中最高刑期以上,酌情决定应执行的刑期。同时,各种不同的主刑,又受不同的限制:管制最高不能超过 3 年,拘役最高不能超过 1 年,有期徒刑总和刑期不满 35 年的,最高不能超过 20 年,总和刑期在 35 年以上的,最高不能超过 25 年。在《刑法修正案(八)》之前,我国数罪并罚在限制加重方面对有期徒刑的限制是"最高不能超过 20 年"。《刑法修正案(八)》对有期徒刑的限制,在总和刑期在 35 年以上时,规定最高不能超过 25 年。这种有控制地提高有期徒刑最高期限的方法,主要是为了配合我国在死刑制度方面的改革,而不是为了鼓励判处重刑。因此,在对各罪进行量刑时,就应当根据各罪的具体情节,尤其是从轻与减轻情节,确定恰当的刑罚,然后再并罚。根据我国刑法的规定,在数罪应判处的各个刑罚以及总和刑期确定之后,就应当严格遵守:不仅不能在总和刑期以上判处刑罚,不能把同种数刑合并后升格(例如,把几个有期徒刑升格为无期徒刑,或者把几个无期徒刑升格为死刑),而且,本书认为,也不能在数刑中最高刑期以下判处刑罚。

对于在数罪中有判处附加刑的,采用并罚原则,附加刑仍须执行。在《刑法修正案(八)》中,补充了"其中附加刑种类相同的,合并执行,种类不同的,分别执行",明确了数罪并罚中附加刑的执行,同时明确规定:"数罪中有判处有期徒刑和管制,或者拘役和管制的,有期徒刑、拘役执行完毕后,管制仍须执行。"

有期徒刑或者拘役与管制的并罚关系,值得强调。在我国法治水平和审判技术日益提高的年代里,在同一个案件中对同一个行为人判处剥夺人身自由和不剥夺人身自由不同种类的主刑,可能性已经很小。然而,在刑事司法实践和刑事立法中,我国已经逐渐明确了这两种不同性质的主刑不能折抵,只能分别执行的态度。早期,最高人民法院在 1958 年 4 月 7 日《关于管制期间可否折抵徒刑刑期问题的复函》指出:"徒刑的刑罚较管制的刑罚为重,徒刑和管制的执行方法也不同,徒刑是在劳动改造机关监管执行,而管制并不这样执行。因此,管制的刑期不宜折抵徒刑的刑期。"后来,最高人民法院在 1981 年 7 月 27 日《关于管制

犯在管制期间又犯新罪被判处拘役或有期徒刑应如何执行的问题的批复》中更明确地指出："由于管制和拘役、有期徒刑不属于同一刑种，执行的方法也不同，如果数罪并罚的原则决定执行的刑罚，在刑法中尚无具体规定，因此，仍可按照本院1957年2月26日法研字第3540号复函的意见办理，即'在对新罪所判处的有期徒刑或者拘役执行完毕以后，再执行前罪所没有执行完的管制'。"现在，最高人民法院在2012年《关于废止1979年底以前发布的部分司法解释和司法解释性质文件（第八批）的决定》中，以"根据刑法的规定，管制期间折抵徒刑刑期的问题已不存在，复函已不再适用"为由，废除了1958年《关于管制期间可否折抵徒刑刑期问题的复函》，强调了在量刑中不能把管制刑期折抵为徒刑。在刑事立法方面，《刑法修正案（九）》也明确了"数罪中有判处有期徒刑和管制，或者拘役和管制的，有期徒刑、拘役执行完毕后，管制仍须执行"。目前，我国只有在最终判决为管制刑的情况下，把先行羁押一日折抵为两日的规定和实践，但是，这不是数罪并罚问题。

判决宣告前犯数罪的并罚方法，也就是《刑法》第69条规定的并罚方法，是我国刑法规定数罪并罚的基础。

二、对于判决宣告后发现漏罪的并罚方法

对于在判决宣告后发现漏罪的并罚方法，规定在我国《刑法》第70条之中。这个方法是由三个步骤组成的：

首先，在判决宣告以后，刑罚执行完毕以前，发现被判刑的犯罪人在判决宣告以前还有其他罪没有判决的，应当对新发现的罪作出判决。对于新发现的罪，不论是一罪还是数罪，也不论新发现的罪与前罪的性质是否相同，都应当单独作出判决。

其次，把前后两个判决所判处的刑罚，即把前罪所判处的刑罚同新发现的罪所判处的刑罚，依照《刑法》第69条的规定，决定执行的刑罚。

再次，已经执行的刑期，应当计算在新判决决定的刑期以内，或者说，在计算刑期时，应当把已经执行的刑期从决定应执行的刑期中扣除。

这种对判决宣告后发现漏罪的并罚方法，因为是先将前后两个判决所判处的刑罚先合并，再扣除已经执行的刑期，因此，我国刑法学形象地称之为"先并后减"的并罚方法。

对于刑罚执行完毕之后，即刑满释放后又犯罪的，如果发现被告人在前罪判决宣告以前，或者在前罪判处的刑罚执行期间，犯有其他罪行没有经过处理，并且没有超过追诉时效应当追诉的，如果漏罪与新罪分属于不同种罪，应当直接依照《刑法》第69条的规定进行并罚，而不适用第70条的"先并后减"法；如果漏罪

与新罪属于同种数罪,则可以根据同种数罪的处罚原则,以一罪从重处罚,不必实行数罪并罚。①

三、对于在刑罚执行过程中又犯新罪的并罚方法

对于在刑罚执行过程中又犯新罪的并罚方法,规定在我国《刑法》第71条之中。这个方法是由二个步骤组成的。

第一步与第70条方法一样:在判决宣告以后,刑罚执行完毕以前,被判刑的犯罪人又犯罪的,应当对新犯的罪作出判决。

第二步是把前罪没有执行的刑罚和后罪所判处的刑罚,依照《刑法》第69条的规定,决定执行的刑罚。

这种对刑罚执行过程中又犯新罪的并罚方法,因为仅仅是将前罪没有执行的刑罚与后罪所判处的刑罚进行并罚,即先扣除已经执行的刑期再并罚,因此,被我国刑法学形象地称为"先减后并"的方法。

《刑法》第71条规定的"先减后并"和第70条规定的"先并后减",主要区别有两点:

第一,按照"先减后并"决定执行刑罚的最低期限,实际上高于"先并后减"的方法。

第二,按照"先减后并"方法而实际执行的刑罚,可以超过数罪并罚对最高刑期的限制。

例如,某甲犯罪被判7年,执行1年后又犯新罪被判5年,按照"先减后并"的方法,应当在6年(7年减1年)与11年(6年加5年)之间决定执行的刑期。由于某甲已经在监狱里执行1年,因此,他实际得到执行的刑期最低是7年(6年加1年),最高是12年(11年加1年)。如果在执行3年后犯同样的罪被判同样的刑,那么,实际执行的刑期最低是8年(5年加3年),并且,越往后就只可能越严厉。可以说,"先并后减"的方法是清算旧账,"先减后并"是老账新账一起算,因此,后者比前者要严厉一些。被判刑的犯罪分子越到执行刑罚的后期再犯新罪,合并处罚的结果对犯罪分子越不利。由于这个道理,因此,犯罪人在监狱中实际执行的刑罚,就有可能超过刑法对管制最高不能超过3年,拘役最高不能超过1年,有期徒刑总和刑期不满35年的,最高不能超过20年,总和刑期在35年以上的,最高不能超过25年等限制了。

我国刑法规定的三种数罪并罚方法,也分别适用于在缓刑考验期中犯新罪或者发现漏罪,在假释考验期中犯新罪或者发现漏罪的情况。

---

① 这一点曾经清楚地规定在1985年最高人民法院《关于人民法院审判严重刑事犯罪案件中具体应用法律的若干问题的答复》(载《最高人民法院公报》1985年第3号第23页)之中,虽然这个《答复》在2013年被废止了。

第十七章　缓刑、减刑与假释

缓刑、减刑与假释,是我国刑法在总则第四章"刑罚的具体运用"中规定的三种情况。在现代刑法学中,缓刑、减刑与假释虽然与犯罪理论存在着一定的联系,但是,这三种情况基本上属于刑罚的执行问题。在现代刑事法学中,缓刑可以由于在什么条件下适用而属于量刑问题,也可以由于在什么条件下执行而属于刑罚执行问题。减刑与假释则更清楚地主要是属于刑事执行法学中研究的问题。

第一节　缓　　刑

通俗地说,缓刑是指判处一定的刑罚而在一定时期内有条件地不执行的制度。

缓刑一词,在我国古代刑法中就出现了。在我国古代《周礼·士师》中就有记载:"若邦凶荒,则以荒辩之法治之。令移尼通财,纠守缓刑。"《周礼·大司徒》:"以荒政十有二,聚万民,一曰散利,二曰薄征,三曰缓刑……"当时缓刑一词的含义与今天有很大不同,主要是指灾荒之年的一种救灾措施,通过对犯罪暂缓适用刑罚,以节约人力物力和争取人心,还不是一种刑罚制度。现代刑法学通常认为,现代的缓刑制度起源于1870年前后在美国波士顿对少年犯罪暂停执行刑罚的实践,后来才逐步推广适用于一般犯罪人。在新中国刑法中,最早规定缓刑的是1952年的《惩治贪污条例》,对具有坦白、真诚悔过、自动退赃、检举立功、年轻偶犯等情节的犯罪人适用。

现代的缓刑制度,被认为是刑罚制度的一项重大改革。缓刑改变了根据报应思想主张的犯罪必须在监狱里执行的观念,改进了刑罚的执行方法,丰富了预防与改造罪犯的现代刑法思想。从刑罚目的上说,在不剥夺自由的情况下对犯罪人进行教育与改造,有利于避免犯罪人在监狱中沾染其他严重罪犯的恶习,有利于避免犯罪人的工作与家庭受到不必要的过多影响,同时也有利于减少监狱人满为患的状况。在现代的一些国家中,缓刑的适用数量已经占到全部判刑人数的一半以上。①

缓刑在现代刑法中得到了很大的发展。在我国与大部分国家中,缓刑是一种刑罚的执行制度,在有些国家如英国中,缓刑是一种刑种;有些国家如法国,在经过缓刑期限之后,原来的有罪判决就消灭了(附条件有罪判决制),有些国家如日本,缓刑期限过后,仅仅是消灭了刑罚的执行,但是有罪判决仍然存在(附条件特赦制);还有一些国家如美国,对犯罪人的犯罪与刑罚,在缓刑期间内不交付执行,也不宣告,缓刑期间过后,犯罪人保持良好行为的,就不再作有罪宣告,如果重新犯罪或违反规定,则前后各罪一并宣告,交付执行(附条件宣告制)。

一、我国缓刑的概念与条件

我国刑法学界一般认为,缓刑是人民法院对于被判处拘役、三年以下有期徒刑的犯罪分子,根据犯罪分子较轻的犯罪情节和悔罪表现,认为不执行原判刑罚没有再犯罪的危险,并且宣告缓刑对所在社区没有重大不良影响的,规定一个考验期限,在此期限内,如果没有发现被判刑的犯罪分子有违反刑法规定的情况,原判刑罚就不再执行的一项制度。

《刑法修正案(八)》对我国缓刑制度进行了重大修改。根据现行刑法的规定,我国缓刑应当具有以下三个条件:

第一,缓刑仅仅适用于犯罪人被判处拘役、3年以下有期徒刑(《刑法》第72条第1款)刑罚的情况。这是缓刑的首要条件。在我国刑罚制度中,管制是不关押的刑罚,不需要缓刑。死刑与无期徒刑是重刑,不能缓刑。其中,死刑缓期2年执行是死刑的执行制度,并且,不执行的只是死刑,犯罪人仍然必须在监狱中服刑。缓刑只能适用于拘役与3年以下有期徒刑,说明缓刑只能对罪行较轻的罪犯适用。

第二,缓刑仅仅适用于特定的罪行条件。适用缓刑的犯罪人,其罪行必须同时符合四个条件:(1) 犯罪情节较轻;(2) 有悔罪表现;(3) 没有再犯罪的危险;(4) 宣告缓刑对所居住社区没有重大不良影响(《刑法》第72条第1款)。原来,这个条件要求的是"根据犯罪分子的犯罪情节和悔罪表现,适用缓刑确实不致再危害社会的",比较笼统、抽象、不易判断和执行。《刑法修正案(八)》明确了缓刑的适用条件:(1) 犯罪情节较轻,是指行为性质不严重、犯罪情节不恶劣的情况,不是单纯从犯罪造成的危害结果上判断的。司法实践中一般考虑的有过失犯罪、自首犯、非侵犯人身的犯罪、可以免除刑罚而未免除的犯罪、犯罪人有需要抚

---

① 参见〔德〕汉斯·海因里希·耶赛克、托马斯·魏根特著:《德国刑法教科书(总论)》,徐久生译,中国法制出版社2001年版,第1000页。

养的家庭成员、少年犯或有一定精神障碍者,等等。(2)有悔罪表现,是指犯罪人对自己的罪行有比较深刻的认识,真诚悔悟并有悔改表现,例如积极向被害人道歉、赔偿被害人损失、得到被害人谅解等。(3)没有再犯罪危险,是一个比较主观的标准,需要法官根据全部案件事实和犯罪人的具体情况进行综合判断。这就要求犯罪人表现出不具有再犯罪的动机或者可能性。犯罪人有可能再次侵害被害人,或者由于生活条件、环境的影响有可能再次犯罪,例如惯偷、惯赌的,就不能适用缓刑。(4)宣告缓刑对所居住社区没有重大不良影响,是一个在很大程度上依赖社区意见的条件。缓刑犯不在监狱中执行,而是回到社区之中,不能对社区产生重大的不良影响,否则就会破坏积极与消极两方面的一般预防效果。守法公民见到犯罪人没有受到惩罚,守法的积极性就会受到打击;潜在的犯罪人看到已经犯罪的人没有受到惩罚,犯罪的欲望就会受到鼓舞。虽然缓刑犯回到社区之中,一定会给社会带来某种负面的影响,但是,只要这种影响不是重大的,只要社区能够对这名犯罪人进行监管与改造,只要这名犯罪人不会对广大居民安居乐业造成重大影响,就能从积极的方面发挥缓刑的作用。当然,是否判处缓刑,只能由法官根据个案情况判断。

　　第三,缓刑有犯罪主体条件的限制。在满足前二个条件的犯罪人中,对不满18周岁的人、怀孕的妇女和已满75周岁的人,应当宣告缓刑(《刑法》第72条第1款);但是,对于累犯和犯罪集团的首要分子,不适用缓刑(《刑法》第74条)。对累犯不能适用缓刑,是原来的规定。累犯是已经受过刑罚处罚的人,受过刑罚之后又犯罪,说明刑罚的特殊预防效果在这名犯罪人身上没有发挥作用,因此,现在更不能使之不受刑罚处罚。犯罪集团的首要分子是在犯罪集团中起组织、领导作用的人,犯罪集团的犯罪危害性比较大,因此,犯罪集团的首要分子是主观恶性很大的犯罪人,《刑法修正案(八)》中对其补充规定为不能适用缓刑,是符合从严打击犯罪集团的一般规律的。对不满18周岁的人、怀孕的妇女和已满75周岁的人应当宣告缓刑,也是在《刑法修正案(八)》中补充的,这个规定符合教育、挽救、改造青少年罪犯的思想,符合保护孕妇、未出生胎儿以及对老年犯从宽处理的人道主义精神。

　　严格地说,我国刑法除了上述对一般犯罪的缓刑规定之外,在第449条中还规定了对犯罪军人的缓刑:"在战时,对被判处3年以下有期徒刑没有现实危险宣告缓刑的犯罪军人,允许其戴罪立功,确有立功表现时,可以撤销原判刑罚,不以犯罪论处。"这是在战时特定条件下,为了化消极因素为积极因素,有利于对犯罪军人的教育改造,并尽可能避免非战斗减员而规定的一种特殊处理方法。

　　我国刑法中的缓刑概念,与监外执行和免予刑事处分不同。

　　监外执行是为了照顾罪犯的特定困难而采取的临时性执行措施。根据《刑事诉讼法》第254条,监外执行只适用于有严重疾病需要保外就医的、怀孕或者正在哺乳自己婴儿的妇女,以及生活不能自理,适用暂予监外执行不致危害社会的罪犯。在不关押这一点上,监外执行与缓刑相似。但是,在监外执行的原因消失以后,如果刑期未满的,仍应收监执行。

免予刑事处分与缓刑的区别主要在于法律后果不同。被宣告缓刑的罪犯,原判的刑罚仍有执行的可能性,在缓刑期间如果再犯新罪的,要按数罪并罚处理。免予刑事处分因为没有判刑,不论相隔多长时间再犯新罪,也不发生这个问题。

二、我国缓刑的执行

缓刑是在一定时期内有条件地不执行刑罚的制度,因此,缓刑的执行是指在这个特定时期中如何执行刑罚。我国缓刑的执行具有以下特点:

第一,缓刑可以附带禁止令。为了切实保障缓刑的执行效果,保证缓刑犯在缓刑期间不致危害社会,《刑法修正案(八)》增加了禁止令的规定:"宣告缓刑,可以根据犯罪情况,同时禁止犯罪分子在缓刑考验期限内从事特定活动,进入特定区域、场所,接触特定的人"(第72条第2款)。禁止令是附加性的,由法官根据犯罪人的具体情况决定,主要是犯罪人的犯罪情节、生活环境、不良癖好。但是,禁止令确定的内容应当有正当理由,不能随意规定。禁止令限定的特定活动,特定区域、场所,特定的人,都应当与原犯罪有关联,目的是防止犯罪人在这些活动、地点中或者与这些人的接触中引发再次犯罪,保证犯罪人能够通过遵守特定的义务来改造自己。

第二,缓刑的效果只及于主刑。我国《刑法》第72条第3款规定:"被宣告缓刑的犯罪分子,如果被判处附加刑,附加刑仍须执行。"

第三,缓刑有确定的期限。我国《刑法》第73条规定:"拘役的缓刑考验期限为原判刑期以上一年以下,但是不能少于二个月。有期徒刑的缓刑考验期限为原判刑期以上五年以下,但是不能少于一年。缓刑考验期限,从判决确定之日起计算。"缓刑考验期长于原判刑期,目的就是考察犯罪人接受刑罚之后是否能够比较稳定地保持特殊预防的效果。缓刑考验期满,缓刑犯如果没有刑法规定的情形,原判的刑罚就不再执行,并公开予以宣告。这时,对于缓刑犯来说,他仍然属于曾经犯过罪的人。然而,在这些原来的缓刑犯再犯罪时,是否可能成为累犯的问题上,我国刑法学界曾经存在争论。本书认为,在《刑法修正案(八)》明确规定"对宣告缓刑的犯罪分子,在缓刑考验期限内,依法实行社区矫正"之后,以及在最高人民法院2013年以"刑法已有明确规定"为由,废除了该院研究室在1989年曾经主张的"缓刑考验期满三年内又犯应判处有期徒刑以上刑罚之罪的""可不作累犯对待"的意见①之后,再以我国刑法规定的累犯条件"刑罚执行完毕或者赦免以后"中没有清楚地包括"原判刑罚就不再执行"的情况,就有点勉强了。根据罪刑法定原则,对于曾经的缓刑犯在明确符合刑法规定的累犯条件时,再认为不能作为累犯对待就不合适了。对于战时军人的缓刑来说,在缓刑执行完毕时,他就不属于曾经犯过罪的人,自然就不可能有构成累犯的问题。

第四,缓刑需要进行社区矫正。《刑法修正案(八)》明确规定:"对宣告缓刑的犯罪分子,在缓刑考验期限内,依法实行社区矫正"(第76条)。社区矫正是我国正在发展的对非监禁刑罚的执行方法②。缓刑犯在专门的国家机关的监管下,在相应社会团体、民间组织和社会志愿者的帮助下,在依法确定的期限内,在社区中矫正自己的犯罪心理与恶习,从而达到回归社会的目的。第75条明确要求:被宣告缓刑的犯罪分子,应当遵守下列规定:(1)遵守法律、行政法规,服从监督;(2)按照考察机关的规定报告自己的活动情况;(3)遵守考察机关关于会客的规定;(4)离开所居住的市、县或者迁居,应当报经考察机关批准。抗拒社区矫正或者违反有关规定,情节严重的,应当撤销缓刑,执行原判刑罚(第77条第2款)。遵守有关规定,没有发现漏罪和没有实施新的犯罪的,缓刑考验期满,原判的刑罚就不再执行,并公开予以宣告(第76条)。

第五,缓刑是一种可以依法撤销的刑罚。我国《刑法》第77条第1款规定:"被宣告缓刑的犯罪分子,在缓刑考验期限内犯新罪或者发现判决宣告以前还有其他罪没有判决的,应当撤销缓刑,对新犯的罪或者新发现的罪作出判决,把前罪和后罪所判处的刑罚,依照本法第69条的规定,决定执行的刑罚。"第2款规定:"被宣告缓刑的犯罪分子,在缓刑考验期限内,违反法律、行政法规或者国务院有关部门关于缓刑的监督管理规定,或者违反人民法院判决中的禁止令,情节严重,应当撤销缓刑,执行原判刑罚。"因此,犯新罪、发现漏罪以及出现严重违反规定等三种情况,是我国刑法规定的撤销缓刑的三个条件。犯罪人在缓刑考验期内犯新罪,无论是故意犯罪还是过失犯罪,都说明缓刑对其不能发挥应有的预防效果,因此应当撤销缓刑。犯罪人在判决之前所犯的其他罪,没有在侦查、起诉、审判阶段如实供述,说明其对犯罪仍然抱有侥幸心理,悔过自新的决心仍然不够坚定,因此也应当撤销缓刑。由于缓刑考验期不是执行刑罚期间,因此,

---

① 对于缓刑期满之后再犯罪符合累犯条件的,最高人民法院研究室曾经在1989年《关于缓刑考验期满三年内又犯应判处有期徒刑以上刑罚之罪的是否构成累犯问题的电话答复》中,主张"可不作累犯对待"。这个司法解释在2013年最高人民法院《关于废止1980年1月1日至1997年6月30日期间发布的部分司法解释和司法解释性质文件(第九批)的决定》中,以"刑法已有明确规定"为由废止了。

② 参见2009年最高人民法院、最高人民检察院、公安部、司法部《关于在全国试行社区矫正工作的意见》第1条第1句。

应当依照《刑法》第69条而不是第70条或者第71条,进行数罪并罚。但是,根据《刑法》第77条第1款的规定,在缓刑考验期结束之后,才发现在缓刑考验期中所犯新罪的,应当撤销缓刑进行数罪并罚;在缓刑考验期结束之后,才发现原判决之前有漏罪的,缓刑就不再撤销了。犯罪人在缓刑考验期间实施的违法违规行为,虽然可能还没有达到构成犯罪的程度,但是,在情节严重的情况下,也能够说明犯罪人遵纪守法、接受改造的效果比较差。为了保证特定刑罚对犯罪人进行特殊预防的效果,对这些严重违法违规的行为,也应当撤销缓刑。缓刑具有可撤销的性质,就使缓刑成为悬在缓刑犯头上的一把"达摩克利斯之剑",提醒他时刻注意自己的言行。在经过特定期限遵纪守法的改造之后,缓刑犯就有可能在不关押的情况下,实现自身的改造。

第二节 减刑与假释

在现代刑事法学的意义上,减刑与假释都仅仅是一种刑罚执行的方法。

一、减刑

通俗地说,减刑就是在刑罚执行过程中,由于罪犯的某种表现或者某种情况而将原判刑罚予以减轻的一种制度。

从广义上说,减刑包括了在死刑缓期2年执行期满时,将减为无期徒刑或者有期徒刑以及同时将剥夺政治权利减为3年以上10年以下,包括了在罪犯遭遇不能抗拒的灾祸缴纳罚金确有困难时,将原判罚金减少或者免除,甚至还可以包括对判处缓刑的罪犯减少缓刑考验期的情况。然而,广义的减刑没有突出减刑这种刑罚执行制度所追求的价值是:鼓励罪犯在刑罚执行过程中认真接受教育与改造,争取悔改以便早日复归社会。

现代刑法中的减刑制度,很明显是运用特殊预防理论的结果。通过教育与改造,使得罪犯早日达到复归社会的程度时,再继续关押就没有意义了。在我国刑法中规定减刑制度,是我国惩办与宽大相结合政策的体现。教育、鼓励犯罪人接受改造,是我国减刑制度的基础与核心。

因此,我国刑法学界普遍认为,我国的减刑概念是指被判处管制、拘役、有期徒刑、无期徒刑的犯罪分子,在执行期间,由于认真遵守监规,接受教育改造,确有悔改表现的,或者有立功表现的,从而得以减轻原判刑罚的一种刑罚执行制度。

我国的减刑不同于减轻处罚与改判。减刑是一种刑罚执行制度,减轻处罚是一种量刑结果。减刑的对象是已经判处刑罚并且正在执行刑罚的罪犯,减轻处罚的对象是尚未判处刑罚的罪犯。减刑是根据对罪犯教育改造的结果,对正确判处的刑罚进行的减轻。改判是由于原判决有错误而重新作出的判决。

为了保证刑事司法判决的严肃性,避免滥用减刑造成法制的混乱,减刑必须遵守特定的条件进行。根据我国刑法的规定,我国的减刑条件有以下四条:

第一,我国减刑的对象,仅仅适用于被判处管制、拘役、有期徒刑、无期徒刑的犯罪分子,也就是说,不包括死刑犯。在减刑的对象上,没有犯罪种类和其他刑罚期限的限制,甚至对于缓刑犯,都可以进行减刑,尽管一般认为,缓刑考验期间不属于刑罚的执行,并且,被判处缓刑的罪犯一般不适用减刑。然而,在缓刑犯有重大立功表现时,也可以被减刑,从而缩短其缓刑考验期。但是,对于假释犯,除有特殊情形,一般不得减刑,其假释考验期也不能缩短。《刑法修正案(九)》对犯贪污罪、受贿罪被判处死刑缓期执行人的减刑问题还作出新的规定:"人民法院根据犯罪情节等情况可以同时决定在其死刑缓期执行二年期满依法减为无期徒刑后,终身监禁,不得减刑……"(《刑法》第 383 条第 4 款)不过,这种对贪污、受贿犯罪的严厉规定,是目前同腐败犯罪作斗争的严峻形势所要求的,并且不是绝对的,有关罪犯仍然有机会避免受到如此严厉的惩罚。

第二,我国的减刑有"可以减刑"与"应当减刑"之分。《刑法》第 78 条第 1 款第 1 分句规定:"被判处管制、拘役、有期徒刑、无期徒刑的犯罪分子,在执行期间,如果认真遵守监规,接受教育改造,确有悔改表现的,或者有立功表现的,可以减刑"。"确有悔改表现",是指同时具备以下四个方面情形:认罪服法;认真遵守监规,接受教育改造;积极参加政治、文化、技术学习;积极参加劳动,完成生产任务。对犯罪在刑罚执行期间提出申诉的,要依法保护其申诉权利。对犯罪申诉应当具体情况具体分析,不应当一概认为是不认罪服法。"有立功表现"是指具有下列情形之一的:(1) 检举、揭发监内外犯罪活动,或者提供重要的破案线索,经查证属实的;(2) 阻止他人犯罪活动的;(3) 在生产、科研中进行技术革新,成绩突出的;(4) 在抢险救灾或者排除重大事故中表现积极的;(5) 有其他有利于国家和社会的突出事迹的。《刑法》第 78 条第 1 款第 2 分句规定:"有下列重大立功表现之一的,应当减刑:(1) 阻止他人重大犯罪活动的;(2) 检举监狱内外重大犯罪活动,经查证属实的;(3) 有发明创造或者重大技术革新的;(4) 在日常生产、生活中舍己救人的;(5) 在抗御自然灾害或者排除重大事故中,有突出表现的;(6) 对国家和社会有其他重大贡献的。

第三,我国的减刑是有限度的。我国现行《刑法》规定:减刑以后实际执行的刑期,判处管制、拘役、有期徒刑的,不能少于原判刑期的二分之一;判处无期徒刑的,不能少于 13 年;人民法院依照《刑法》第 50 条第 2 款规定限制减刑的死刑缓期执行的犯罪分子,缓期执行期满后依法减为无期徒刑的,不能少于 25 年,缓期执行期满后依法减为25年有期徒刑的,不能少于20年(《刑法》第78条第2款)。目前的规定,是《刑法修正案(八)》对原来"判处管制、拘役、有期徒刑的,不能少于原判刑期的二分之一;判处无期徒刑的,不能少于10年"的重大修改。对于死缓期满后减为无期徒刑的,在减刑后实际执行的刑期不得少于13年还是25年,以及对于死缓期满后减为有期徒刑的,在减刑后实际执行的刑期不得少于有期徒刑的二分之一还是20年,都必须以犯罪人是否属于《刑法》第50条第2款规定的对象为标准,也就是说,只有对被判处死刑缓期执行的累犯以及因故意杀人、强奸、抢劫、绑架、放火、爆炸、投放危险物质或者有组织的暴力性犯罪被判处死刑缓期执行的犯罪分子,人民法院才可以依法对其限制减刑。减刑后的刑期计算,管制、拘役、有期徒刑的减刑,自原判决开始执行之日起算;无期徒刑减为有期徒刑的刑期,从裁定减刑之日起计算;无期徒刑减刑后实际执行的刑期不能少于13年或者25年的起始时间,自无期徒刑判决确定之日起计算。"减刑以后实际执行的刑期",应当根据犯罪人被关押的时间是否能够以及如何折抵刑期计算。对于管制,在判决执行之前先行羁押的,羁押一日折抵刑期二日(《刑法》第41条);对于拘役与有期徒刑,先行羁押的日期可以折抵刑期(《刑法》第44条与第47条);对于无期徒刑,判决确定之前先行羁押的日期不能折抵刑期。因此,实际执行的刑期应当是指犯罪人在关押场所实际服刑的时间。[①]

第四,我国的减刑需要经过法定程序。我国《刑法》第79条规定:"对于犯罪分子的减刑,由执行机关向中级以上人民法院提出减刑建议书。人民法院应当组成合议庭进行审理,对确有悔改或者立功事实的,裁定予以减刑。非经法定程序不得减刑。"

减刑是保障在刑罚执行阶段对犯罪人进行特殊预防的重要手段。我国不仅在刑事司法解释中对减刑的起始时间、间隔时间、减刑幅度都作出了日益细致的规定[②],而且在监狱管理中,运用记分制度,将罪犯每日的起居、学习与工作都分解为不同分数,在一段时间后,根据罪犯得分情况落实减刑,收到了很好的教育改造效果。

二、假释

在现代刑事法学的意义上,假释是一种有条件提前释放在押犯罪人的制度。现代假释制度的建立,一般认为是主张教育与改造的目的刑论的产物。假释制度不再严格遵循报应刑的理论,不再坚持刑罚只能在监狱中执行,因此,对于早

[①] 参见胡康生、郎胜主编:《中华人民共和国刑法释义》(第3版),法律出版社2006年版,第75页。
[②] 参见2016年最高人民法院《关于办理减刑、假释案件具体应用法律的规定》。

期的罪刑法定原则产生了震撼的效果。然而,现代监狱法的理论认为,假释制度有利于监狱的改造工作,有利于鼓励犯罪人改过自新,有利于建立在押罪犯从封闭的监狱生活转化为自由的狱外生活之间的桥梁。假释虽然释放了犯罪人,但是,仍然保持着将其重新收监的可能性,因此,也被称为假出狱。

假释与缓刑不同。缓刑犯在判决之后,根据其在判决前的悔过表现,不必进入监狱进行改造,而是直接回归社区。假释犯在判决之后,必须经过一段时间的监狱改造,根据其在狱中的悔改表现,才能回归社区。

假释与减刑不同。减刑之后,如果有余刑,犯罪人仍然不能出狱,也没有考验期。假释之后,无论余刑多长,犯罪人都可以出狱,只要他在假释考验期内不违反有关规定,就不会将其再次收监。

假释与监外执行不同。监外执行是依据《刑事诉讼法》第254条的规定,对"有严重疾病需要保外就医的""怀孕或者正在哺乳自己婴儿的妇女",以及"生活不能自理,适用暂予监外执行不致再危害社会的"罪犯,置于监狱之外执行的制度。一旦法定情形消失,犯罪人就必须收监执行尚未执行完毕的刑罚。

我国刑法学界根据我国刑法的规定,一般认为,假释是指对于被判处有期徒刑或者无期徒刑的犯罪分子,在执行一定的刑期以后,如果确有悔改表现,不致再危害社会,将其附条件提前释放的一项刑罚执行制度。

为了保证假释能够发挥应有的作用,避免滥用假释造成法制的破坏,假释也必须遵守特定的条件进行。根据我国刑法的规定,我国的假释条件有以下几条:

第一,假释的对象只能是被判处有期徒刑与无期徒刑的犯罪人。这是由假释的性质与司法经济等原因决定的。管制是不剥夺自由的刑罚,不会有假释问题;拘役的刑期太短,不值得适用假释;死刑缓期二年执行的,在死缓期间不应当被假释。但是,对死刑缓期执行罪犯减为无期徒刑或者有期徒刑后,在符合刑法与刑事司法解释有关规定的情况下,也可以假释。[①]

第二,假释不得对特别危险的罪犯适用。我国1997年刑法就规定了不得适用假释的对象。为了适应加强社会防卫的需要,我国刑法通过《刑法修正案(八)》扩大了目前不得假释的种类,规定:"对累犯以及因故意杀人、强奸、抢劫、绑架、放火、爆炸、投放危险物质或者有组织的暴力性犯罪被判处10年以上有期徒刑、无期徒刑的犯罪分子,不得假释"[②](《刑法》第81条第2款)。其中,对累犯不适用假释,是由于累犯证明了先前刑罚对其改造的无效性,因此,将其提前

---

① 参见2016年最高人民法院《关于办理减刑、假释案件具体应用法律的规定》第10条以下。
② 因此种情形和犯罪被判处死刑缓期执行的罪犯,被减为无期徒刑、有期徒刑后,也不得假释。见:2016年最高人民法院《关于办理减刑、假释案件具体应用法律的规定》第25条第2款。

释放就缺乏依据了。对于其他被判处10年以上有期徒刑、无期徒刑的特定暴力犯罪分子不得适用假释,主要体现了从重打击暴力犯罪的一般预防目的。刑法对这些不得假释的特定暴力犯罪分子要求的是"被判处"10年以上有期徒刑、无期徒刑的条件,因此,这些人即使通过"被裁定"减刑为10年以下有期徒刑时,在没有其他刑法明确规定的情况下,也不能被假释。另外,根据《刑法修正案(九)》的规定,对于犯贪污罪、受贿罪被判处死刑缓期执行的,人民法院根据犯罪情节等情况,可以同时决定在其死刑缓期执行二年期满依法减为无期徒刑后,终身监禁,不得减刑、假释(《刑法》第383条第4款)。

第三,假释必须已经执行一定期限的刑罚。经过《刑法修正案(八)》的修改,第81条对假释必须执行的刑罚期限作了明确的规定:被判处有期徒刑的犯罪分子,执行原判刑期二分之一以上,被判处无期徒刑的犯罪分子,实际执行13年以上,如果认真遵守监规,接受教育改造,确有悔改表现,没有再犯罪的危险的,可以假释。假释必须经过一定期限的刑罚才能进行,这样,才能保证犯罪人认真遵守监规、接受教育改造是真诚的,才能证明犯罪人确有悔改表现、没有再犯罪的危险是可靠的。虽然经过法定期限,但是,不能得出确有悔改表现、没有再犯罪危险结论的犯罪人,仍然不能假释。如果有特殊情况,即涉及政治或者外交等从国家整体利益考虑的情况,经最高人民法院核准,可以不受上述刑期限制。①

第四,假释应当考虑对所居住社区的影响。这是《刑法修正案(八)》新增加的要求。假释犯一旦离开监狱,一般都会回原来居住的社区。如果有关社区不能对假释犯进行有效的控制与改造,不能发挥刑罚对假释犯本来应当发挥的一般预防与特殊预防的作用,那么,假释犯回到有关社区就会产生对社会不利的影响。因此,假释对社区的影响必须予以考虑。

第五,假释必须遵照法定程序进行。我国《刑法》第82条规定,假释必须依照第79条(即减刑的程序)进行。非经法定程序不得假释。

假释是有条件提前释放在押犯罪人的制度。这个条件是,在一定的期限内,被假释的犯罪人必须遵守法律法规的规定。这个期限,就是假释考验期。在假释考验期内,假释犯仍然时刻面临着被撤销假释,收监执行刑罚的可能性。我国《刑法》第83条规定,有期徒刑的假释考验期限,为没有执行完毕的刑期;无期徒刑的假释考验期限为10年。假释考验期限,从假释之日起计算。

为了保证对假释犯的教育与改造,我国《刑法》第84条与第86条对假释犯应当遵守的规定,做了详细的规定:(1)遵守法律、行政法规,服从监督;(2)按照监督机关的规定报告自己的活动情况;(3)遵守监督机关关于会客的规定;

---

① 参见郎胜主编:《中华人民共和国刑法释义》(第5版),法律出版社2011年版,第101页。

（4）离开所居住的市、县或者迁居，应当报经监督机关批准。此外，假释犯还必须接受社区矫正。在假释考验期限内，被假释的犯罪分子如果没有违反《刑法》第86条规定的情形，假释考验期满，就认为原判刑罚已经执行完毕，并公开予以宣告。

我国《刑法》第86条规定了撤销假释的三个条件：一是犯新罪。假释犯在假释考验期限内犯新罪的，不论是重罪还是轻罪，也不论是故意犯罪还是过失犯罪，即使已经过了假释考验期才被发现，应当撤销假释，依照《刑法》第71条的规定（即先减后并的方法）实行数罪并罚，假释考验期不算刑期。二是发现漏罪。在假释考验期限内，发现假释犯在判决宣告以前还有其他罪没有判决的，应当撤销假释，依照《刑法》第70条的规定（即先并后减的方法）实行数罪并罚。但是，在假释考验期满之后才发现漏罪的，不撤销假释，也不与判决宣告之前的罪数罪并罚，而应当作为单独的犯罪起诉与判决。三是严重违反规定。假释犯在假释考验期限内，有违反法律、行政法规或者国务院公安部门有关假释的监督管理规定的行为，尚未构成新的犯罪的，应当依照法定程序撤销假释，收监执行未执行完毕的刑罚。